年度最佳图书

《纽约时报》《华盛顿邮报》、美国国家公共电台（NPR）、
《芝加哥论坛报》《书页》《出版者周刊》、
亚马逊、南茜·珀尔、哈德森书店

“引人入胜，娓娓道来，精彩绝伦。”
——《洛杉矶时报》

“阅读这本书吧。如果你想成为一位艺术家，请把它当作《圣经》一样带在身边；如果你想成为一个更好的母亲和女儿，或更有洞察力的人，就别让它离开你的身侧……当我读完最后一页，合上书，又翻到第一页重新开始阅读，它有不同寻常的吸引力。”
——美国图书报告网

“智慧、真诚、有趣、迷人……像喝了葡萄酒后的款款闲聊。”
——《波士顿环球报》

“莎莉·曼的写作发自内心且动人、有趣，具有和她的摄影一样敏锐的观察力和吸引力。”
——《纽约时报·时尚杂志》

“迷人而令人不安……这是一本令人兴奋、引人入胜的书。”
——《泰晤士文学副刊》

“一本非同寻常的书……清新，坦诚，令人惊奇。”
——《人物》周刊

留住这一刻
——莎莉·曼自传

安德鲁·卡内基奖非虚构类优秀图书
美国国家图书奖入围图书

一部奇特、有冲击力、美丽非凡的回忆录……一部关于南方、家族和艺术创作的理性与感性兼具的书，有佛兰纳瑞·奥康纳的散文集《神秘和习俗》的率直，有玛丽·卡最佳作品语言的野性、朴实……它立即成为过去50年南方回忆录中的一部经典之作。

——德怀特·加纳（《纽约时报》）

非常出色……充满了力量。

——希尔顿·阿尔斯（《时尚》网站）

《留住这一刻——莎莉·曼自传》，几代人的跨度、南方式的幽默，以及纳博科维安式遣词造句的雄心，落笔华丽又令人信服。

——萨拉·博克斯（《大西洋》月刊）

莎莉·曼的表达如此清晰，如此干脆，准备着承认错误，但也站出来为自己发声……难得书中的主人公们如此令人钦佩。

——强·卡罗尔（《旧金山纪事报》）

《留住这一刻——莎莉·曼自传》和莎莉·曼的照片一样：直率，爱冒险，有爱，无所畏惧，美丽，亲密无间，带着神秘。这意味着可能书如其人。

——路克·桑特（比利时裔美国作家、评论家）

莎莉·曼落笔审视南方生活，就像她的相机镜头审视南方风景一样。《留住这一刻——莎莉·曼自传》不仅展现了她的摄影技巧，而且表达了她直面大多数人不愿意看到的事物的决心。

——詹尼佛·凯（美联社）

人们不需要知道莎莉·曼作为摄影师的杰作就能被她的回忆录所感动。《留住这一刻——莎莉·曼自传》，这部作品基于一个充满令人惊叹的戏剧性的家族的历史，它的故事可以为十几部小说提供素材。曼具有对确切细节超常的理智和本能的说服力，揭示人物形象或抛出疑问，出于对无情的美丽与衰败之舞的迷恋，曼深入记忆中艰险的领域。在此过程中，她用散文表现了敏锐的洞察力，这使得她跻身当代顶尖艺术家的行列。

——安德鲁·所罗门（美国作家）

这是一部令人惊叹的……无与伦比的家族史。

——乔纳森·里卡德（《纽约图书期刊》）

一部娓娓道来的回忆录，将叙述延伸到影像中，将个人记忆融入历史研究，创造性地反思衍生出批判理论。它被巧妙而勇敢地写出来，它的幅度足够宽阔，既写出了一个摄影师的疑惑(作为艺术家)，也展现了她的坚定信念(作为母亲)。

——安·达利（《休斯敦纪事报》）

30 年来，莎莉·曼已经捕捉到独特且令人难忘、美丽又令人不安的影像——这将需要一个中等大小的词库，以容纳用于描述她的艺术作品和艺术家的所有形容词。在《留住这一刻——莎莉·曼自传》中，她的文字围绕着她的照片，显现出她写作的天赋和丰富的家庭历史。

——约翰·格里辛（美国作家）

这部自传展现了非常感人的深刻的专注力，它不仅关于艺术家的生活和工作，而且还有更永久、更神秘、更复杂的成分：南方，无论是眼前的还是历史的。

——道格·查尔德斯（《里士满时事快讯》）

留住这一刻

莎莉·曼自传

[美]莎莉·曼 著　胡菲 译

中国摄影出版传媒有限责任公司
China Photographic Publishing & Media Co., Ltd.
中国摄影出版社

乌鸦坚定的眼眸、相机直率的镜头，都见证着它们面对的一切。虽以为自己很公正，但它们说谎了。

——W.H. 奥登

目 录

前 言

默兹之印

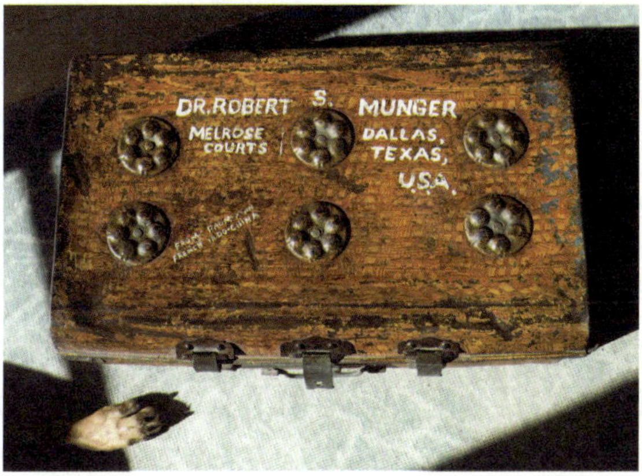

我们都拥有许多这样的东西，比如储藏室里的箱子、先人留下来的遗物，而我也有很多的宝藏，都藏在阁楼上。它们大部分是些皱巴巴的纸箱，用各种古老的线捆扎着。这些线有的是用作晾衣绳的结实棉线，使用的时候通常会先绕一圈，然后紧紧地打个结。还有的线就不那么结实，比如用来捆扎信件之类的细绳，这种松垮的金色细绳原来是用来捆干草垛的，绳子的尾梢凌乱地绕成一团。

我记得自己还是个孩子的时候，曾见过父亲和母亲家族里流传下来的一些非常老旧的箱子。这些箱子被存放在车库里，搁在狗睡觉用的一堆破衣服上，上面落满长年累月从拳师犬和大丹犬身上落下来的狗毛和皮屑。这些旧箱子随着时间流逝而渐渐腐朽，却慢慢具有了一种不容置疑的、被匠人精心雕琢过的气质。譬如箱子侧面贴着的那些旧时代的优雅广告招贴，还有那些马口铁箱上的精致绘画——我的父亲曾在 20 世纪 30 年代用这些铁箱从柬埔寨的金边运送艺术品，使它们仍然带有一丝典雅高贵的气息。

在我家的阁楼里，这些箱子被四处散乱堆积的杂物围绕着，显得愈加不可亲近。我和丈夫拉里还有孩子们一起，在阁楼里制造着属于我们自己的回忆：首先当然是成千上万的照片，还有信件、科学展会的展览品、学位证书、杰西曾经穿过的一套提着草编剑的万圣节戏服、头发乱揪成一团的娃娃、弗吉尼娅 6 岁摔断腿时用过的锯成两半的石膏模子、仍然小心翼翼地披着衣服的纸娃娃、报告用的卡片、缀满亮片的芭蕾舞短裙、脏兮兮的花边摇摇欲坠的围裙、一盒已经坏了的糖果香烟，还有银行证明、收据、展览评论、一箱精致的宴会晚礼服、仍然垫着一团塑料绿草的艳俗的复活节篮子、两副洛丽塔太阳镜——它们的塑料已经脆弱老旧，还有从我们老房子的厨房那切下来的石膏灰纸夹板的断片，上面画着记录孩子们每年身高的铅笔记号。

当然了，阁楼里也藏着我不曾检验的过去的遗留物：不同大小尺寸的箱子，被胶带粗暴地封着，里面装着信件、日记、孩提时代的画和一些照片。琼·迪迪恩曾明智地建议我，起码要和过去的自己保持点头之交，以防从前的幽灵在某个黑暗的凌晨 4 点突然出现，重算灵魂的旧账。而我遗忘了这个建议，已有几十年没有碰过这些物品了。

这些箱子里沉睡着我们家族的过往，要不是我始终记着 2008 年 7 月来自约翰·斯托弗的一封信件，这些箱子上的胶带和细绳可能永远不会被剪断，更不会有机会展示出它们所蕴藏的复杂秘密。约翰·斯托弗是一位令人尊敬的保守的教授，在哈佛大学从事英国与美国研究，以及非裔美国人研究。他当时写信给我，希望我能为美国文明史这门课做一场梅西讲座。在读了这封信以后，我经历了一番对整件事难以置信的情感波动，包括了拍额头、翻眼睛和夸张地仔细搜索信封，以为会发现某个错误等。但是我没有发现任何东西，他们的的确确希望我这个摄影家，在哈佛大学做三场学术性的讲座。讲座将从三年后的 2011 年 5 月，我 60 岁生日的时候开始。

我急匆匆地跑去查看日程计划表，以为能找到什么日程冲突。但事实上，要找寻的这张日历是在如此遥远的未来，我徒劳无获。

我没有任何合理的理由可以拒绝他。几年前，我年轻而才华横溢的朋友尼尔·麦肯兹曾用一句带些反讽的自吹自擂口气的句子作为他的开场白："你知道的，莎莉，当他们请我做梅西讲座的时候……"这句话我听过了多少遍，以至于梅西讲座对我来说已经成为一个象征学术成就顶峰的存在。但我从未认为自己是什么知识分子，更别提正儿八经的学者了。我甚至不是一个作家。如果要让我写作的话，我又能写些什么呢？

我曾经获得过一些赞扬与恶评，包括我在20世纪90年代初期，发表第三本摄影书《亲密家庭》时获得的那令人讨厌的"富有争议"的标签。那本书中有着我的三个孩子埃米特、杰西和弗吉尼娅的生活照片，有些时候是不穿衣服的，拍摄地点从我们的农场直到弗吉尼亚山上。我认为自己的镜头应该对他们的整个童年保持完全敞开，并且使每一个相关的人都自愿且富有创造性地参与进来，记录下她们的每一次胜利、困惑、和睦和孤独，同时还有容易发生在孩子身上的艰难时刻——磕碰、呕吐、流鼻血和尿床——所有的这些时刻。《亲密家庭》发行的时机不佳，那时社会上盛行对描绘孩童身体这一行为的道德恐慌，以及对政府资助艺术的激烈争议（我曾经被美国国家艺术基金会和美国国家人文学基金会赠予奖金，但并非是为奖励这些关于我孩子的摄影作品）。在那个时期，我经历了许多的困惑、迷茫和内心的挣扎。但最重要的是，正是那个严峻的时期，推动我萌发了创作下一部作品的强烈愿望。

哈佛大学的梅西讲座会期望我在整整三年后去为家庭摄影进行辩护吗？我并不介意那么做，但是我同时也希望能够将关注点放在之后的作品上。这些作品是对一些事物的极度私人化的探索发掘，它们的对象包括美国南方的自然风景、死亡的天性（及自然的腐朽）、对丈夫的亲密描绘，以及在身边看到的奴隶制度留下的不可磨灭的痕迹。带着惶恐，我致电约翰·斯托弗，而他的回答让我更加坐立不安：任何事情都可以，讲你想讲的任何事情。

我对这种纵容无所适从，不知道该如何推进这件事，不由得充满了自我怀疑，担心自己无法胜任。在终于答应约翰·斯托弗的时候，还有一年就到讲座的时间了。但在答应之后，心中那道似乎无法渗透的自我怀疑之墙逐渐裂开，透出一些希望和乐观之光。随着希望的裂缝越来越大，我看到了越来越多的可能性。不安全感对于艺术家来说，终究还是一件上天赐予的礼物，无论它有多么让人饱受折磨。

我开始在最容易有所收获的地方搜索——威廉·卡洛斯·威廉姆斯将其称为“本地化”的搜寻。我不太确定如果他知道我的工作方式，会不会认同我这有些极端的诠释——在家里工作，很少离开我们的农场——有点太过“本地化”了。对于拉里来说，这种方式就有点太过极端。有段时间他恼火地记录下来，我有5个星期几乎都没怎么去店里购买日用品。但就如一匹极度高亢的赛马需要一副重一点的马鞍一样，我喜欢有些障碍，并享受从充满限制的日常生活中找出美的挑战。相反，如连环漫画人物伯格所称的“难以应对的机会”才是令我有些恐慌的。对我来说，在一个飞机洗手间里拍10张好照片，要比在凡尔赛的花园里拍容易得多。

因此，我想起阁楼的箱子，开始寻找见证了我童年的一些东西。我想在这里有所发现，发现什么呢？

我一直认为自己的记忆有所缺失，使童年的回忆远远逊色于大多数人。但是经过几年间的到处询问，我并不确定这是事实。也许我们都像诗人艾瑞克·奥姆斯比在描写童年时的家时写下的那样：“我们看着过去的门向自己关上，渐渐消失，满溢的记忆花园被抹去痕迹，那里带着阳光印子的墙壁在指尖的轻触下分崩离析，化为灰烬。”并且，就如奥姆斯比所说的，我们都只能够“为这猛然发生的瞬间哭泣/如果我们惊讶的眼睛还来得及”。

即使我的记忆还有哪一部分尚未化为灰烬，它也一定在时间的漫长旅途中变换了身影。我通常同意一个理论，那就是，如果你想保持记忆的无瑕，必须不常去呼唤、回想它。因为每次回忆时，你都不可挽回地改变了它一点。你所记得的不再是最初的印象，而是你最后一次回想时的记忆。周而复始，每一次小小的改变逐渐累积，回忆终让我们与过去渐行渐远。

经过这些时光，我学会了温顺地接受记忆对自我的背叛，允许思想打造一个自己的美丽谎言。头脑本该忠实地保存过去的信息，却遵循某些出于本能的审美智慧，将信息稍稍扭曲，赋予我们的人生事件一种完整性、逻辑性，以及一种富有象征意义的优雅。而我们所真实经历的那些混乱不堪的事件，是不具备或不明显具备这些美妙之处的。我在本书的写作与研究过程中明白了一件事，那就是除去优雅与逻辑，被精心打扮过的记忆无法为我效力，无论它在美学上有多么的巧妙或仁慈。我需要的是真实，又或者是如朋友所讲的“与真实相近的东西”。那种东西是记忆的真相，是一个科学而客观的真相，就如一片沙地上唯一的一颗珍珠一样。我所拥有的全部东西就是这些。

于是，在剪开先人留下的箱子上的绳子和胶带前，我首先打开了自己的箱子，审查飘忽不定的记忆与它们所对应的物件。在这么做的过程中，我遇上了不完整记忆的邪恶双胞胎——摄影照片对真实的背叛。早在 1901 年，爱弥儿·左拉在电报中就描述了这一新媒体具有的威胁性，他评价说人们将无法再声称自己见过什么东西，除非他们有照片作为证据。左拉也许知道或凭直觉明白的另一件事，就是一旦留下摄影记录以后，你曾经“真正见过的东西”，将永远不再重现于记忆的双眼之前。它将被永久地从一个连贯的真实存在中剪切下来，成为一块薄薄的切片，成为时间那丰腴身姿的一个轻飘飘的、半透明的影子；它如同挽歌，缺乏深度，并立刻具备了感伤与惆怅的琥珀色质感：一个瞬时性的万物皆朽的预告。照片似乎应该使我们的过去免于变质，并不再轻易受重叠交错的记忆的变形所影响。但我认为这种想法是一个错觉：照片取代并侵蚀了我们的过去，与此同时，创造了属于它们自己的记忆。当我握着自己童年的照片，沉浸于温柔的回忆中时，我同时明白随着每一张照片，我都遗失了某一部分过去。

我关上了自己的箱子，并转向那些更久远的人的遗物。它们在不同阶段抵达我的阁楼——首先是拉里的双亲和祖父母，然后是我的双亲——自从死亡迫使生命被装入一个盒子以后，它们从未被打开。在这些箱子里，是这些人的世界所留下的所有东西。他们的整个一生被挤进这些小箱子，它们仅仅能装得下 12 瓶啤酒。

当一个动物，例如一只野兔，在一个带保护作用的篱墙下筑窝后，它蜷曲身躯的重量与温度会在土地上留下相应的痕迹。那个地方的草地通常会被压得像编织过的鸟巢一样，在野兔掉转身体休憩之前，可能还真的用它那小巧的爪子在草地上抓扯撕拉过。这有着野兔身体形状的存在证据，整个草地上的一个柔软的小碗，也有它自己的名字——一个略微过时，却仍然美丽的名字——默兹（MEUSE，与缪斯相近，缪斯是记忆之神的女儿，也是灵感女神）。我们每一个人，都会留下曾经存在于这个地球上的痕迹，这些痕迹带着我们身体的形状。但当我轻轻用手按在野兔这毛茸茸的、圆形的默兹之印上时，我不禁好奇：我在世界上所留下的所有印记，会不会在某一天也被整理起来，放在一个箱子里？

剪开家族的第一个箱子的绳子——我母亲的箱子，我不禁想知道我能够发现什么，能够看到家族未知历史的哪一部分。我作为艺术家的作品源泉——对我的家族的着迷，对南方景观的陶醉，对死亡之不可思议的惊叹——会在这些箱子中发现吗？有哪个辞世已久的家族的未知魂灵，会在那儿埋藏着怎样的秘密？

我坦白，我对这叙事方式的兴趣，部分是因为秘密期望着能够发现一些南方特色的哥特故事：阴谋诡计和丑闻、酗酒、家庭暴力、车祸、鬼怪、私通、饱受热爱与非议的家园土地、遗弃、自杀、隐秘的毒瘾、美丽新娘的悲剧性早逝、种族纠纷、大得大失的金钱、挥霍浪子的回归，甚至于血腥的谋杀案。

我有一个强烈的直觉，如果任何一件这类事物被藏在家族的历史中，我都会在阁楼上这些被绳子捆着的箱子里找到它们的证据。而我的的确确找到了：不仅是这些，甚至还有更多的故事。

第一部分

家族纽带：场所的重要性

1

我双眼所见之物

直到20岁出头为止，我都保留着手写日记的习惯。所有的日记本都叠在一起，堆放在书桌下。每当我写满一本，都会将它叠在那堆日记之上，再从中抽出位于最底下的一本扔掉。我还记得最早被丢弃的那本，是一本小小的、粉红色的儿童日记，封面上用弯曲的金色字体写着“我的宝贵想法”，这些想法被一把可怜兮兮的、不怎么管用的黄铜小锁保卫着。

18岁的时候，在我6月婚礼之前的那个冬天，我把自己的房间让给了母亲。当时她刚怒气冲冲地结束了婚姻，而父亲则开始和一条叫作塔拉的大丹狗一起生活。我把自己的东西清理出房间，翻出了几本积存已久的日记。它们被我扔进箱子里，箱子上贴着标签“日记，1968——”。

四十几年后，缠在这个箱子上的胶带已经干燥发脆。当我撕开它们打开箱子时，不出意料地发现，最老的那本日记中的第一篇，是对弗吉尼亚州自然景观的赞颂。这些自然景观对我的青年时期产生了重要影响。日记中是这么写的：

过去的这个夏天相当温和，比往年要多雨。我们每天努力地工作，有些疲劳。夜晚如此凉爽，我们看着暮色渐沉，在依然泛蓝的天色下，侧耳倾听每一个声音。银色的白杨树摇曳着微光，池塘时不时地有鱼泛起涟漪。山的影子渐浓，比夜色更深沉。

从前面这段话中未经修饰的陈述句判断，我敢打赌那个夏天自己正在读海明威的作品。那大概是在我17岁的时候。但是再往下读几行，我的行文又开始模仿福克纳的风格，语句中充满了激烈而狂热的描述：

我们到达了顶端的牧场，你走在前方，大张着双臂。我跑上前追上了你，你的怀抱向我敞开。没有言语可以描述这一切，没有任何东西可以容纳此刻的美妙。这里没有边界，没有限制。群山从很久以前起就存在于此，并将永远存在下去。它们为万物命名，而在那名字中万物被寄予了信仰。群山赐予蔚蓝名字，赐予变化名字，还赐予雾气、时间、光与风声名字——它们成为我的名字，成为我双手所触之物和我双眼所见之物。

在我出生后没多久，还是婴儿的我睁着蒙胧的眼睛，第一次见到了弗吉尼亚州的罗克布里奇。从那一刻起，我就爱上了它。罗克布里奇充满了各种美好而显眼的日常事物，即使是一个咿呀哭闹的小婴孩也能领会它们的美。我对它的热爱不仅是因为这美丽的日常景观，更是因为它孕育了弗吉尼亚天然桥这样世界级的自然奇观——根据乔治·华盛顿的研究和当地广告牌上所称，它是世界七大自然奇观之一（后来发现是错误的）。和其他真正的本地人一样，30 岁以前我从未费心研究过我们本地的旅游胜地，而当我终于那么做时，不禁对自己感到懊恼。这些景观大胆而充满幻想的美丽完全征服了我。

在游览了天然桥之后，想要寻找一些英国风情的旅游者通常会去历史悠久的列克星敦县城看看。列克星敦县城是我长大的地方，人口约7000 人。历史上有不少有意思的人曾经出生在这里或在这里生活过：艺术家赛·托姆布雷是其中最有名的，其他还有收割机的发明者赛勒斯·麦考密克、乔治·马歇尔将军、汤姆·沃尔夫、阿诺尔·汤因比、特鲁曼总统任职期间的副总统阿尔本·巴克利——他不仅在这里生活过，还去世在这里，他当时在演讲途中突然瘫倒在讲台上，是我的医生父亲宣布了他的死亡。还有佩茜·克莱恩，她当时住的房屋离我家的那栋老房子不远，沿着小溪往下走一段就到了。

年轻的小说家卡森·麦卡勒斯为其小说《心是孤独的猎手》昙花一现的成功所累后，曾来到列克星敦修养身体。当时，我母亲和她有个共同的朋友。卡森曾数次醉醺醺地倒在那位朋友家中的浴缸里，全身的衣服都浸得湿透，还是我母亲把她从浴缸里拖出来的。母亲老是告诉我们，爱德华·阿尔比是在列克星敦写的《谁害怕弗吉尼亚·伍尔夫》。现在想起来，幸好当我们得知事实并非如此的时候，母亲不在现场。她甚至曾告诉我们，当年他写作时住的那栋小屋，就建在我家老房子的那片土地博克斯伍德上，当时他正在拜访小屋的主人詹姆斯·博特赖特。母亲深信阿尔比笔下的角色乔治和玛莎的原型是当地的一对教员夫妇，他们以互相间的口角与酗酒闻名。虽然我基本可以确定母亲的这个推断也是错的，但并不能阻止她直到现在都津津有味地坚持这些想法。除此之外，我的心里也暗暗留有对这个故事的一丝相信。因为我仍然记得在 20 世纪 60 年代早期，博特赖特家的小屋经常举办一些深夜的文学聚会，那些口角争执与觥筹交错的声音曾远远地飘过来，穿过我家卧室敞开的窗口，传入我的耳中。

当年，英俊的雷诺·普赖斯常常拜访博特赖特（除了他以外，常常来访的还有尤多拉·韦尔蒂、玛丽·麦卡锡和 W.H. 奥登）。在我 14 岁时第一次参加学校舞会的那个晚上，他和博特赖特醉醺醺地出现在纱窗走廊上向我敬酒，戏谑地称呼我为莎莉·杜本内。他们手里的杜松子利克酒溅了一些在草地上。那个没来由的称呼让我直到今天仍然百思不得其解。

列克星敦之所以能够吸引那么多的杰出人物和普通游客，是因为它有着华盛顿与李大学、弗吉尼亚军事学院这两所非凡的古老学校。两所大学紧紧挨着，同时紧邻“石墙”托马斯·杰克逊和罗伯特·E. 李的故居与墓地。两位将军的爱马“小索雷尔”和“旅行者”也一同埋葬在这里。“小索雷尔”的墓地在弗吉尼亚军事学院，“旅行者”的墓地则在华盛顿与李大学。

在我的青少年时期，“旅行者”发白的骨架标本一直陈列在华盛顿与李大学的一栋教学楼里。它被置于一个底座之上，用金属丝固定着，固定的手法看上去有些简易。骨架上草率地刻着的学生的姓名首字母，显得颇有些亵渎。北侧几个街区之外，“小索雷尔”的去骨标本被展示在弗吉尼亚军事学院的博物馆里。它的外皮光秃秃的，几乎已经掉光了毛。我听说，当地的导游曾经对轻信他的旅游团胡乱介绍，声称骨架是成年后的“小索雷尔”，而毛皮标本则是它还是一匹小马驹时留下的。

谢南多厄河谷吸引了大量的旅游者。有些人为它的历史而来，尤其是内战时期的历史；但更多的人是为它难以言喻的美丽自然景观而来的。据说激进的废奴主义者约翰·布朗，曾在他生命的最后一刻，站在绞刑架上眺望我们美丽的谢南多厄河谷，双眼饱含赞赏的光芒。目击者声称，在行刑人把绞索套在他脖子上之前，约翰·布朗转过头来，语气浮夸地向郡治安官表达了他对眼前这片美景的不绝赞美。而治安官则简洁清晰地回答道：“对，没别的地方比得上这里。”说话的同时，他示意行刑人执行绞刑，白色的头布立刻遮上了约翰·布朗仍然凝视着河谷的双眼。

约翰·布朗当时是站在河谷的最北端看向南方，凝望河谷最狂野美丽的那部分的；假如他是站在往南 240 千米外的我们这儿的断头台上瞭望，他眼中的震撼与惊叹恐怕会放大10倍。即使没有断头台和逼近的白头布，所有人也都会是这样的反应。如果约翰·布朗当年去过罗克布里奇县，他会在死前请求行刑人再给他一分钟，来领略蓝岭和阿勒格尼山脉的美丽风貌，看着它们在淡蓝的远方渐渐柔和地交融在一起。

如果沿着95号州际公路东边平行的81号公路一直往前行驶，山脉相互交融的美丽远景会格外明显。随着渐渐接近罗克布里奇县，蓝岭和阿勒格尼山脉亦开始相结合，为姿态丰满的河谷形成一个优雅的“腰段”。开过罗克布里奇县的边界时，两条山脉都已在不远的地方。

如果对于一个中等大小的县来说，这还不算足够惊艳的美景，那么在进入罗克布里奇县后短短的一段时间内，你的眼前将呈现另外三座山的夺目景色。它们分别是杰普山、豪斯山和霍格白克山。在古生代的地壳压力下，这三座山如同倔强的臼齿，长在了河谷这上颚的正中央。三座山的位置都带有古典的平衡感，简直像是为了达到最完美均衡的构图而互相商量过了一般。当它们出现在319.6千米标记处时，偶然会在天空的反射下带上艳丽的光芒，你会需要在这里加速寻找出口，那出口刚好是去往列克星敦县的。

我很幸运，出生在那个小镇里。更棒的是，我是出生在“石墙”杰克逊的那栋简朴的石头小屋里——在那时它已成了当地医院。在我出生后最开始的几天，由于医院太过拥挤，我的床铺就在一张写字台的抽屉里（也许是杰克逊自己的）。而在我的少年时代，我也有一匹属于自己的“小索雷尔”。它是一匹阿拉伯马，名字是“哈利法”。就和杰克逊那样，我也会骑着它穿越罗克布里奇县的乡野。我能够轻松地骑上一整天，飞驰过一座又一座农场，跃过爬着忍冬花的篱笆，仅仅在饮水时停下来。那片景色现在已经被城市的发展扩张、新修的车道与无法越过的围墙所毁坏。但是就如我在早年日记中所观察的那样，这块地方曾有的神秘之美，哺育了我作为艺术家的灵魂。

2

那些漂亮的马儿

除了我生命中期的某段时间以外，马要么像右图孩童时的绘画所示，是我心中最炽热的美梦；要么就是我得以实现的狂热爱好。

在描述对我来说重要的场所，尤其是我与丈夫拉里·曼生活过的地方，以及我的摄影作品中的场所时，我必须讲一下马对于这些场所来说是多么不可或缺。拉里和我在1970年结婚之后约30年的时间里，手头一直不太宽裕。那段时间我们的生活里没有马，直到后来搬到农场情况才有变化。但即便如此，当时我的心中仍悄悄珍藏着对马的热爱，这份热情就像一颗有些发黄的幼芽，执着地等待着迸发绿意的机会。

1998年的春天，这个机会终于眷顾了我和拉里。我的兄长克里斯与鲍勃把我们家里的农场转给了我，我尽自己所能，立刻买下了第一匹马。那匹适合初学者（或者说重新开始的初学者）的跛脚老马，彻底释放了我心中潜藏的对马的疯狂痴迷，那种痴迷像一颗小芽一发不可收拾地长成了茵茵绿树。

有人曾经说我在性情上容易被极端的事物所吸引，这有好的方面也有坏的方面。我对自己骑马方式的热爱最极致地体现了这一性格特征。这项运动有一个非常合适的称呼，叫作“耐力骑行”。它包含了48千米、80千米和160千米的不同比赛，要求骑手在安全的前提下骑得越快越好，赛马几乎全部是“哈利法”这样矮小而耐力高强的阿拉伯马。

我骑马的地方非常偏远。有时我一连驰骋上二三十千米，速度飞快到有些惊险，却仍然只有马和我做伴。策马飞驰的时候，我的心中充满着非理性的、混杂了渴望与纵恣的原始激情。有时候，我一骑领先。在那种时刻，我不由地赞同作家梅利莎·皮尔逊的观点，那就是无论在社会上或是自然中，再也没有什么能比一个充满了获胜欲望的女性更凶猛的了。当然，唯一的例外恐怕就是一匹同样想要赢得胜利的母马。

在那些时候，我与马之间能够进行敏锐而有效的沟通。这种跨越物种的沟通使我惊叹。没有经历过这种沟通的人，往往会对这种说法嗤之以鼻。但它就和我身下的那匹汗水淋漓的马的气味一样，无比真实且使人陶醉。那是一种物理和精神上的纽带——从马竖起的两耳间望见的那条小路，或是她飞奔的四蹄踩得大地咚咚作响——能够让我的大脑得到无与伦比的放松，并且赐予我的艺术生活以泉涌般的滋润。

对我的身心来说，骑马的快乐都是最本质的一部分。但如果没有我们的农场，这份快乐永远不会实现，而我对马的热爱与激情也会一直被

悄悄埋藏下去。不仅如此，我们的农场还使生活中许多其他宝贵事物成为可能。我与拉里的婚姻、那些家族摄影、南方的美景——它们都因为农场才走进了我的生活。

2010 年 6 月是我和拉里的 40 周年结婚纪念。当时，我收到了小女儿弗吉尼娅的来信：

虽然你曾经说过不要对这件事情小题大做，但我仍然认为你们俩对至今所取得的成就都非常自豪：它既是对爱的证明，也是对平等、耐心、无私及信念的一个承诺。

有时我不禁感叹，谁会想到在弗吉尼娅的脑海中，一片土地竟会成为对我们婚姻的认知的重要部分，而她的那份认知又是多么的敏锐而准确。我和拉里相遇在 1969 年的冬天。而在那之前，我们的农场曾经历了一场巨大的洪灾。在洪灾的背景下，农场成为命运向我们昭示自身的舞台。在那里发生了一个故事，它宛如某种亚瑟王式的典礼一般，神秘而隆重地预示了我们的未来。

1969 年 8 月，飓风“卡米尔”以 5 级的强度袭击了帕斯克里斯琴与密西西比，然后又往东北方转移，经过了阿巴拉契亚山脉后进入谢南多厄河谷。在行进过程中，飓风“卡米尔”吸收了大量水汽，大雨倾盆而下，3 小时内降雨量达 680 多毫米。这些雨水从山溪冲入了环绕我们农场的莫里河，而这条河流只有中等大小。

我们位于莫里河边上的小木屋，通常情况下高出任何已知的洪水水位，却在那次遭遇了混杂了树干、房屋碎片、车辆和所有可以想象的残骸的水墙狠狠的冲击。洪水一直淹到了屋顶，要不是有一棵巨大的山核桃树挡着，小木屋早就被一同冲到 240 千米外下游的里士满去了。洪水退去后，小屋的地板上残留着愤怒的山蛇、一只令人悲伤的孤零零的婴儿鞋、破烂的衣服、碎裂的木头，以及快 30 厘米厚的泥沙。除此之外，勉强可以说它得以保持了原样。

我的父母开始疲倦地铲去地板上的泥沙，发现许多财物都被洪流冲走了。最讨厌的是小屋入口的那块石头也没了。它有着像一块旧肥皂那样的内凹表面，是 1962 年小屋举办洗礼仪式时由好几个人一起搬来的，有重要的纪念意义。父亲认为这种石头不会被冲走太远。他一路寻找，终于在一堆残骸碎片下找到了它，并把它铲了出来。但他还需要一个帮手来把石头搬回门口，于是就叫来了我当时在华盛顿与李大学的男友。男友带了一个强壮的朋友来帮忙，那个朋友就是拉里·曼。那个秋天的下午，他们三人坐着父亲的绿色吉普车一起去了农场。

很显然，石头过于光滑的表面使它很难被紧紧抓住，有好几次它都差点砸到了他们的脚上。在又一次险些被砸到后，拉里让他俩站到旁边，准备自己动手。在我的想象中，那一刻，飘舞着微尘的阳光透过枝丫照射下来，在阳光下拉里将石头猛地高高举起，扛到了自己的背上。

父亲和我的男友一定站在那里目瞪口呆。不，事实上在我充满了英雄神话色彩的回想中，我确信他们跪了下来，在眼前拉里·曼无与伦比的光环下不得不遮住了他们的眼睛，并看着他替换那块门槛石。

然而，单调枯燥的现实版本是，两眼发沉的拉里艰难地背着石头，气喘吁吁、步履蹒跚地走到木屋，并且毫无仪式感地把石头扔在了离门不算太远的地方。但即便现实不如我英雄主义色彩的想象，我的男友仍然说，他吃惊地发现我的父亲当时看着拉里，眼里充满了赞许的亮光。很明显，那并非仅仅是因为石头最终得以归位。我的男友说，在那一刻他就预见到，会和我父亲的女儿结婚的是拉里。

而现在，我要重新说到马了。我和拉里的童年仅有的一点联系就是我们都骑马，且十分喜爱马。如果不是这个共同之处，我父亲对他女儿婚姻的期许很有可能会落空。但是，就和他的大部分童年一样，拉里骑马的经历也和我大有不同。

在我年轻的时候，我十分渴望拥有这样的马术文化氛围：有一名马夫，穿定制马靴，骑进口马，吃丰盛的狩猎早餐和鲜红的美洲蔷薇果，

还有一位爱嘟嘟囔囔抱怨的叼着雪茄的强壮的德国教练。而这些就是拉里现实中拥有的马术世界。

我自己与马的世界是更加充满激情且无拘无束的。和我相伴的只有一匹罗马鼻的老马和一匹毛发明亮的栗色的周岁阿拉伯小马。我父亲是一位乡村医生，他曾被委托帮忙运送一张厨用桌子，作为回报，他得到了这匹小马。老马不幸地被命名为“疾速”，而小马被我们命名为“哈利法·伊本·西纳·德莫坎·祖巴拉·埃霍尔”，显得稍微有格调了一点。这两匹马住在“人”字顶的马厩里，地面上满是泥泞，我们可没有马夫来打扫它。我骑马的时候连头盔都不戴，只穿着运动鞋和没塞好的小圆领女式衬衣，而且我从未上过一节马术课。

一开始，我甚至连马鞍都没有。父母以为让我的骑马经历变得悲惨兮兮的，也许就能提前结束我对马的“疯狂迷恋期”。但是这段迷恋期一直延续了下去。在我不用马鞍骑在那匹老马的背上的时候，她骨瘦如柴的身躯简直就像手术刀一样抵着我的身体。6 个月后，我被那匹背脊丰满的阿拉伯小马深深地吸引了。

于是有一天，我爬上了这匹 18 个月大的从未受过训练的小马。我唯一有的控制就是手中的缰绳，而我就那么骑着它跑了起来。你们也许可以想象的到，“哈利法”教会了我对于骑马甚至于生活所唯一必须知道的事，那就是保持平衡。别去介意往下踩的脚后跟、拿缰绳时翘起的小指或是从左边上马的方式。这匹红棕色小马教会我像科曼奇族人那样骑马。

而那就是我们的世界。我们会狂野地飞驰过附近的高尔夫球场，父母曾告诉我那片地方不值一提。我们还曾越过带刺的铁丝网，在烈日微微烤化柏油路面的时候窜到马路上惊吓司机。我每天都会骑“哈利法”。就像对我叛逆青春期的预告一般，那时我会在枕头下塞着闹钟，从窗口偷爬出去，在狂野的满月下纵马疾驰。

虽然我如此陶醉于骑马，却仍然无法获得父母的支持。我能够理解他们的冷漠，甚至于反对的态度。他们是知识分子，平时和艺术家与学者来往，和马的世界格格不入。如果让我在脑中假想，我那爱读《纽约时报》的典型波士顿人的母亲，脚踩她美丽的高跟鞋走在泥泞小径上，和一位满身牛蹄油味儿的养马的主妇聊天，那个画面简直怪异到令我没法继续想象。所以相应地，虽然当时我颇为他们不支持我骑马而痛苦，但从来没有真的埋怨过他们。

如果要让故事的发展听上去更加顺理成章，接下来我会告诉你，我那苛刻且没有同情心的父母把我送到了寒冷多雪的北方上寄宿学校，来借此分开我和我的爱马“哈利法”。但事实上，我充满担忧和困惑的父母把我送到了多雪的北方（这部分的确是真的），仅仅是因为我在马背上放肆的行为举止已经延伸到了生活中的其他方面。对于一个年轻的骑马女孩来说，最大的危险并不是在猎场上从小水瓶里偷喝被禁止的波旁威士忌，或是在一匹飞快逃走的马上不小心把脚陷在马镫里。最大的危险，往往永远是男孩们。

我与马的第一个篇章不那么美妙地告一段落。当我前往寄宿学校时，“哈利法”与“疾速”被从农场里放了出来，它们立刻开始追赶起一个租户的牛群来。那位牛仔在一天晚上给我们家打了电话，他的话语里满是乡下人特有的说服力，简直能把蛇引诱进除草机里。他说服了我的父亲，把两匹马送给他骑。一周之内，牛仔就把老马杀了卖给了鲜肉市场。

当我们发现这件事情的时候，我跑去寻找可爱的栗色马驹“哈利法”，一路追踪它运气渐少的足迹。它像《黑美人》中描写的那样，毫无尊严地从一家马商那里被辗转到另一家，最终和那匹老马一样，沦为了狗的盘中餐。

3

转 折

就如许多人曾经评价过的那样，我能遇见拉里·曼是莫大的幸运。无论是天生的还是后天的境遇造成的，我从来都不认为自己是一个容易相处的人。当我们俩的人生道路终于相交的时候，青春期的荷尔蒙只让情况变得更糟糕。

我以前几乎就是个野孩子，只不过不是被狼养大，而是和父亲在博克斯伍德养的12只拳师犬一起长大的，而那片12公顷的土地长满了乱糟糟纠缠在一起的忍冬花，有着一种阴森而神秘的氛围。从小到大，我听着长辈们不厌其烦地说那些关于我有多么顽固桀骜的故事。通常在这种时候，他们会和蔼地捏一捏我的脸颊，同时向我的母亲投去同情的一瞥。最近，为了收集曾经为我的家族工作了近50年的黑人女性弗吉尼

娅·卡特的故事，我拜访了96岁的简·亚历山大。她用带着鼻音的柔和语音，又向我讲了一次我直到5岁都拒绝穿任何一件衣服甚至一块布料的故事。这个故事我已经非常熟悉了。家里的照片似乎也证明了这个故事所言非虚。

我知道我母亲曾经试过想把我以普通方式养大，但是我让她焦头烂额，于是她把照顾好斗任性的女儿的任务交给了弗吉尼娅。弗吉尼娅有个大家都知道的昵称“吉吉”，那是我的哥哥鲍勃给她取的。简·亚历山大向我提起了“吉吉”曾经慈爱地帮我熨烫那些漂亮的手工缝制的裙子，希望能够让我想要像一只狗那样生活的决心软化一点儿。我仍然保存着那些小裙子，它们崭新依旧，几乎从未被穿过。

如果说我的早年听上去像是那些关于狼孩的传说，我猜可能还真有点像。如今的孩子们，他们的童年有着全天候的看守、无微不至的保护、医疗照顾和排得满满的日程。相比较之下，我的童年虽然几乎没有看护，脏兮兮且相对无聊，但是我仍然认为是一种更棒的童年。无论是好是坏，我长成了现在的模样。而在我慢慢长大的那些死气沉沉的夏天下午，我一个人进行过像小狗一样的探险，远离家里，从未有谁来寻找我或是有一丁点儿的想念我。

回头看起来，也许我的父母是有些懒惰。有一次，当我和母亲在逛莱格特百货店的成衣与布料区时，我们在一卷卷布料上方的空隙，看到了欣顿太太那晃来晃去的别致帽子，那顶帽子她通常在进城时才戴。欣顿太太是我哥哥鲍勃的好朋友比利·欣顿的母亲。当她看到我的母亲时，她的双眼亮了起来，说："噢，比利刚收到了鲍勃寄来的明信片。他好像很喜欢他的寄宿学校！"

而我的母亲一边在食指和拇指间摩挲着绒布，一边漫不经心地回答道："对，那很好。我们希望他在那儿好好的。"

后来我才发现，10 天以前，父母为我 15 岁的哥哥打包了一个扁行李箱的保暖衣物，并开车送他到了弗吉尼亚州林奇堡的火车站。从林奇堡坐上 8 个小时的火车后，他还需要在纽约转车。我的父母让他把行李箱从宾夕法尼亚车站提到纽约中央车站，并在那里找到当夜去帕特尼学校附近的小镇的火车。那个学校是位于佛蒙特的一所寄宿学校。很显然，父母在离开他之后，他们从未费心去问问自己，这复杂的交通路线对于一个第一次单独旅行的小男孩来说是不是过于艰难了一点。他们甚至也没有想要去确认一下他是否真的安全抵达了学校。他们在送走哥哥后就没有从他那里听到任何音讯，也从未打电话给学校去确认他的安全。

我的母亲把这个故事讲了一遍又一遍，在她回想起欣顿太太吃惊的表情时，她笑得非常愉快。

当年的美国正处于艾森豪威尔任职的战后时期，一切正显出繁荣的迹象，人们普遍的一个观点是事情总算变好了——总体上来说，事实的确是那样。我认为父母当时几乎不会被养育小孩的问题所困扰，除了不停地需要在穿衣服这件事上和我这个野丫头做斗争以外。因为我总是光着身子，父亲给我起了个外号叫作"松鸦"，因为我就是那么喜欢赤裸裸的。但即使是那个问题，也在 1956 年得到了解决。当时，为了给祖母杰茜修一个小木屋，他们请来了科菲先生的木匠队。母亲向我提出了一个条件：如果我想要在木匠们的身边晃来晃去的话，我必须穿点衣服。当时我是那样孤独，就同意了这个要求。

虽然我终于同意了穿衣服这件事，却仍然在如何穿衣的细节上有不少麻烦，这和我母亲在日记里筋疲力尽的记录一样。

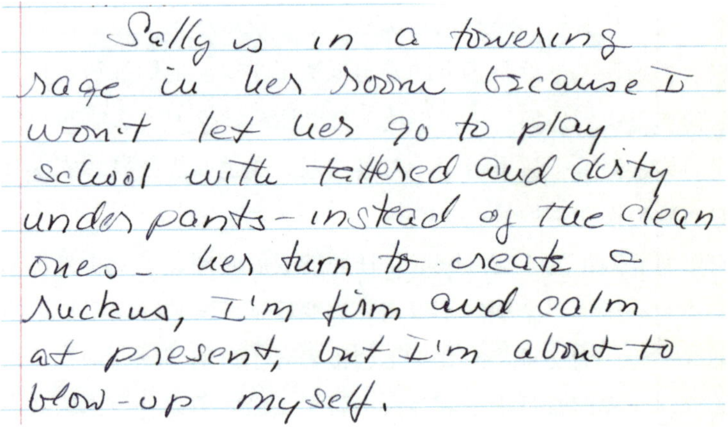
Sally is in a towering rage in her room because I won't let her go to play school with tattered and dirty underpants - instead of the clean ones - her turn to create a ruckus, I'm firm and calm at present, but I'm about to blow-up myself.

虽然我因为不肯穿任何内衣，或是全身又脏又破而被赶出去好几次，但我总算开始在每个星期的某几个早上参加拉克曼太太的幼儿园的活动。我在那里锻炼了社交的能力。到了春天的时候，我已经可以交到几个人类的朋友，他们的父母会开车送他们到我家来参加吉吉为我准备的生日派对。

当我开始正式上学的时候，我几乎已经是个正常的小孩了：不再花几天的时间趴在水塘边戳弄打盹的乌龟，或是裹着脏兮兮的毛毯躲在长满忍冬花的山洞里，或是跟踪没被阉割的毕尔格猎犬的浪漫探险一路跑下沥青小路——在路上时，我饿了就拔一块融化的带丝沥青当口香糖嚼着。我现在则会穿着衬裙、小白袜和薄纱连衣裙。

我加入了童子军，还有圣公会教堂的合唱团。

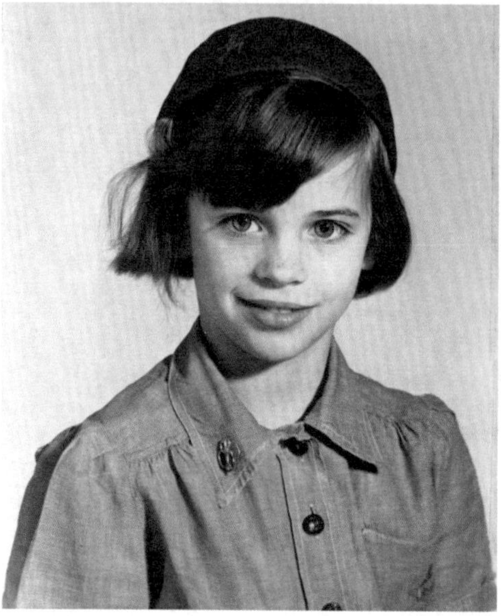

但更仔细地观察一下，你会发现在这张合唱团照片里的女孩仍有些未被驯服的地方。

而在这小童子军的眼中的到底是什么呢?

如果看我的平均测试成绩，你并不会发现有什么特别出众的地方。我一直对考试不在行，尤其是考数学的时候。

但是，我的小脑瓜里仍然有着足够的灰质，而且我一旦受到激励，就可以是一个很勤奋的学生。在我的学生生涯中，我还发现自己非常好胜，一直到高中为止我的名字都在优秀学生的光荣榜上。

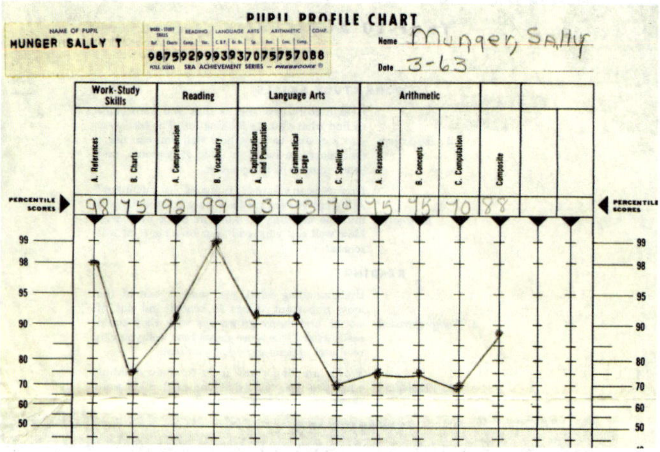
PUPIL PROFILE CHART

NAME OF PUPIL: MUNGER SALLY T

9875929993937075757088

SRA ACHIEVEMENT SERIES

Name: Munger, Sally

Date: 3-63

Work-Study Skills		Reading		Language Arts			Arithmetic			
A. References	B. Charts	A. Comprehension	B. Vocabulary	A. Capitalization and Punctuation	B. Grammatical Usage	C. Spelling	A. Reasoning	B. Concepts	C. Computation	Composite
98	75	92	99	93	93	70	75	75	70	88

PERCENTILE SCORES

99 98 95 90 80 70 60 50

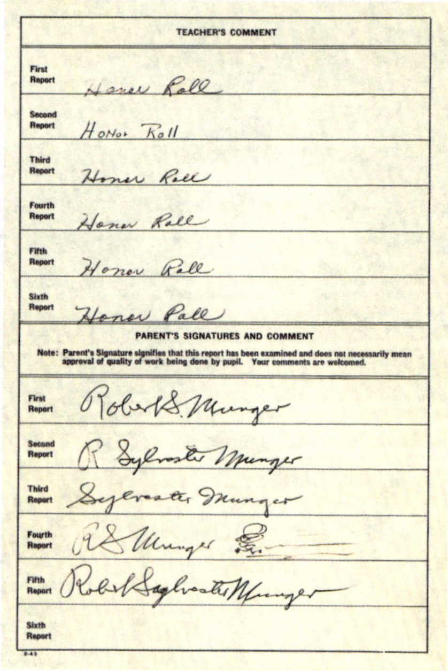
TEACHER'S COMMENT

First Report	Honor Roll
Second Report	Honor Roll
Third Report	Honor Roll
Fourth Report	Honor Roll
Fifth Report	Honor Roll
Sixth Report	Honor Roll

PARENT'S SIGNATURES AND COMMENT

Note: Parent's Signature signifies that this report has been examined and does not necessarily mean approval of quality of work being done by pupil. Your comments are welcomed.

First Report	Robert S. Munger
Second Report	R Sylvester Munger
Third Report	Sylvester Munger
Fourth Report	R S Munger
Fifth Report	Robert Sylvester Munger
Sixth Report	

（注意看我父亲古古怪怪变化多端的签名。我把八年的成绩单排列在一起，全是由他当年签名的，每一个签名都不一样。他是一个非常忙碌的人，一位实践型的医学博士，真不知他是怎么做到一直保持这个古灵精怪的方式的？）

在上学那几年和后面有马的那些年间（在我拿到驾照前），除了对马过于敏感的父母给我的一些阻挠之外，我和所有其他乡村女孩一样有了一段平静的生活。我天性中难以驯服的那面如同无法熄灭的火苗，在马背上重新燃烧了起来。而现在六十几岁的我，仍然未停止不负责任的高速骑马的活动，我又有什么资格来指责当年那雄心勃勃的野孩子呢？

而不那么容易宽恕的，是那个最后一次从筋疲力尽的马身上下来的女孩。她口袋里揣着实习驾照，迫不及待地开车离去，汽车的橡胶轮胎在加倍的摩擦下滚滚发烫。这一章节是我会简单总结并略过的：漂白的头发、蓝色的眼影、紧身裤、紧身短背心下刻意隆起的胸部、众多的男友、早熟的性行为、高中生的阴谋诡计、粗俗而无礼的言辞、存心而为的反知识分子行为和四处挑衅。

我可怜的父母。他们除了摆出过去曾经管用的温和姿态以外还有什么可以做的呢？当然，他们也给我制定了一些规矩，但是每次都不得不因绝望而放弃把那些规矩强加于我。校规，或者至少校管塔迪先生，终于在某一天介入并制止了我不负责任的驾驶行为。我的父亲在接受塔迪先生帮助的时候充满了不合时宜的热情，简直就像他自己是原告一样。

我仍然记得这件事，仿佛它就发生在昨天——见鬼，简直比昨天的事情还要记得清楚。当时我们住在一个大山坡顶上的罗斯路上，我被允许在下午开车做些跑腿的差事（谁知道我会惹上什么麻烦）。在回家的路上，当我把车开到坡上的时候，发现自己拖拖拉拉地跟在一辆不停地喷出尾气的校车身后。我很熟悉那辆校车，罗克布里奇县 54 号。这辆车里总是塞满了乡下孩子，他们通常浑身尿臭，一口烂牙。靠过道的座

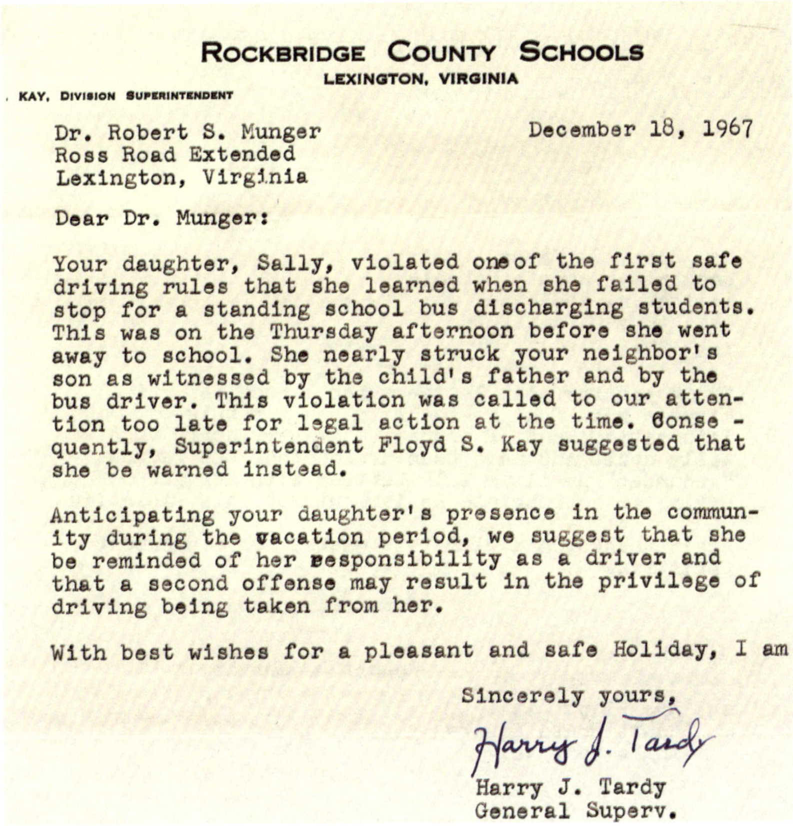

ROCKBRIDGE COUNTY SCHOOLS
LEXINGTON, VIRGINIA

. KAY, DIVISION SUPERINTENDENT

December 18, 1967

Dr. Robert S. Munger
Ross Road Extended
Lexington, Virginia

Dear Dr. Munger:

Your daughter, Sally, violated one of the first safe driving rules that she learned when she failed to stop for a standing school bus discharging students. This was on the Thursday afternoon before she went away to school. She nearly struck your neighbor's son as witnessed by the child's father and by the bus driver. This violation was called to our attention too late for legal action at the time. Consequently, Superintendent Floyd S. Kay suggested that she be warned instead.

Anticipating your daughter's presence in the community during the vacation period, we suggest that she be reminded of her responsibility as a driver and that a second offense may result in the privilege of driving being taken from her.

With best wishes for a pleasant and safe Holiday, I am

Sincerely yours,

Harry J. Tardy

Harry J. Tardy
General Superv.

位上还曾经有个会发作癫痫症的小孩，她会痛苦地弓起身子，口吐白沫，直到控制不住地小便失禁。而校车司机只会冷漠地翻起白眼，从反光镜里瞥一眼，其他孩子只能互相交换焦躁而无助的眼神。我曾经坐了好几年那辆校车。那一刻，我突然想要给那辆车和车上的人们一个信息，那就是我已经从它那里独立，且有自己的车了。当校车开到坡度比较平缓的地方时，开始在我家邻居的房子那儿刹车。那一刻，我变到二挡后加速开过了它，连瞧都没瞧一眼对面的折叠门打开没有，费德曼家的三个小孩走出来了。

这件事能让你的血液都变得冰冷，难道不是吗？毫无疑问我的父亲是那样的感受。就如他信件中所说的那样，他在几分钟内就立刻给塔迪先生写了回信。而且那还是一个他需要全天工作的星期二，他的候诊室里挤满了等候的病人。可见他真的是气坏了。我确信他当时一定给了我应有的惩罚，但我记得不那么清楚了——起码不像对自己曾经是那样一个冷血地踩了油门的混蛋那样清楚。

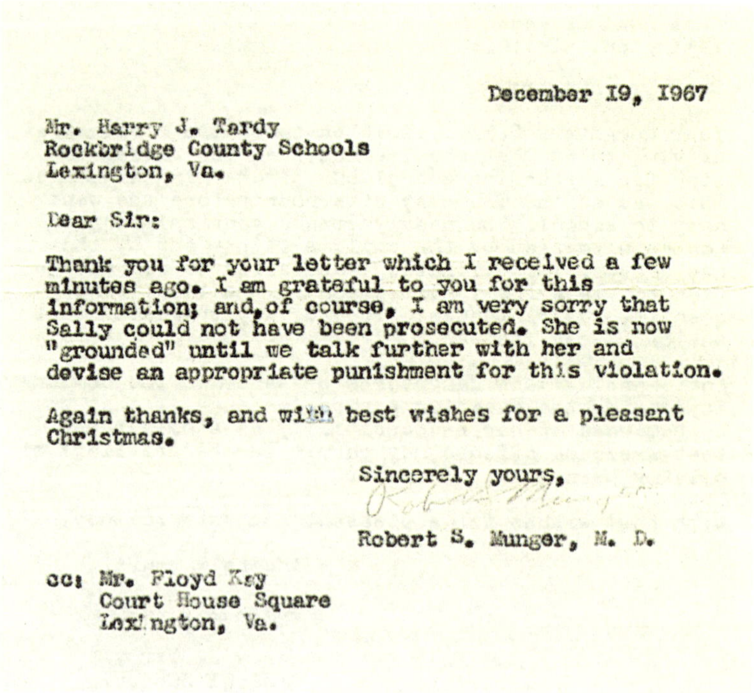

December 19, 1967

Mr. Harry J. Tardy
Rockbridge County Schools
Lexington, Va.

Dear Sir:

Thank you for your letter which I received a few minutes ago. I am grateful to you for this information; and, of course, I am very sorry that Sally could not have been prosecuted. She is now "grounded" until we talk further with her and devise an appropriate punishment for this violation.

Again thanks, and with best wishes for a pleasant Christmas.

Sincerely yours,

Robert S. Munger, M. D.

cc: Mr. Floyd Kay
Court House Square
Lexington, Va.

在周末的时候，我会和约会对象一起乘着他的雪佛兰或是埃尔卡米诺牌汽车出去游玩。我会把头发盘起来，卷成一个个精致光滑的小发卷，脸上则浓妆艳抹，睫毛卷过之后再裹上一层睫毛膏，漆黑厚重的眼线滑过我的眼皮，有那么一点儿明星雪儿的埃及艳后风格的味道。我用廉价的唇膏把嘴唇涂抹得闪闪发光，再把野生栀子花的香水抹在喉部、手腕和 A 罩杯的胸部间——我好不容易才用衬垫让它们更突出一点。

我会尽可能在父母规定的时间前回家，避免过分激怒我讲究守时的父亲。父母通常会安静地坐在客厅的沙发上。母亲会把她穿着长筒袜的腿压在身下，身前缭绕着蓝色的香烟烟雾，专注地阅读《纽约时报》或

是《哈珀》杂志。父亲会手握一支削得刚好的黄色铅笔，以高度的注意力看一些学术性的文章，或是远东的植物分类目录，连分心抬起眼皮看一下我都不会。母亲摘掉眼镜后，会透过烟雾带点迷糊地看着我，仿佛我是个突然出现在客厅里的陌生人那样。

摇摇晃晃地走进客厅的时候，我会尽量不走到他们跟前，而是往边上快步走，好像自己正急匆匆地要赶往大厅另一侧的卧室去抓紧时间学习一样。我的头发和上面别着的 U 型发夹黯淡无光，几缕卷曲的发丝垂下来，遮掩着看得到吻痕的脖颈，而裙子也是皱巴巴的，蜷在包里的连裤袜露出灰色的小角。之前发肿的嘴唇已经变成了自然而微微干裂的红色，脸颊在之前胡须的摩擦下变得绯红。而母亲的鼻梁两侧上往往还带着眼镜的印子，她的眼神会越过我，一边打量我身后一米多远的火炉，一边漫不经心地问道：“那么亲爱的，你今天玩得还开心吗？”

说实话，他们除了把我送到寄宿学校外还有别的什么选择？比我大 9 岁和 7 岁的两个哥哥逼着父母把我送到帕特尼学校去，那是他俩的母校，他们在那儿都受到了充满关爱的照顾。即使是我也知道，在某种程度上，我需要脱离高中学校的世界。那个世界所能提供的无外乎啦啦队预赛和短程加速赛车而已。

雷・古德拉特是帕特尼的行政主管，他已经打破了学校好几条规定来破格接收我入学。按照我人生中常常出现的模式，我的语言学分数可以拿将近 99 分，但数学分数糟糕透了。我高中的成绩一般，已经不再是优秀学生榜的常客。帕特尼的学生大都是城市里知识分子的孩子，不仅有教养且成绩优异，只有不到 20% 的学生是来自梅森・迪克逊线以南。

包括我自己在内，没有人会想到这样一个不起眼的学生会让这些雄心勃勃的竞争者都大跌眼镜。

于是，在 1967 年的 9 月，母亲给我打包了一个四角包了黄铜的扁行李箱，就是我哥哥曾经从一个车站拖到另一个车站的那个。我们把它塞进母亲粉蓝色的漫游者旅行车后，向佛蒙特州出发。

在我们开到一半的时候，汽车的汽缸盖衬垫掉了，车坏在了路上。我们只好租了一辆新得多的车。当我们开着它前往我的新宿舍“白色小

屋”时，我还没意识到这将是很长一段时间之内，我最后一次愉快地享受自信的感觉了。

第一周，我在赫珀·嘉威尔的历史课上举手提问什么是犹太人。赫珀（我们被允许直接以名字称呼老师）虽然非常吃惊，却仍很好地克制了自己，没有取笑我。但班里的同学对我就没有那么仁慈了，尤其是他们之中还有很多是犹太人。我是全班最受嘲笑与孤立的人：一个愚蠢的土包子，带着一箱母亲织的正反两面穿的老土围裹裙，各种大小尺寸的粉红色卷发圈，还穿着一双 Talbots 牌的绉胶底沙漠鞋。在帕特尼，没有人会用过氧化氢把头发硬生生漂白成蜂窝的颜色，没有人会化妆，没有人会听正直兄弟的歌，没有人会穿男友的字母毛衣或戴他的毕业戒指，戒指上还缠着脏脏的胶带。

事实上，帕特尼的学生几乎从不交男女朋友。我像是突然到了一个陌生的国度，身上的货币在这里没有用武之地，好不容易挣来的股票也变得一文不值。我曾经试着去吸引一些看上去有潜力成为男友的男生，像推着独轮车一般推销我贬值了的魅力和性吸引力。但我从别人那里得到的回应只有困窘的迷惑，甚至偶尔的侮辱人的轻蔑而已。

虽然感到迷茫，我却未灰心。我开始根据帕特尼所适用的价值体系来积累自己的资本：创造力、智力、艺术能力、奖学金、政治意识，以及最重要的冷静的情感克制力。

我试着摸索追求新的生活，但自始至终，我都极度思念家园。我想念蓝岭温柔而古老的怀抱，还有坚忍而优雅的谢南多厄河谷。我想念弗吉尼亚州，在那里，敏感的天性不会被视为一种性格缺陷；那悲恸而哀伤的浅桃色晨曦，赋予我的诗词以磅礴的激情，那些词句即使在次日的艳阳下审视也可以获得羞怯的原谅。在那里，陌生人之间的善意是真诚的，而非仅仅是语言上的修辞；在那里，回忆与浪漫才是流通的货币。而我只身一人，在干瘪、理性、没有诗意、两颊干裂而毫无激情的佛蒙特，寂寞孤单地渴望故土。

那个时期我给父母写的家信，重读起来使人尴尬地畏缩，且颇受折磨。但是这些信也清楚地展示了我在学校的心路历程。最初，信里是孤独与不确定，但是口吻是属于快活的十几岁少女的，在纸的空白处还点缀着现在所谓的表情符号、爱心和花朵的涂鸦。但是过了几个月，信的主题就变了，开始主要讨论一些有关存在的问题，例如人的本性、帕特尼学生常讨论的革命的本质，还有实质上是白人问题的“黑人问题”。

等到我回家过圣诞节假期的时候，我已经适应得差不多了。老师与辅导员给我的成绩与评价都非常好。我的父母和兄长终于都松了一口气。

What an effervescent girl! Sally is terribly refreshing to be around and her liveliness is quite catching. She has a marvelous way of teasing without being at all malicious. These qualities combined with an energetic application in regard to her work clearly shows that Sally is developing steadily. Her academic work presents no visible problems with the exception of her Math course. Sally is coasting along doing nothing terribly outstanding in Math. She is very aware of this and knows that she will with some outside help do satisfactory work. She feels that Math is and always will be irrelevant to her and I think is approaching it with a "just one more year" attitude. I think that it bothers her a bit since she feels compelled to do well in her academic work. History is very relevant to her now and is

我在那里为今后的人生奠定了方向。

首先是写作。虽然有时会被杂事分散了注意力，但是诗歌女神时不时会抛给我一些灵感，我总是满怀热情地回应她的召唤。从在帕特尼的第一年起，我就会在熄灯后缩在贮藏室里真挚地书写那些长长的、辞藻堆砌的诗意沉思。那些诗句几乎总是和南方有某种联系。

这些是最后的土地：我的鲜血和遗产。
埋藏于我身体之中的四季，天空和土地……

我问天空
它给我周而复始的回答——
炽热的太阳与瞬间寒冷的夜幕……
它在清晨摊平的手掌上奉上知识，
而还有什么未被它漆黑的夜晚卷入掌心里？

我最后一次回到这片土地。
倦怠的日子里，那些梧桐树与斑驳光影
还有属于甜蜜厚实的紫罗兰的夜晚。
在这天空、土地与四季里，
在我出生的这片南方土地上，
我与它们一同生长，而现在
我回归于此
还有组成它们的过去
我被脆弱而缥缈的思绪所召唤……

诸如此类的词句。你能领会大概的意思。
在早期，我试验了一些传统的艺术——绘画、木刻画、陶艺和铜版画。
但是我没有在其中任何一项展现出一点点才能的火花。
比尔·亨特是我在帕特尼的艺术老师，他曾经这样评价我的艺术实践：

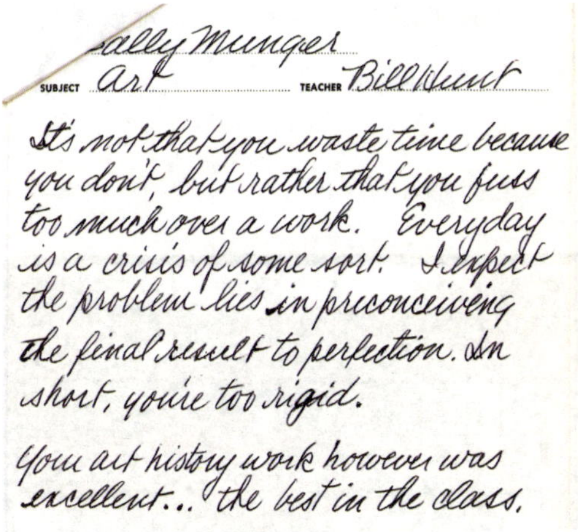

ally Munger

SUBJECT Art TEACHER Bill Hunt

It's not that you waste time because you don't, but rather that you fuss too much over a work. Everyday is a crisis of some sort. I expect the problem lies in preconceiving the final result to perfection. In short, you're too rigid.

You art history work however was excellent... the best in the class.

莎莉·曼
科目：艺术　教师：比尔·亨特
我并不是在说你浪费了时间，因为事实上你没有。但是你在一件作品上花费了太多的精力。每一天都似乎有某种危机。我期待你能够预见最后的结果并使其完美。总的来说，你太拘谨了。然而你的艺术史作业却非常杰出，是班上最好的。

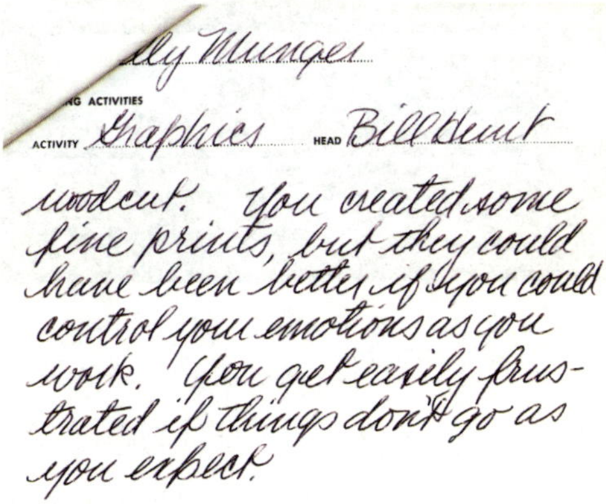

lly Munger

NG ACTIVITIES

ACTIVITY Graphics HEAD Bill Hunt

woodcut. You created some fine prints, but they could have been better if you could control you emotions as you work. You get easily frus-trated if things don't go as you expect.

莎莉·曼
活动：制图　教师：比尔·亨特
木刻画。你创造了一些很棒的作品，但如果你能够在创作过程中更善于控制自己的感情，结果可能会更好。一旦事情没有像你想象的那样进行，你就很容易陷入焦虑。

讲得太对了，比尔。

而接下来的就是摄影。

下面这段文字，是从我 1969 年 4 月自帕特尼给父母寄的一封潦草而兴奋的家信里摘抄的。当时，我刚刚冲洗完自己的第一个胶卷，那是春假的时候在罗克布里奇县用父亲给我的旧徕卡Ⅲ相机拍的。

我刚刚从暗房凯旋。学校里最好的摄影师帮助我冲洗了胶卷。我和他都对冲洗的结果非常满意。有许多照片拍摄的是木板纹路、剥落的墙漆纹理、一些藤蔓和农场上的老机器，但是照片的构图、景深和焦距都非常棒。我充满了幸福与骄傲，简直欣喜若狂……这令人太难以置信，虽然也许这是侥幸，但是真的非常令我兴奋。天啊！！

下图是第一个胶卷里幸存下来的接触印相小样。

或许是我那天晚上太过兴奋，又或许是当时的期待值并不那么高，总之，当我以现在的眼光去审视这个胶卷，不免带了一些优越感，觉得看不出它到底有什么值得当时的自己激动的。但同样的，当年那个疯女孩在冲洗完自己的第一个胶卷后写的那封信，也不应当受到我的嘲笑。

因为直到现在，每当冲洗胶卷时，我的内心仍然一直是当年那个雀跃的女孩。当你手握着一卷出色的负片，把它用定影剂浸湿，再举到灯光下时，没有什么比这件事更让人感到心情激荡的了。关键的一点是，你甚至不需要一卷真的出色的负片去感受这种快乐。任何一卷负片，都会同样地震颤你的心灵；就如有人曾经说过的那样，对于艺术来说，你所需要做的最重要的事情就是出现在那里。最难的部分其实在于把相机摆在三脚架上，或是决定把相机从车里拿出来，或是仅仅把相机举到你的脸前，心里相信当你做出这些举动时，你眼中看到的任何事物，那里的任何事物，都会被呈现得美妙无比。

然后，当你得到想要的东西时，即使它仅仅是一个侥幸之作，一个如德·库宁所说的“灵光闪现的顿悟”般的产物，你仍然创作了某些东西。也许你创作了一件平庸的作品——任何艺术家的橱柜里都藏了一大沓那样的作品——但是平庸之物仍然好过一无所有，而通常这些被我称为“几乎差点命中”的作品，会引导着你，在某个毫无预期的时刻带你成就完美之作。

于是，17 岁的我，把手中湿答答的负片举到灯泡前，用欢快的语调向父母诉说内心沸腾的情感。也许当时我还不知道，但是我其实在那时就发现了会贯穿我一生的艺术激情。在那之后，我以一种与众不同的方式一头栽入对摄影的热情中，这种热情是如此狂热，简直显得有些戏剧化。我沉迷于创作之中——缺少睡眠、焦虑异常、自我怀疑，同时追求完美及对神的亵渎，简直就如追求一只蜂鸟和推土机之间的荒谬杂交一般。

说实话，和现在的我相比，那时的我并没有什么不同。

我的写作老师雷·古德拉特（也就是那个设法让我进入帕特尼学习的行政主管），在他那字迹模糊的帕特尼学校报告中预言了我今后的杰出成就：

> 你已经发起了一个持续一生的写作计划。我感到非常荣幸，能够读到你在这个进程中的文章。你的头脑出色异常，且富有批判眼光，使你能够作为创造者获得更高的才能……你是那一类让语言得以继续流传下去的人。我期待读到你接下来的作品。

发现写作与摄影这两项被上天赋予的使命，以及在学业上取得成功的喜悦，似乎应该让我的叛逆不羁与倔强的性情得以收敛，即使它们已经塑造了我到那时为止的生活。

然而事情并没有真的像那样发展。

我抽烟、喝酒、逃课、偷偷溜出学校、吸毒，闯入宿舍的厨房储藏室偷走几升的冰激凌，在图书馆的地下室里和男朋友亲热，搭车到镇上甚至到 I-91 公路更远的地方，而且在被抓现行的时候总能狡猾地想办法从中脱身。

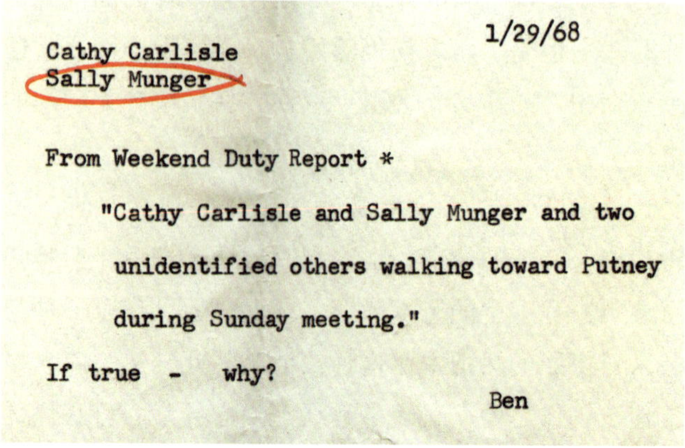

Cathy Carlisle
Sally Munger

1/29/68

From Weekend Duty Report *

"Cathy Carlisle and Sally Munger and two unidentified others walking toward Putney during Sunday meeting."

If true - why?

Ben

我对学校要求做的农活表现出恶劣的态度。

WORK JOB REPORT

Name: *Sally Munger* Work Crew: *Lawns + Grounds*

Date: *June 10, 1969*

Quality of work:	☐ Satisfactory	Unsatisfactory ☒
Quantity of work:	☐ Sufficient	Insufficient ☒
Supervision needed:	☐ Some direction	Constant direction ☒
Punctuality:	☐ On time	Often late ☒
Care of Tools:	☒ Adequate *(Never used any)*	Careless ☐
Cooperation:	☒ Works well with others	Distracts ☐

Comment on the following where appropriate —

Shows interest in work — *None*

Attitude — *Lousy*

Resourcefulness — *None*

Cooperation with head — *Sometimes*

Good example for others — *Definently not*

Shows improvement — *Never*

Other Comments — *Good luck next year!*

似乎没有必要对当时的情况遮遮掩掩，加以粉饰——我仍然是一个不折不扣的问题少年。

有那么一两次，我卷入真实世界的大麻烦中，那些麻烦使我险些不能用平常的油滑方式脱身。有一次，在去见哥伦比亚大学的男友时，我顺手牵羊地在梅西百货店偷了一件女衬衫。我偷窃的手法粗糙极了，就和那次我把几升的冰激凌藏在冬季披风下面一样。毫无疑问，我马上被发现了，并立刻被带到了地下室里。在我充满戏剧色彩的回忆里，我经过了一连串好莱坞电影里才有的审讯室，它们的墙壁漆成比橄榄绿还重的灰绿色，屋顶上吊下来的灯泡照着房间中央一张孤零零的木桌。当我被带着经过那些房间时，浑身害怕得发抖。最后我被带进一个小而拥挤的办公室。保安部门的长官是一个前纽约警察，他垂下眼皮盯着我，指间夹着一根燃烧的香烟。

毫无疑问，他对我这种类型的人很熟悉。在一声轻蔑的嗤笑后，他让我明白了他对我们这种人的想法。我慌乱地闪躲着目光，用柔软的南方口音和呜咽的声音请求着，我试着说了“可是，我只是一个可怜的阿巴拉契山来的女孩……”那一类的话语，而他在我说到一半时就打断了我，讽刺地替我接了后面的句子：“……我只是刚好上了东岸最昂贵的寄宿学校。”我的内心当时就像一块一美元的廉价手表一样碎成了一片片：我完蛋了。我一点都不害怕这个前警察，或是纽约的法制系统。我害怕的是这个会讲话的“干冰”会拿起电话，打给我的父亲——我那黑白分明、不讲中间地带、无比道德正确、容不得半点模棱两可的借口，最讲究操行端正的父亲。

那个前警察当然知道我心里在想什么，并以此戏弄了我一段时间，就像一只吃饱了而兴味索然的猫逗弄一只老鼠那样。然后，他从嘴角扯出一抹出乎我意料的长辈般的疲倦微笑，站起来摁灭了香烟，并把我从地下室带到了百货店的主入口。直到我穿过旋转门走到大街上为止，他的眼睛都紧紧盯着我。

后一次卷入令我害怕到牙齿打架的大麻烦的时候，我拿到了一个据说是陶氏化学公司的信用卡卡号，可以用来支付我和纽约的男友之间的长途电话账单。我们这些反战激进分子对陶氏有着理所当然的憎恨之情，在我看来，用他们的信用卡来给自己的电话账单买单没有什么不妥。毕竟，据说陶氏还用燃烧的胶体活活烧死小孩呢。和那种程度的邪恶行径相比，几个小小的电话账单又有什么了不起的呢？

何况，他们永远都不会真的来抓我。

当然，当我现在在日记中找到塞在里面的这封信时，我注意到电话操作员的名字（译注：曼女士）带着多么讽刺的巧合。

我的父母一直都充满了浮夸的正义感，毫无疑问他们替我交了罚款，并狠狠地惩罚了我。在我毕业后回到家中的两个星期间，他们让我像一头租来的骡子那样拼命工作，拖拉着身体在多刺的灌木丛和山坡间跑上跑下。

我在帕特尼甚至还惹出了和摄影相关的麻烦。这件事恰好发生在和电话账单事件差不多的时候，大约在毕业前的一星期左右。那是一个美丽的下午，我将自己的第二个胶卷放入徕卡相机中，和朋友基特与凯文

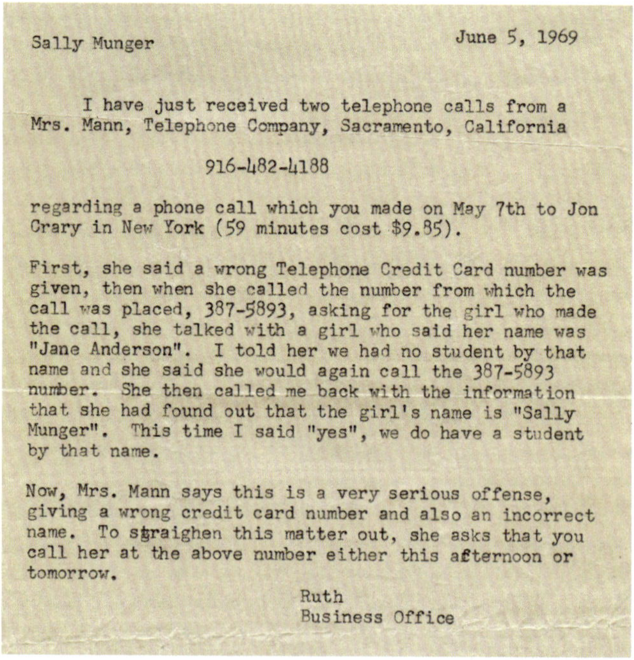

Sally Munger June 5, 1969

I have just received two telephone calls from a Mrs. Mann, Telephone Company, Sacramento, California

916-482-4188

regarding a phone call which you made on May 7th to Jon Crary in New York (59 minutes cost $9.85).

First, she said a wrong Telephone Credit Card number was given, then when she called the number from which the call was placed, 387-5893, asking for the girl who made the call, she talked with a girl who said her name was "Jane Anderson". I told her we had no student by that name and she said she would again call the 387-5893 number. She then called me back with the information that she had found out that the girl's name is "Sally Munger". This time I said "yes", we do have a student by that name.

Now, Mrs. Mann says this is a very serious offense, giving a wrong credit card number and also an incorrect name. To straighen this matter out, she asks that you call her at the above number either this afternoon or tomorrow.

Ruth
Business Office

（暂且那么称呼他）走入学校附近的一片松树林中。在那儿，他们把衣服剥得精光，让我给他们拍摄了几组完全无害的人体照片。我只拍了 24 张照片，其中 8 张是基特单独一人躺在树林里。这些摄影的初衷是模仿我最喜欢的一张照片，那张照片是温·布洛克拍摄的，并曾经收录于摄影展“人类一家”中。布洛克照片的内容，是森林里的一个赤身裸体的小孩，他的身体在照片上散发出明亮的光。拍完以后，他俩穿上衣服，我们三个人一起坐下来开始干真正的“正事”，那就是卷香烟和畅饮甜到令人窒息的雪利酒，装酒用的陶土罐还是我在陶艺课上做的。

出于我性格中不幸被延续至今的那份天真无知，我从未去想过，除了表现人物的甜蜜沉思外，那些图像还能带有别的任何含义。实际上，那也的确是这些照片唯一想要表达的东西。基特和凯文那时是那么美，阳光在铺满针叶的大地上点缀出斑驳的影子，而我则沉浸于成功冲洗出第一个胶卷的喜悦中。照片中没有任何东西描述了对性的暗示。

那么，你也许会疑问，为什么我没有像原本计划的那样，在这里展示这次摄影的照片小样。这是一个很有意思的问题。

而答案的关键，一如既往地建立在摄影艺术的力量、不稳定的诠释性与多样的危险性上。在我为本书做准备的过程中，我曾经联系了基特和凯文，征求使用这些照片的许可。已经是一位半退休状态的医生的基特轻松愉快地同意了我的请求，并说那是她的荣幸。而事情到了凯文那儿就有些麻烦了。最开始，他非常高兴收到学生时代伙伴的联系，但在他仔细考虑我的提议后，想法就改变了。在他给我的信中，他说自己已经不再是一个无忧无虑的年轻人，而且他现在“在一个大企业上班，同事之间争权夺利，人事关系相当复杂”，并且“那些照片可能暗示了即将发生，或已经发生了的未成年人间的性行为”。

所以，出于尊重凯文的想法，避免他被误解成一个 45 年前有过未成年性行为的人，我不会在这里向你们展示那些柔和而显然不具有性意味的照片，那些我决定在那个春天的帕特尼冲洗出来的照片。

那些照片在当时对我造成了一定程度的影响：在 36 小时之内——虽然已经不是第一次了——我被叫到校长本·罗克韦尔的办公室，坐在了紧皱眉头的他跟前。我并不惊讶地发现摄影老师埃德·肖尔就是举报我的人。他曾经在几星期前对我的作品上交了如下的报告：

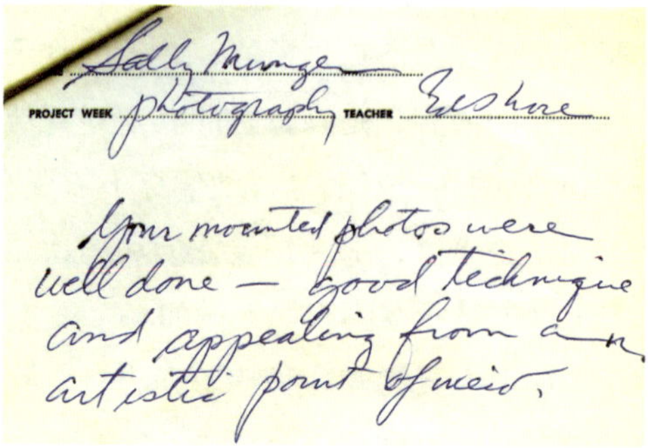
Sally Munger
PROJECT WEEK photography TEACHER Ed Shore
Your mounted photos were well done — good technique and appealing from an artistic point of view.

莎莉·曼
周项目：摄影　教师：埃德·肖尔
你的摄影完成得不错——很有技巧，从艺术角度来说很吸引人。

由于过于敏感和没有安全感，我感到这句评价平淡无奇，甚至觉得“从艺术角度来说很吸引人”读起来带了点轻蔑的口吻。

肖尔之所以举报我，除了他觉得我摄影的主题不妥当以外，估计还有指控我行为不检的意思。虽然后者不算是毫无道理，但为了那个完美而纯洁无瑕的下午，我在办公室里激烈地否认了这项指控。

我坚决地否认，再加上我使用了一些个人魅力，终于使严厉的校方在毕业时撤回了让我退学的威胁，我的脑海里简直响起了巴赫的《圣母颂》。

在我的一生中，有好多次这类戏剧性的转折，使我得以在道德的世界里被允许绕开正义的大道，获得一张小路的通行证。也许仅仅是因为我太过好运，又也许在冥冥之中，日后的赎罪提前允许了我早年的绕道而行。我曾经是如此的令人棘手，顽劣放纵，且无比叛逆，但在侥幸从帕特尼毕业的 6 个月后，宇宙指给了我早年所有劣行的赦免之路，让我遇见了拉里·曼。

所有那些说我是有天赐的运气才能遇见拉里·曼的人都是对的。

4
曼这一家

从帕特尼毕业后，我渡过了一个刚愎任性而充满诗歌的夏季，还跑去墨西哥拍照。之后，我便去本宁顿学院注册报到了。当时我心里估摸着，那所学校肯定与帕特尼差不多，只不过是地理位置相差了七八十千米罢了。当然，对于要搬到北方去的这件事，我并不觉得有多兴奋，只是听说那个地方起码比较安静，至少与萨拉·劳伦斯或巴纳德学院相比是这样。对于当时的我来说，这两所学校的位置都太过城市化了一点。

在 1969 年圣诞节的时候，我轻车熟路地乘坐皮德蒙特航空到了小小的维耶尔洞机场。我回到了家，并且终于见到了拉里。在 3 个月前的那个下午，他举起了那块石头，使我们的生命发生了天翻地覆的变化，而在当时我们对命运的安排尚一无所知。我当时的男友来自列克星敦，他所居住的农庄有一个非常奇怪的平面布局。一天晚上，我坐在他的床边，突然间陷入了一种恶魔般的坏情绪当中。就在那时，我瞥见了拉里穿过房间走向公共浴室的身影。当时的我根本不知道他是谁，甚至他也没有朝我的方向看，但是我的目光就那么跟随着他，眼里一定闪烁着温暖的、充满兴趣的光。6 个月以后，我俩就结了婚。

关于拉里过去的一切，无论是他在马背上的历史，还是其他所有事情，几乎都和我的生活截然相反。我在乡下的成长时光是一半放任、一半被忽视的。而与我相比，拉里则从小生活在康涅狄格州的新迦南郊区。他的童年充斥着来自父母的巨大压力，总是要为了提升社会地位而努力，满是尴尬的回忆。当时还是一个小孩的他，常常身穿笔挺水手服和缀着黄铜纽扣的对襟夹克，还打着领结。

为了显示一下对比，右侧这张图是我在同一时期的样子。

当我 18 岁遇到他的时候，他已经拥有 5 套定做的燕尾服了。其中有几件白色的，属于日常穿着的那种（很显然世界上居然还有平日就能穿的燕尾服），还有一件黑色有尾巴的燕尾服。在他的衣橱里，浆过的衬衫一件件宛如社交用的甲胄一般挂着，衣橱的抽屉里塞满了装着雕花袖扣的蓝色盒子，以及一些难看得要命的马德拉斯薄棉宽腰带。

从 14 岁起，拉里就被教育要给人递上押了花的蒂芙尼名帖。此外，他那纯银的梳子上还有他的姓名缩写。事实上，不仅仅是梳子而已，几乎他的所有物件上都有姓名缩写：布克兄弟牌衬衫、床单、毛巾，甚至于浴巾，所有的都通通有姓名缩写。事实上，这些东西的品质的确优良。比如下页的这块毛巾，在 50 年之后仍然被我当作暗房的毛巾来用。

打从他长到了可以自己站着撒尿的年龄起，家里人就开始给他安排舞蹈课和礼仪课程。接着，他们又陆续请来了钢琴家教、网球家教、游泳家教、滑雪家教，还有美术家教。他的父母为了让拉里看上去像个出生在上流社会的孩子，要求他能够背诵埃米莉·波斯特的作品。而所谓的背诵，意思是连作品中的注脚都需要如数家珍般熟悉。年少的拉里不但知道如何得体地付给歌剧院厕所服务员小费，知道如何恰当地使用晚

宴中的每副刀叉，还知道如何优雅地在乐曲开始后进入舞池。当然，他的发音也完美无比。

这些规矩当中的大部分，都是他的母亲罗丝·玛丽强行灌输到他身上的。罗丝·玛丽是一个强势的女人，她身形高大，即使是在拉里那身高 1.98 米的父亲面前，也不会被丈夫的气势所压倒。她的长发原本乌黑柔亮，到了中年以后，又渐渐长出了引人注目的银色额发。

她听起来似乎已经挺不好对付了，但当她开始狠狠教训拉里的时候，下手真的不轻。当然，在一开始她还不是这样的。事实上，在我们留下来的一些关于她的老照片中，她看起来只是一位美丽而苗条的年轻女子。但她的一生背负着一种属于自己的原罪。罗丝·玛丽出生于1925年，生母是一位来自小石城的年轻未婚的女人。所以打从她一出生，她所面临的就是被遗弃和被领养的命运。本来若仅是这样，似乎还不会造成太大的问题；但出于某种缘故，她的养母又在几年以后把她过继给了自己的妹妹，就像甩出一件二手的旧洋装那样。

虽然这仅是我的猜测，但兴许这便是她喜欢举着大木勺狠狠责打拉里的原因。另一个可能的原因，则是在她搬到了芝加哥，且爱上了那儿的爵士乐以后。她年轻自负的医学系男友（也就是后来的沃伦·曼）坚持要她扔掉她所有心爱的78转爵士唱片，扔掉所有过往时光的美好回忆，去好好地学习如何当个医生太太——在这种状况下，也难怪她后来在打儿子时下手重了一点。

但是在他们结了婚以后，很难说夫妻俩哪一个更汲汲营营于提高自己的社会地位。他们在这方面基本上可以说一样的争先恐后，拼命想爬上更高的阶级。沃伦自己是一位前途光明的年轻心理医生。在拉里年纪尚小还不懂得在挨揍时反抗的时候，沃伦·曼医生的事业正处于充满了挑战，且前景一片光明的时期。显然，他也很享受这种日子。他平时与一些身居高位的格林尼治或新迦南的社会名流来往，偶尔也看看他们的小小病痛。至于罗丝·玛丽，即使是身处于充满社会阶级意识的新迦南，她也展现出令人吃惊的高度阶级敏感性。而她对于自己那阴暗而不起眼的出身，则抱着深深的心结。

无论使她愤怒的原因到底是什么，她常常在拉里身上发泄怒气。在我开始见到拉里的时候，如果我突然把手伸向他的脸，他仍然会不由自主地后缩。听说，早年在家族晚餐的时候，要是他胆敢把手肘摆在错误的位置上，妈妈就会拿叉子刺向他的手。直到今天，那张樱桃木的餐桌上还留有小小的凹痕，证明着小拉里反射神经的灵敏。

当时的拉里，身形瘦长而形单影只。他对人过分有礼，且在家里受

到过于严格的管教。他痛苦地意识到了父母对他所怀抱的意图，以及他们明显的野心和操控人的手段。若用他自己的词来形容，当时他活得就像一个囚徒，且像所有的囚徒一样，他也有一些巧妙的方式来保持一定的独立性。例如有一段时间里，他被允许单独去上学，但是同时，母亲对他的穿着却十分执着，经常把他打扮得像一个小公爵那样。为了能适应学校的环境，他会在走出家门不远后把一身的盛装脱下来，换成事先藏在灌木丛下袋子里的衣服，然后在回家的时候再以同样的方式换回来。

一般来说，如果他不在学校，也不接受课后辅导的时候，他总会被父母关在家里，以避免他受到外面世界的影响。但是这种做法也有一个致命的漏洞，那就是当他独处于房间里时，还是发现了属于囚徒的宝贵天光：就像是在囚室的墙上发现一处缺口，或是一把仔细藏起来的锯子那样，他在书中获得了自由。

在购买大英百科全书时，他的父母也顺道买了《西方世界的 54 本重要读物》作为家庭图书馆的装饰。当时他们没有意识到，在那闪闪发光的皮革与烫金封面之下的文字中，其实埋藏了无限的可能性。于是，拉里以一种高度系统化的方式，把所有这些书都读遍了，包括荷马、索福克莱斯、柏拉图、亚里士多德、乔叟、莎士比亚、弥尔顿、洛克、黑格尔、梅尔维尔、托尔斯泰、克尔恺郭尔、尼采、狄更斯、马克·吐温和海德格尔。这些伟大的思想打开了一扇门，让拉里瞥见了他在法律界的未来，虽然在当时他还并未意识到这一点。上了大学，他主修了哲学专业。当时，托马斯·杰斐逊发起了一个资助学生的计划，所针对的对象是想要成为律师的贫困但自律的弗吉尼亚州学生。在那个计划的帮助下，拉里终于在三年的法律学校学习后，成为一名律师。

拉里花了很长的时间，在艰深的法律书籍中准备他的未来。当时，他会埋头在书本里，直至午后阳光透入窗帘的光束逐渐拉长，外面孩子们玩耍的声音逐渐平息。有时他专注得都听不到母亲的提醒，她是催促他换上每日例行的正式晚餐服装。沉浸在这令人振奋的思想世界里，他终于首次尝到了自由的滋味，同时也学会了享受孤独，学会了如何论证、如何仔细地阅读，还习得了观察与聆听的艺术。

如果仅是看拉里父母分配资源与时间的方式，你永远都不会发现在曼的家庭里其实有两个儿子，那就是拉里和小他两岁的弟弟查德。

显然，拉里的家庭选择了把栽培儿子的心力专注于他一人身上。可能是因为他长得特别英俊，比较听话，且在社交场合中能展现出自然的风度。在他家一进大门的地方，挂着一幅拉里骑在马背上的大型肖像画。那幅画有着镀金的边框，风格是旧时代宫廷画家所擅用的那种过分媚俗的肖像画调子。在整个房子里，根本找不到家中另一个孩子存在的蛛丝马迹。没有任何的照片或奖杯，也没有裱在框里的文凭之类的东西。其实，查德也常常挨妈妈打，但是他挨揍的状况要稍好一些——因为他戴眼镜，所以逃过了挨巴掌的命运。拉里就常常因为挨巴掌，而不得不顶着通红的耳朵和嗡嗡响的脑袋去上学。虽然不挨巴掌，但查德也未能幸免于被长柄勺打和被扫帚揍的经历。所幸除了挨打之外，其他的方面查德基本上都被忽视了。在某种意义上，这也是一件好事。

曼的一家人之所以醉心于马术，主要是因为这既能炫耀他们英俊的儿子，也能用于结识适当背景的人。每天下午放学后，拉里的母亲会松松地围上一条爱马仕丝巾，然后开一辆敞篷车来接他去牛岭狩猎俱乐部接受顶级教练的密集训练，其中包括花式骑术和跳跃训练等。事实上，拉里很喜欢骑马，甚至也喜欢那些花哨的马术表演。像我一样，他发现在马背上的时间在某种程度上几乎有着疗养心灵的效用，尤其是那些不那么复杂的训练，或打马球、猎狐，甚至只是单纯地在煤渣路上纵马疾驰。

当他的母亲在俱乐部酒吧里喝着马提尼酒时，拉里会偷偷和社会地位较低的年轻人混在一起。这种来往通常是被家里严格禁止的。慢慢地，他越来越清楚地意识到，自己打从出生起就陷入了一个恐怖的陷阱里。但即使到了接近 20 岁的时候，他仍然表现得相当顺从。他会乖乖地护送有钱人家的女儿到丽思饭店参加舞会，而与此同时，他的母亲则以一种如西班牙征服者寻找印加帝国的黄金般的决心，把所有狩猎俱乐部和社交名簿都翻了个遍，希望能找到个合意的富有媳妇。

毫无疑问，对拉里的父母来说，拉里在 1970 年带回家的女友完全不够格。

“这么说，她念的是本宁顿学院？”他们充满怀疑地问道。对于我们的恋情，拉里父母充满了排斥，仿佛我是拉里从巴吞鲁日郊外的麻风病人隔离区捡回来的似的。对他们的问题，拉里以一种坚定而顽固的态度回答道：“是的。”由于他意料之外的反抗态度，他们极其勉强地邀请我上门做客。于是，我们在复活节期间去他家拜访了他的父母。他母亲在我房间的床上放了一件莉莉·普利策牌的洋装，好让我换掉牛仔裤和靴子。我当时就在心里认定，这个女人是个彻头彻尾的混蛋，而且我可以确定她对我也是这么想的。

在复活节晚餐的那个下午，我们宣布了会在6周之内结婚的消息。他的父母和祖父母听了都忍不住流起泪来，不得不离开餐桌。当我们看向查德时，他向我们挑了挑眉毛，微微一笑，然后继续用勺子往盘里舀薄荷果冻并吃了起来。于是我们也像他一样继续吃了下去。当天晚上，拉里从他的卧室跑到我的房里来，在次日早上离开以前，我们还特地做了几次爱，闹出很大的动静。后来我们才知道，在那个星期之后，他的父母约见了律师，把拉里从遗产继承名单上剔除。

来自拉里父母的反对反而增强了我们的决心。并且，因为这不受认可的爱情，我们倒体会到了违禁的快感。我们的婚礼准备得相当简单：我们在本宁顿附近的埃德·莱文珠宝店里买了一对简单的金戒指，我自己设计了一袭典雅的棉制礼服，并请了当地一位女裁缝帮我做好。我父

亲也拿出尘封已久的林哈夫相机，拍了几张照片，而拉里的父母则不那么情愿地把其中的一张放上了新迦南的报纸。

没能登上报纸的那张照片，是真真正正的肖像照。它捕捉到了婚礼前一周的那种神秘的、戈莱特丽一般的感觉。并且，父亲还让那条名叫“塔拉”的大丹犬出现在了背景里。在我父母结束婚姻后，父亲开始带着塔拉一起生活。对母亲来说，抚平她伤痛的方式，就是跑到舍韦尔先生的店里，买回了那里最大的一台真力时电视，并搬到我原来住过的卧室去，以表达对父亲的蔑视及对家中禁止电视的反抗。哥哥克里斯和我把电视出现在家里的日子标记了起来，象征曾经家庭生活的终结，这也是母亲丧失她头脑敏锐度的开始。

与此同时，拉里的父母顽固地抗拒参加我们的婚礼。为了确保我们领会他们的意思，每次在通电话时，他们都会以“别有一丝幻想我们会来你们的婚礼”这句话作为打头。而毫无疑问，他们一定也感到了我们

对此并不怎么在意。

然而他们还是来了。婚礼定于6月20日举行。在那一日的两天前，他们向我们宣布会参加我们的婚礼，然而，用他们的话来说是因为“灌下了一整袋的安眠药”。我虽然担忧他们会使我们的婚礼没那么好过，但是冷静下来想，他们还是非常克制的，有点强颜欢笑。在婚礼前一天的晚餐时，拉里的父母以戏剧化的方式向所有人宣布了他们给我们准备的结婚礼物——一辆汽车。桌子上的气氛顿时欢快了起来，还带有了一点轻松的气息。看起来，他们终于接受了我与拉里的婚姻，决定祝福我们这令人失望的结合。

黄昏之后，婚礼在我父母的花园中举行。这是一场低调的婚礼，来参加的只有两边的家庭和一些好友——最多不过二十几个人。起先，因为我们的结婚誓词中没有提到“天父”或“圣灵”，我们很难找到证婚人。为了解决这个问题，我们先在誓词中加了一句爱德华·埃斯特林·卡明斯的诗“为这最为美妙的日子，感谢上帝”，以满足对出现“天父”的要求。然后，我们又在誓词中加了他那句“那翠绿而跃动的树之精灵”，来解决“圣灵”的问题。卡明斯的诗宛如出自孩童，缺少标点和大写，而这也成了他诗歌的标志。他对自然“无限与真实”的赞美，恰如其分地体现了赤足婚礼纯真的本质，还有我和拉里满怀青春的希望，以及当天纵情欢愉的氛围。

这场婚礼的神圣，还在我们的证婚人大卫·斯普朗特的身上得以体现。他仿佛就是上帝和连载漫画中的帕克法官与《杀死一只知更鸟》的主人公阿迪克斯·芬奇的光辉后代。

在证婚之后，我们举行了一个小接待仪式。照片上，和查德一起站在左边的就是拉里的父母。虽然对于他们来说，新姻亲一家不仅社会地位微不足道，品位古怪，而且在政治上追求他们所厌恶的自由主义。但起码在那短暂的一刻，他们总算决定屈尊降贵地和我们一家出现在同一个画框里。

在我们的眼中，那一天堪称完美：低调、适度，且非常放松。何况，我母亲在婚礼完毕之后愉快地告诉我们，整个婚礼花费还不多——那一大块法国布里干酪已经是其中最昂贵的东西了。

之后，我们在莫里的小木屋里度过了蜜月。

虽然婚礼本身开销很小，但是我的父母慷慨地给了我们1000美元的支票作为结婚礼物。这笔钱就是我们当时所有的财富，我们立刻把它存进了新开的共同账户里。对于当年分别才19岁和20岁的我们来说，这是一笔相当可观的财产。现在的我，已经经历过了数次财务危机。当我回首过去，一想起当时那对乐观到可爱的年轻新人，如何被那笔财富冲昏了头脑，便禁不住悔恨不已、摇头叹息。

当时，我们仍然期盼着拉里父母曾经承诺过的汽车礼物。婚礼过后的几个月内，我们找到了觉得合意的车子：它是一辆前轮驱动的二手萨博旅行车。加上税以后，汽车的价格约990美元。对我们来说，它简直完美极了。于是，我们立刻打电话给拉里的父母，告诉他们这个选择。在电话里，他们用轻飘飘的口气回答道："直接买吧，我们回头会把钱转给你们。"

我们本应当预料到接下来会发生什么，毕竟他的父母仍然迫切地想要破坏我们的婚姻。但是当事情真的发生了的时候，我们还是受到了极大打击。那时，我们在电话里询问他们何时能将钱转给我们，他母亲当时的声音是那样冷酷无情，使我至今都难以忘记。她以充满嘲讽的语气和老掉牙的句子回答道："噢，拜托，你们不是真的以为我们会……"

我们遭受到了如此的背叛，它给我们带来了一系列财务上的问题：我们的新婚账户里只剩下10美元了。虽然如此，我们还是勉力支撑了下来。在那次的事件后，拉里的父母仍然使用一切方法来破坏我们的婚姻。例如，他们会送给我们一组昂贵的切肉刀叉——这刀叉是为了切割那种浮夸的福斯塔夫式的肉而设计的，我们根本负担不起。在他们送这种礼物的时候，心里一清二楚，我们住在地下室的公寓里，日常伙食不过是一大袋十多千克重的大豆，这袋大豆同时还承担着豆豆椅的作用。

在那些艰难岁月里，我们顽强地坚守彼此：他们绞尽脑汁想分开我们，我当然不会让他们得逞。我们一直一贫如洗，而出于我至今仍不太明白的某种原因，我的父母除了再支付我的学费和一小笔伙食与住房费用以外，从来没有出手援助过我们。现在回溯过往，我相信曾经经历的这一切都让我们两人更加强大，但这并不是说那些苦难的日子有任何乐趣可言。

我们结婚 7 年以后，在 1977 年 7 月 21 日的晚上，拉里的母亲从床上起身，跨过了扔在地板上的毛糙的黄色底裤，走到了房间另一侧的衣橱前。她从里面取出了一把史蒂文斯牌的 410 式单筒猎枪和一盒子弹。然后她回到床上，在自己的那一侧坐下。她丈夫正在床上睡着，身上盖着一张夏天的薄毯，高高拉起到下颚下方。他仰面而躺，左脚随意地搁在右脚上。她打开枪的弹膛，装上一发子弹，再“咔嗒”一声关上了它。然后，她把枪口紧紧按在丈夫头的后部，耳朵与中线之间，一枪把他的脑浆崩在了头颅的另一侧。

我们后来曾经疑惑，拉里的父亲是否在那一瞬间听到了弹膛合上的“咔嗒”声，或是曾在冰冷的枪口顶上脑袋时，迷迷糊糊地睁开了眼睛。我们还曾想过，在那一声震耳欲聋的枪响后，拉里的母亲在被血气熏得粉红的房间里坐了多久。枕头和床单上已是一堆模糊的血肉和骨头，她丈夫的右侧鼻孔里流出一道深色的液体。从后来的犯罪现场照片来看，他的脸保持了相对的完整，除了微睁的左眼显露出了一抹死白的浑浊眼珠以外，看上去几乎就是一个酣睡着的英俊男人，额头上还温和地垂着一缕超人式的小发卷。

在警察局一沓沓的调查报告中，有一件让我奇怪的事：在拉里的母亲开枪以后，她曾捡起了地上的那枚仍然温热着的弹壳，并走到房间的另一侧，把它扔到了垃圾桶里。似乎对她来说，即使在那般混乱的犯罪现场中，地上的一枚废弃的弹壳仍然太过不整洁了一点。

没有人知道她花了多长时间才上膛了第二颗子弹，并把两个枕头垫在自己的脑后，让自己的上身能微微抬高。她把枪杆放在两腿中间，并把枪管含在嘴里。当她用左手大拇指扣下扳机之时，弹片猛然射入了她的脑门。

案发之后，空调整整运转了三天，直到他们的一个朋友偶然路过没有上锁的前门时，听到楼下跑来跑去的德国牧羊犬饿到发狂的吠叫声。警察来了以后，想法把牧羊犬关进了厨房里，上楼时发现了尸体。

次日，我们到达了他们的房子以后，发现除了尸体和床单以外，什么都没有移动过。客厅的地毯上染着被爪子扒乱了的狗屎印子，地毯上放着几星期未拆封的邮件，按日期分成了几堆。窗帘保持着几个星期以来放下来的状态。对我来说，最让人觉得心里焦躁不安的是楼上躺在地板上的那条底裤。是不是为了作为她自杀想法的印证，她没有在走向衣橱的路上用大脚趾把这条底裤踢到一边？又或者，这是为了表达她最后一个“去他妈的”的想法？

浴室的状况也赤裸裸地满是“去他妈的”的意思。去他妈的，这无比渴望却永远都无法融入的新迦南上层社会；去他妈的，这乡村俱乐部和丈夫的医生名望。浴室几乎被处方药瓶淹没了，许多药瓶都是空的；镜子后面的药橱也微微敞开着。浴室里的一个极深的多层衣橱与外头大厅里的橱子里也堆满了两个人一生也用不完的处方药。

然后她说，去他妈的，并在床边的书里头专门夹了一封信。若这封信件作为证据，它的内容实在隐晦到令人沮丧。虽然被新迦南的警察给忽略了，但这封信其实暗示了拉里父母的死亡有着更多不为我们所知的隐情。信封的正面染着斑斑血迹，上面是以充满自信的女性笔迹写下的“罗丝·玛丽”。在信封翻开的背页上写着“答案在垃圾筒下面？如果电话里听不明白，我会从那里回答”。

下面是信件的内容：

罗丝·玛丽——

今天我从保险箱里取出了1500美元——我曾担心，该如何以支票的形式从我父母而不是我那儿取得这笔钱——所以，就如你所想的那样，我会在星期一以现金交给格莱泽先生，就说我家里寄来了一张1600美元而不是1500美元的支票，所以我不得不把它兑成现金。

(1) 这是否和你的建议一致？

我有些担忧保险箱里剩下的钱，不知道它们会不会被人检查——

(2) 你觉得我是否应该在早晨把它取出来？

(3) 也许应该在邮局办一张保付支票或者汇票，并寄给汤米？

(4) 又或者，我该从银行取张总支票？给他们现金？如果你觉得这样比较好的话，我宁可就这么办——

我写下了以上四个疑问，你可以告诉我好或不好……或者你可以给我留一个字条，我周六早晨早些时候会去取它。

这封信没有署名。

当时，我就这件事询问罗丝·玛丽的朋友们，但是没有人认识汤米和格莱泽先生，也没有人认得出那个字迹，我们也没有在她的名下找到保险箱。我的猜测是，她当时不知怎么地卷入了贩卖药品的事情中，但是新迦南警察局里没有人想要调查这件事。而对于我和拉里来说，这件事本身已经有足够多需要承受的了。

事实上，我们受到的打击如此重大，以至于连那些最简单、最基本的事都做不了。举个例子来说，虽然从现在的角度看非常不可思议，但是当时我脑子里都没有出现过要拍张照片的想法。那个周日的下午，当一个朋友通知我们这件事时，我俩正在小木屋边轮流朝着河水荡秋千。我几乎可以确定当时相机就在小木屋里，但当我们第二天早上急匆匆地离开小镇时，我却没有想到要把它塞到包里。如果能有张照片拍下那阴暗而被狗屎抹脏了的客厅，或是那条底裤，或是那塞满了药瓶的橱柜，那么就能够非常直白地描述出这背后的整个关于药品上瘾的故事了。作为一个摄影师，我当时是多么愚蠢啊。

我们虽然已经读过了那封信，但是也未能够在当时理清其中关于药品的事件。第一天，我们在房子里反复走动，并去警察局填写一些相关的文件。我们的朋友罗比·古尔里克从纽约赶来，查看了一下浴室和衣橱的情况，并出去寻找一个大到足够能装下所有药品的箱子。在洗衣房里，他发现了一台最近刚送到不久的洗衣机，它的包装箱被放在一旁，等待收垃圾的人过来收走。于是，他把洗衣机搬进了浴室，用它来装那些药瓶和样品包。最后洗衣机几乎被填满了。

到了晚上，甚至我们自己都快需要些药片来稳定一下精神。但是拉里父母的朋友以我们的名义举办了一场奢华的鸡尾酒晚会，吃点药片这个举动便不那么合适了。房子的客厅里满是衣着华丽的陌生人走动的身影，我们站在那儿，手持高酒精度数的饮料，有些晕晕乎乎的。过了一会儿，有一位曾和警察在曼夫妇的房子里呆过一会儿的客人偷偷地向我们招手，示意我们跟着她走到后面的房间去。

这位女士以焦虑不安的语调向我们耳语道，她需要坦白一件事，那便是她和丈夫曾经见到过浴室与隔壁大厅衣橱里的药品。她抬头瞥了一眼门外和客厅——那儿觥筹交错的声音似乎使她安心一些，然后低声说道，虽然明白不应该那么做，但是为了罗丝·玛丽与沃伦的名声着想，他们暗地里尽可能多地移走了可能会使曼夫妇负罪的药品证据。

她坦白的内容使我们非常吃惊，因为我们在两个小时前已经见过那装满了药品的洗衣机了。在感谢了她以后，我们回到了人群里。当时，经手这起案件的法医也在晚宴上。和之前那位女士一样，他神秘地将我们拉到了一边，和蔼地低声告诉我们，当时，乘警察在忙别的事情，他曾溜进浴室里，把一些如果被发现则足以毁坏拉里父母名声的药物装在口袋里带走了。

我们再一次被震惊了。那位先生把我们的反应误认为他所预期的感激态度，便说了那种“别担心，这是我最起码能为你们做的了”的安慰的话语，然后拍了拍我俩的胳膊，转身回到了人群里。

当晚，在回到了屋子里以后，我们为了使自己确信这些事不是自己幻想出来的，便再次检查了浴室：很显然，箱子里装满了安定、德米迪、甲丙氨酯、司可巴比妥、达尔丰、复方羟考酮、氯氮、盐酸氟西泮、二钾氯氮卓、乙氯维诺，其中有一些是超大容量包装的，配着装满了肾上腺素和安定的针筒。

好吧。

那么被那些好意的朋友们转移走了的又是些什么药品呢？话说回来，曼夫妇到底为什么需要那么多的药品？更别提其中除了以曼医生的名义开的药品以外，还有一些别的医生开给别的病人的药品。

35 年以后，我仍然抱有同样的疑问，便拿起电话打给了新迦南警察局的档案部门。我向他们要求查阅曼家的谋杀及自杀案件的档案。当时，警察告诉我档案就放在旁边房间的桌子上，很容易取得。我一时还没有意识到有什么奇怪的。当档案的复印件寄到时，其中包括了几页有趣的信息。在那之中，有一封在案发几天后寄给警察局长的匿名信。这封手写信指出，警察居然愚蠢到没有直接发现事实的真相：曼医生当时和他的一位病人发生婚外情，那是一位住在格林尼治的离了婚的女士；当他向罗丝·玛丽要求离婚时，她杀了他。因为这封信件的笔迹和床边的那封信不一致，我便推测婚外情和药物的事情没有什么干系。

对我来说，这个婚外情使事情讲得通了一些。对于罗丝·玛丽来说，这或许是点燃她最后的怒火的原因。女性主使的谋杀及自杀案件并不常见，尤其是使用猎枪的那种。我一直猜测，尽管罗丝·玛丽当时的作案手法相当冷静，但她其实是处于一种极端的激动情绪及狂暴怒火之中。她的一生致力于提高自己的社会阶层，但心里却明白，他们永远都不会成为那种拥有土地的名流阶层的一员。他们负债累累，不得不通过高风险的贩毒来挣取一些额外的收入，这也解释了她精神不稳定的原因。但为什么她会选择在51岁生日前三天，他们一直计划的重大派对的前一周来做这件事呢？出于嫉妒的狂怒似乎可以使事情解释得通。

除了匿名信之外，档案里还提到了警察发现的数量庞大的药瓶，它们大多数是空的。似乎也同样是为了保护曼夫妇的名声，药瓶的具体数目没有被提及。有两个特别的注解尤其引起了我的兴趣。其中一个，是现场发现了一瓶乙氯维诺的空药瓶，它是在案发6天前由施维默医生开的。当被侦探问及这瓶开于7月15日的药时，施维默医生否认处方是出于自己之手，并暗示曼医生一定用某种办法更新了他之前所开的处方。

另一件奇怪的事情是，警察发现了一瓶一个月内开给迪安娜·普里蒂的盐酸氟西泮。对我来说，曼家的浴室里居然有开给别人的药物是很可疑的。

为了像一个侦探那样继续推理事情的真相，我打电话给当时在警察发现尸体时也在现场的一位朋友。她住在佛罗里达，是一位语音温柔、聪明利落的80岁老太太。我首先询问了她在床边发现的那一封信，以及她是否知道曼夫妇的保险箱和格莱泽先生，或是一名叫作汤米的处理罗丝·玛丽的金钱交易的人。她和我一样对事情感到迷惑，但是告诉我她也同样怀疑曾经发生了什么阴暗的毒品交易。

我问她后来怎么处理了和她丈夫从房间里带走的药品。她告诉我，他们在一名警官的支持下转移了一部分真的非常糟糕的药品。那名警官曾经常在不值班的时候开车送曼夫妇去机场。和所有别的人一样，他想要保护他们的名誉，还有药瓶上标注的别的医生的名誉。大厅衣橱里发现的药品数量之惊人，以及其中有些药品是开给其他人的，都使这位警官感到担忧。

那位太太的丈夫曾想要坐船到长岛海峡，并把那些药瓶丢在海里。但是警官否定了这个提议。他们最后联系了另一名在制药公司工作的朋友，并在他的帮助下处理掉了那些药物。

挂了电话之后，我心想，好吧，无论那些药是什么，这便是它们的结局了，但是曼夫妇究竟是怎样拿到这么多的处方药的呢？还有那封匿名信中提到的，曼医生爱上的那名住在格林尼治的女病人又是怎么回事呢？

我仍然记得那瓶开给普里蒂的空盐酸氟西泮药瓶，于是开始寻找这个人。在费了一番功夫之后，我发现她仍然在康涅狄格州，住在她口中的“烂透了的老人院”里。是的，她颇是一位人物，已经 84 岁了，但我觉得她仍然爱着沃伦·曼。

这将是，或几乎是揭开谜底的最后一块拼图。

普里蒂坦率而充满魅力。她告诉我，曼医生是治疗了她 6 年的精神病学家，他是一位——她小心谨慎地措辞道——对她“几乎有些过分喜爱”的先生。当她听闻他被谋杀之时，她是如此悲痛，以至于需要救护车把她送到医院里，在那里休养了几天。她又很快接着说，他俩的关系里不涉及性的方面，但我并不完全相信这个说法。但是你仔细想想，又有谁会在事发快 40 年后，在一个星期日的下午莫名其妙地向一个陌生人坦白曾经的私通呢？我不能，也不会为这件事情责备她。

当我询问她关于浴室里的盐酸氟西泮药瓶时，最后一个谜底终于揭晓了。“哦，”她说，“那是曼医生广为所知的做法——他拒绝给任何病人写处方。他从来没那么做过。”

我的看法是什么？

曼医生一直给他的病人写处方，而他、罗丝·玛丽，还有写床边那封信的人会用这些处方在药店买药，并拿回家藏在大厅的那个橱柜里。就如施维默医生所说的那样，在某些人比较懈怠的普通日子里，曼医生能够想办法更新其他医生所开的处方。他还会收集制药公司大肆发送的药品小样。根据他们当时那尖酸刻薄的神经质态度，估计他们自己就用了不少药。而那些没有用到的药，就被曼夫妇卖了出去，以缓解一些攀权附贵的生活方式所带来的债务压力。

那么，当他有一天回到家里，告诉罗丝·玛丽他想要离婚的时候，又将她置于何处呢？说真的，她最后的所作所为并没有什么好惊讶的。

我们为葬礼雇了一位风笛手，当仪式结束的时候，我们的朋友罗比走到他身边，处理一些后续事宜。风笛手一脸尴尬地向罗比坦白说，在上两个派对上，拉里的父母也雇他演出，他甚至和他们一起拍了照片。虽然他曾反复向他们要求，但是从未收到报酬。这状况让罗比甚为蒙羞，他迅速地给风笛手写了一张支票。

在我们后来整理他们的财政事务时，这种令人苦闷的事情变成了一

种常见的模式。掩藏在那袭象征富裕的外衣下的，是曼夫妇千疮百孔的经济状况。他们衣着光鲜，过着巴比伦式的浮华日子，生活里充斥着豪宅、骑马、乡村俱乐部和晚宴派对，夏天去欧洲避暑，冬天则去佛罗里达度假。但事实上，即使有贩卖药物的生意作为补贴，曼夫妇仍然在死去时债务缠身。他们的贷款保险仅能勉勉强强解决那些债务而已。

在处理完房子里剩下的所有东西后，拉里和我抱着某种荒谬的希冀，把他父母的定制马钉、马鞍、缰绳、马靴和鞍褥从新迦南搬回了家。我们把这些东西保留了几年，但心里都明白，我们当时生活在城里，且生活艰辛，可能永远都用不到这些马具了。最终，我们还是卖掉了它们。

虽然从未开口谈论过这件事，但是我们有理由相信，那马背上的时光已离我们而去，这使我们的童年生活轨迹得以交错的唯一微弱纽带也就一同消逝了。事实上也的确如此。那时在列克星敦的大街上，有一种观光马车会载着游客观览风光，我有时会把脸紧贴在那些拉车的马冒着热气的脖子上，陶醉于它们的浓郁气息中。直到 1998 年我们买下农场为止的 21 年内，那已经是我能够最接近马的经历了。

5
隐 遁

在 1973 年夏天，拉里父母去世的四年前，我们回到了罗克布里奇县定居。那是我们结婚的第三年。结婚第一年，我在本宁顿读大二。第二年我读大三，在外留学。我们一贫如洗又无比孤单，从英国一路旅行到希腊，从来没有彼此分开过。

我们在希腊度过了那年的春天。帕罗斯岛非常偏僻，我们躺在那空旷的沙滩上，望着充满传奇色彩的爱琴海，内心却填满了思乡之情。虽然那年我们游历了许多美丽的地方，罗克布里奇县仍然是我们去过的最美丽的一片土地。

这么想的可不只是我们。在 81 号州际公路上驾驶车辆的旅行者常常在列克星敦出口加油。等待的时候，他们往往会被眼前之景所震撼。加满油之后，不少人会发动汽车，直接开到当地的房地产公司。艺术家赛·托姆布雷曾经在世界上最美的一些城市旅游或定居过，但他还是会每年在家乡列克星敦住上半年。这有力地证明了这片土地的魅力之大。

已逝的评论家大卫·西尔维斯特在评论赛·托姆布雷的作品时，曾经引用保罗克里对艺术创作过程的描述：创作就好像树的生长，树根分泌出营养丰富的汁液，它们流过树干（艺术家），让树冠（他的作品）变得丰茂繁盛。虽然树冠和树根从外形上看截然不同，并非完全对等，但是从某种程度上来说，树冠就是树根的体现。就好比橡树在地上有多高大，它的根往往就有多深厚。

西尔维斯特暗示，赛早年在列克星敦的经历就好比橡树的树根，它们对他艺术树冠的影响和滋养，是潜移默化且举足轻重的。赛似乎对这种说法颇为赞同。他在2000年的一次采访中对西尔维斯特说道：

我来自弗吉尼亚州的中部峡谷地区。虽然那里的景色并不是世界上最激动人心的，却是世间最美的之一。那里有崇山峻岭和潺潺溪水，也有广袤的田野和茵茵绿树。建筑物点缀其中，十分和谐。

我发现，当你老了的时候，必须回到人生开始的地方，或者寻找那些你对其有感情的东西。因为人生常常会失去希望，变得不那么自由或令人激动。这时候，你会变得怀旧。

2008年，伦敦泰特现代美术馆举办了赛·托姆布雷的回顾展。在展览小册子《循环与季节》的结尾，尼古拉斯·卡利南编写了他的详细年表。其中，“托姆布雷回到列克星敦”这句话，就仿佛歌曲的高潮部分一样反复出现。实际上，赛的一生中几乎没有哪年是不回列克星敦的。还有好几年，他整年都在列克星敦生活和创作。

他在这里完成了许多作品。其中那近16米长的传奇作品《无题》（《再见，卡图卢斯，直到小亚细亚的岸边》），是在列克星敦工业区里，我家老屋对面的一个仓库里圆满完成的。这幅画目前被位于休斯敦的赛·托姆布雷美术馆收藏。赛最早在罗马开始创作这幅画作，但是之后停顿了22年。直到1994年，这幅未完成的作品才被从罗马寄到列克星敦，回到他的手里。

我犹记得，有好多个午后，我散步到学校接孩子们放学。在那条路上，常常能看到高个子的赛从附近巴克莱巷的家里步行去仓库。他总是把自己裹得严严实实的，戴着长毛线帽，微微驼背。那个仓库可能是列克星敦唯一能放下那么巨大的画作的地方了，那里还堆满了当地一个建筑承包商的锯子、油漆桶、锯木架和刨花。

有一个复活节的周末，赛正在画一个系列的最后一幅画。无意间，他获得了一个17岁小木匠的帮助。木匠的名字叫乔什·坎贝尔，他是来仓库粉刷锯木架上的几块木墙板的。它们的位置正好在赛的作品边上。乔什干活干到一半，突然发现赛弯腰从远处的仓库门里走进来，肩上背着一个军用背包，准备开始工作。乔什并不知道赛是谁，但是看到赛的作品规格如此之大，他主动盖上油漆桶，提议自己会离开让赛专心创作。

赛可是个绅士。他拒绝了乔什的提议，坚持让这个年轻人继续自己的粉刷工作，并说他会过一会儿再回来。赛离开之后，乔什对着巨大的画布瞧了好一会儿，画布的大部分都还是空的。他觉得自己应该帮帮这个可怜的艺术家，因为很明显，他的画还差好多才能画完呢。

乔什放下油漆刷，拿起赛的一支较小的笔刷，全神贯注地画了起来。他为这幅画添了好多色彩。他说在他下笔之前，画上除了几个巨大的圆圈，什么都没有。他还签上了自己的姓名缩写：JMC。

作品最终完成后，被寄到了高古轩画廊进行纽约首展，上面的字母JMC已经看不清了。那个时候，赛在佐治亚州的奇特林镇中心租了一个玻璃外墙的小店铺。他把它当作自己的画室，还饱含感情地给它起名为列克星敦。画室在尼尔森街上，这条街是小镇成“井”字形的四条主干道之一。有些朋友说，赛喜欢在“宫殿中”创作，“即使周围环境并不好”。事实上，这个画室正对着马路，与其说像宫殿，倒不如说它更像一个破旧阴暗的酒吧。可是它所在的街区很不错，隔壁就是个餐厅，那里出售美味的美洲山核桃派。

我在很多场景都给那个画室拍过照。它吸引我的原因之一，是当光线透过画室紧闭的玻璃外窗时，所营造的那种暧昧而迷人的气氛。而在拍摄的同时，我也几乎可以说巧合地记录下了赛晚年创作高峰时期的艺术两极：他的画作往往灵感四射、热情洋溢，雕塑作品却带着沉着冷静的智慧之光。赛在那间新潮的画室似乎完成了很多作品。他曾经对泰特美术馆的尼古拉斯·塞罗塔说过：

我最喜欢的系列作品是《索斯特利斯》……好几年前，我在意大利加埃塔开始创作。我把作品在墙上挂了五六年，然后带去弗吉尼亚，并最终完成了这个系列。我在弗吉尼亚完成了许多作品。

我不知道他到底是如何做到的。他的画室总是闪烁着绿色的荧光，时热时冷，天花板是那么低矮，环境也吵吵嚷嚷的。但最终，他还是完成了那么多作品。

最初在他的画室拍摄时，我想到了摄影家阿尔弗雷德·施蒂格利茨。他把布朗库西的雕塑拍摄得如此完美，那些照片反过来激发了布朗库西对摄影的兴趣。而布朗库西拿起自己的相机，通过过度曝光、模糊等方式，刻意破坏了摄影的崇高性。

同样的，当我用施蒂格利茨的方式精心雕琢，试图用 8×10 英寸的大画幅相机把赛的作品拍得更完美的时候，赛却用他在廉价商店里买到的宝丽来相机，为他的作品，尤其是雕塑，拍出了极具感染力的照片。

他也用这种方式，赋予了我一种布朗库西式的创作自由。在之后的几年，我在他画室里的摄影作品，从注重写实转向了更注重于触发人的感情。

在早期的摄影作品中，我只想记录赛的画室是怎么布局的。

当时的画室还没那么拥挤，起码从前面可以走到后面。

几年之内，里面就堆满了雕塑、绘画、书和从古玩商店买来的杂物。原本整洁的空间堆满了东西，几乎难以在里面走动。房间的那副情形，简直就像是它为自己的杂乱无章而洋洋自得，还朝忍无可忍的我们竖起了中指。

多年后的 2007 年，赛和我进行了角色的置换——他来给我的工作室拍照。他把镜头对准我工作室里那些充满他的风格的无序之状，用他的宝丽来，把最平凡朴实的杂物堆，拍出了一种深刻的感觉。

赛喜欢成堆的杂物。春天的时候，我们在列克星敦郊区兜风，沿途看到居民在自家后院卖二手杂货的摊位，我们就停下来。它们像路边的一种新型植被，莹莹葱葱，怪异得很。

按照这样推论，你可能觉得赛不会喜欢弗吉尼亚军事学院那些整齐划一的制服阅兵，但事实相反。每个星期五的下午，整个学校的学生都会参加阅兵。他们穿着熨得整整齐齐的白裤子、带铜扣的灰色短大衣，披着棕红色绶带。他们头上戴着上个时代的平顶高筒军帽，帽檐压得很低，帽子上竖着一根绒毛装饰棒，就好像左右摇摆的阴茎。赛很喜欢阅兵时那隆重的场面，那些高筒军帽，以及军营的锯齿形外墙——它们看上去简直就像墨西哥战役的主题公园。他还喜欢伤感的风琴声，甚至于整个阅兵的秩序感，后者颇为出人意料。

但其实，如果仔细思索背后来由，便不会觉得这有什么奇怪了。赛的成长环境深受绅士准则和军事文化的影响，这些影响除了体现在他对阅兵的喜爱上，还偶尔表现在他的作品里。譬如在《勒班陀》和《在伊利亚姆的五十天》两幅画中，都包含着战争的元素。我相信，当赛成长于弗吉尼亚的时候，有很多不同的因素影响了他，并都体现在了他的艺术里：比如照在列克星敦的柱廊房屋上的南方艳阳，那优雅而懒洋洋的文化，当地的文学遗产，以及笼罩着列克星敦的逝去的庄严感，还有那些备受尊崇的历史故事。正如他在一次当地的采访中所说："一切都源于这里，这些柱子……如果我出生在其他地方，我会无法完成很多事情。"

春天是欣赏军事学院阅兵的最佳季节。那时，军校的学生们已经熟练掌握了各种军步。赛几乎从来没有错过任何一个周五的阅兵。他和我一样，对列克星敦的春天抱有同一种热爱之情，对这时节的一切美丽事物都感到发自内心的欣喜若狂。天气好的时候，他有时会让我开车带他，去附近一座小山丘上的沃尔玛超市逛逛。那座山丘占据了那片地区的制高点。他会坐在超市出口边的长椅上，看着购物的人群，还有阳光扫过远处蓝岭山的美景。那暮色与青山，那清风，那翠绿的鬼臼属植物，还有渐渐被大地与他那时常痛风的骨头所吸收的太阳余温——住在列克星敦给赛带来一种感官上的快乐。

弗吉尼亚也为我们带来了无可比拟的欢乐。在这里长大的经历带给我们的影响是历久弥新、无处不在的。虽然赛和我的童年时光相差了 20 多年，但我们有着相似的成长经历。就像大多数处在同样经济和社会阶层的南方白人孩子一样，我们都是被我们所爱戴的黑人女性带大的。我敢打赌，那位叫作卢拉·贝尔·沃茨的负责照顾赛的女士，和我的保姆吉吉一样，都给我们的童年注入了一份慷慨而无私的爱。

卢拉来到托姆布雷家工作的时候才 13 岁。当时，赛还只是一个蹒跚学步的孩子。跟吉吉与我不同的是，他们的年龄差距更小。赛晚年回列克星敦的时候，经常会和他的司机布奇一起开车带着卢拉在郊外兜风。当时卢拉已经 80 多岁了，但她仍然会从汽车前座转过身来，大拇指和食指之间夹着一根烟，像教训孩子一样对着后座的赛絮絮叨叨，告诉他应该如何保持风度。

很难想象赛会需要卢拉来教他怎样保持风度，因为他像许多南方的父亲一样知书达理、文质彬彬。就像赛对塞罗塔说的：

这听上去很好笑，但是我从小就被教育要说“是的，女士”和“是的，先生”。而且你从来不能谈论自己。有一次我对妈妈说：“只要我穿着得体又彬彬有礼，你就会满足。”她回答说：“难道这还不够吗？”

赛的老家坐落于绿树成荫的埃德蒙森路上，就在主街和拉克曼太太幼儿园的转角处。我的父母是在赛 14 岁的时候搬到列克星敦的，他们一定刚到那儿没多久就遇到了赛，因为赛在列克星敦高中读书的时候，曾去我父母在华盛顿街上的家里吃过饭，并把这个精致可爱的小雕塑作为礼物送给了他们。

1951年他们回到博克斯伍德后，这个雕塑就在我家客厅杂乱的书架上安了家。没多久，赛的一幅油漆铅笔画也被摆放在这里。1955年，我父母在列克星敦花了150美元买下了这幅画。当时赛住在列克星敦，在附近一所名为南方神学院的女子学院教书。

住在列克星敦的其他人也买过赛的画，包括离群索居的杰克·罗伯逊。他在杰斐逊街有一幢未经粉刷的房子，是布·拉德力风格的。杰克常常坐在房子外，等着前往兄弟会的华盛顿与李大学的学生经过。那还是在20世纪90年代初的一个周五下午，我在“石墙”杰克逊的平价商店里撞见了杰克。商店就在银行对面的那间破旧不堪的罗伯特酒店地下室。杰克正踉踉跄跄地顺着商店前那铺着薄薄地毯的斜坡往下走，两手各提着一个大大的棕色纸袋。虽然是下坡路，他还是步履蹒跚，从这点就可以推断出袋子一定装满了东西，重量非同一般。

当杰克走到地下室时，他推搡着从一排排挂着毛衣和带垫肩的运动衫的架子中间挤过。他把纸袋放在收款台旁边，里面的东西都用报纸盖住了。由于他的举动已经引起了所有人的注意，他便用夸张的方式擦了下额头，扯着吓人的大嗓门冲注视他的人大喊，然后又开始发出类似犬吠的声音。他喊道：“这操蛋的银行非得在今天放假，这下子，我得守着卖掉赛·托姆布雷画作所得来的全部现金在家度过整个周末了，这幅画在我的沙发后面放了整整40年。”

在列克星敦这样尊重人的劳动的小镇，杰克只有在周一的大清早才能够把两大袋子钱存进银行里。

但列克星敦也是一个天真的小镇。赛的父亲去世了，当他的母亲在80年代去世后，赛的姐姐给他打电话，叫他回家把阁楼里的东西搬走，以便卖掉房子。显然，赛并未觉得这是个什么紧急的事情，或者没把它当回事儿。但最后阁楼里的东西还是被收拾好，交给了当地一家拍卖行。

于是，赛·托姆布雷拍卖会在1988年一个春日的下午举行。拍卖会的地点就在邓普斯特252号公路后面的巴特堡棒球场，距离我们的农场只有4.8千米。那是一小片荒地，棒球垒的位置被低矮的植被遮住，几乎看不清。掩映在本垒破烂下垂的挡网后面的，是一幢看上去像是被遗弃的煤渣盖成的大楼。在那座大楼里，赛年轻岁月的留痕在一张张折叠长桌上铺陈开来：盛纸的箱子、玩具、各种各样年少时候的东西，还有一些后来才有的物件——画卷、摄影作品和雕塑。拍卖的作品中，有2张创作于20世纪40年代后期，近1平方尺大小的水粉画。其中一张有着很少见的橘色色调，不过品相已不太好了。另外一张保存得还不错，于是一位古董商举手应了拍卖人的吆喝声，准备出1美元买下它。

我的一位朋友观察着，发现没有人再出价竞标了。他思忖着，只出1美元买一幅画实在是缺乏敬意。于是便举手，把价格抬高到了34美元，迫使那位古董商勉强为这幅画喊出35美元的价位。之后，又有五六个劳森伯格的箱子被摆了上来，准备拍卖。它们都被画上了颜色，并以羽毛和骨片作装饰。我的朋友说："真是些稀奇古怪的东西。"整个人群都在嘲笑这些箱子。自然的，没有任何人喊价。于是我的朋友花50美分买了其中一个，又花1美元买下另一个，然后再用几美元，从黑山学院那里买下了几幅赛和劳森伯格的精妙的静物摄影作品，其中有些是赛·托姆布雷被毁画作的翻拍照片（我的朋友最近把其中几张照片捐赠给了弗吉尼亚美术馆。这合情合理，因为当时是弗吉尼亚的专业奖学金资助赛到黑山和意大利旅行的）。

巴特堡拍卖之后的数年间，赛挨家挨户地走遍了当地的古董行，进而又将搜寻范围扩大到群山之间，甚至到了皮德蒙特。他当时四处搜寻，想看看是否有人曾见到他儿时创作的一小幅对他有着特殊意义的画作，以及他曾钟爱的一个帆船玩具。这两样东西都在这场拍卖会拍出了。

赛曾经在一间仓库里完成了一幅近16米长的画作。而那间仓库，看上去就是那种在城中工业区中随处可见的，可以在一夜之间就被盖起来的毫无吸引力的金属玩意儿。从我们的房间那儿是望不到那个仓库的，除非沿着私人车道走到马路边去看。1975年，我们在小镇边上买下一块地，希望为拉里建一个铁匠铺。拉里从大学时就对金属雕塑有兴趣，并且在当时以磨犁、焊接农具和手工锻造吊灯为生，或者说

Smithy Has Helper:

Young Blood In Old

At a time when m
communities have l
losing their a
blacksmith shops, l
seems unique in
functional surviving
Not too many y
every village and to
own smith and th
shops ranging fr
specializing in mec
wrought iron wor
farriers who shoe
The oldest shops
nearly all types
employing tin
mechanics, wagon
and farriers as we
master smith w
usually do almost
with a piece of iro
With the trans
revolution and the a
wide variety of met
smithies were force
their doors. Addin
problems was the i
difficulty of findi
helpers who were
in their kind of w
meant that mos
traditional skills die
master smith.
One of the main
of the smithy has
farmer. This is p
primary reaso

WITH Manly Brown is his helper Larry Mann, who hopes to carry on a long and honored tradition here.

勉强为生吧。

当拉里和第九代铁匠曼利·布朗一起工作时，我在华盛顿与李大学做摄影师。那是一个待遇还不错的职位。工作只需要一部35毫米尼康相机就够了，但这并没有阻止我拿出新秀丽旅行箱，架起5×7英寸画幅的相机，来对准我要的拍摄对象——让我完全摸不着头脑的大学体育队。

至少我们有了薪水。当那片破烂又肮脏的土地出售时，我们估量着，觉得似乎可以负担得起。它在城中较为混乱的片区，路陡得吓人，且杂草丛生，垃圾遍地。整个城里的人都以为我们疯了。卖给我们地的那个男人是当地一家出租车服务公司的老板。事实上，就连他在合同上签字的瞬间也告诉我们，他觉得我们的脑子出问题了。

这块地在铁路线和废弃的列克星敦火车站的南边。那座车站一直被运营到 20 世纪 40 年代。在它运营的晚期，只有货运火车在使用那些轨道了。最终，整座车站于 60 年代被停止使用。即便在那个时候，关于这个地方的种种仍然可称得上荒凉无比、无可救药，以至于连列车乘务员都觉得，把火车上堆积的垃圾扔向这片悲催的灌木丛完全合理。在这些垃圾中，有陶瓷用具、空瓶子、掰弯的镀银餐具、衣服、冰箱、小书包、坏掉的手推扫把、雨伞、已经弯曲的皮靴，我们想着没准儿还能从中找到流浪汉的脚骨骷髅呢。

接着，列克星敦的居民也开始把他们的垃圾倒到这里来了。从19世纪末以来，我们的土地就已经成了这个城市非正式的垃圾堆。陡峭的山坡上，更为斑斓和现代的生活垃圾堆积在列车垃圾上面，而平坦的洼地则堆满了被忍冬花覆盖的破出租车。天堂树从挡风玻璃间生长，还有一条条蛇蜷缩在座椅的弹簧间。

除了精神力量和希望，我们一无所有。我们需要从这片土地上清理、拖运一个世纪的垃圾，砍掉一棵棵挂满垃圾的树，斩断一片片野蔷薇丛。不过我们也有一些有趣的发现，例如在杂草丛的背后有一条小溪。原本浅浅的溪流在半途因长满了水芹的泉水而得以充盈（溪中也堆满了山坡上的垃圾，不过我们顾不上烦恼这件事了）。我们花了一年的时间才让小溪重新展现原本的身姿，使泉水清澈可见。清理垃圾时的我们可以说是汗流浃背，披荆斩棘。每天早上，我们的脚底板都会被玻璃碴割破，它们从地底下冒出来，像是某种有害的夜生植物。

对于生活，我曾有过一个愿景。在1969年，我和父母前往缅因州拜访海伦和斯科特·聂尔宁夫妇，他们自给自足地生活在农场里。我在心里牢牢告诫自己，这就是我自己想要的生活：一个简单、勇敢、隐蔽、环保的生活，一个满足灵魂渴望又不辞汗水劳作的生活，一个可以让我实现毕生追求的自给自足的生活。7年后，拉里和我开始尝试这样的生活旅途。

时间到了 1977 年，我们已经开始徒手挖地基了。没人相信我们能在这陡峭险峻的悬崖边上安下家。接下去的五年内，我们到处搜罗建筑材料，边寻找边学习。等到 1993 年，赛回到列克星敦的时候，我们那栋颤颤巍巍、徒手建造、工程浩大的“被动式太阳能房子”已经拔地而起了，还附带有棚屋、悬在空中的房间和藤缠蔓绕的门廊，简直就如迷宫一般。我们的一个飞行员朋友曾经说过，从空中望下去，我们的房子就好像墨西哥城郊外的贫民窟。我们听了也没怎么生气。对我们而言，这座房子酷极了：就像把房子建在加州大瑟尔一般，这整件事都不切实际、异想天开，难以用常规去定义。这种地方总能让人驻足停留，让人警惕又好奇。而人们也的确宛如经过一座座蛇怪雕像一般，被引诱到我们的木板门前。

赛也会从他的仓库出来，散步来到这扇门前。他会用自己独特的嗓音，犹豫地喊道：“莎莉，你听得到吗？”我们都喜欢坐在开满紫藤花的平台上，看着小溪，尤其是闷热潮湿的夏日夜晚，看雾气从洼地升腾，在白色的花朵中弥漫。

有的夜晚，很晚才吃过饭的我们，会和赛以及他那文雅博学的朋友尼古拉一起坐在门廊上。牡蛎壳在铺满报纸的餐桌上泛着珍珠般的光芒，红酒瓶在桌子中央映出一道暗影。我会谈起过去对埃兹拉·庞德的迷恋。和赛一样，庞德也喜欢把意大利当作“适合开工”的地方。我的硕士论文写的就是庞德。听到这话，坐在我右手边靠餐桌一侧的赛会欠过身子，一脸即将被看穿般的神情，于是我也坐得靠近了一些。

每当赛有故事或俏皮话要说的时候，都会像小学生一样，一本正经地撅起嘴巴，把手挡在嘴前，指尖轻轻地触碰嘴唇，目光炯炯有神，又有些调皮。当他说起 20 世纪 60 年代后期，他和尼古拉受邀参加意大利斯波莱托音乐节的见闻时，他的眼神中充满了回忆。邀请他们的是音乐节的创始人、作曲家吉安·卡洛·梅诺蒂。那天晚上，有一位俄罗斯钢琴家举行音乐会，梅诺蒂邀请赛和尼古拉坐在他在歌剧院的私人包房里。他们就座时，惊讶地发现了埃兹拉·庞德和奥尔加·拉齐——庞德同时交往的三个女人之一——就坐在他们后面。赛说庞德的周围有一种光环，一种神秘的气质，把他和其他人区别开来。尼古拉后来在给我的信里说，庞德“表现得极为害羞，只有一个北方长大的金发孩子才会这样。他几乎不直视我们，眼睛只往边上看”。

在那个潮湿的夏夜，赛跟我强调能够见到那位隐遁的诗人是件多么稀奇的事情。要知道，他晚年可几乎从不在公共场合出现。庞德曾经因为叛国罪被囚禁在意大利比萨，这段经历把他逼疯了（或者说，让他更加疯狂）。正是在那里，他像动物一样被关在一个 1.83 米宽、近 2 米高的铁笼里，在一张厕纸上写出了不平整但精彩绝伦的《比萨诗章》（以庞德的话说，有意思的是，他边上的笼子里关的是埃米特·蒂尔的父亲路易·蒂尔，直到后者以谋杀和强奸的罪名被施以绞刑为止）。庞德表现出明显的精神崩溃征兆之后，被送回了美国，随后被关在华盛顿圣伊丽莎白医院的精神病房里。他于 1958 年被释放。十年之后，庞德突然不再说话。关于他的自愿的沉默，曾经有过很多探讨。据报道称，自那之后，他的嘴里就没再蹦出过一个单词。

所以，当赛和尼古拉听到庞德对奥尔加说话的时候，他们感到极为震惊。他们把它描述成一个伤痕累累、疑虑重重、生命正在逝去的人的耳语。赛说，他心里真的很想和这个顽固、神秘，曾经马失前蹄，又聪明绝顶的人说上哪怕是一句话。可是他和尼古拉没敢那么做，而是一边假装出对台上的音乐非常感兴趣的样子，一边把椅子微微后倾，试图听到这位天才在想些什么。

想象一下：在我的门廊上，在弗吉尼亚潮湿、花香腻人的深夜，赛用庞德式的耳语，向我讲述了这个由许多不可思议的片段交织而成的奇妙故事：他不仅看到了一直以来让我痴迷的诗人埃兹拉·庞德——我父亲墓碑上镌刻着的诗句就来自他的手笔，还听到了他说话。故事里还提到了另一个让我长期关注的人物埃米特·蒂尔。锦上添花的是，讲故事的人是赛，我们当地的英雄。他像回头的浪子那样回到列克星敦，来到我家，坐在我那由垃圾堆改造成的花园里讲述这个故事。

赛常常在列克星敦散步。有时，我会陪他一起走一会儿。在不平整的砖路上散步的时候，他的体态总是毕恭毕敬，和他巨大的身型产生了极大的反差。遇到那些在丈夫去世后独自生活多年的老太太们时，他会让到路边，朝她们礼貌地点头致敬。战后的列克星敦街道几乎没有变化过。当然，我指的是独立战争。对列克星敦来说，那就是唯一重要的战争了。从 1865 年开始，列克星敦的很多地方就宛如陷入沉眠般，直到现在仍未真正醒来。从某些角度来看，这让列克星敦更加迷人；而从另外某些方面来看，就未必如此了。

我母亲的一个朋友给我们讲过一个故事，说的是我们农场后面山上的那栋房子。联军 1864 年袭击列克星敦的时候，攻占了那栋房子，把它改作大卫·亨特将军的总指挥部。我年轻的时候，那栋房子的主人有个不可思议的名字：托克·麦克郭克。母亲的朋友曾经造访过托克的房子，观察了书房里的书之后，他写道：

我没有看到一本 1862 年以后出版的书……一种忧伤和负罪感袭击

了我。这书房、房子和土地，都和亨特将军当年穿过峡谷、前往林奇堡途中发现它们的时候一模一样。让时间停止的，除了上帝，还有其他人。

他说的没错。在列克星敦，即使时间没有停止，也比其他地方要慢许多。这也许就是赛对列克星敦着迷的原因，也无疑让我着迷无比。在这里，就连艺术创作的节奏也和其他一切一样颇为闲散。尤其在夏天时，夜晚气温下降之后，才是创作的最佳时间。而到了深夜，所有的商铺都已打烊。我在那样的夜晚开车穿过这个城市的时候，常常能看到光线从赛的工作室的百叶窗里透出来。

美国的南方很少出造型艺术家。对此，出现了这样一种理论，认为是南方的高温让我们失去了动力。这种看法固然有它的道理，但是我认为时间也是因素之一。南方人对时间及其紧迫性有一种特别的认识。拿赛来说，我认为在美国南方的成长经历让他更容易适应意大利。赛本人也说过，“弗吉尼亚是去意大利前很好的过渡。从某种方面来说，弗吉尼亚让我更加‘南方’。有人说南方人缺乏创造性，但这是一种……少有的精神状态”。

英国历史学家约翰·基根和赛的观点相同。在美国旅行之后，他写道：

对欧洲人来说，美国南方保留了一种文化上的熟悉感，这是这个国家的其他地区所没有的……我常常试图分析，为什么我在迪克西的时候，总有一种回家的感觉，尽管那种感觉极其微弱。阶级制度、历史，这些都是原因；但是更重要的，是那种苟延残喘的失败感。欧洲是由失败的国家组成的……美国从来没被其他国家占领过，也不曾迎接过溃败而归的军队。但南方是一个例外。南方的武士精神为其军队提供了源源不断的大量新兵，这也是南方拒绝接受1865年战果的原因。南方的女人以富有女人味而闻名。对欧洲男人来说，这并非夸夸其谈：南方的女人确实比美国其他地方的女人要更有味道。这一点来自她们祖母的遗传：男人们所失去的力量，被她们找到了，她们学会安慰他们，帮助他们忘却，而且从来不会说那些不合时宜的话。痛苦是古老文明的要素之一，美国南方拥有这种要素，而美国的其他地方却没有。

薛尔比·富特作为一位犀利的南方文化观察者，本人就来自南方。他曾进一步推进了这种观点：

我记得父亲说过，是南方自己为自己埋下了失败的种子……他说，两种疾病把我们害得不浅：无药可救的浪漫主义和错位的绅士精神……我们读了太多沃尔特·司各特和大仲马的作品，并把它们太当真了。我们深深爱上了过去，爱上了死亡。

富特先生可能有些偏激和夸张，但这些也是南方人的特点，并非南方人对死亡有某种热爱之情。毫无疑问，因为南方的历史所致，我们对死亡实在是太过熟悉了。这种熟悉给南方的艺术增添了一丝忧伤、一种生命须臾即逝之感和哀悼之情。这样的例子比比皆是：在音乐中，有布鲁斯和早期的爵士乐；在小说家中，福克纳、韦尔蒂、奥康纳都是代表人物；而画家圈里则有劳森伯格、约翰斯和托姆布雷三位巨匠。赛曾对我说起过他们三个画家。他说如果要为他们三个写一本书的话，应该给它起名为《迪克西的白痴们》。

这就是典型的赛——谦虚到不可思议，又带有一种漫不经心的优雅。他的艺术天赋如此罕见，他却从不把它当回事。他有着顽童般淘气的一面，以及摇摆不定的浓烈感情，举止中还透着那股迷人的漫不经心，这些都让他更具人格魅力。人们错误地认为赛是个害羞的人，可他并不是；也有人觉得他是个单纯的人，可他也不是。从某些方面看，他的确有些单纯，但他绝非幼稚的人，他的艺术就更非如此了。有一次一个朋友打趣道，在艺术领域里，幼稚就好像是数字“零”，它的价值取决于它依附的是什么。而在赛的画作里，它依附的绝对是一个天文数字。

有时候赛会童心大起，从逗弄人中得到许多乐趣。一次，四个满怀敬意的年轻艺术品搬运工从纽约来到了赛的画室。他们戴着白手套，把赛的作品从他工作室的墙上取下，平放在地上的白布上。这些作品价值连城，马上就要去大型美术馆展出。搬运工把它们卷了起来，小心翼翼地放在气温、湿度恒定的卡车里。当他们关上卡车车门，用三道大锁把车厢牢牢锁上之后，赛夸张地摆了摆手，两眼散发出顽童般的光芒，大声说："太好了，总算跟这些破玩意儿说再见了。"那几个白手套们满脸震惊，赛却乐得开了花儿。

虽然赛喜欢自嘲，但是没人会质疑他作品的价值，其中一些画作算得上近两个世纪以来最伟大的艺术作品——这些作品中许多都诞生于弗吉尼亚，这事实并不会黯淡它们的光辉，反而是那艺术之光的源泉所在。

赛和我都选择了不在那些处于艺术世界中心的城市工作。起码对我而言，这是个颇为艰难的事。然而，赛却用比我所知的任何艺术家都更好的方式，在这里完成了他的隐遁。他信奉詹姆斯·乔伊斯对艺术的追求之道，而后者在《一个青年艺术家的画像》的结尾处用3个词对自己的艺术态度做出总结："沉默、流亡和狡猾"。

赛并没有直接引用过这几个词。但是在和塞罗塔的对话中，他曾如此解释：

> 你知道，我并不太在意人们怎么说。我住在加埃塔或列克星敦，大部分时间都是自己一个人度过的。我没有必要忧虑。那么多年来，没什么人费那个功夫来给我什么评价。所以我被保护得很好。

这个策略对赛来说很好用，给他的抒情表达赋予了一种少有的自由。这一点，在他那柔和而如梦境般的摄影作品中表现得尤其突出。柔软的情感在艺术世界中向来是个最具争议的领域，而赛的作品却直指这个危险的艺术雷区。但是，赛总能在这个危险的领域里游刃有余，将他哀伤的情绪注入作品。而那些不喜欢这种风格的人，就去他们的吧。

他的摄影有一种朦胧的对细节漫不经心的美——那并非逼真的记忆，而是记忆在我们心里留下的印象。它们是光辉的，而那光辉之上笼罩着一层轻薄的雾气。或许那是时间的薄雾，又或许那是既往不咎的记忆的轻纱。

在拍摄这些作品时，他用的不是普鲁斯特式的敏锐眼光，而是被南方以潮湿厚重闻名的空气所浸润的双眼，以及他对遥远过去的记忆。赛那漫不经心的样子、碎片化的言语和神话般的充满能量的作品，让他看上去仿佛是个不合时宜的人。也许他的确不合时宜。遥远、美丽且被历史腐蚀的南方，允许我们隐遁，让我们和现世保持一定距离。

在每一个春天和秋天，我都想念赛。他往往会在这两个季节来到峡谷。我想念他的原因有很多，尤其想念他的玩世不恭，想念他对自己的（和我的）艺术的信心，还有他虽然身处艺术中心城市之外，却享受这种状态的心态。我想念我们在厨房餐桌边度过的那一个个下午。我们会一边聊天，一边享用他最爱的美食：在火炉上，铸铁锅里用培根脂肪、盐、肉桂和红糖炸制的酸苹果。我们并不光聊艺术，但是赛和我对艺术界的胡说八道都有着一颗极其敏感的心。只要说到某篇艺术评论或卖弄学识的文章，我们就会一起翻白眼。

赛谈论艺术的时候，常常会用一种充满激情的语言。有一次，他说到我女儿杰西的画，用了“强烈”这个词。我们这些异类，喜欢用这种怪异的方式描述我们作品的力度。他曾经说过，他最强烈的画作，都是那些拍卖快结束了还没卖出去的。赛和他的艺术理念给我带来的亲近感，还有我对他本人的爱，都让我对自己更有信心，能够在自己热爱的这片土地上继续生活、工作下去。

在南方创作并不容易。美国文化评论家 H.L. 孟肯曾经把南方戏谑地称为“艺术沙漠”，他这么说并非全无道理。城市里的美术馆很少会对住在南方或乡村的艺术家感兴趣。我们缺乏收藏家的支持，也很少得到艺术奖学金的赞助。就像我的朋友比利·邓拉普有一天说的那样，似乎只有当我们表现得像田纳西·威廉斯戏剧中的人物一样时，世界才会对我们感兴趣。

赛如果听到了，一定会爱上这个说法，遗憾的是我没有机会告诉他，也没有机会听到他被逗乐时的笑声了。即使是看到最常见的人们出丑时的窘态，赛也会像孩子一样乐得欢欣鼓舞，他那样子让我无比怀念。每当我们从他家里出来的时候，都会看一眼树丛后面邻居雷德·怀特的房子。我或者他会重复我母亲讲的那个关于房屋主人“胸大·怀特”太太的故事中我们最喜欢的那句话。我发誓，当时听到她说的是“胸大·怀特”。然而现在写下这个名字的时候，看上去不太像真的。

我们有时会齐声说出那句最好笑的话，然后笑出眼泪，仿佛那是第一次听到这个笑话。那个故事是这样的：

怀特太太是列克星敦园艺俱乐部的一名成员，她的专长是种植玫瑰。每年，俱乐部都会举行园艺竞赛，比比谁的花卉更美丽，而裁判往往是某个更时髦的园艺俱乐部的成员，比如林奇堡园艺俱乐部的。比赛之后，大家会吃一点小点心，比如三角形去边黄油面包和番茄肉冻生菜叶，再配上那些声称不饮酒的列克星敦妇女们每日必备的饮料——养精蓄锐的雪利酒（含 18% 酒精）。

有一年，胸大·怀特太太的参赛作品是一组美艳绝伦的黄玫瑰。她把这组玫瑰的优点用草书写在了一张卡片上，摆在花的旁边。赛和我会齐声背诵卡上的文字——我是多么怀念我们的笑声啊——那上面写的是：“在床上不错，靠着墙更好！”

6

我们家的农场，还有在那里拍摄的照片

最近，我在从纽约返家的途中去了一趟谢南多厄河谷。当飞机开始在罗阿诺克降落时，我一眼便认出了甜美娇羞的莫里河。它向东南方绵延伸展，覆盖了河谷三分之二的水域。莫里河全长69千米。整体上来说，流经罗克布里奇县内的那段河水相当恪守它的本分，颇为高效地履行着向尽头神圣的詹姆斯河奔涌而去的任务。然而在沿途中段的部分，莫里河却来了个夸张到有些浪费的绕行——那段懒散的圆弧状线路几乎环抱了我们整个农场。

即使是在近4600米的高空中，仍然可以清晰看见这不同寻常的景观。从空中看，那段绕行路线的形状就像一艘船，只是东南方的尾部略显不稳，这是由于莫里河在那里又改道直行，一股脑地向着格拉斯哥的詹姆斯河直奔而去。

就是在这条美丽的河流和岸边高耸的梧桐树的吸引下，在1960年一个周五的下午，我的父亲来到了当地一位兽医的办公室门前。他当时想在那儿找几公顷地来盖栋房子，供全家休养使用，而兽医恰好在莫里河畔有片农场。出发之前，他们在电话里就河边的一块低地达成了一致意见，并同意在当天下午下班后去签协议。

那天晚上，母亲对着卧室门后的镜子盛装打扮，准备去参加鸡尾酒会。就在那时，父亲突然开口宣布他已经买下了地——只是并非预期中沿河的0.8公顷，而是几乎150公顷。他坐在一把擦鞋专用的印花棉布小椅子上，一边讲话，一边俯身擦拭，语调漫不经心。听到这个消息，母亲正对着镜子左右转动打量衣服的身躯便僵住了，裙摆嘶嘶的摩擦声也戛然而止。她睁着蓝绿色的眼睛呆望着镜中父亲的身影，而他则不以为意地在棕色喜健步鞋上抹了最后几把。

有时我会疑惑，那个年代的大部分婚姻，虽然都建立在一定基础之上，但是否也会像我父母的婚姻那样不平衡。又或者在他们的关系中，是父亲强势的性格压在了婚姻的跷跷板上，使之失去了平衡。当然，我们家的那种不平衡关系并非是父亲通过武力、怒火或任何不仁慈的举动展现出来的。恰恰相反，父亲行动轻缓，他强健的身躯也总是笨重地包裹在衣物之下。他很少说话，总是一副抑或走神、抑或沉浸在深思中的样子。一旦开口说话，他又总是彬彬有礼，有着近乎绅士的温柔。那为何当时我们总是对他又敬又怕呢？

我的母亲，则无助地坚守在婚姻跷跷板无足轻重的一端。她缺乏自信，无力与父亲这样的伴侣达成平衡的关系。有时父亲会单方面做出诸如购买农场这样的举动，不管他是有意还是无心，这都成了他进一步削弱母亲家庭地位的方式之一。他买下的土地如此广阔，有着谷仓、公租房、牧场、林间小径、生锈的锯木机和破栅栏。他对所有这些都一窍不通，又要怎么去养护它们呢？用我们描述没经验的农民的话说，他就是打肿脸充胖子、死要面子活受罪。但是和往常一样，那次的购地行动也全是他的一意孤行。在那个周五下午，父亲买地的时候，他连看都没看一眼，便毫不犹豫地按每公顷 187.5 美元的价格给兽医开了私人支票。就连这个价格也是兽医随口开的。兽医说："嗨，鲍勃，0.8 公顷算什么呀，干吗不把整个农场一起拿下呢？"

于是在第二天，也就是周六早上，我的父母沿着 39 号公路驱车前往那片突然降临他们生命的新农场。怀着惴惴不安的心情，他们拐出公路，驶入了满是灰尘的科珀路，路的尽头是扇低垂的大门。从门里进去以后，那片农场便呈现在眼前，它看上去美丽多娇，且结构匀称而完美。当他们打开蜡纸包裹的三明治，面对着阳光明媚的河滩上的峭壁静静地坐下来时，内心已然不再耿耿于怀，而颇感轻松快活了。在那之后，他们就在那片土地上建起了一栋小屋。

后来我们发现，被这桩买卖惊吓到的不仅母亲一人。当兽医的妻子发现丈夫未经商量就卖掉了后辈子孙赖以生存的农场时，也着实大吃了一惊。我不知道在兽医当初告诉妻子这个惊人的消息时，是否也像父亲那样轻描淡写；但他很快认同了妻子的忧虑，并立刻打电话给父亲，想要撤销协议。

然而，在看过了那片购买的土地之后，父亲已无意撤销协议。但为了尽量减少给兽医家带来的不便，父亲同意在未来的 40 年，兽医家的儿子可以继续在农场上耕作。我们一家人通常也只是在假期才去农场，因此，关于那里的记忆也都是愉快的。圣诞节的时候，我们会从农场林区边上伐木做圣诞树；到了夏天，我们就在小屋里过周末。那栋简约的小屋是父亲与哥哥们于 1961 年开始搭建的。

然而，由于我们一家无人长期居住在那儿，农场每况愈下。牧场上的草杂乱地缠扭在一起，活像解不开的鞋带，仅留下几株英勇的树苗试图冲破贫瘠的土壤茁壮成长。所有的谷仓都摇摇晃晃快要塌倒；公租房的屋顶未上过漆，漏风漏水，根本无法居住；栅栏被饥饿的家畜践踏破坏；道路凹陷成槽，无法通行。尽管表面上很糟糕，但正如母亲所言，那片土地有块好“骨架”：譬如连绵起伏的美丽的牧场——这点大部分要归功于当地的喀斯特地貌，还有峭壁保护下的广阔的河岸线、山景、古老的林场，更别提土地本身的宁静与隐蔽了。在 20 世纪 80 年代，父亲立契将农场转给了两位哥哥和我。但是在我们三人之中，我离农场最近，最懂得养护它，也与它建立了最深的感情。

是的，那感情确实深邃至极，成了促使我决定奋斗至死也要保护农场的必要条件。我便是不吃不喝、倒在推土机前，也要坚持守护这片土地的多样性。我对农场的爱始于我们得到它的那一天。12 岁时，我整日光着膀子飞驰在被土拨鼠打满洞的牧场上，骑着哈利法在河里游泳以躲避苍蝇，或是在河里钓鱼，直至天黑到可以看到漂浮在浅滩里的白化鲤鱼为止。

我们家里的每一次重大事件都是在农场上庆祝的，无论是生日、节庆，还是周年纪念。农场上所有排水口都被我们用手杖捅过；河滩上光滑的树干上刻着穿越了时光隧道的姓名首字母缩写，我们都用好奇的手指沿着它们的痕迹比画过；每一条小径我们都踏足过；我们还从每一个峭壁上抠下中等大小的岩石，在轻舟上垒大洞；我们也曾踏水嬉戏于每

一个浪漫的深水潭。对于我们来说，农场是永恒的存在。虽然记忆是那样的飘忽不定、轻浮易变，但农场一直以安稳的姿态，闪耀于我的记忆深处。

在被送往寄宿学校读书后，我的心都碎了。我给农场写了很多首情诗。我最早的那批照片小样已边角蜷曲、微微泛黄，其中有很多 35mm 的照片都是在农场那里拍的。

当我开始使用 5×7 英寸旁轴相机拍照时，毫无疑问，我跑去了牧场、树林和小屋取景（参见下图、第 90 页）。

当我在收藏盒里找那些照片的底片时，发现它们都已破裂成蜂窝状，心中顿时剧痛无比。它们是被醋酸综合征给毁掉的，这种醋酸综合征对某些“安全胶片”具有破坏性。而 20 世纪初被引入的安全胶片是用以取代易燃的硝酸胶片的。父亲当时就是使用这种硝酸胶片拍照的，它们现在变成了下面这个样子（参见第 91 页）。

在我表示想买下两位哥哥手中的农场份额时，我对农场的那份昭然若揭的热情并未带来什么购买优势。哥哥们的理由也很合理，他们认为农场是父亲 1988 年辞世后留给他们的遗产，只是当时还在母亲名下。农场基本上是我们三个仅有的一切了。

那场为农场定值的谈判，一如所料地是圣经式的，且充满了争执，让人觉得话还是少说为佳。只有一块真正的好地才会引发那种深刻的绝望和争论。破碎的爱、复杂的家庭关系、伤透的心、偏离正路的孩子们、逝去的生命——没有什么能像一块家族的好地那样，使一个南方人全身心地投入其中。

现在看来，父亲当年 187.5 美元一公顷的购地价格简直就是神话。在扣除了小数点后的许多位之后，我和拉里终于谈定了价格，并在 1998 年年初找到当地的一家农业信贷社申请全额贷款。我们打算立即申请保护地役权，这样就能把价格降低 30%。

信贷社的工作人员一脸的怀疑。我信心满满地向他解释说，等卖掉了关于南方腹地的摄影作品，我一定能按揭付款。说这话的时候，我手头根本还没有那批照片呢。我的打算是等那天下午贷款的事一搞定就开始我的南方摄影之旅。上帝保佑，他瞅了一眼我放在办公室外的相机、便携式暗室、摄影成品和城郊地图，再加之受到我自信情绪的感染，他最终还是同意了。我们如愿拿到了贷款。

那天晚上，我们在小木屋里搞了庆祝活动，那个夜晚也是我的记忆中浓墨重彩的一笔。在第二天离开农场前往南方之前，我通知了放牛的那个租户，让他打包走人，永远别再回来。我仍然记得，少年时代的那两匹爱马“疾速”和“哈利法”，就是被他卖去屠宰场的。

这幢小屋曾出现于我的众多摄影作品中。莫里河环绕着我们的农场打了一个 U 字形的弯，而小屋就坐落在这个弯的上方。当初次到访的来客穿过丛林时，小屋坐落着的那片空地会映入他们的眼帘。那一刻，他们往往会惊叹于那色彩缤纷且高耸于河流之上的新墨西哥州式的悬崖壁。

在凹凸不平的悬崖上，攀缘生长着稀疏的金钟柏，其中有的只剩下残根悬于崖壁之上了。事实上，在19世纪60年代，从内战中返乡的老兵迈克尔·米利就在此拍过照片，在他的那些玻璃版底片中也曾出现过这种金钟柏。

在我20岁出头的时候，曾在华盛顿与李大学校园的一座阁楼上找到过米利的大约7500张摄影玻璃版底片。我知道，米利曾在那里为罗伯特·爱德华·李拍过一些退休后的照片。但在我找到的所有底片中，并没有出现过这些名人的影像。相反的，在那些底片中倒有一部分拍摄的是我所熟悉的当地居所。而这些场所在过去这个世纪几乎没有发生什么变化。其中好几张拍的就是现在小屋所在的水边。在19世纪时，这个深暗的水塘曾是个极受欢迎的泳池。不难想象，李先生本人就曾经在此游泳，甚至连“石墙”杰克逊都可能曾在这里下过水呢。

当我对着灯仔细观察米利那些落满灰尘的底片时，我的一举一动都小心翼翼的，就像是握着我自己的底片那样。在一种异样的情感中，我发现自己随着底片中的影像穿越了不同的世纪。现在我们从小屋的露天平台上所见的风景，在这150年之中几乎从未改变：在米利的照片中，那株舒展于山洞前的金钟柏树苗，就是在如今的照片左侧那根倒下去的树干——它的身躯已经被岁月洗刷至泛白。

最近，本地县城的一位居民的孙子给了我一份文字记录，描述了19世纪晚期时，曾驻扎在现在小屋所在地上的一个名叫契约者营地的情况。这个名字可能会甚得“石墙”杰克逊的喜欢，因为它暗示了苏格兰裔爱尔兰长老教的会员们的宗教和军事历史。他们是首批在此定居的人。营地的领袖是位头发斑白的同盟军老兵，他在管理该地时沿用了严格的军事制度。出人意料的是，营区为期两周的训练班却是男女合校制的，其中女孩25人，男孩70人。那时，地面上搭起了一片帐篷城，在它的中心有条“主路”，将男孩女孩划分于两边，而一个大大的厨房帐篷主持着城区的运行。

不用说，营地里很少会安排什么活动。大部分情况下，孩子们的活动就是游泳、相互追逐奔跑和扔马蹄铁。有一次，因为营地没有猪，大家就追逐一个名叫崔凯·琼宁的小孩。直到营地河边的那一大片河滩被卖给一个用沙子造砖浆的人之前，契约者营地一直欣欣向荣地发展着，孩子们不知疲倦地在河滩上和河里嬉戏玩耍。

将近100年之后，河滩虽然未遭灭顶之灾，但面积已大大缩小。可如果只是供我们的三个孩子埃米特、杰西和弗吉尼娅玩闹，倒还绰绰有余。他们曾在那儿埋沙子、堆城堡、晒日光浴。也正是在那片河滩上，沿着那条河流，我开始拍摄我们的家庭照，至少有200张成片。其中大约有60张于1992年刊于《亲密家庭》的摄影集。农场和河边小屋作为这些照片的文脉，有着特殊的意义。如果不了解它们，也就无法理解这些照片本身——那片土地为我们带来了无限的永恒和静谧。

7
留住这一刻

在拍摄了关于我孩子的摄影作品的8年之后，我在1993年6月4日给我的朋友玛丽亚·汉伯格写了一封信：

此刻，我正沉浸于去学校接女儿们前的宁静一刻中（我对孩子们的监护和保护仍然在强有力的实施中），面对着蓝色的屏幕，试图在脑海中重现那天在你家吃晚饭后发生的一切事情。

一直以来，我的力量通常来自摄影。虽然已经很久没有拍摄新的照片了，但是现在的我仍然比以前强大了许多。在我心中，为孩子们感到的恐惧与担心仍然像恶魔般如影随形。也许直到他们长大成人后，这份恐惧才会离开我。除此之外，我也同往常那样担心无法拍出好的照片。

然而今年，我可能的确无法拍出关于孩子们的好照片了。我的恐惧之情可能会吓到他们。多年以来，我对自己的作品一直抱有不可动摇的自信与信念。但如今已不再和从前一样了：摄影使我害怕，我不再想要突破创作的极限。我怀疑，这份创作工作已经走到了它自然死亡的尽头：尽管在我埋葬它的时候，我觉察到，在我接受了原本一直想要突破的创作局限之后，新的智慧正从这片沃土中破土而出。

去年发生的事情宛如迎面一掌，拍得我头晕目眩，像一只筋疲力竭、快要停下来的陀螺般摇摇晃晃。我十分感激好不容易到来的平静安宁：电话变少了，也终于完成了一年内售出作品的清单。我感到自己又重新获得了对生活的掌控。而且我现在聪明多了：我一个人待了15分钟，而在我此前的生命中，这种甜蜜的单调无聊从未感觉更好过。

那些关于我家庭的照片，以超乎想象的方式改变了我们的整个生活，它所造成的影响一直延续至今。这些照片的诞生，出于一种简单的艺术探索。在它们之中，有一些有着纪实的性质，有一些是概念或美学上的探索，而最好的那些照片，则同时具备了所有性质。但是随着时间流逝，在叙事手法、对权威的蔑视之情、美学上想法的自然演变、怀疑，甚至恐惧的影响下，我最开始创作时的那些简单的意图与设想渐渐变得复杂了。

这些照片本来源自我们一家人的日常的冗务，源自镌刻于我们身上的印记和由这片土地所带来的特质。出乎意料的是，它们像一夜成名的明星那般引起了极大的轰动。它们成为公众聚焦点，让包括那些陈腐的艺术家在内的许多人都羡慕不已。然而，无数老套的例子都告诉我们，名气就像火焰，燃烧太盛往往会引火烧身。这句话虽然是陈词滥调，但往往相当正确。就如亚当・格普尼克曾说的那样，当我们掘到藏了金矿的土地时，我们总会发现藏在背后的流沙。

我在写给玛丽亚的信中所用到的关于摇摇晃晃的陀螺的比喻，其实和事实相差不远：突如其来的名气迎面击来，把我拍晕了头。当时，我唯一的庇护之地是我的农场。和童年时一样，它的与世隔绝使我获得片刻安宁。

我从未像那时一样，迫切需要那份安宁，需要农场那舒缓人心的美丽与匀称。大多数熟悉我的人，或者不认识我但是熟悉我的作品的人，会用“无所畏惧”来描述他们眼中的我。在某种程度上，这个描述可能是恰如其分的：很显然我的骑马生涯配得上这个词，甚至有时候，我的艺术家生涯也颇为符合。但是我非常清楚，我的那种无所畏惧、无所顾忌、泰然自若和傲慢之情究竟源自哪里。

我的父亲是个非典型的得克萨斯人。他接受了北方的优秀教育，是个无神论者，同时还是一位知识分子。他在家里养了一群大型犬，保存了一批买来的藏画（康定斯基和马蒂斯在 20 世纪 30 年代的作品，以及通布利在 50 年代的作品），还开着外国产的汽车。在 20 世纪 50 年代和 60 年代，我们作为一个南方家庭非常与众不同，我们自己也清楚这点。

其他的家庭可能在圣诞节有些老套的装饰，但在我家的客厅里，则摆着下图这样的装饰，而我母亲装作深以为耻。

父亲痴迷于这些曼·雷风格的艺术品。他会收集一些材料，在深夜里躲进工作室里埋头创作一些不同寻常的艺术作品。有一次，他甚至用下图中这件可怕的狗粪作品替换了餐桌上那件平淡无奇的鲜花装饰。

在某些早上，他的花园会向弗吉尼亚州花园观光团（您还记得“花园”这个词怎么发音，对吗？）敞开大门。在花园的其中一条小径上有棵大橡树，树的底下摆着下图中的雕塑。有一天，母亲的那群戴着白手套的女士朋友们走过这棵树，被树下的雕塑惊到花容失色，发出阵阵紧张的笑声。而母亲不禁懊恼，当初怎么就对那个不够虔诚的、喜欢胡闹的年轻人倾了心？

父亲给那雕塑起名为《波特努瓦的三重抱怨》。后来，有人给它拍了照片，并寄给了菲利普·罗斯。在回信中，罗斯是这么说的：

这件作品让我惊叹不已。当然，我们谁都不应该抱怨它；这件艺术作品提醒了我们，敢把这样的东西摆在自家院子里的芒格医生是一位多么勇敢的人。要是我胆敢这么干的话，可能会遭受被人浑身涂满沥青、黏上羽毛的惩罚，再被赶出镇子去。所幸，人们饶过了我写的那些书。

然而，除去胆大包天、毫无虔诚之心以外，父亲也有悲天悯人的一面。他坚信应该推行公费医疗制度，并称医疗护理就和教育一样，每个人都应该有拥有它的权利。当社区医生聚在一起，一致同意应把看诊费用提升到 7 美元时，父亲却把自己的费用降到了 5 美元。母亲最开始还帮他管理账簿，后来渐渐因为他拒绝向那些穷人收费而感到绝望。

父亲曾为一对夫妻接生过好几次。每一次，他都赶到他们偏远的家中，借着手提灯的光操作。而对方从未付过钱。有一天，母亲去酒水店买酒的时候，看到那对夫妇中的丈夫从里面走出来，怀里抱了一大瓶波旁威士忌。

在当天晚餐的时候，她生气地质问了父亲这件事。他语调平淡地回答道:“如果你欠一个医生的钱多到像他欠我那样,你也会想要来点酒。”

父亲无比坚持自己的信念，并在实践中勇敢地执行它。当时，公民权利、种族融合和政教分离这些理念在社会上还未被广泛接受。但在他的影响下，我们这些孩子也在面对社会传统观念的挑战时变得勇敢起来。在 20 世纪 60 年代早期，我们的学校每天都有学习圣经的课程。在所有其他孩子学习经文的时候，只有我不得不离开教室，坐在校长办公室门口。低年级的学生们排成一个纵队去吃午饭时，会在路过的途中对我指指点点、嬉笑嘲弄。直到现在，我仍然记得当时那种脸上发烫的羞耻感。在那一时刻，我无比强烈地想要变成和所有人一样。但是父亲从不向任何人屈服。而随着年岁渐增，我也学会了用无动于衷的傲慢态度来掩饰自己的羞耻感。

我们家没有那种侧面装饰了木质外皮的旅行车，不加入乡村俱乐部成为会员，没有电视，不去教堂，也没有在新街区置办一座殖民地风格的住宅。我们平时在家会读《纽约时报》，而且会用体育版的那页去垫长尾鹦鹉的笼子。我相信，父亲很久以前就信奉了《飘》中瑞特·巴特勒对斯嘉丽说的一句话——有性格的人并不需要社会名声。

人格与人格培养（我猜用别的话来讲也可以说是“尽力忍受”），对于我的家庭来说是件重要的事。当年，我因为坚持一些理念而吃了不少苦，但那时的我尚未成熟到可以对这些理念的概念有什么真正的想法。有时我也怀疑过，我的父母是否在这件事上对我有了过高的期望。当然，类似的问题也同样发生在了我自己的孩子们身上。我并非没有留意到，他们曾因为那些不符合传统的照片而遭到同学们的窃笑。我从父亲身上学到的教训，虽然有时堪称惨痛，但是铸就了我现在的人格。我并不为发生的那些事感到遗憾或后悔。何况我们还有那片农场。在那里，我们的心灵获得片刻栖息，不觉得真实的自我有任何异常之处。

即使现在回顾自己的作品，我仍然觉得在农场和小木屋里拍的那些照片，比其他任何地方的照片都更平衡、更未受到文化的影响，且更具有普遍性。下图这张甜蜜的照片就是一个好例子。拍这张照片时，距离我把孩子们作为潜在的摄影对象还有好些年。

我并不知道，为什么当时花了那么久才在家庭生活中发掘到埋没了的丰富艺术潜能。在埃米特还是个婴儿的时候，我曾用一台 8×10 英寸相机为他拍了几张照片。但是在之后的好几年中，我就像任何一个母亲那样，只是抱着一种不够重视的心态，随手拍了一些极度平凡的日常之景。

例如下图这张照片，拍的是 1981 年刚出生不久的杰西。当时她是一个早产儿，小小的身体比我用来搅拌茶水的汤匙大不了多少。

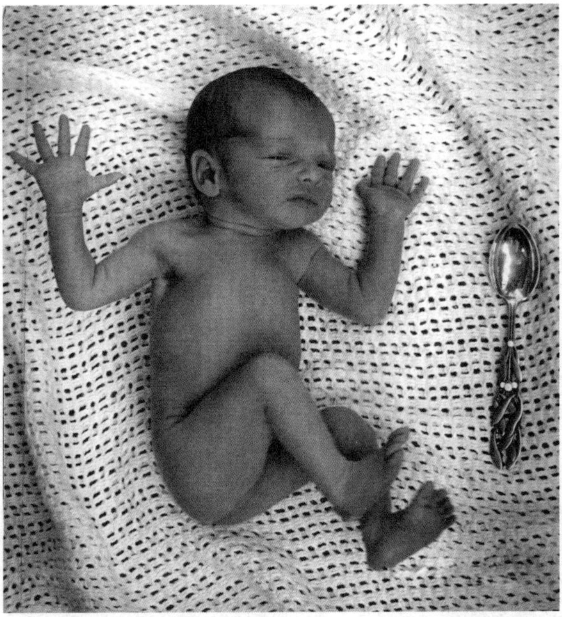

而这张照片拍摄的时候，杰西终于奇迹般地战胜了一次次肺炎的袭击：当时我的相机是放到哪儿了呢?

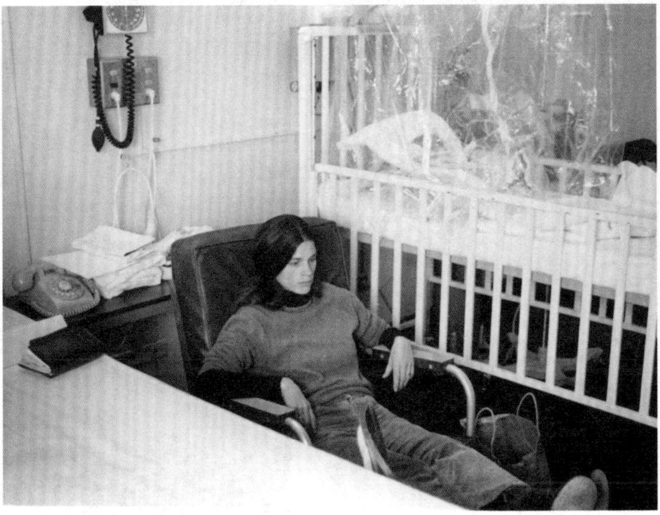

我错过了那么多大好机会，那些珍贵的时刻诱人地躺在家庭的相片剪贴簿里，渐渐淡去：

孩子呕吐的时候，

和宠物们在一起，

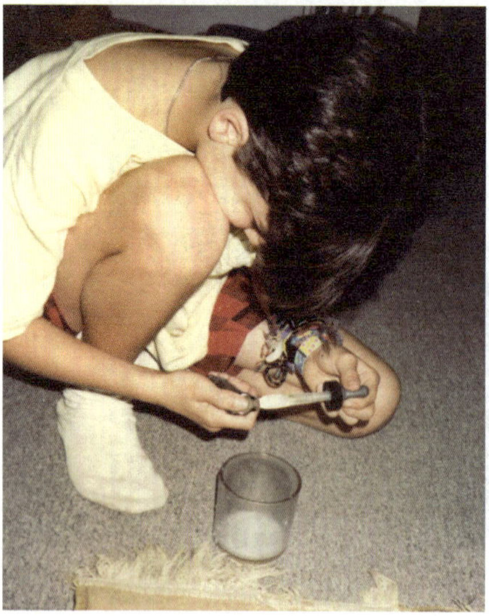

还有没完没了的上厕所训练。

摄影艺术家具有一种敏锐的洞察力，使其能够发现令人欣喜万分的具有艺术潜力的场景。琳达·康纳曾将这种特殊的洞察力称之为“摄影家之眼”。在生下孩子们后最开始的一段时间，由于身处在有年幼孩子的房子里，我短暂地丧失了这所谓的“摄影家之眼”。也许正因为如此，我才没能在这些平凡的日常之景中发现它们的艺术潜力。

在漫长的母亲生涯中，我为孩子们的学校午餐便当切过无数片苹果，替女儿们编过的辫子加起来能有几里长。但我明白，属于艺术家的那双不断搜寻的眼睛和属于母亲的忙碌双眼是不一样的。为了重获这种艺术敏锐性，我不得不有意识地加强自己的摄影家视角，并且深谋远虑地将自己放在机遇女神那充满冲突与恩赐的巧妙路线上。在 1987 年的一封信中，我是如此描述这个状态的：

我每一天都在工作……拍摄新的照片。家庭摄影作为这项工作的主体，已经渐渐开始具有了自己的生命。在一些极为偶然且令人印象深刻的时刻，我的双眼，甚至于我的双手，似乎在冥冥中受到了某种神秘的指引，我们不妨说这指引是来自缪斯女神的。在那些时刻，拍摄的时机是如此恰到好处，简直巧合到不可思议：光线轻裹的那种样子、孩子们的眼中露出的那种令人战栗的强烈凝视，还有那种突如其来的宛如身处太空般的寂静无声。

这些时刻支撑我度过了所有那些冗杂平凡的日常之事……熬过了那些账单支付、洗涤衣物、购买足球鞋的琐碎事务。我逐渐觉得自己离日常生活越来越遥远，仿佛我只真正存活在那些属于缪斯的时刻。

然后，在1989年写给玛丽亚·汉伯格的一封信中我也如此描述：

好的摄影作品是上天的礼物……如果把它们看作理所当然的，它们就不会降临。我把相机架好……把自己悬空在那熟悉的离地一尺的地方，那好摄影作品会发生的地方。我屏住呼吸在那儿等待着，整个人看上去恍惚出神、仿佛陷入了假死状态般一动不动，沉浸于那令人兴奋到浑身发颤的时刻降临前的那一刻……

这种方式总是能够成功，而当这些时刻终于来临，其他没有任何事情能够比得上它：当一切都完美无缺，而杰西翘起她的臀部，并且刚好待在我那1英寸的焦距之内——就如同当风轻轻吹起，在短吻鳄身后的水面上略起恰到好处的波纹一般。那些时刻，具有一种超越一切的感觉——让人欣喜若狂，比性更美妙。这个类比太过显而易见，并且我自己坚信，只能为女性所理解。

但是直到1985年，我才真正地重新睁开身为摄影家的眼睛，并且发现了家庭摄影作为严肃的摄影作品的无限潜力。在那之后，我拿起了一直以来使用的8×10英寸的旁轴相机，虽然差点错失良机，却仍满怀期望地拍摄了弗吉尼娅的出生过程。

当时，我已在不用任何药物辅助的情况下生下了埃米特和杰西，那几乎是我这辈子干过的最艰难的事。在生第一个孩子埃米特的时候尤其疼痛。他当时约有 3 千克重，且是个不安分的宝宝。在生杰西的时候就容易了一些，当时她还不到 2 千克。两次生产过程都相对迅速，但是疼痛都非常剧烈，并且一直伴随着无法抑制的子宫收缩，我勉强依靠着陪在身边的拉里，以及拉玛兹分娩呼吸法才撑了下来。我盘算着，如果我可以再来一次的话，为何不把它拍下来呢？

于是，在预产期的两周前，我把 8×10 英寸的旁轴相机带到了分娩室，把它架起来调整好。然后，我让一脸迷惑的志愿护士姑娘躺在床上，暂时充当模特，摆出预想中我生产时可能会使用的姿势。在当时的生产方式中会用到一种蹬脚用的铁支架，在把脚架上去后，她用手庄重地把被翻起来的裙摆弄平整，而我把相机的镜头焦距对准了她的双手。在保持了相机设置不动的情况下，我把它从三脚架上取了下来，并挺着让我难以保持平衡的大肚子，弯腰在地上用油性铅笔画了三个圆圈，标明三脚架三个支脚放置的位置。在干完这一切后，我把东西都收好装回车上，回家等待生产日期的到来。

我没有等太久。在预产期一周前的一个早上，我的羊水破了。我给孩子们做好午饭，像平时那样送他们去学校，然后拉里也去上班了。车子里已经放好了调整完毕的相机、三脚架和胶片，我开车到医院，拖着流着羊水的身躯和这一大堆器材走到了走廊另一头的妇产科。那儿的护士更习惯于看到产妇提着有花朵图案的待产包。当时值班的护士看到我之后，立刻跑过来帮我。

我当时身体不适，花了比预想中更久的时间，才把相机组装到当时用铅笔打了记号的位置上，然后把胶片盒装进相机，并在把拍摄背景中阳光充足的玻璃墙考虑进去的情况下快速地读了一下测光表。中午的时候，照顾我的红发护士菲克斯夫人本可以暂时离开，进行 30 分钟的午餐休息。但是她看着躺在旁轴相机的镜头下喘着气痛到目光呆滞的我，还是决定立刻打电话给拉里，并把医生叫过来。去他的午餐吧！

拉里是第一个赶到的。我当时已经处于神志不清的生产状态。我呼吸急促，且在强烈的子宫收缩下讲不出一句话来。12 点 30 分的时候，哈罗森医生的白大褂出现在窗外的山坡上，房间里所有人突然动了起来。我一边试着不要推挤到身体，一边示意拉里把胶片盒里的隔光板取出来，并把快门设置在事先设定好的速度处。他知道要注意避免相机在那个过程中移动一分一厘，要用颤抖的双手做这件事可比你想象的要难多了。

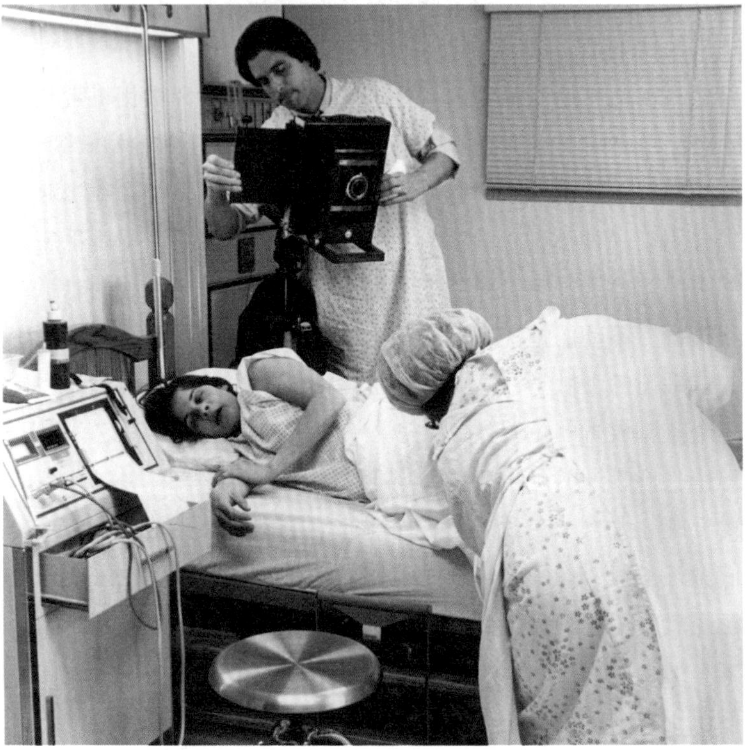

在 12 点 37 分的时候，小孩的头顶已经看得到了。我一面伸手去拿相机，一面心想道："可恶，路易斯 · 康纳曾经给过我一根快门线，如果我真的有什么时候会需要用到它，那个时候就是此时此刻。为什么我居然把它给忘了呢？"

我那按着快门的发抖手指让相机摇摇晃晃的。但让拍出来的照片不那么有趣的并不是这个原因。我正确地预估到哈罗森医生会挡住从窗中射入的光线，因此我需要用较慢的快门速度。在估计了光线的强度后，我算了一下光圈应为 f/4.5，光圈开大，快门速度设置成 1/5 秒。我做对了。

但是在这样缓慢的快门速度下，猛地被挤出产道的孩子在照片上成了一道模糊的影子。

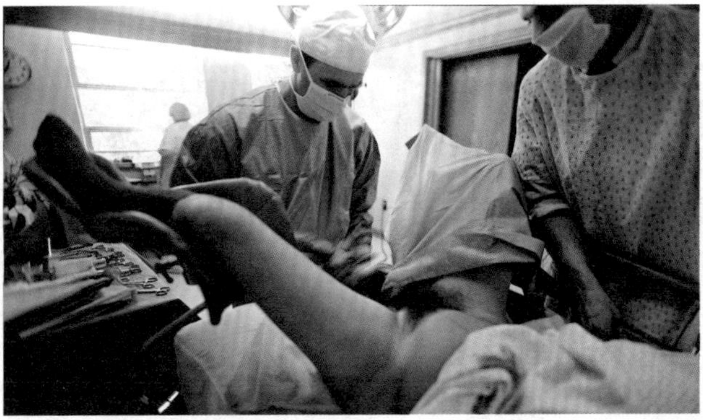

这张照片没有达到预期中的效果。

但是，它也许并非毫无价值。事后看来，这张照片的确成了我家庭摄影的一个开端，而且它让我明白了一件事，那就是摄影作品——包括那些好的作品，可以诞生于任何一个地方，甚至是那些看上去最为平凡无奇的场所与最为焦虑不安的时刻。几个月以后，我拍出了自己心目中第一张好的家庭照片。照片拍的是杰西的脸庞。极易对昆虫过敏的她刚被虫咬，荨麻疹让她的脸上肿了起来。下面这张照片是那天下午在她出现病状之后，我拍下的第一张。

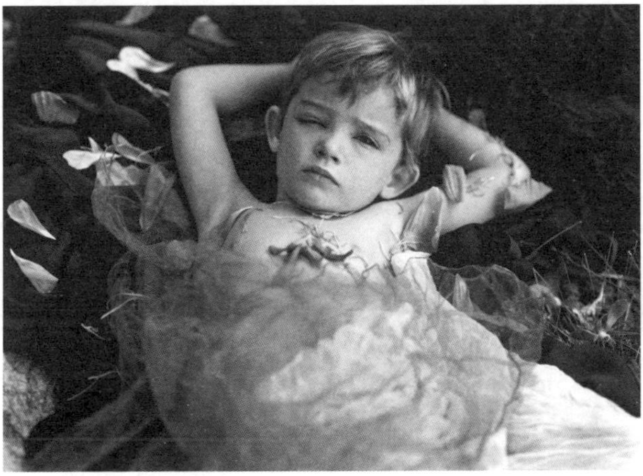

现在回头看这张照片，我意识到，它其实是我多年以来一直在拍摄的那种质感如纱一般柔和的，关于花瓣与薄纱的静物摄影的一个延伸。区别只在于，这张照片中有一个孩子。

在我为埃米特拍摄的一些早期的抽象照片中，我也在其中用到了同样的薄纱与花瓣的想法。

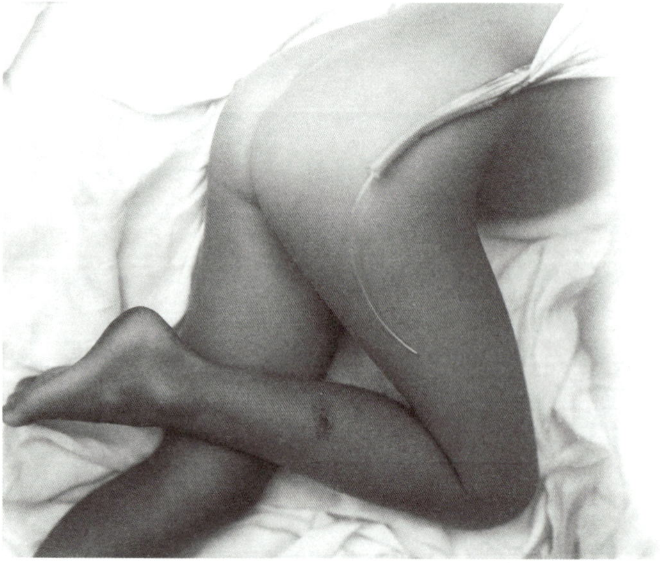

但是，在为杰西拍摄的这张躺在绸缎上的照片中，我觉察到了一种不同的方向。我不知道别人是不是也那么认为，但是对我来说，在艺术工作中，重大的创作突破并不伴随着如同遭到电击一般的强烈感知。事实上，它们甚至都称不上是什么了不起的飞跃，而只是伴随着挥之不去的自我怀疑，只是一些小心翼翼的探索罢了。

那天，虽然抱有犹疑，但我仍然为杰西拍摄了第二张照片。照片被我命名为《受伤的孩子》。

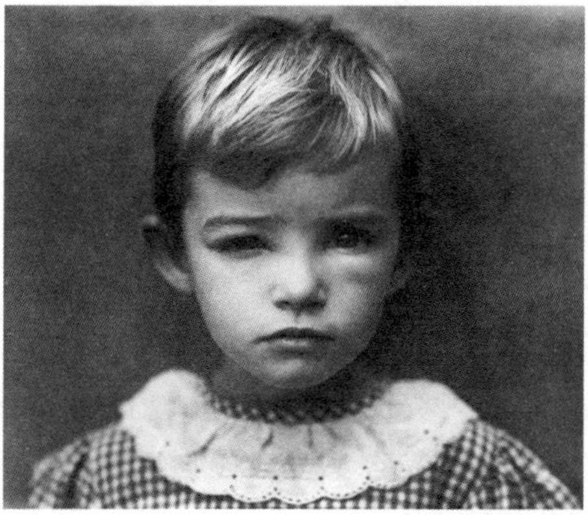

把照片冲洗出来后，我立刻注意到它与多萝西娅·兰格拍摄的那张有名的照片《受伤的孩子，棚户区》的异曲同工之处。

在这两张照片中，两个女孩都露出了遭到打击后违抗、蔑视的神情。为了确保人们注意到两者间的类比，我为杰西那张照片取了相似的标题。

听上去有些奇怪，但在这张令人稍感不安的照片中，我仍然获得了某种安慰。我看着还湿漉漉的照片小样，再回头看了一眼已经完全恢复过来的杰西，她正穿着粉红色芭蕾舞短裙在房子里跑来跑去。那一刻，我意识到了一件事，那就是这张照片使我看到了另一个本有可能发生的现实，而我幸运地避免了它。也许，拍摄这些照片可以使我从抚养孩子带来的无数恐惧与担心中逃脱出来，它可以祛除厄运，带来保护：我可以凝视他们的脸，但保持一定距离——一张相纸的距离。

通过相机，我开始挑战孩子们经历的每一种疾病和意外。在镜头下，普通的脓包疹被夸大成了麻风病，皮肤的皱痕变成了鞭痕，瘀青变成了出血热。每当什么糟糕的事情发生时，即使它最开始看上去并不严重，我仍能假想出最坏的结果，并通过镜头把它表现出来，仿佛这样能够防止它在现实中真的出现一般。

在杰西 5 岁时的一天她突发奇想，想要踩着我们筑在小河上的岩石水坝过河，然后走上将近 1 千米路去埃米特的学校。我一向是个警觉性颇高的母亲。就在一刻钟前，我抬头往窗外看时，她尚坐在旧轮胎做的秋千上玩她的娃娃玛丽亚。但当我再往洼地上看过去的时候，她却消失不见了。我本就容易歇斯底里，且是个宿命论者，在那一瞬间当然彻底惊恐失措。我在河岸上来回奔跑，呼唤她的名字。而在我那么做的时候，杰西早已走远。她抱着娃娃走在去沃德尔学校的路上，每当要过河的时候就小心地左右张望一下。我立刻向邻居和朋友们求助，很快就组成了搜救小队，呈扇形对森林进行搜索。我自己则紧沿着小河寻找，总觉得曾在水中瞥见过方格棉布、白袜子或是穿着木底鞋的皮革娃娃玛丽亚的影子。

不久，学校的秘书带着笑得一脸灿烂的杰西找到了我们。在看到她们的那一刻，我心中瞬间涌起了侵入骨髓的安慰与疲倦。第二天，我架起相机，哄着 7 岁的埃米特穿上裙子，拍下了这张照片。即使是现在看来，这张照片也令我感觉糟糕极了。我把照片起名为《杰西走失的那一天》，在心里祈祷着我们再也不会遭遇同样的经历。

然而我的祈愿并没有实现。

1987年9月，在距离杰西走失事件刚过去没多久的一个炎热的下午，我走上家门前的那条马路，去接放学后玩耍过准备回家的埃米特。由于当时附近的工地在施工，那个路口交通非常繁忙，所以我总是走到那儿帮助孩子们穿过马路。举着旗子的工作人员在那儿指挥交通，让行人穿行。一辆慢吞吞的推土机遮挡着我的视线，我看到埃米特正从交通指挥员那儿往马路上走，并停在了路的另一边，推土机的那一侧。

那时路口十分嘈杂，我想让埃米特停下来等待车流过去，但是用喊声无法让他听到。于是我举起了手，手掌向前，做了一个通用的“停止”的手势。但是，埃米特没有学过国际通用的手势语言，反而误以为那是“赶快过来”的意思，并且立刻那么做了。就在他往前冲的前一秒，交通指挥员正好指示已经等得不耐烦的车流向前通行。在车流最前面的是一辆20世纪70年代的雪佛兰汽车，车身沉重且马力十足。驾驶员是一个17岁的少年，他早就等得心急火燎，巴不得指挥员早点指示前行了。

他并没有真的一脚踩下油门，但毫无疑问，他可不会错过向路两边的工人们炫耀自己车技的机会。

在埃米特满脸快乐地从路边冲出来的时候，他的目光只集中在我身上。那可怜的年轻司机根本没有机会刹车躲避。于是，时速 56 千米的车子在埃米特跃出的那一瞬间撞上了他。他的头先是狠狠砸在了引擎盖上，然后整个身躯被弹飞到12米远的马路上，浑身是血地瘫在了路中央。

那时所有人都还没有手机，但是即使他们有，在目睹了那样的场景后仍然会惊呆在那里。我惊声尖叫求助，希望有人能呼叫救援队，但是没有人动弹一下。于是我狂奔回家中自己打了电话，心中恐慌不已，担心在我不在的期间会有另外一辆车撞上埃米特。然后我再返回布满轮胎痕迹的马路，跑回 14 米外躺在马路上的那个小小的身体边。

我曾说过无数次，当时埃米特躺在马路上的景象深深地刻在了我的脑海里，但其实那并不是真的。事实上，我无法告诉你他是怎么倒下的，甚至无法告诉你他那时穿的是什么衣服，除非我查看当天在医院里拍的照片。我记得他躺在黏糊糊的柏油路面上，记得看见头戴安全帽的工人们站在山坡上，安静得像一群好奇的牛。我记得当时清楚地知道不能移动他的身体，也记得在等待第一批救援队到来的 11 分钟里，我想到了摄影。

当他们终于到来的时候，埃米特已经恢复了一半意识。当救援队问他能否说出自己名字的时候，他用平稳的声音说出了：埃—米—特。

我看到了一线希望。

事故发生的几天后，有人敲响了我家的门。几个工人站在门前，胳膊下夹着黄色的安全帽，其中一人手上还拿着一支从便利店买来的包着玻璃纸的玫瑰。他们结结巴巴地向我表达哀悼，我才明白过来，当他们看到埃米特被撞时，就以为他已经死了。他怎么可能还活得下来呢？那就是当时他们没有动弹的原因。

那时，我也以为他已经死了。在几天后，我再次看到了那辆雪佛兰汽车，越发觉得他能活下来简直就是一个奇迹。肇事的那个男孩开车到了我们家，仍然被事件吓得浑身发抖。他告诉我们这辆车有多么结实，并建议拉里全力打一下引擎盖试试。于是，拉里鼓起他那属于铁匠的肌肉，一拳往引擎盖上砸了下去。什么事也没发生。

而埃米特的头砸到的地方，却陷进去了一个令人心如刀绞的脑袋大小的浅坑。

继撞出那个浅坑之后，埃米特又被弹飞到马路的另一头。但是奇迹般的，他既没有呕吐也没有感到什么大的疼痛，而是几乎没受什么明显伤害，并在几天后就出院了。人们普遍认为，救了他的可能是当时他跃出的那一步，使他整个人正好悬在空中。但谁知道是怎么回事呢。对于我，还有所有亲眼见到那一刻的人们来说，这都是一个难解之谜。

所以，在那 11 分钟内，我又想了一些关于摄影的什么事情呢？下面是 1987 年 10 月，事件过去一个月后，我给一个朋友写的一封信：

但是现在，埃米特躺在血泊里的照片已经使那些家庭摄影显得，嗯，对我来说微不足道。

我那时躺在那儿，以为埃米特的生命正从他失去意识的身躯中一点点消逝，我心里想到了……拍摄我的孩子们这件事的真正意义。我想到了，自己是否还能够拍摄这已经惨痛地印在了我脑海里的景象。想到了我到底是怎样的一名摄影师……我劝学生们去“拍摄对自己来说最重要、最亲密的东西，拍摄那些生活中重要的时刻，让你的照片活在你的现实之中”。但是，我口中的现实却击垮了我，让我麻木难行。当我躺在那里，以为身边的儿子正在死去时，我真的怀疑起自己今后是否还能再拿起相机。想也知道，我是无法再那么做的，我并非是那种摄影师。

在那几乎永恒的 11 分钟内，我想着，当初我满怀喜悦地一头扎进身为人母的世界，但这世界远比我们所能想象的要复杂得多。而我所经历的恐惧……还有喜悦，都让我步履蹒跚。

我是多么爱这些孩子。

我也是那么的为他们感到担忧与恐惧。而这些恐惧又是多么容易的在转瞬之间，变成现实。这些令人恐惧的瞬间甚至会就在我惊恐的双眼前发生。而更糟糕的是，我已经无数次想象了那个场景，然而每次都宛如被它紧紧攫住了一般，需要猛地使自己从那噩梦般的幻想中清醒过来。

那些照片拍的就是那样的时刻。而我现在当然已经不敢再看它们。我害怕这些摄影会使人噩梦成真，而不是反过来祛除厄运。我也知道，这种想法并不理性，但是发生在埃米特身上的那场意外，将已经提心吊胆的我推到了万丈深渊跟前，简直命悬一线。

所以对我来说，这些照片已经走到了某种感情上的死胡同里了。在最近几个星期，新拍的那些照片浸润了夏末的阳光，看上去更为温和，也许也更充满南方风情。我知道这件事终将过去，他躺在地上的那幅景象也将不再不请自来地出现在我脑海中，而那些照片最终也会和我相安无事。但是，要让自己的摄影与自己的生活相和解，总归是一件有些难度的事。

为了治愈这次经历带来的心理创伤，我试过遵循自己的告诫，“拍摄对自己来说最重要、最亲密的东西，拍摄那些生活中重要的时刻”。我曾在意外发生的那个晚上带着相机来到医院，但是那里并没有什么特别的东西。（参见下图）

几个星期后，我又试着拍摄埃米特在被撞到时候的样子，或者不如说，拍摄我认为他当时看上去的模样。（参见对页上图）

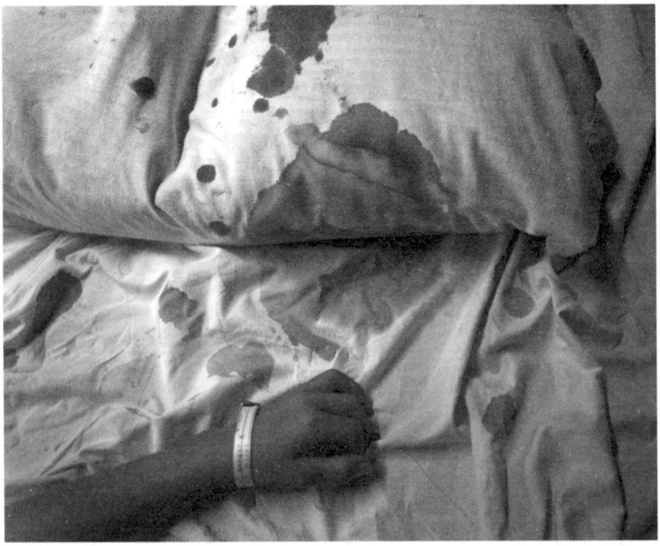

结果并不成功。

埃米特在一周后就痊愈了，而我的心却仍然伤痕累累。记忆中，在他向我冲过来时，他的脸在阳光下满是笑容。那个画面萦绕在我的脑海中，无法摆脱。每当我想起这个镜头的时候，都会揪心地意识到，在接下来的一刹那间会不可避免地发生怎样不幸的事情。我会倒抽一口冷气地从梦中惊醒，脸上满是泪痕。我那如灌了水泥一般沉重的双腿拒绝听从惊慌失措的大脑的指令，而充满恐惧的双眼如大理石般凝固着。

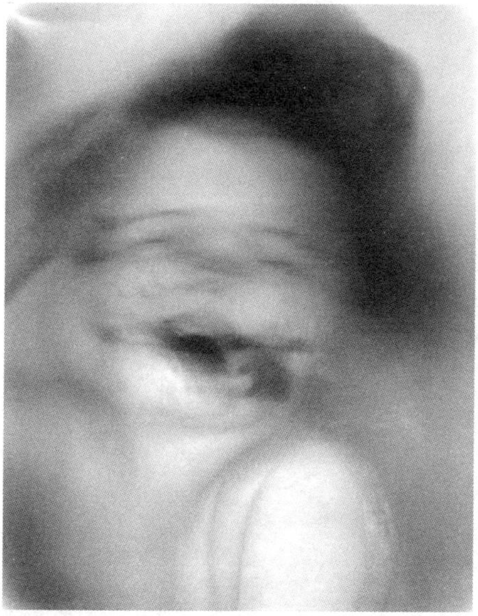

我试着给自己拍了一张，但仍然失败了。

所幸的是如以往一样，在农场，那如蜂蜜般甜蜜的 9 月阳光和懒洋洋的清澈河流，仍然给我饱受创伤的心灵带来了治愈。在那里，没有恐惧或危险，也自然没有理由去拍摄那些“驱除厄运”用的照片。那儿只有土地，只有河流，只有提供庇护的山崖和带来抚慰的高大树木。

可以想见，我又将镜头对准了埃米特。

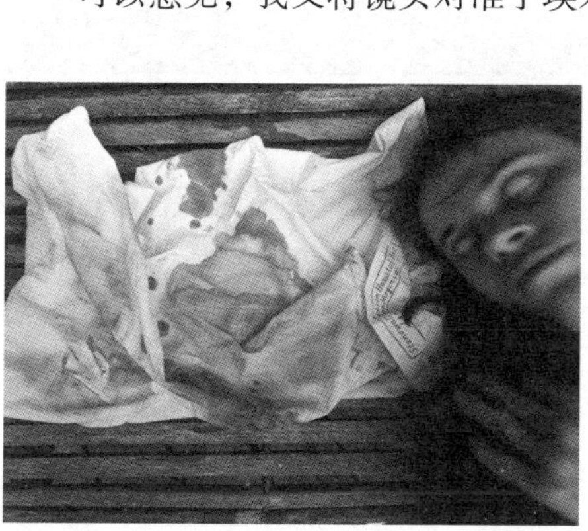

我在这三张照片（参见第 118—119 页）中都发现了喜欢的东西：在第一张中，我喜欢男孩孤身一人的身影；第二张，则是河水疾速涌动的样子；在第三张中，是呈 V 字形的天空与河流。

在追求一张难以捉摸的照片方面，我可是孜孜不倦的。为了尝试把所有喜欢的元素都融入同一张照片中，我拖着自己的8×10英寸相机和三脚架走到了河里。河底的岩石踩上去极易让人滑倒，湍急的河水冲击着我的身体。我小心地在急流中挑选了一个流速较缓的地方，并在那儿架好了相机。我试着在第二次尝试中减去了照片中天空的那一部分，使其看上去仍然有成为一张好照片的潜质。

也许应该去掉那根潜水用的通气管，我暗暗决定。

既然已经有了一些灵感，我就着迷似的想要把这张该死的照片拍好。在那个柔和而宜人的9月，我每天都会举着相机和一个胶片盒，越过长满青苔的岩石，走到河水的中间。在我站的那个位置，水位高度大概到我的腰左右，而河底遍布危险的陡坡，坡的另一头往往是些黑暗而可疑的沙穴。在拍摄完了胶片盒里的两张胶片后，我会把胶片盒顶在头上游回岸边替换。而我亲爱的埃米特则会耐心地等待我。我有6个胶片盒，所以每天基本会带12张胶片去河边——它们中的大部分都成了失败之作。

它们失败的方式多种多样。有时候，是我潮湿的手指毁掉了胶片；有一次，我不小心把胶片盒掉进了河中；还有一次，是因为有一小队独木舟从我们身边滑过。但大多数失败的原因都得怪我在构图上的愚蠢失误。

在这张照片中,埃米特站得高出水面太多了。

而在这一张中，背景的树木又显得太亮，而且埃米特站得离镜头太远了。但我倒是挺喜欢那如绸缎般柔滑细腻的水面。

这张照片的画面中心偏了，而且我不喜欢那些云和他头发看上去的样子。

在这张中，该死的曝光表的带子挡在前面了。

到了这张照片时，已经越来越接近理想中的效果。他双手摆放的姿势很好，但是站起的高度仍然超出水面过多，背景的光线也过于强烈……

好吧，这张照片中手的位置基本放正确了，但是他的站姿不太自然，所以仍然不够好。

这下成功了，就是它了。

在七八天里，我们做了各种各样的尝试，但我知道最后我们还是成功了。埃米特是最松了一口气的那一个，他已经为了满足光线的需求——和他母亲的需求——放弃了那么多个下午。你通常无法强迫孩子们这样子拍照：是我的孩子们把这些照片赠予了我。每一张照片都代表着来自他们的慷慨馈赠与对我的信任。而反过来，为了报答他们，我也感到有责任尽我所能，回馈他们以最出色、最能经历时间考验的作品。在一次又一次的摄影中，孩子们奉献着他们自己，在隔光板取出来的时候向镜头投射来无比精准的目光；无论是一次怒视，斜着眼睛看过来的目光，还是一个悲伤的表情，他们都像专业的演员那样满足我的所有要求。在很多情况下，他们在拍摄的时候还要忍耐着炎热、饥饿、疲倦，或是像埃米特这样在河里冻得瑟瑟发抖。

当埃米特声明这是他愿意在这条冻死人的河里（顺便一提，那可是10月）拍摄的最后一张该死的照片时，我表示十分理解。出于某种原因，我把这张照片起名为《埃米特最后一次愿意裸身做模特》，尽管我知道裸身与否并不是关键之处。而后来我当然为这事付出了代价。

并不是所有的照片都需要经历这般费力的探索，但还是有好几张照片也把我折腾得够呛。当我感觉到有一张好照片悄悄惊鸿一瞥，默默徜徉于我的视野之外时，我总会不屈不挠地紧紧追踪它。我往往会在一些抓拍中嗅到好照片的气息，例如下面这张弗吉尼娅正要从悬崖上跳入水中的照片。

我在试验了许多次，付出了相当多的努力后，终于拍好了它。

许多其他照片诞生的过程也是类似的。他们往往起源于一张失败的照片，但是这些照片都犹如璞玉，暗藏着某种永恒的特质，例如这张照片中，弗吉尼娅的头发贴着肋骨散开的模样，又如埃米特的那张照片中的 V 字形天空。

然而也有很多照片是完全随机产生的。我的相机几乎会一直设置好放在一边，每

当有什么有趣的瞬间发生的时候，我会让所有人保持静止，可能再快速地微调一下某个地方，然后按下快门。

当时，我在一封信中这样写道：

我得等待自己的眼睛“开启”起来，等待所有的元素都各归其位，让那不可言喻的冲动出现——那是在透过磨砂玻璃看过去时涌现出来的一种狂喜之情，我缓慢地数着，牙关紧咬，轻声让杰西别动别动别动别动，而我知道这张照片一定会很好，我知道它会是真实的。就如海明威在《流动的盛宴》中说过的那样，有时候，万事俱备，而纯粹与优雅会诞生其中。

这些照片通常发生得飞快……就如同某种紧急的身体指令。它们宛如来自上天的礼物，总是以显而易见的方式出现在我眼前，等待我捕捉那些瞬间。

的确，它们可谓上天的恩赐。有许多照片是伴随着一阵幸运的狂喜显现在我面前的。在拍摄那些时刻时，我有时只来得及拍一张，只有一张相片。我用颤抖的手指更换了隔光板后，沉下膝盖，在感恩与惧怕中紧闭双眼。我担心自己会在显影过程中破坏了它，或是担心我所看到的那一刹那没能被记录在胶片上。那些屏气凝神的时刻，让我费尽了心力。那转瞬即逝的一刹那，却蕴藏了广阔而令人眩晕的纳博科夫式的永恒不朽。在我眼前，那美妙绝伦的天使已经不再在阳光下熠熠发光，而是抓起了毛巾走向沙滩，桌子上的番茄已经被切得七零八落用于晚餐，而我的心，我那在胸腔里跃动不停的心，从我的灵魂深处送来了充满光辉的力量，让我站起身来。

8

真情得见真实

还记得曼夫妇遇害的自杀式谋杀案的档案吗？它并没有在新迦南警局束之高阁。35 年后，当我要求获取一份该档案的复印件时，它就放在档案办公室的办公桌上。想知道为什么吗？因为它事关在公众面前曝光所引发的风险。这是一个离奇的故事。对于我来说，展出并出版那些家庭相片，从某种程度上也反映了其最让人毛骨悚然的那一面。

在 2010 年，很多人都纷纷接到匿名信——这些人中有艺术评论家、艺术馆和画廊的负责人、大学校长、艺术教授、出版商、收藏家、新闻编辑，以及这篇记述所提到的新迦南警局的局长、康涅狄格州警局的局长和总检察长。

尽管可读性不尽相同，但这些信件都出言不逊，声称我剽窃了一位来自弗吉尼亚的艺术家的作品。他怀才不遇、没有名气，说我是个骗子、小偷，甚至是谋杀者。几乎所有的信件都盖有弗吉尼亚里士满当地的邮戳，包括地址在内都是用电脑打印的。起初，我只觉得这件事让我以及其他所有收到信件的人很反感。但过了几年，我渐渐清楚地意识到，寄信的人非常偏执，且很有可能是个精神不正常的跟踪狂。我开始有所警觉。

同样警觉的还有康涅狄格州的多个司法机关。这里有一封他们曾收到的信，我已经删去了若干冗长的段落：

此信事关 1977 年发生在康州新迦南的一宗自杀性谋杀案，受害人为沃伦·曼，以及他的妻子罗丝·玛丽·曼。我掌握了一些我认为极其重要的新线索，它们能证明这不是一起自杀性谋杀案，而是一起双重谋杀案。作案的凶手是拉里·曼，也就是沃伦和罗丝的长子，还有拉里备受争议的摄影师妻子莎莉·曼。

有必要让人核查一下，拉里·曼在生下来时是否有“亚瑟”这个中间名。考虑到他的父亲全名为沃伦·亚瑟·曼，亚瑟作为他的中间名是讲得通的。如果真是这样，我们需要问这样一个问题——在他的别名劳伦斯·TE. 曼中，“TE”代表什么？

拉里·曼在大学主修的是哲学。结合沃伦和罗丝·玛丽·曼的遭遇来推理，“TE”加上曼代表着圣经中以扫的孙子“特曼”，也就是以扫的后裔。拉里·曼是在将他自己比作以扫，而他的弟弟则是雅各布。

拉里·曼另外一个别名——劳伦斯·A. 曼巴，或者拉里·曼巴，本身就是一个赤裸裸的声明。以扫素以追踪和杀戮为名，人们都知道以扫爱好暴力和谋杀。而曼巴就是那条致命的蛇。拉里·曼和他的妻子莎莉一样，受到了某种来自天性的启示与激发，意欲嘲弄法律，看看他们究竟能蔑视法律到什么程度却依然可以逍遥法外。这些别名有助于他们达成心中的目标。

如果说将莎莉的父亲罗伯特·芒格博士或者任何芒格家族的人的证词，作为沃伦和罗丝·玛丽遇害时莎莉和拉里·曼的不在场证明，将会是一个极为严重的错误。

人所周知，芒格博士是一个披着人皮外衣的恶魔。他会竭尽所能协助其女儿的恶行，继续毁灭任何美好的人与事物。人们都知道他可是靠在当地做非法堕胎挣外快的。

莎莉·曼仇视天主教徒，她会抓住一切机会试图陷害他们。鉴于莎莉还有拉里在犯罪现场陷害罗丝·玛丽·曼，需要查一下罗丝的成长经历，若她的确是一个天主教徒，可就成为他们对其下手的重要原因。

罗丝·玛丽和沃伦·曼已经去世 34 年了。罗丝是清白的，但她不能为自己开口辩护，在 1977 年的那个 7 月究竟发生了什么。莎莉·曼最终还是露出了马脚，证明她和她的丈夫拉里·曼应为这场双重谋杀负责。

现在是该为罗丝·玛丽正名的时候了，这样她和她的丈夫沃伦也可在九泉之下得以安息。

（信件的结尾标明，信分别被寄往布里奇波特联邦调查局分局、新迦南警察局和康涅狄格州警察局，寄给了若干有名有姓的政府官员，还有一位诺沃克市《新闻时刻》报的记者。）

虽然这些信看上去像是疯人呓语，但是收到信的当局都无法真的无视信函所声称的内容。2011年末，在我们毫不知情的情况下，新迦南的警察局重新开始了沃伦与罗丝·玛丽·曼的自杀性谋杀案的调查。与此同时，罗克布里奇县治安部一位能力卓越的探员——蒂姆·希克曼，开始在当地着手调查这些信件的源头。虽然很渺茫，但在调查过程中他也向弗吉尼亚州匡堤科镇的联邦调查局请求了援助。

显然，相较于调查一个愤愤不平、名不见经传的艺术家，联邦调查局手头应该会有更重要的事情要处理。通常，他们会从全国各地的司法机关处收到数以千计的援助申请，但真正能够受到处理的申请屈指可数。所以，当得知匡堤科镇警察局的威胁评估小组同意与希克曼会面时，我们都非常惊讶。他们派了若干警员来处理这个案子，同时在希克曼的协作下，起草了一个嫌疑犯的犯罪心理侧写。他们认为发信人威胁到我人身安全的可能性很小，这对我来说是莫大的安慰。但与此同时，这些信件仍然变得越来越离谱，越来越频繁。每次我出席公开的演讲或者揭幕活动，都觉得提心吊胆。以往，隐居在我的农场，它一直能够给予我保护感和慰藉。但如今，连在农场上的日子也让我变得焦虑不安。

好在希克曼是一个善于搜索信息的人。再加上他那不动神色的老派侦查风格，让案子终得告破。写下这些匿名信的是个犹如吸血蝙蝠一般邪恶的人，她的情况几乎完全和联邦调查局的描述一致：她有些年纪了，和她的女儿——一位不成气候的艺术家住在家里，与此同时她也有着情绪不稳和身体暴力的历史（警察局威胁评估小组把这点搞错了）。2012年春天，在当地的司法机关和联邦调查局持续当面警告她一段时间后，这些匿名信终于不再出现。

在我写下这些字句的此刻，距离匿名信案件已经过去了一年。即使是现在，我依然感觉受到它的影响，觉得自己脆弱不堪，并且有种被暴露在外的不安全感。我变得更加不信任我们文化中对名气的狂热追捧。展览和出版我的那些家庭摄影激起了种种出人意料的反应。其中令我最苦恼的，莫过于大范围的公众关注，以及人们多么轻易就能接近我和我的家人们这件事。

回顾那个跌宕的年代，文化战争四起的硝烟也蔓延到了我的领地。我感激那些有关艺术的讨论。但偶尔，我也会感到自己的灵魂被暴露在了批评家的棍棒下，任由他们乐此不疲地戳弄着。人们纷纷发表他们的观点，虽然通常带有真诚善意，但也有满怀仇恨的恶毒语言。他们质疑我拍摄这些照片的权利，尤其是我作为一个母亲的权利。他们质疑我的心理健康状况，质疑这对孩子们意味着什么，也质疑这些照片对欣赏者会产生什么样的影响。这些争议让我措手不及。好在我相对来说还没什么名气，且偏居一隅，我稍微受到了一些保护。但无可避免地，我仍在争议刚发生时毫无防备，完全没有任何强有力的方式对其予以回应。

对于一个初出茅庐的人而言，我根本没意识到全面接触记者意味着什么。当时，我只是对记者的关注单纯地感到高兴，且在心中把他们视为朋友。珍妮特·马尔科姆曾在她带有挑衅色彩的书《记者与谋杀犯》中，写了这样一段对该新闻人物语带揶揄的评论：

新闻人物仿佛是被选为祭祀品的阿芝特克青年男女。他们生活安逸，享尽荣华，直到那特定的一天，他们的心脏被从胸口挖出。新闻人物接受采访，就好比阿芝特克的青年男女接受红酒与玫瑰：他们非常清楚在那之后等待他们的是什么。虽然如此，每当记者打来电话，他们依然会答应；而在面对记者们的刀锋般锐利的攻击时，也依然会感到震惊。

同样，当记者里克·伍德沃德打来电话时，我也答应了。而且我也在其亮出刀锋的时候吓了一跳。但和阿芝特克青年不同的是，我并没有预期到事情会急转而下，这也说明了当时的我有多么天真。我无比骄傲，笃信每个人都会用和我同样的眼光去看待这些作品，从而将自己完全置于记者所带来的极度危险中：他们对我的引述要么缺乏背景交代，要么滤去了原有的讽刺意味与自嘲幽默。那两天的采访称不上什么“红酒与玫瑰”，但报道最终上了《纽约时报杂志》的封面。而我在整个采访过程中就像一只坐在窝里的、毫无防备也毫无遮掩的鸭子。所以，我也无法指责伍德沃德拿我开刀。

在采访发表之后，他给我写信，说他为了这篇报道已经“好几个月没有在家吃饭了”。我并不怀疑这一点。这篇报道给杂志社招来了大量的来信，而好心的编辑把绝大部分的来信都寄给了我。读这些来信给我造成的愤怒和痛苦不亚于报道本身。虽然我明白自己是在庸人自扰，但这的确令我更加不好受。

我的实习生和我读了全部的信件，并简单地把它们分成了三叠：赞成的、反对的，以及心怀叵测的，他们总是揶揄地说“这是什么鬼东西”。

在它们之中，反对的信件（33 封信）打败了其他两叠，但也没有多出很多。虽然我认为伍德沃德在报道中对有关我的负面争议着墨过多，但近一半的信都是积极的（28 封）。它们表达支持的方式也并不像你所预期的那般诡异（举个例子，有一位来信人写道，“作为一个涉及出版裸体出版物的编辑和出版人，我也曾被舆论羞辱过……”）

还有一些更为负面的信件。或者可以说它们大都在对我进行批判的同时，也试图提供帮助：这些信件中有 7 封来自儿时曾遭受过虐待的人，或是受虐儿童的看护者。这些信都很有思想，富有同理心，但有时候也忧心忡忡。以下这封信来自科罗拉多州的一位精神医疗师，可谓是情绪过于激动的典型例子：“这篇有关莎莉·曼的封面报道让我极度不安。”有几封信里还回忆了发生在写信者自己身上的痛苦故事。

14 个月前，我因为抑郁症而开始接受心理治疗。在那之前，我从未想到自己的过去和近亲乱伦这件事会有任何联系。然后 5 个月之后，那些黑暗的回忆开始闪现，而我对回忆这件事感到无比恐惧。我曾反复遭受了乱伦性质的侵害和可怖的虐待。

还有许多信件讨论了关于我父母那与众不同的性格特点：

人们说她的母亲是一个得体的女人；而她的父亲则是一个冷漠、性变态的男人。通常，在有暴力倾向的家庭关系中，往往可以看到这种父母亲性格截然相反的模式……

她在墙上保留了一张已故父亲穿浴袍的照片。为什么选择一张他死时候的照片，为什么是一张穿着浴袍的照片，为什么是这两种元素的结合？

所有这 7 封信都不约而同地暗示我曾经遭受父亲的虐待，认为我压抑着这些回忆，并且时不时地在摄影作品里流露出病态的心理活动。当时曾流行过一种理论，认为儿时被压抑的性虐待记忆可以通过心理疗法恢复。直到 1992 年，人们才在科学的检视下发现这种理论并不可靠（尽管你在读《纽约时报》邮袋中那些言之凿凿的信件时绝不会意识到这一点）。但是愚蠢的是，我亲手加深了人们对我的这种印象：我那时告诉伍德沃德，说我对自己那平淡的童年几乎没有任何记忆，我还告诉他，我的父亲曾给我拍过一张“非常糟糕的裸体艺术照”。

还有一份来自斯塔顿岛的信，语气特别恼怒，信的附言中还对通信人“原始的书写方法”表达歉意。那封信从第一页就开始对我发问：

“曼女士，那到底是真正的艺术，还是一种隐晦的乱伦？”

两者都不是。那些照片既不是乱伦，也不是艺术，甚至到后来，我发现所谓的裸体照片也并不真的存在。目前为止，我已经扫描整理了父亲所有的大画幅胶片（这些胶片与他和我母亲随意的抓拍可截然不同）。我懊恼地发现里面没有一张我裸体的照片——要知道当我还是个孩子的时候可是经常光着屁股跑来跑去的，这说明了我父亲当时是多么的小心。我不知道我为什么要对伍德沃德说那些话，我也对现在的读者们妥协了，随他们怎么看这个显而易见的事实：我曾经错误地以为自己被拍过裸体照片。

就这么着吧。人们对我和我的作品有种种担忧，认为我“内心深处的那个孩子”对人生“抱有深刻的怀疑”，还有的人认为这些照片“与其说拍的是自己和孩子的关系，还不如说是在回忆自己被压抑的童年”。这些担忧是错误的。真相很稀松平常：我想告诉伍德沃德的只是，我对童年少得可怜的记忆都来自那些老照片，而我的确是实话实说。

这个想法也不仅仅关乎我一人：事实上，我认为摄影剥夺了我们所有人的记忆。但仅仅拥有一个无可回忆的童年，以及那些边角已经发毛卷曲的老照片，并不能说明我就是“记忆压抑者俱乐部”的一分子。如果偏要那样理解，那几乎所有与我同龄的人都会被迫中枪，承认自己被“乱伦了一遍又一遍”了。我们并没有那样。我们只是承认自己老了。童年远去，我们不再记得清所有东西，我们的脑子只能为特定的事情腾出空间——那可能是些特别奇特的回忆，或者是一些值得被作为长期记忆记录下来的东西。

除了那些控诉我“压抑记忆”的人以外，还有一派批评者是以一名临床社工为代表的，让我姑且称他们为“番茄酱抨击团”。在伍德沃德采访我的时候，我曾就番茄酱和孩子用番茄酱这件事，发表了一句极为自嘲性质的、轻率的酒后之言：“喜欢番茄酱太普通了，我可不想要普通的孩子。”可以想象，伍德沃德情不自禁地在报道中引用了这句话。结果可想而知。我就不再一一赘述那无数封抗议的信件了。那些来信都以“作为一名心理咨询师……”之类极具诚意的句子打头，紧接着，信中就会开始说一些“番茄酱搭配新鲜鳟鱼”之类的事（我发誓是真的），以及开始指责我用亚麻餐巾和银制餐巾环摆设餐桌太过于矫揉造作。

最刺痛我心扉的是那些控诉我是一个“坏母亲”的来信。如果非要定义我的话，我绝对是一个非常棒的母亲。伍德沃德曾这样描述我，说我时刻保持在“酷妈”与传统的模范母亲之间转换得游刃有余，我完全能胜任那种一定要写感谢信、语法得体、谈吐讲究、举止周到、无论如何都要把碗碟擦净的传统母亲角色。

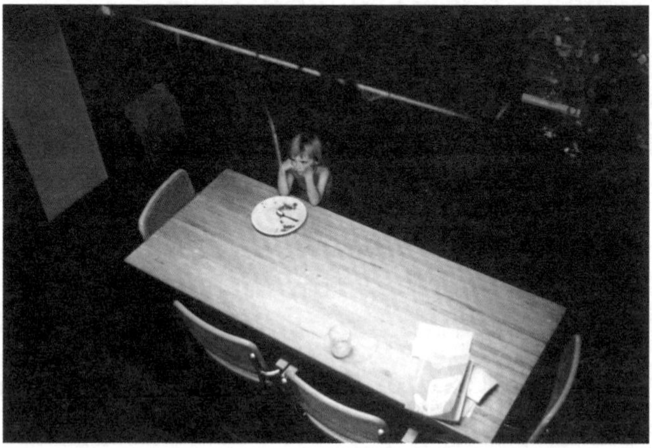

这张照片中的孩子是杰西，那时已经是晚上 9 点半了，大家已都上床睡觉，而她还坐在桌子旁。桌子上摆了一盘她不想吃的比目鱼。我并不是很为这一刻而骄傲，因为当时她正在顽固地跟我作对。但大部分情况下，我的孩子是那种无论何时何地都会和大人们同桌用餐的小孩，无论盘子里盛的是什么食物，他们都会吃掉，而且还能与同桌的朋友们展开愉快的聊天。不用提醒，他们就会给朋友们写贴心的感谢纸条。无论你问任何人，他们都会说这些小家伙们简直棒极了。

我不用费什么劲就能想象到，如果有哪位忧心忡忡的社工看到这张照片，会愤怒地写下指责的来信，对我剥夺孩子个人权利愤愤不平，或者是大书特书家长与孩子之间的不平等关系、对信任的滥用、打乱睡觉时间等。幸亏在阅读了大量《纽约时报》读者来信后的记忆，对于这种抱怨我心中简直都有模板了。许多信都会以下面这样的方式结尾：

有那么几年，伊丽莎白（信件原文如此）·曼似乎无法摆脱那些让其孩子感到不安的情况……时间能证明她的摄影作品会对她的孩子们在心理上造成多大的伤害。

每当这个时候，我都会对这种观点和预测感到痛苦。但作为一个母亲，我知道自己面临的最关键的问题，并不是这些照片是否会在20年后受到尊重。萦绕我心间的，是这样一个最为重要的念头：“我想知道，这些可怜巴巴、被以艺术的名义虐待了的孩子们将来会成为什么样子？”

尽管我所面临的压力和困惑经常大到快要让人难以承受，但我依然坚持着拍摄照片。与此同时，在孩子们那可亲可爱的父亲的不断支持下，我继续竭尽所能去做一名好母亲。这两个角色在很大程度上是完全分离的。每天早上，我徒步送孩子们上学，下午3点的时候又徒步接孩子们回来。我从来没忘记在那没完没了的许可条上签字，也从没忘记参加他们所有的钢琴、长笛、双簧管、诗歌朗诵表演和足球比赛。（好吧，按照弗吉尼娅的说法，严格地来说这不是真的。她曾开玩笑地提醒我，说我曾错过了在卡温顿举行的全地区乐队表演，她那场演出中表演了双簧管独奏。我估计还落下了几场足球比赛。但我想说的是，在当时的情况下，我已经尽了自己最大的努力。）

在拉里举着闪光灯的帮助下，我曾用发夹圆头的那一端从孩子们肛门处把儿童蛲虫夹出来，也曾在半夜换尿湿了的床单，或是用梳子篦出头虱的幼虫、擦干净孩子们的呕吐物。我为家人们烤面包，手工把花生碾碎拌进黄油；我也会种菜，并把收下来的蔬菜冷藏。每天早上，我给孩子们准备午餐便当，那些菜肴是如此的健康，以至于当中午小孩们热火朝天地分享午饭时，没有人有兴趣来搜刮我做的那些健康食品。

像其他家长一样，我也会犯一些错误，但同时我也会进行深刻而痛苦的自我反思。那些称我为一名“坏母亲”的指责并不能因此就站得住脚，因为摄影这件事和日常履行作为一名母亲的责任完全是两码事。而且，孩子也知道这其中的区别。当我走到相机后面，他们走到镜头前面，我成了摄影师，他们则变成了演员。在一起，我们共同创作了那些摄影作品。

那些指责我是“坏母亲”的来信通常会质疑孩子们是否对作为拍摄对象这件事完全知情且同意。但事实上，我的孩子们都是非常有镜头感的，他们能在镜头前展示出细腻而富有层次的视觉效果；他们会参与布置拍摄现场，为照片制造最理想的效果——他们甚至还会参与照片的编辑。在讨论《亲密家庭》这本书的出版事宜时，我们让每个孩子都看了备选

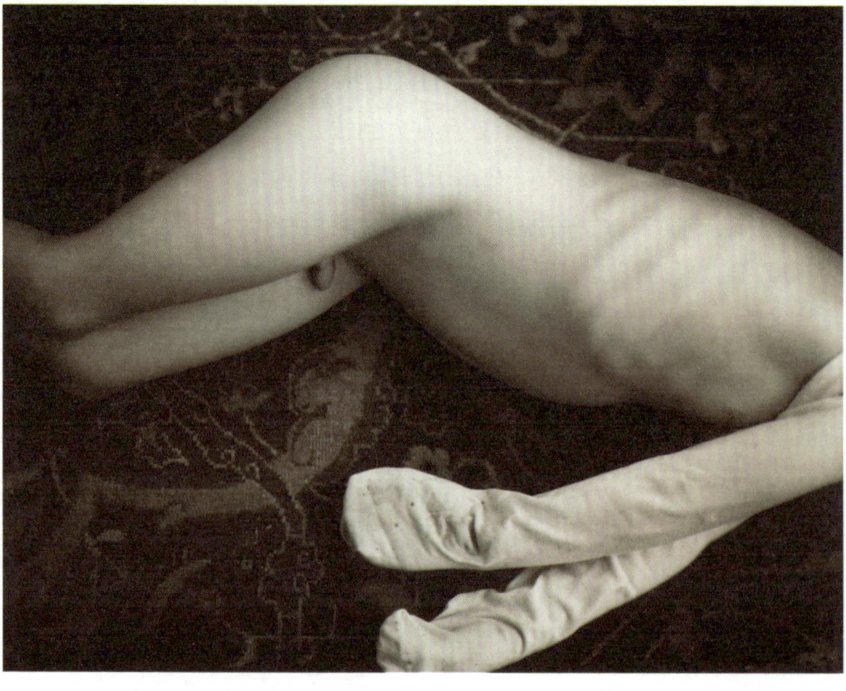

的照片，并且剔除任何一张他们不愿意被出版的照片。当时 13 岁的埃米特要求将这张照片（参见对页图）从书中去掉。

这张照片拍摄于埃米特更小的时候，那天他扮演了兔八哥。当时，他手上还戴着象征兔子腿的白色袜子就睡着了。他之所以想要删除这张照片，倒不是因为对裸露了身体感到不舒服，而是觉得那双袜子让自己看上去像个傻瓜。这可是件关乎尊严的重要事儿。

弗吉尼娅估计也是因为一些差不多的理由剔除了几张照片。她和埃米特、杰西一样，觉得裸露身体本身没什么大不了的。她从相册中删除了上面这张名为《迎风小便》的照片。但是和埃米特一样，她也同意了我在这本书里收入这张照片。

在我这么多年的工作中，无论是在拍摄的环节，还是在展示照片之时，保护拍摄对象的尊严一直是我尤其注意的事。举例来说，当时，我的父亲因为脑肿瘤而健康每况愈下，我曾试着用我很欣赏的理查德·阿维顿或者吉姆·戈德堡的方式为他拍摄照片。

但是当我开始发觉，拍摄他失去尊严的样子会给他带来痛苦时，我放下了相机（在他去世后，有一次别人问我他死于什么病，我回答说："骄傲症晚期"）。那时的某一天，拉里用双臂抱起我父亲，并像抱着孩子一样把他抱到浴室。那一刻，他俩的脸色都充满痛苦。我没有拿起相机。如果当时我拍了照，就会越过某一条界线。

在摄影时，你很难决定那条让人觉得浑身不适的界线在哪里。尤其是当你的拍摄对象非常乐意奉献更多的时候更是如此。他们为什么会如此心甘情愿？这是一种无畏还是无知？那些在镜头前无所顾忌地展示自身的人，他们如此天真而纯粹地向我敞开，让我卸下了防备。

就拿拉里来说吧。在 1969 年第一次见到拉里・曼后，我所做的第一件事就是给他拍照，而且从那以后就没有停下来过。但到了我们现在这个年纪，壮年时期已成为过去，我们不得不屈从于自己老化的肌腱和松弛的皮肤。何况，拉里还一直以他那标志性的坚忍毅力，承受着后发性的肌肉功能障碍所带来的痛苦。在最近几年里，他的大部分肌群已萎缩退化，他却仍然同意让我给他的身体拍照，虽然他的身体情况让我为他感到尴尬与浑身不适。我把这组照片命名为“骄傲的肉体”。

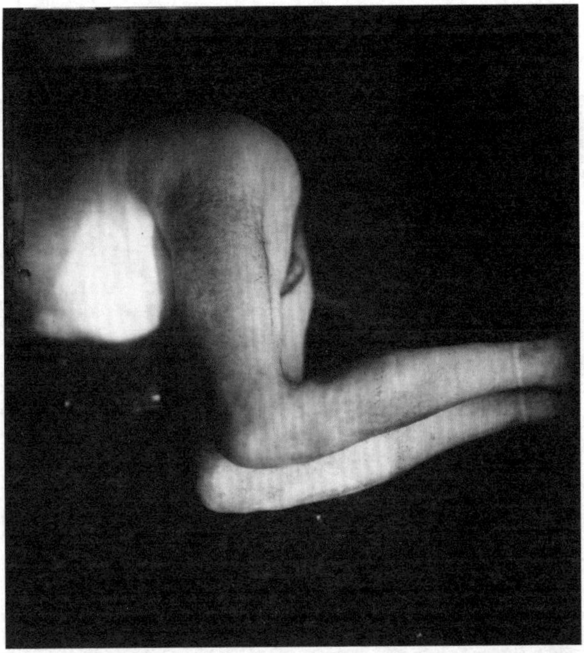

世界上有极为少数的一群女性，她们对男性无所畏惧，且毫不妥协。她们也常因这样的态度而受到惩罚。在拍摄这组照片的时候，我似乎也成了那些女性中的一员。还记得灵魂女神普赛克吗？她被众神逐出天国，只因为她竟胆敢提起灯笼照亮自己沉睡的爱人丘比特。

我能想到无数男性艺术家，从勃纳尔、韦斯顿到斯蒂格利茨，他们都曾为自己的情人或伴侣拍摄照片。但是我记不起有任何女性摄影师这样做过。对女性来说，用赞许的眼光看待男人，端详他们的身体，并要求拍摄，是一个十足冒险的举动。对于一位男性摄影师来说，这样的举动稀松平常，甚至，人们可以说是期待着他们这么做。

拉里让我拍摄这些照片，证明了他尊严与力量之强大。众神或许的确有充足的理由，将那盏特殊的灯笼从我的手中夺走，因为在我眼前的这个男人就与丘比特一样——他赤裸着身体，虽然脆弱，却无比美丽。

无论我如何从修辞上遮遮掩掩，从伦理的角度来说，拍摄这组照片对我来说其实十分复杂。它涉及许多关于诚实与责任的问题，涉及微妙的权力关系和共犯心理。拉里是一个成熟的拍摄对象，对此他十分清楚，而且他也明白许多照片将以他的虚荣心为代价。

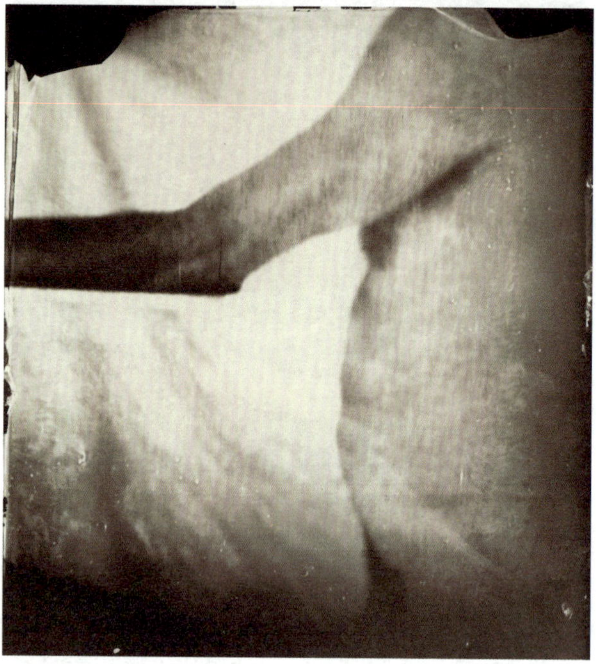

一直以来，为了能够顺利拍摄，我需要观察我所关心的人和场所。我必须秉持着热忱与客观，不仅倾注我的目光和内心的激情，而且要在心潮澎湃之余保持一丝冰霜般的冷静。而我们两人就是在这种冰火交融的状态下进行那些摄影工作的。摄影棚的柴火炉在这寒冬腊月无法为他带去丝毫温暖。只有靠着斟一小杯波旁威士忌，拉里和我才得以完成摄影：我们探索生命变老的意义，让撩人的阳光倾泻在静止的美丽身体上；我们再一次一起享受宁静的下午，没有电话，没有孩子们，把全国广播公司的广播音量调低。在化学品的气味中，我们两人依然沉浸在浓浓爱意中，依然拍摄着我们认为终将拥有重要意义的照片。

因为我们所付出的这些努力，还有我们之间的爱，这些照片才没有让拉里感到难堪。和我们的孩子一样，他对我们的作品充满信心，他相信直面真实与挑战世俗的力量。我们一致认为，为了达到这一目标，稍许的不适只是很小的代价。

有一位《纽约时报》的读者曾给我来信。在信中，他其实预言般地猜中了这些摄影对我的孩子们产生的一些影响：用这位来信者极富表现力的语言来说，这种影响可叫作“第三只眼睛”，是一种让人觉察到羞耻的自我意识、一种对照片的愧疚感和道德上的怀疑。在三个孩子中间，受伤最重的是弗吉尼娅——我那无忧无虑、敏捷而柔软的河中精灵。

对于弗吉尼娅而言，这所谓的“第三眼”意识，是被一名叫作雷蒙德·索科洛夫的美食评论家以一种令人痛苦的方式，硬生生地植入弗吉尼娅的神经里去的。1991 年 2 月，他在《华尔街日报》发表了一篇引人误解的专栏评论。在文中，他称政府向那些被“不去艺术展的公众”视作“堕落”的艺术及那些“越过底线”的艺术提供资金支持，并对此事表示他的愤愤不平。

1990 年的《光圈》杂志把她登上了封面，使用的这张照片名叫《4 岁的弗吉尼娅》。

当媒体用大量的笔墨渲染艺术赞助金引发的争议时，索科洛夫也参与了讨论。他的观点颇为陈腐，声称有选择性地赞助艺术算不上是直接的政府审查行为。但是，我的家庭摄影既没有得到政府的赞助，也没有受到它的审查。所以我并不清楚他的观点和我的作品有什么关系。索科洛夫的文章陈腐平庸，且充满没有根据的推断，理应毫不起眼。可是由于他所使用的配图(《华尔街日报》并没有向我申请这张照片的使用许可)，使得这篇文章在报纸上显出了无可否认的抓人眼球的效果。作为美国发行量最大的报纸，《华尔街日报》以对待一个儿童色情检举案的头号证据一般的态度，裁剪并玷污了我的摄影作品。

看到这篇报道时，我们觉得它的确称得上是一种残酷的伤害：它不

THE WALL STREET JOURNAL WEDNESDAY, FEBRUARY 6, 1991 A9

LEISURE & ARTS

Critique: Censoring Virginia

By RAYMOND SOKOLOV

The illustration printed here is an example of censorship. It may be the only unequivocally pure example of nonmilitary censorship anyone will encounter in this country this year. The censored image is a detail from a black-and-white photograph, "Virginia at 4, 1989," taken by Sally Mann and printed on the cover of the current number of Aperture. Aperture is the publication of the Aperture Foundation, located at 20 East 23rd St., New York, NY 10010. $18.50.

Aperture is a handsomely produced photography magazine. This number (and an associated exhibition at the gallery in the foundation headquarters) is entitled "The Body in Question." It is a response to "a powerful effort . . . "to define and control expressions of sex and sexuality . . ."

Aperture did not, of course, put black bars over the eyes, nipples and vagina of the little girl in Sally Mann's picture. Given the frank and sometimes scabrous nature of the material in many of the photographs inside the magazine, it seems clear that one of the purposes of the issue was to show a variety of strong images of the human body simply for the sake of doing so. In other words, Aperture wanted to take a stand in favor of freedom of expression for photographers and did so by publishing work that would certainly shock many people outside—and in—the community of art photography.

One hardly needs to prove that pictures of nudity and sexual behavior can still shock people. Or at least it can be said that in this permissive society certain people will express shock at the idea of explicitly sexual images. The brouhaha in Washington, D.C., and Cincinnati over the notorious Mapplethorpe exhibition of, among other subjects, homosexual sadomasochism, scarcely needs to be mentioned again. Two museums were turned upside down by protests and legal threats prompted by these pictures. And the Mapplethorpe fuss erupted during a legislative tempest about grants to controversial artists by the National Endowment for the Arts.

One of the more sensitive areas within this controversy affects nude images of children. Just where does the innocent family snapshot or the sensitive portrait of a young person differ from a naked picture sold to pederasts and prosecutable under the law? This is not easy to decide. If any nude photographs of children are illegal, where do we look for the criminal guilt? Who should be blamed? The photographer? The customer? The parent who acquiesces in the picture-taking? Or does the state have no business barging in on image-making of any kind?

These are hard questions, and no wonder serious art photographers who specialize in images of children are worried that a public inflamed about kiddy porn and the sexual abuse of children will stamp out their more elegant pursuit of the beauty of youth. They know that by capturing and then displaying innocence in its most vulnerable form they are unleashing powerful impulses. This is presumably why they have chosen to take pictures of naked children as a profession, because they, like other artists, thrive on the manipulation of human emotions through the skillful use of images and words.

Even within the family, nude photography is a highly charged business. The future photographer Lee Miller's father posed her naked when she returned home on a visit at age 21. Now we see this picture in books about Ms. Miller and get a prurient kick out of knowing who was on the other side of the lens. Ms. Miller herself released the picture. Did Virginia authorize Aperture to show her in the altogether?

Such pictures automatically raise such questions. Indeed, part of the interest of such pictures is the ambiguity of their situation. How was it, for instance, that Jock Sturges was able to take the powerful picture of a half-fledged girl-woman and her brooding earthier mother that's on the wall in the gallery show? What might have been a private moment of picture-taking, or seemed to be to the daughter, is now on view for the public. A line was crossed.

For me, the Sturges photo was a powerful work, but an important part of its effect came from my sense that I was being allowed to intrude on a private moment. Public display is the end of privacy, and of innocence. And that is why artists whose work depends on shock or libido for its success with the artgoer may run into trouble when they go public.

The cutting edge cuts, and the cutter will be held responsible for drawing blood. The trouble really starts when the non-art-going public learns that it is paying for art it thinks is degenerate. Artists who accept public grants sign on for this trouble. They ought to understand this when they deposit those government checks. And they should stop crying "censorship" when the problem is a basic confusion about what kind of art government should spend money on. If government decides to drop its support of cutting-edge art, as I think it should, that is not censorship. The distinction is important and needs to be clarified. That is why Virginia has been censored here.

仅玷污了照片本身，也玷污了弗吉尼娅本人和她的纯洁。这篇报道让弗吉尼娅觉得不止照片有问题，就连她的身体仿佛也有哪里出了错。在她看到了那张带着黑色长条的照片后，她十分心碎，当晚去洗澡时竟然不愿意脱下短衣短裤。

不过这同时也让艺术领域的律师大为振奋。由于 1990 年通过的《视觉艺术家权利法案》仍有威慑力，律师们准备用这一法案狠宰一下《华尔街日报》。我也对报社支持审查我的作品感到愤愤不平，想借律师的帮助与其开战。但是当想到年仅 6 岁的弗吉尼娅需要像圣经中大卫对抗哥利亚巨人一般，出庭面对这样一个强大的对手时，我们退却了。在我们做出决定的过程中，一个主要的影响因素，是想象她需要在法庭上宣

誓的那个画面，以及辩方律师极有可能对她采取的盘问口吻。弗吉尼娅已经被迫失去了她纯洁的童真之心，蒙受了“第三眼”的耻辱，已经没有必要再去加深她所受的伤害了。

有一天，我们带着她一路往北，在一个池塘边拍了下面这张照片，试图为她把事情变得轻松一些，能够把一切伤害当成一个玩笑一笑了之。但她仍然对整件事情觉得恼怒，并十分困惑。最终，我们建议她给雷蒙德·索科洛夫写一封信，她照做了：

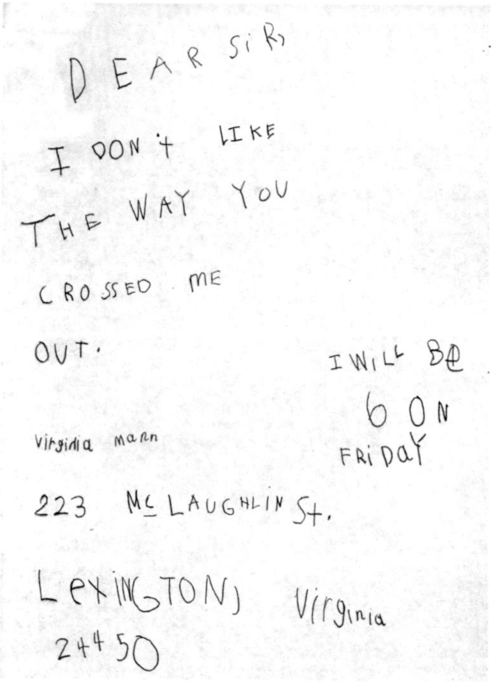
DEAR SiR,

I DON'T LIKE THE WAY YOU CROSSED ME OUT.

I WILL BE 6 ON FRIDAY

Virginia mann

223 McLAUGHLIN St.

LeXINGTON, Virginia 24450

亲爱的先生，

我不喜欢你把我身上划上黑色长条的方式。星期五我就要6岁了。

弗吉尼娅·曼

弗吉尼亚州列克星敦麦克拉芬大街223号，邮编：24450

迫于法律的压力，索科洛夫和《华尔街日报》的编辑分别给弗吉尼娅写了道歉信。但是，《华尔街日报》编辑丹尼尔·亨宁格写的这封信的最后一句，着实让人反胃：

一些人经常因为像这样的事情互相争执，但人们都忘了应该彼此给对方展示一下那种被称为互相尊重的东西。

我无法理解，他为什么会认为在给一个6岁大的孩子的信中，用这样的语句作为结尾是合适的。

偶然地，会发生些带有幽默元素的事情，来减轻一些那段时期所带来的风波的压力。其中有一些是来自《纽约时报》的读者来信，比如下面这一封信为我的摄影提供了一些技术和构图上的建议：

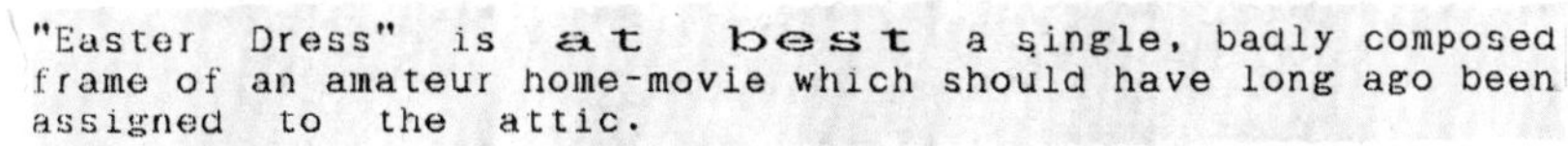
"Easter Dress" is at best a single, badly composed frame of an amateur home-movie which should have long ago been assigned to the attic.

《复活节装束》充其量就是业余家庭摄影中一幅构图差劲的作品，早就应该被束之高阁了。

"Fallen Child" is beneath contempt as it "uses" and manipulates and distorts this poor child for no apparent artistic reason.

《跌落的孩子》简直卑鄙至极，它“利用”、操控、扭曲了这个可怜的孩子，并且没有达到任何艺术效果。

Who would want to own this mistake? "The Ditch," too, removes two and a half heads as well as most of the upper body of the figure on the right. Cropping three inches off the right side could help (slightly) with the composition. But the arrogance of decapitation would still make this a "no sale."

谁会想拥有这样一张堪称一个错误的照片？《沟渠》（参见第 149 页）也是一样，把两个半脑袋砍掉不说，右边人物的上半身也没了。把照片右边裁掉 3 英寸可以让构图更好（稍微剪一下）。但这种傲慢的斩首方法依然还是让这幅照片“卖不出去”。

虽然我很欣赏他们的真诚，但就和以下这些牢骚一样，这些读者对于构图的抱怨并没有让我往心里去：

苏珊（原文如此）·曼的照片……就像是狠毒地利用（这些孩子们），就如同强迫他们拿着微薄的收入在煤矿或者血汗工厂长时间劳动一般。

这或许可以说是那些不惜笔墨，将我称为“年度最野蛮的人”的评论。

但是由于一些不尽相同的原因，其中有一些信却引起了我的特别注意。比如，有一个名叫安妮·伯奈斯的人的蠢到不可宽恕的信。在信中，她显示出了一些很常见的对摄影的误解。

她的信语气坚定，只有 4 句话。她认为让人感到不安的不是孩子们的裸体，而是孩子们的表情。“他们很卑鄙”——这位素昧平生的人用权威的语气如此评价我的孩子。“曼向我们展示的这些孩子，血管里一定流淌着冰；她的孩子们让我毛骨悚然。”

一个生活在现代的、有理智的人怎么会把摄影误认为现实？任何感知都是一种选择。所有的摄影，不论摄影师的意图是多么的客观，他们都排除了那一瞬间的复杂性。摄影讲究有效地利用真实；它们都或多或少地是从延续、永恒的时间里变戏法般被绑架出来的瞬间。

事实上，照片中的人并不是我的孩子们；他们是从时间里偷出来的、被显像在银色照相纸上的人物。在某个下午的一瞬间，在无数个光线、表情、造型、肌肉收缩、心情、风与影的交错中，他们代表着我的孩子。照片中的孩子们不是“我的血管里流淌着冰的孩子们”，他们根本不能称为是我的孩子；他们是存在于影像里的孩子。

如果这张照片中的孩子们让伯奈斯夫人不寒而栗，

那么另一个1/13秒的瞬间呢？比如下一张……

现在，她还会觉得他们很卑鄙吗？还会感到周身不寒而栗吗？

就连孩子们都懂得这其中的分别。有一次，杰西正在为举办于纽约的家庭摄影展览的开幕式试衣服。当时正值春天，有一件连衣裙是无袖的，但当杰西抬起胳膊，她发现别人可以透过那过于宽大的袖口看到她的胸部。当她把那件连衣裙丢到一旁的时候，我的一位朋友目睹了全过程，她一脸困惑地问道："杰西，我不明白，既然你要去的房间满是你光着胸部的照片，你为什么还要在意别人是否能从你的袖口看到胸部呢？"

杰西以同等的困惑回答了这个问题。她对我这位无知的朋友说："是的，但那不是我的胸部，那些是摄影作品。"

一点也没错。

拉里把这个问题向前推进了一步。人们难以理解的不仅仅是现实中的孩子与影像的区别，还有影像与创作者之间的差别，有些人觉得后者是不道德的。在此我只能孤注一掷地站出来说，我的道德观对于我摄影作品的讨论不应有任何影响。为了更好地论证这件事，让我们来假设我真的像《纽约时报》读者来信所暗示的那样是一个"操控者"，是"病态的""扭曲的""粗鄙之人"。

即便我就是那样的人，也不应对我的作品被如何看待这件事造成任何影响，就算人们总是倾向于把作品和作者的道德混在一块儿。我们会因为作者对妻子们残酷到难以言表而否认《丧钟为谁而鸣》这部作品的震撼力吗？我们会因为埃兹拉·庞德奇怪的政治观点而否定他的《诗章》吗？当你在欣赏大溪地画作的时候，你会想到被高更抛弃的家庭吗？如果创作者的道德水准不能达到让我们的祖母心甘情愿地和他们同坐一节车厢，我们就不尊敬他们的作品，那么我们的艺术将是贫乏的。

艺术家工作的一部分就是要让平庸之物变得与众不同，对人们习以为常的事物进行别样的解读。通过这些家庭摄影，我想我做到了一部分。对于"孩子"这个社会角色，传统文化总是抱有一种不安；而我涉入表象之下，将有关纯洁、威胁、恐惧和感性的问题带入讨论范围，同时也使社会意识到人们在对于孩子（以及母亲）的理解上所广泛存在着的局限性。

所以，人们可以批判作品的野心或作品本身，可以争论说我的作品拙劣而缺乏品位，也可以如那位来信者那样，告诉我我不过创作了“业余家庭摄影中一幅构图差劲的作品”，甚至可以觉得孩子们就应该被看作仅仅具有装饰性的、没有内在生命力的乖巧娃娃。但是在这些对话中，我作为照片拍摄者的私人特征完全不应该作为被讨论的对象。同理，孩子们、演员或模特的性格特点也不应该被带入（带有象征意义的）照片的讨论中。

基于同样的原因，我个人没有义务回答所有批评者的问题；这样做会让我和我的作品尊严扫地。但值得高兴的是，我可以承受得起这种奢侈的做法，因为其他有影响力的作家和思想家也曾维护过自己的作品，他们包括安妮·伊戈内、文斯·阿勒提、珍妮特·马尔科姆、凯瑟琳·迪克曼和卢克·桑特。就像赛·托姆布雷一样，我不会读那些关于我作品的文字，尽管偶尔我的眼角会扫到某些评论或文章，它们通常充斥着一些前言不搭后语、充满恶意的观点，就像是从抽干了水的船坞里造出来的经不起风浪的小船。

1996 年的夏天，玛丽·戈登在攻击我的作品的时候选择了我最爱的那张照片——《完美的番茄》（见第 128 页）。在文章里她声称：

通过用“番茄”这个词来形容她的女儿——一个指代具有性吸引力的女人的粗俗俚语——她执意要我们将她的孩子看作一个潜在的性伙伴。不是在将来，而是现在的这个孩子。如果注意到孩子的造型是妈妈摆的这个事实，注意到是妈妈让她站定，保持住这个姿势的，就足以明白这些照片并不是自然拍摄的——不管她怎么定义“自然”。

我感觉我有必要回复，于是我写道：

这是一个老生常谈的观点：没有任何艺术家可以预测到每一张照片将会如何被每一个欣赏者解读，一个人觉得没有任何性意义的东西也可以被另外一人肆意地发挥想象力来解读。玛丽·戈登似乎就是这样一位想象力非凡的欣赏者。但是《完美的番茄》具有无可辩驳的纯洁性。她所发表的那些针对它的耸人听闻的观点，使我不得不站出来反驳。

戈登为了使她的抨击看上去有理有据，将目标瞄准了作品带点冒犯的标题。我现在才知道，“番茄”一词在某类过气的侦探小说里，被老油条一般的侦探用来比喻具有性吸引力的的女人（《牛津英语词典》里并没有这个释义）。除了在对那种类型的小说表达讽刺的时候以外，我无法想象如今还有谁会这样用这个词。在我为这幅作品起《完美的番茄》这个异想天开的标题时，我当然根本就没往这方面想。我只不过是用标题示意了这张照片刚好在焦点上的唯一元素而已。那天，我转过身，看到我的女儿在桌子上翩翩起舞，我没有时间做判断，而只是兴奋地掏出我的旁轴相机，按下快门。重新拍这样的照片是不可能的。套用一句默温的诗，那是“一朵无法重复的云”。

《完美的番茄》是我这一系列作品中最为不可思议的照片之一，它抓住了我们生命洪流里自然迸发的一瞬间。在其他的照片中，我们回放了曾出现过的场景——请戈登女士原谅——以“自然的”方式，或者尽可能在摄影期间不断变化的客观环境所允许的范围内“自然地”呈现。

奥斯卡·王尔德也曾受过同样的人身攻击，他坚持认为，在讨论艺术的时候谈论道德是没有道理的。他曾断言，当虚伪、假正经且俗气的英国公众无法在艺术作品中发现艺术时，他们就转而关注作品中涉及的人。但尽管我竭尽所能以同样的论点为自己的处境辩护，依然有一些其他的声音坚持认为，当提到的创作者是一个母亲的身份时，规则就不一样了。以下是一封典型的《纽约时报》读者来信，在信中，写信人满腹牢骚地指责了我作为一个母亲的种种不是：

……用鱼竿拴住孩子们裸体的照片在满是恋童癖、性骚扰者和连环杀手的水里拽来拽去。莎莉·曼的照片不仅让她的孩子处境危险，也同时让弗吉尼亚和列克星敦的所有其他孩子处于危险境地。

这封信同样地激怒了我。列克星敦所有其他的孩子们？

如果说有人最了解“恋童癖、性骚扰者和连环杀手”的话，肯尼思·兰宁当仁不让。他是联邦调查局行为学系的成员。出于对这封信的愤怒，我冷不丁地给这个部门打了电话，并有幸被介绍给他。我问他，是否可以谈谈这些幽灵般的像梦魇一样的人物，以及我是否有必要为此而担心。在 1990 年，摄影师乔克·史特吉的工作室曾遭到联邦调查局的搜查。他们没收了他的作品，并由此引发了一场旷日持久、成本代价高昂的官司。我也希望他能明确地告诉我，我的工作室是否也会受到如此粗暴的待遇。

史特吉那时因在法国某裸体海滩拍摄的照片而引火上身。而在我们遭遇麻烦的同时，罗伯特·梅普尔索普的作品也掀起轩然大波。这些例子都清楚地向我们表明，当时的社会视摄影中的儿童裸体为洪水猛兽，而我们正处于由之引发的全面道德崩溃的旋涡中。而我在这样混乱的氛围下推出了家庭摄影集。尽管只有 1/4 的孩子们是裸露的，我仍被定性为给自己孩子拍裸照的女人。这种论断让批评我的人变本加厉，而其中有很多人根本连瞧都没瞧过我的作品。我在当时如此评价这件事：我满怀信心地将这些作品视为小船，让它们驶向波涛汹涌的大海，但我却无法让它们重新回到平静的港湾。

当时我们其实处于一个无比纯真的年代，我对儿童色情作品存在的认识非常模糊，我可以确定从来也没见过那样的作品。直到 1994 年，互联网才通到罗克布里奇县。即便这样，绝大多数的人在 1997 年才用上因特网。想象一下吧，那就像是一个还没有火的世界。我唯一遇到变态之人的经历还是在我的小时候，我在利里克剧院后方寻找去厕所的路，遇到了一个舔着嘴唇、裤子拉链敞开的男人向我打招呼。可想而知，当我给肯尼思·兰宁打电话的时候，我有很多要学的。

我们在 1993 年 4 月去匡堤科拜访了他，孩子们也与我们同行。他带着我们在他的住处转了一圈儿，然后坐下来看我们给他带的截至当时所有系列的家庭摄影照片。看完之后，他缓慢地用绳子把那摞 8×10 英寸的照片捆好，并在桌子上磕一磕把边角对齐。然后他望向我们。他说了很久，说话的时候，脸上不时划过一些忧伤而了然于心的微笑。他先说了一些我已经明白了的事：的确会有一些人因为这些照片而性亢奋。然后他的脸上又浮现了笑容，说道：“但是恐怕门把手也能让他们产生冲动。我觉得无论你拍出怎样的照片，总会有些人对它们产生性冲动。”

他强调在他的职业里，背景因素和解读方式很重要。我略带挖苦地评论说：“在我的职业里这些也很重要。”我当然明白拍摄背景对于我的家庭摄影的重要性，但是我也知道作品里一些重要的、情绪化的诠释是很容易被误读的。人们太容易把裸体，甚至是孩子们的裸体视为性欲的表达，而把影像视为实际发生的行为。未必所有的接触都是和性有关的，也未必所有的眼神都带有侵犯意图，表象是带有欺骗性的。

孩子的照片特别容易受到这种错误观念的影响。我们总把孩子想象成纯洁的符号，但他们并不仅仅如此。他们也是精明的、易怒的，会疲倦、会怀疑；他们会小气、爱操纵别人、善于思考，同时也会具有像恶魔一样的欺骗性。“派尔，给我找到一个心灵简单的小孩儿。”在电影《沉静的美国人》里，记者托马斯·福勒挑战般地要求道，“当我们年轻时，我们混沌而复杂。在成长的过程中我们才逐渐变得简单。”但是在一个过分热衷崇拜童真的文化里，我们不愿承认这些不和谐的因素，这也是可以理解的。人们甚至无法接受对孩童复杂性的虚构描述。

另一个扭转看法的因素是欲望——这其中有性欲的成分，但也有作为母亲的欲望，那是一种深入骨髓、比死亡还要强大的欲望。当医生把埃米特递给我时，他滑腻腻的身上还带着斑斑血迹。那是我第一次抱一个婴儿，他就在这儿，诞生于我肉体的肉体。婴儿让我感到极为震惊：他们的气味，他们光滑得像个面团的皮肤，还有脑袋上像薄纸一样柔弱的脉搏。我热爱那种整个感官肉体散发的强大力量。是的，这就是一种肉欲，一种父母才有的肉欲，甚至可以说是一种原始的父母双亲具有的性兴奋，但是把它和我们所谓的性感，成人之间的性关系联系起来是决然错误的。

在给我的孩子们拍摄的这些照片里，我庆祝这些肉体在我体内所激发的母性的激情——我怎能不这样做呢？我从来没有从性的语境下认为他们是性感的，我对里克·伍德沃德说：“我觉得童年性欲是一种矛盾修辞法。”我不是说我的孩子们不性感，从某种层次上，所有的生物都是性感的。但是当我看到他们的身体，并给他们拍照时，我从来没有觉得他们是性感的；我觉得他们仅仅是简单纯粹、美妙且在感官上是美丽的。

当作品问世，我不明白为什么这种感官上的美感被当作一种争议，而与此同时，杂志里全是年轻女郎的色情照片，全部用来做商品促销。在一摞《纽约时报》来信中，有4封信直接指出了这种不同：

当我合上杂志，我对着封面照片发呆。然而我又重新把杂志翻到第二页，是露华浓的广告。这里的照片比我在有关莎莉·曼的文章所看到的任何东西都要更具冒犯性。为什么人们要对一个用艺术方式给自己孩子拍裸照的女人大肆议论，却没人对这满是半裸模特的杂志眨一眨眼，她们一只脚后翻腾空而跃，咬着嘴唇，利用她们的色相达到商业目的？

我的孩子们的照片，与那些色情作品，或者与庸俗的消费文化之间的区别，肯·兰宁是知道的。在匡堤科的那天，他的一些观点让我得到安慰，但他也提醒我注意其他一些方面：他说司法不会找上我，不会，但我还是会经历一段不安稳的日子。

这两点他说的都没错。

虽然兰宁认为，连环杀手和性骚扰者不会找到列克星敦的孩子们，甚至也不会找到我的孩子们，但我还是感觉受到了威胁。当我们在1992年出版《亲密家庭》时，我的预期反响是应该和《十二岁》（1988）差不多——反响一般，在接下去的10年里能把印刷出来的画册大部分卖到摄影圈里。这次并不是这样。三个月里，首次印刷的10000本都卖光了，我们又开始重印，销量还是那么好。

突然间我被信件、传真、电话、陌生人的敲门所淹没，生活在南方小镇也没能让我们幸免。在那两年里，我收到了347封信，很多地址直接写成：“弗吉尼亚州列克星敦，莎莉·曼收”。这些来信当然还附有照片，以及书籍、报刊剪报、手工缝纫的衣服、35个蝴蝶标本、首饰、护手霜、豪猪刚毛、圣诞树装饰灯、鲨鱼牙齿、菜谱、画作、鸟的标本、木乃伊猫、巧克力曲奇、腰带上别着一个长满獠牙的恶魔的手绘圣母玛利亚雕像。

除了那些一上来就胡言乱语的，我都写了回信。我通常是在印坏了的或者没有清洗的印刷品的背面写回信，但我现在后悔了，因为我发现他们会把它们放到拍卖网eBay上，而且我越回信，我收到的来信就越多。这让我想到一个人：尤利西斯·辛普森·格兰特，当一个记者问他是否收到很多支持者来信的时候，他的回答大概是这样的："不如我写回信的时候那么多了。"

有些信的回信地址有点麻烦，写着一些教养院的囚徒编号，还有一些散发着无法言说的诡异的气息。正如我在前面第7章开头写给玛利亚的信里说的，最奇怪的，并让我们感到恐惧而请求监控的，是一位住在邻州的偏执狂6年里从电脑发来的各种幻想、恳求和恐吓。这个男人真的是我们最大的恐惧，常年来让我们起居难安、无法入睡。直到今天，尽管他已经移居海外（在国外做一个给孩子们上课的工作），我的女儿弗吉尼娅依然在噩梦里梦到他。

他时而用真名，时而用简单易懂的别名，有时候自称是撰写"如何发现恋童癖者"的自助手册的作家，这个家伙，正如本章开头我提到的那个像狐蝠一样的写信人，开始用书信对相关编辑和记者狂轰滥炸。但是这些都不是什么抱怨信；然而更让人感到担忧的是，它们都是来询问孩子们的情况的。

很多收到信的人都把信扔进了废纸篓，但其他一些警觉的人，把信转寄给了我。这个怪人真的是没完没了：他给记者、行政人员和编辑写信，索要没有公开的八卦，还给孩子们的学校写信（反复地），索要他们的作业、年鉴、考试成绩、参加的比赛，以及艺术作品。如果他没有收到学校的回复，他就找一个当地人去碰碰运气搞到这些材料。

幸运的是，当这个跟踪狂向一家当地医院的医疗档案馆冠冕堂皇地索要孩子们的出生证明时，正在当班的职员非常警惕，她给我打电话告诉了这件事。他还订阅当地报纸并检索我们的姓名，他所掌握的有关诗歌朗诵会、学校光荣榜、午饭菜单的信息足以让我们震惊。有一次他给孩子们寄了挂号信，我让一个朋友代替孩子们签收了，我可不想让他得到什么签名。

那些收到他铺天盖地来信的人都被告知他“因患了对曼家小孩的相思病而卧床不起”，知道他对“来自曼家庭的神圣祝福”的渴望，也知道他对我们的愤怒，说什么“偷了属于我的那份馅饼，我要想方设法从他们手里把它夺回来”。

有好几年我都失眠，担心林德伯格婴儿绑架案会在我家重演，所以我要确认窗户都锁紧，房间总是有人看管，孩子们都要有大人陪伴，而且警察要额外多在这个街区转几圈。当然我联系了肯·兰宁，他给了我一些建议，但他所能做的也是有限的，私人安保机构也是这样。一个心理咨询师读了信之后建议我买一盒犀牛式左轮手枪的子弹，一个警察也这么说，并提醒我一定确保将横在门槛上的尸体拖进屋子里。

让人感到矛盾的是，长年累月的恐惧感带来的一个效应就是，我们几乎把跟踪我们的这个人，当作他声称想要成为的我们家庭的一员。虽然我没有在钱包里放拉里的照片，但是我开始放这个男人的照片，会用一种仿佛对情人热恋的眼光来观察他，看他修车、顺着昏暗的灯光往下凝视图书馆的书架，在茫茫人海里寻找那张和千万人都看起来相似的普通人的脸。1994年，在给律师、作家兼社会活动家安德鲁·瓦赫斯的信里，我这样描述我的经历：

在被跟踪的经历中一个奇怪的现象发生了：我们近乎感到这个家伙是我们家的一员。提起他的次数比其他血亲还要多，在我们小心翼翼地生活的方方面面都能感受到他的存在。我们满怀激情地留心观察，期待他的下一个举动，尽管这种激情是扭曲的。

这种奇怪的熟悉感，就像是一个变了味的格言，带来的不是对它的鄙视，而是对它的接纳。迄今，我们的生活承受着无法忍受的巨大压力，已经成为惯性。每一次压力增大，我们的抗压力也增加。在承载压力的同时，我们将其正常化。

对有被跟踪经历的人来说，这种状态可能很熟悉，但我们还是觉得对他的存在的潜移默化的习惯令我们不安。

这是我第一次如此细致地公开这个怪人多年来给我们带来的阴影。当然，我知道这只会让批评我的人更加理直气壮，说我把自己的孩子置于危险。如果我现在承认他们在某种程度上是正确的，他们就会绝地反击。在自己没有意识到的情况下，我拍了一些我认为我可以控制的照片，在一个伊甸园般的世界：在农场里，在悬崖峭壁、断头路和河流的掩护下。

这就是我的家庭相册最关键的元素——这个地方，这个农场，成就了这些照片。美国现在几乎找不到私密的地方，起码找不到像我们的木屋那样私密的地方。方圆几里，没有其他呼吸着的人类灵魂。当我们在农场的时候，我们是与世隔绝的，不仅仅是地理原因，还因为这里原始的生存条件：没有电，没有自来水，当然也没有电脑、电话。

在这种环境下，让我的孩子们光着屁股跑多自然啊！或者这么说，让他们在河里玩耍的时候一定要穿上沙滩裤是多么奇怪！他们通常从早饭后一直玩到天黑，天黑了三个孩子还要像水獭一样跳进河里潜水，在尚带余温的悬崖下，寻找扔在河水里的荧光棒。

他们在这些悬崖峭壁的怀抱里度过夏天，被远离城市的距离所保护，也被我们相信世界是安全的信念所保护。我给他们拍的这些照片就是源于这种信念，也源于一种无知，在当时，这些似乎像那条河流一样自然。但是这些照片毫无疑问地改变了我们的生活，我被问过许多次，如果当时知道了我们今天所知道的一切，是否还会拍这些照片？

我如何才能准确知道答案呢？重新回顾一下读者来信里的那些观点：

一些人感觉孩子们无法理解这些作品的含义，无法对他们的参与行为做出成熟判断。

一些人觉得孩子们的裸照有内在的问题。

一些人认为他们会刺激恋童癖者。

一些人并不喜欢看到这种伊甸园般但又被阴影笼罩的童年。这种童年他们自己或许曾经经历，也或者不曾经历。

这些照片大范围地传播会让我的孩子们小有名气，抑或成为捕猎者的目标。

我有可能招致社会舆论的批评，甚至遭到法律诉讼。

出版这些照片会导致一些人试图玷污隐私和纯真，而这正是最初让这些影像成为可能的东西。

最后一点，他们是正确的。

在美国，名利的聚光灯似乎比其他地方更耀眼，当这束光照到我们的家庭时，它让所有的问题，迄今仍未经审视的问题都像浮雕般突出。对我们一无所知的看客，披着学术的罩袍、带着宗教般的争议感审视这些照片，解读着我们的生活。

这里的糖果烟就是糖果烟，并不是什么站街生活的比喻。杰西就是凑凑热闹，根本不能预测出未来什么病态。弗尼吉娅的背影冲着镜头，仅仅意味着这样更容易对埃米特大吼大叫，背景里的高跷只是高跷而已，不是什么阴茎的象征。所有这些对这虚构出来的一瞬间的解读都被臆想出来，还有更多其他的，有时让我们觉得有趣，有时让我们觉得不安。

李·史密斯，就是那个曾经被纽约的一个编辑在她手稿的空白处写了“双倍大的‘什么？’”的作家，她曾经讲过一个有关尤多拉·韦尔蒂的非常有意思的故事。当时韦尔蒂来到霍林斯学院教书，而史密斯在那里读书。有一次，韦尔蒂朗读了一篇短篇小说，其中的女主角给其他人端上来一块大理石蛋糕。在观众席的后面，史密斯注意到一群穿着皮革大衣、蓄着胡子的博士在读生，他们个个兴奋激动。韦尔蒂的话音刚一落，有一人就挥手提问：“韦尔蒂女士，你是怎么想到大理石蛋糕这个有力的象征的？它雌雄同体、阴阳结合，融合着弗洛伊德和荣格的风格。”

根据史密斯的记述，韦尔蒂站在讲台上望着这个男生，一时间语塞。最后她温和地回答道：“嗯，你知道，有一段时间那是我们家的一道秘制甜点。”

当批评家、记者和好奇的公众攻击我们家的时候，我们开始明白我们家的秘制佳肴在美国主流烹饪书中找不到。我们作品里的各种原料来自异域，并且制作方法复杂。

但是当我们自己的大理石蛋糕最终做成的时候，它混合着黑暗的困惑、天使白蛋糕的灿烂光明，我们的回答是，“是的”“是的”，还有“是的”，铿锵有力，如此坚决，就算预知我们现在所知道的一切，我们还是会完整地做下来。

就像我们的脚印在河堤沙滩上转瞬即逝一般，照片里童年的种种瞬间也是短暂的。我们的家庭、婚姻、让婚姻美满的孩子们，以及支撑我们经历如此之多的爱情，这些都是短暂的。所有一切终将远去。我们希望可以得以保留的是这些记录我们短暂生活的一张张照片，除此之外，能够永存的就是脚下的这片土地。

第二部分

我的母亲：记忆中的往事

9
多愁善感的威尔士人

每当人们问我，对年轻摄影师有什么忠告的时候，我总是会说：“假如你正在拍摄一个作品，并且觉得是时候对外发布了，请先确保你已经开始着手下一个作品。仅仅开始还不够，你应该已经进入佳境了。当你想弥补前一个作品也许还存在的不足时，完全感受不到任何兴趣了；而新的灵感就像有禁忌的爱人一样，充满魅惑地召唤你。这个时候，你就知道可以给上一个作品画上句号了。新的‘爱人’应该让你无法抗拒，当它呼唤你的时候，你就像爱的奴隶一样，全心全意地在它的指引下，开始创作。”

当我快完成10年家庭照片项目的时候，我就感受到了这种召唤。在它的指引下，我拍摄了一系列温暖、讨人喜欢到几乎逢迎的作品。它们不像当时我其他的作品那样，充满疏离感和冰冷的优雅，以至于我确定我会因它们而获得关注。这些充满感情的照片仿佛是从我心灵深处的旧货店里搜刮出来的，诚意满满，态度里毫无讽刺或暧昧。它们怎能让那些高傲又充满优越感的世俗观众兴奋呢？

一个策展人朋友说，如果把我1997年的“家园”展览形容为甜品的话，那么当年我的其他作品就像是两道主菜之间寡淡的点心。这些拍摄于弗吉尼亚和佐治亚州的作品就和当地盛产的食物一样，软滑细腻、浓郁丰厚，美得厚颜无耻、理直气壮。

我是从哪里来的冲动，创作出这个系列的？完成了纠结至极的家庭摄影之后，我的基因图谱里，到底是哪些元素的结合，让我下意识地创作出了这个多愁善感的系列？

奇怪的是，它们并非来自我父亲那个由个性迥异、古怪的南方人组成

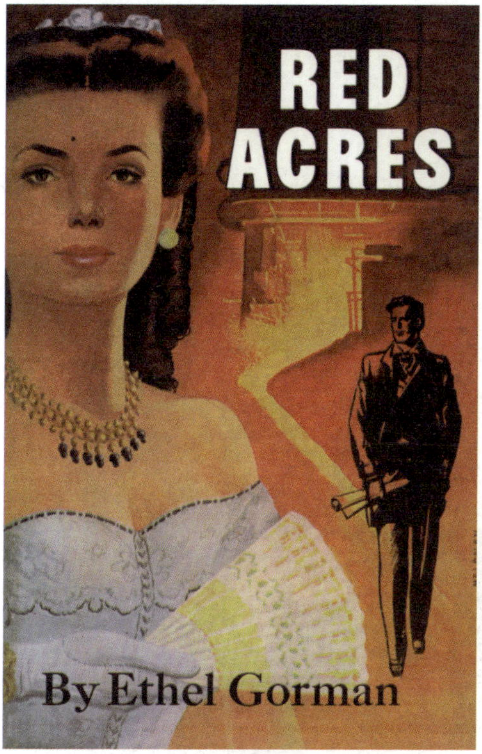

【图片图中文字：《红色土地》（作者：埃塞尔·高曼）】

的家族，即使他们祖传宅邸的所在地，亚拉巴马伯明翰著名的旅游景点阿灵顿，曾经是诸多言情小说的故事发生地，比如这一本：

不，那并非来自我的父亲。那些基因里的多愁善感来自我那个毫不多愁善感的波士顿出生的母亲。她的家族充满了言情小说中才会出现的戏剧性。直到几年前，我对她的家庭还几乎一无所知，唯一的一点了解来自我七年级的历史课。我在课上了解到，当年一个保险箱里的一份文件可以证明，我的母亲是“五月花号”移民的后代。

那个“五月花号”移民是约翰·霍兰德，一个“精力充沛的年轻人”。据威廉·布雷德福的《普利茅斯垦殖记》记录，他被海水冲下了船，幸而抓住了船上荡下来的一根绳索，这根绳索将他拖到了安全地带。读他的故事让我意识到我的存在是多么的意外——要不是17世纪那根绳索，我可能根本不会降临到这世上。

但更让人觉得不可思议的是遗传的力量，它就像线索一般，解释了我性格和成长过程中那些难以解释的浪漫、艺术的倾向。我像一个神话中的英雄一样，勤劳、乐观地寻找、拼凑这些线索，获得了许多戏剧性的发现。母亲去世以后，我从她住的养老院把她那些储物箱运回了家，将捆住它们的绳索一一剪断。一个克诺索斯迷宫一般的史诗开始了。

那些箱子仿佛急于说出自己的秘密，各种尘封多年的物件跃跃欲出：信件、日记、账本、航海日志、停了的手表、菜单、日历、花的标本、手写的情书、电报、缺了宝石的戒指、舞会节目单、照片、剪报……那一年，有大半年，我都在阁楼的角落里弓着身子，翻阅这些刚刚被发现的历史，这些充满未知和启示意义的物件。

一生中，我常常听人夸赞我的母亲，说她是个极好的人：迷人、智慧、大方、美丽、聪明。我常常会一边微笑一边点头同意，内心却在默默摇头反驳：是啊，那是因为她不是你的妈妈！

但最近，让我不安的是，我开始觉得他们也许说的没错。首先，没有人会否认我的母亲是个美女。

我逐渐觉得，他们口中的其他优点也没说错。这种后现代的重新审视是我们很多人在父母去世之后都会面临的。当那扇我们用一生时间推开的叫作“家长”的大门最终消失的时候，我们只能毫无准备、充满怀疑地蹒跚向前，继续我们的余生。

作家索尔·贝娄曾经这样描述他所理解的父母的意义：就好比在一片平板玻璃上开车通过，直到它碎了才意识到它的存在，可这时却只剩碎片。他只能痛苦地捡起每一片碎片，就连细小的玻璃碴也不放过。但对我来说，门的类比更加恰当。那扇门突然默然地打开了，通往的却是悬崖。

从美的角度来说，我是母亲的退化版。她有乌黑的秀发，我的是棕色的。还有，如果我有她的美人尖就好了，她从来不会用刘海破坏它。她的眼珠是蓝绿色的，类似几十年前爆款有色隐形眼镜的颜色，回头率特别高。陌生人常常会盯着她的眼珠，希望在瞳孔边缘找到一丝隐形眼镜的蛛丝马迹，但总是白费功夫。我们家里唯一继承了她眼睛魅力的是我的哥哥克里斯，而我的眼睛是普通的灰绿色。她比我高，胸部比我丰满，跟我比起来，她的基因好到像是中了彩票。

但同时，这些年来，人们也常常指出我们外形上的相似性。记得一次聊天时，我们家的一个朋友眼神在我和母亲之间不停地移动，同时感叹道，他直到见到我们才相信圣灵感孕说。更为令人震惊的是，20 世纪 60 年代末的波士顿街头，一个陌生人问我是否和伊丽莎白·埃文斯有血缘关系。当我回答说是，我是她女儿的时候，他看上去就好像刚刚从时光机中钻出来一样吃惊——我猜他也许没准真的刚从时光机里出来。后来我才知道，这位年长的询问者已经 30 多年没有见到我母亲了。

但是我们的相似也仅此而已。她身上有一种疏离感，一种犹豫和不信任，压抑了她不时流露出来的可爱的无知。我现在才知道，她所承受的悲伤是如此巨大，连眼泪都无法衡量。

在她狭窄的情感范围内，她对激情、狂喜和热忱持有天然的怀疑。她对过度的情感表达所表现出的蔑视，在她的父亲亚瑟·埃文斯身上得到了最大的体现。她叫他“一个多愁善感的威尔士人”。在这方面，她对我的蔑视也好不到哪里去。

我 20 岁出头的时候，一个叫麦坎德斯·查尔斯的好友在飞机事故中丧生。我边哭边走进母亲的书店。她从收银台后面瞟了我一眼，不动声色地对关切的顾客说："啊，你懂的，这是她第一次经历死亡。"

可她在我那个年纪的时候，让她哭泣的事情比我多多了。她曾经这么描写她的家庭：

那是我 16 岁的时候，我还记得雪松路上这一切发生的具体地点。从那之后，我全身而退，再也没有踏进那里一步。我离开了他们，内心充满防备。我再也没有回来过。

据我所知，从此之后，她再也没有回到那个家庭，也没有进入任何一个家庭，包括我们的。

在我们这个移民社会，将我们和我们的祖先区隔开来的更多是语言，而非距离。我们的祖辈用今天的我们完全听不懂的方言思考、歌唱、做爱、争吵。在威尔士，只有不到 20% 的人口说威尔士语。所以我们只能偷偷盼望那个引发共鸣的威尔士语单词 Hiraeth 能够被保留下去。它的意思是"距离产生的痛苦"，而我对这种感觉了如指掌。这是一种对故土的渴望，在某些极端情况下，还伴随着悦耳的恸哭（我可没到过那种地步）。但是，这一点很重要：它指的是对一个地方近乎脐带般的联系，而非毫无原因的怀旧或者是因浪漫爱情而产生的渴望。不，这个单词所形容的，是对一个地方的爱所带来的痛苦。

和我们南方人一样，威尔士人有念旧、忧郁的特点，他们总是停留在过去，渴望着无法回去的从前。这个特点从 18 世纪开始萌芽，而且它诞生之初就和风景有关。18 世纪的寓言故事里，双目失明的游吟诗人在雾蒙蒙的山脉中一边拨弄竖琴琴弦，一边吟唱着 Hiraeth 以表达对故土的思念。现代威尔士人继续着这种表达，将记忆和风景联系起来。诗人 R.W. 帕里在他的十四行诗中将这种内心渴望描写为"回声的回音，对回忆的回忆"。

这种距离带来的痛苦是真实的。Hiraeth 并不是凭空想象出来的神经衰弱症，常见于威尔士人和敏感、背井离乡的南方人。回顾我和故土之间摄影、文学上的关系，我能感受到，我和那些民俗故事里边哭边吟诵乡愁的游吟诗人有着某种血缘关系。对母亲箱子里的资料进行了几个月的研究之后，我从理性上确定，我母亲的父亲，那个多愁善感的威尔士人，他的某些特质写进了我的基因，就像"回忆的回忆"一般，在我身上体现。

我的外祖父亚瑟·卢伦·埃文斯出生于 1880 年，他的父母是托马斯和艾伦·埃文斯。在他之前，他们已经在 6 年内埋葬了 5 个刚出生就夭折的儿子。很难细想他们是怎样挨过这种程度的不幸的，但对托马斯和艾伦来说，这还不是最坏的。他们的结合充满了维多利亚小说中那些老套的主题：不门当户对的爱情、债务、贫穷、沦落的女性和卑鄙的冒险者。

我们可以从亚瑟的英国母亲艾伦开始说起。在她3岁生日之前，她就失去了双亲。她的母亲死于致命的疾病，父亲在加州的淘金热中丧生。此后，在伦敦上流住宅区开时髦杂物店的叔叔、婶婶领养了她。她曾经对亚瑟说，查尔斯·狄更斯时不时光顾那家店，还逗她玩儿。狄更斯叫她“我的小奈力”，让人不得不怀疑她是否和他小说《老古玩店》的著名女主人公一样纯洁、一尘不染。

7岁的时候，她被送去一家前卫的住宿学校上学。13岁时，她坐船去巴黎，接受音乐（钢琴和管风琴）、艺术、文学和法语方面的教育。

毫无疑问，她所受的教育和其他英国女子所接受的一样好。所以没人能想到她究竟为什么会爱上叔叔商店里那个干粗活的男孩。但她却真的和我那声音悦耳的威尔士外曾祖父托马斯·埃文斯相爱了。

不用说，她的叔叔、婶婶竭力反对他们的婚姻，但那都是徒劳。婚后，一系列事件让这对夫妇在经济上每况愈下：向亲戚借钱做生意，生意失败之后再次创业，债务导致家人疏远，无奈之下移民加拿大，多次怀孕和胎儿死亡。他们俩搬到纽约后不久，有了第二个成功活下来的孩子。而托马斯·埃文斯，那个干粗活出身的男孩，找到了一份令人尊敬的工作，在富裕的奥奈达社区给人记账。

在这段多灾多难的旅程之后，这个男人现在有了忠实的妻子、稳定的收入、三个健康的儿子和一个待出生的婴儿。那么为什么在这个时候，他

会在一个早晨离家出走，再也不回家？没有人知道答案，但我外祖父在书信中暗示，酗酒很可能是罪魁祸首——不定期地严重酗酒。

艾伦先是被她参与淘金热的父亲抛弃，随后又被丈夫抛弃，早已忧心如焚，羞愧难当，她的骄傲让她不敢把自己的遭遇告诉远在英国的亲戚。她卖掉了家族留下的钻石，迅速清点了在伦敦开店的叔叔婶婶给她留下的数额不多的遗产。她一边承受着巨大的羞辱，一边开始接各种针线、洗衣服和熨烫的活儿，但这无法帮她走出窘迫。等待她的是赤贫。

她的儿子，我的外祖父亚瑟·埃文斯，用工整的字体记录了那段时间他给这个家庭带来的收入，但是那并不足以支撑他们的开销。她的母亲艾伦由于没法照顾四个儿子，不得不把他们租借给当地的家庭，让他们用劳力来换取食物。亚瑟去了一个叫农夫斯卡顿的人的家里，当时他 13 岁。

这种被奴役和远离家庭的生活当然有其狄更斯式的一面，但是亚瑟看上去很爱自己的新家，也为自己在斯卡顿家的差事感到很自豪。他在日记中这样写道：

今天 4：30 起床，先把后面牧场的 16 头牛赶了过来，然后给 8 头牛挤了奶，大概用了一个小时；然后开车把它们运回牧场；给 4 匹马喂食、刷毛，清洁马厩，然后吃早饭。把牛奶带去 3 千米以外的米勒芝士工厂；带回乳清喂猪，然后干杂活儿；接着去地里干今天的活儿……

（我一边读一边想，“今天的活儿”？难道他干了那么多事儿还不算一天的活儿？）

早春播种，用斜坡形的犁锄地、耙地；给玉米、马铃薯和豆子除草……在地上跪了一整天，给洋葱除杂草。

有一年我给一片 4 公顷的玉米地除了两次草……忘了说了，我还滚压了草地，完成之后草地看上去别提有多好了……

给厨房打水；砍柴，锯木头，给炉子生火；擦洗旧车和两辆轿车；给农场里的马车和机器润滑上油；磨大小镰刀、斧头；喂鸡，收鸡蛋；给马具上油；给家畜饲料里加盐；修篱笆；把地里长满的芥末花和野胡萝卜花拔掉；为周日的晚餐杀鸡、摆盘……没完没了的活儿。

“……没完没了的活儿。”这么疲惫的话，从一个那么年少的人的嘴里说出来。

没有证据表明，在这个契约期内，他和他母亲有过任何联系，但是可以肯定的是，他的父亲完全没有正面出现过。唯一一次例外是一个古怪又令人心碎的事件。亚瑟的父亲托马斯・埃文斯离家出走 10 年之后，从亚拉巴马州的莫比尔回过一次奥奈达。他在莫比尔以剥松树皮为生，以提取松节油。回到奥奈达之后，他去了四个儿子就读的学校（其中最小的儿子和他素未谋面）。放学后，站在篱笆外，他让一个在等孩子放学的家长帮忙给他指出了四个埃文斯家的男孩。看到他们经过之后，他就走了。

那次回来，托马斯・埃文斯显然没想去见艾伦，但学校家长把他回来的事告诉了她。亚瑟在日记里写到过母亲的经常性哭泣、他们的经济窘况、她加班后的精疲力竭。他显然没必要再提到那次事件之后她是如何心碎的了。

17 岁的时候，托马斯终于想办法获得了他父亲在莫比尔的地址，并给他写了一封信。我没有那封信——要是有就好了，但我有他的父亲给他的回信。他的开头写得真够亲切的：“亲爱的亚瑟，我在极度惊讶中收到了你 18 日寄来的信件。”

一定够惊讶的。他可是已经离家出走 13 年了！

托马斯・埃文斯继续写道：“知道你们都能在种种不利因素之下过得那么好，让我感到非常高兴。”

要知道，他的抛妻弃子才是最大的“不利因素”啊。

然后，他厚颜无耻地表示，亚瑟的母亲艾伦不应该因为他们所经历的逆境遭到任何责怪。所有的责任“都是我的，我早就苦涩地意识到了这一点。事实上，自打我在那个痛苦的日子离开奥奈达，我的整个人生都在懊悔和自责中度过”。他用19世纪晚期泛滥的书信体写道。几行之后，他又给出了建议（对亚瑟来说完全多余）：“你们读名人传记的时候要记住，那些名人全都对自己的母亲特别体贴关心。”

亚瑟在读名人传记的时候，一定早已注意到了他们对母亲的孝顺。他希望有一天自己能成为他们中的一员，并在后来的日记中写道：

我的母亲是一个充满智慧与天赋的女人。她慷慨大方，从不抱怨，以高尚、始终不渝的勇气来应对人生各种难以承受的残酷遭遇。为了照顾自己的四个没有父亲的儿子，她牺牲了自己的健康、视力、力气和社会地位，这样的精神是其他人难以匹敌的。

这些年，随着我对她当时境况的了解越来越多，我也愈加感伤。

另一方面，他在书信中没有提到名人传记是怎样教他面对一个糟糕、可悲的父亲的。但是晚年，他在提到托马斯·埃文斯的时候，态度宽容：

我对我的父亲没有记忆，但奥奈达社区的很多人回忆他时都充满爱意和尊敬。他们说他是个有能力、有才能的人，领导能力强，是个可信赖的朋友。他的嗓音很有磁性，并以此在地方上出名。人们说他喜欢读书，见识广博。

7年之后，托马斯·埃文斯在莫比尔的街角突然倒地猝死。他的丧葬费用是由我的外祖父亚瑟·卢伦·埃文斯支付的。

亚瑟在农夫斯卡顿家的打工生活一直持续到他的青少年时期。那时，他的母亲嫁给了一个叫威廉·汉森的德国人。母亲的这段婚姻让亚瑟感到十分痛苦，他把汉森描述为一个“冷酷、邪恶、令人恐惧的男人，他如此残暴可怕，我无法想象母亲那些年承受了多大的苦难”。

1894年10月，亚瑟开始在奥奈达高中就读，并于1897年6月毕业。

高一那年，也就是他14岁的时候，他遇到了一个叫朱莉·凯勒的同龄女孩。“她是我一生的挚爱，让我深陷其中、无法自拔。”他写道。

我在阁楼资料库里，小心保存了一份泛黄的、皱巴巴的信件，信封上是亚瑟的笔迹：“这是朱莉给我的第一封信。”信封上还敲着一个要求补交一分钱邮资的邮局印章。这封信以“我最亲爱的”开头，并提议亚瑟在那个星期的晚些时候约会。但附言的部分有些不祥地写道：“如果你去参加柏步丽家的舞会，就别来约会了。这可不是讽刺。”

照片中的年轻女子眼神中看上去并无讽刺意味。她可爱极了。我猜测，是贫困让亚瑟在高中毕业之后没能向她求婚。他在日记中提到，高中阶段为了挣学费，他除了在斯卡顿家的农场干活，还在奥奈达的报社打过工，修剪过草坪，帮人看过炉子。

大学就是另一回事儿了。为了攒大学学费，他不得不做了三年的高中老师，并在 19 岁那年当上了一所高中的校长。1900 年之前，他已经攒到了 100 美元。“我赚够了。”他写道。他入读了雪城大学。他棱角分明的下巴，深邃的眼神和彰显决心的前排第一的位置，让他在和同学的合影中脱颖而出。

虽然意志坚定，但在日记中描写大学生活时，他承认自己在很多方面都不如别人条件优越。

身无分文，毫无社会地位，以及教育缺失，外形普通……没有音乐或其他方面的天赋或后天训练，在大学生活中并不吃香。我所拥有的仅有一个足够应付大学课业的脑子，以及坚持不懈、不怕吃苦的能力和经历。

即使这样，他还是在四年后毕业了，并获得了文学学士的学位。在一篇日记里，他以第三人称的方式颇为哀伤地总结了他的成就，就好像以第一人称写会很困难似的：

他本能地知道，班里大多数优秀的年轻男女既不是他的朋友，也不是他的崇拜者。他也知道，他们对他的看法是正确的。

虽然对自己充满怀疑，但在 15 年之后，亚瑟终于有了向朱莉·凯勒求婚的经济资本。在他当时的日记里，他这样赞美她：

> 这个优雅、和蔼可亲、美丽可爱的女子……注定要在这个男孩的心灵深处留下难以磨灭的印记，以至于没有任何辞藻能表达出他的感受。

他们于 1909 年 6 月 12 日在纽约的萨拉纳克湖进行了低调简朴的婚礼。根据当时的报纸记录，婚礼“出乎很多朋友的意料”。

5 个月之后，朱莉·凯勒·埃文斯在亚瑟的怀里死去，死因是肺结核。

他们的蜜月和婚后生活都在疗养院度过。在她 29 岁生日当天，她去世了。她在那天的日历上写道：“我以后再也不会过生日了。”这本日历被我悲痛的外祖父珍藏了起来。

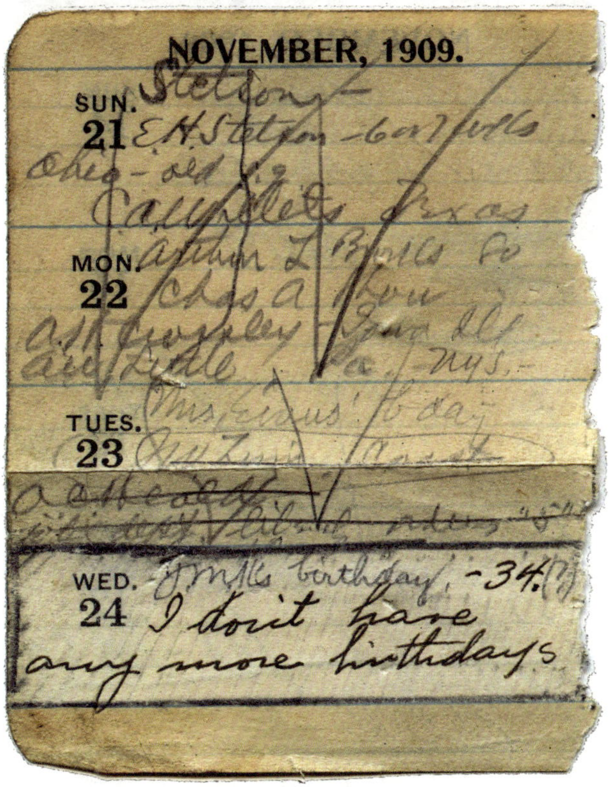

让人扼腕的是，亚瑟之后的生活急转直下。他遇到了我的外祖母，马萨诸塞州布伦特里的杰茜·亚当斯。

10

斯基普叔叔和亲爱的小不点们

我的母亲一直怀疑是杰茜的财富吸引了亚瑟·埃文斯，谁能因此责怪这个可怜的人呢？而她也长得美丽动人。她身材高挑、苗条，小时候被人叫作“细条”，她继承了母亲艾玛独特的红褐色头发、白皙的肌肤、绿色的眼睛，以及冷酷的专横和性感的魅力——这点对这个故事非常重要。

但我怀疑，深受他自称的“毫无社会地位，以及教育缺失”折磨的亚瑟想要的还不止杰茜的美貌和财产，他最想要的可能是杰茜显赫的家族背景。早期他写到她时，还不时提到她显赫的家世，他形容杰茜是：

来自“五月花号”的普利茅斯殖民地的约翰·豪兰和马萨诸塞湾殖民地的亚当斯的后人，是正统的“五月花号”后裔，也是“美国殖民妇女”和“美国革命女儿”。

亚瑟没有提到杰茜母亲艾玛·科尔斯（“五月花号”后代）悲惨的婚姻——她嫁给了查尔斯·杰西·亚当斯（他给了她显赫的族名），没有提到艾玛的行为预示了杰茜的专横跋扈。他也没有指出那种行为和他母亲艾伦，或者和他忠诚正直的人生的鲜明对比。

阁楼里关于杰茜父母的信息要比亚瑟父母的信息少得多，但足够得出关于基因走向的结论——我们发现的结果让可能继承了这些基因的我们坐立不安。

艾玛·科尔斯，我的曾外祖母、杰茜的母亲，1867年出生于马萨诸塞州的布伦特里。

一个27岁的医生塞缪尔·福尔摩斯·德金为她接了生。德金医生毕业于哈佛医学院，刚从阿波马托克斯的美国部队一个外科手术帐篷服役回来。他后来并不怎么费力地发明了木压舌板。

除了这些，对年轻的艾玛我一无所知；阁楼里几乎毫无她的信息，除了她17岁时嫁给了亚当斯先生，家里流传说他是亚当斯总统的后裔，我母亲把他称为“老亚当斯总统的酒鬼儿子”（约翰·亚当斯总统和约翰·昆西·亚当斯总统之间有几个男性后裔也符合这个描述，在网上检索就会产生疑点）。这对新婚夫妇立即搬到了肯塔基州，以便满足查尔斯饲养赛马的激情。

曾经有一个老套的问题：“靠养马怎么拥有100万？”这个玩笑不新鲜了，我可以脱口而出：“拿300万起家。”肯塔基州的查尔斯也不例外。他们到达一年后我的外祖母杰茜就出生了，而家族财产在不断消失。因为心怀不满，艾玛带着杰茜离开了查尔斯，回到布伦特里，查尔斯破产后也追随去了那里。

当艾玛和查尔斯有了第二个孩子之后，艾玛和街坊里一位已婚男人开始了激情的公开恋情，根据我母亲的叙述，那个男人叫“坏叔叔卡尔顿”。她史无前例地通过司法行为要求解除婚约，理由只是爱上了另一个男人，波士顿所有报纸头条都进行了报道。这个男人是谁？就是塞缪尔医生，为她接生的医生，比她大 27 岁。

可以想象，在马萨诸塞州布伦特里亚当斯中心城，和亚当斯家族离婚少不了引起轰动，且持续了很长时间。我的外祖母甚至被传唤出庭，但最终她成功离婚，和医生结了婚，而他的妻子恰好在这期间死去。

杰茜从中学习了什么我们不得而知，在她 29 岁和不幸的亚瑟相遇后，我猜我母亲对她的形容“外在勇敢掩盖了内心不安”恰如其分。她外在的冷峻掩藏了沸腾的激情（我母亲见证过她的急躁性情），也让她十年间收获不断的婚外情变得如家常便饭。

是的，就是如此。可怜的亚瑟经历了一切后，他的妻子却公开地出轨。

1923 年，他们结婚 6 年后有了两个女儿（我母亲伊丽莎白和姨妈莫莉），经济变得紧张。我母亲的日记显示亚瑟把杰茜的大部分财产开销了，但没有透露具体是如何花出去的。

由于亚瑟天性较为节省，我认为他不太可能随便地把钱挥霍了，因此最有可能的是投资失利。亚瑟为一家贸易杂志做编辑，薪资微薄，而杰茜喜好精致的东西，他们两人都不懂如何管理财务。这对年轻夫妇陷入财务拮据就不难理解了。

我经常很好奇：究竟是出于钱还是爱，或者两者的结合，让 36 岁

的杰茜向哈罗德·迈诺特·盖奇投怀送抱？

也许是距离发生了作用。盖奇家和埃文斯家相距只有两个半街区，他们的家产占据了西打街的很大一片。他家 2 公顷的土地上是整齐的玫瑰园、树丛和葡萄园。常青树布满道路两侧，保护着网球场和温室，也挡住了视线。在那个年代拥有 3 个车位的停车库是非同寻常的，但雄伟的盖奇庄园就属此列，而且里面停的是两辆帕卡德和一辆凯迪拉克。

他们家族的财产来源我不得而知。盖奇家的一个后代告诉我说，“斯基普叔叔”（我母亲是这么叫他的）腰缠万贯，但他的钱都来自他妻子，我母亲把她称作“埃塞尔阿姨”。斯基普叔叔没有工作，除了一周去波士顿处理一两次财务事务——且主要是和他的情人杰茜一起度过，令人惊讶的是，陪同前往的是埃塞尔阿姨和亚瑟。

尽管他们的恋情臭名远扬，但他们四人却难舍难分。每周他们一起吃两次饭，然后打桥牌一直到很晚。这两对夫妇在新罕布什尔的苏纳庇买地盖了房子，尽管是盖奇出的钱，他们十多年里每个夏天都去那里。

我母亲描绘了躺在堤岸上的平静的日子，她读着书，脚在水里晃悠。她列出了一些今天变成名著的作品：《柳林风声》《小熊维尼》《爱丽丝梦游仙境》《三个火枪手》《绿山墙的安妮》《汤姆·索亚历险记》《小妇人》《傲慢与偏见》《月亮宝石》《爱玛》《劝导》和《曾达的囚徒》。她说是斯基普叔叔培养了她对阅读一辈子的喜好。

她这样描述他：

几乎很丑，稀疏的红色头发，鹰钩鼻；但同时非常吸引人，整洁，拥有无比的魅力和活力。他机智聪明、学识渊博，他的睿智、幽默总让他从人群里脱颖而出……他对他遇到的所有人都充满兴趣。不管是人还是书，到他嘴里总是熠熠生辉。

在苏纳庇湖的房子里，斯基普叔叔会生上火，请来莫莉和我母亲（他把她们俩叫作“亲爱的小不点们”），他为她们大声朗读小说《斗牛犬杜蒙》，以及萨克雷、特罗洛普和大仲马的小说。他教她们打桥牌、玩网球，让她们穿上红色衣服去舞厅。那是我母亲记忆里最幸福的时光。

但斯基普叔叔和杰茜的恋情也在苏纳庇引起了不安。一次，在莫莉和母亲还年轻的时候，这对情侣在一堆阴燃垃圾旁边爆发了一场激烈的争吵。莫莉和我母亲躲在纱门后看，斯基普叔叔和杰茜争得面红耳赤，尖声威胁对方，难闻的烟雾在他们身边缭绕。

两个女孩受到惊吓而哭泣，埃塞尔阿姨把孩子们招呼着离开了。我母亲说，这个充满爱心的女人把丈夫情人哭泣着的女儿搂在怀里安慰，

口里念叨着说这个世界上有些事情难以理喻。

在有幸遇到斯基普叔叔之前，我母亲和莫莉的衣物开销很小，之后她们穿上了时尚的服饰。她们的医疗和口腔账单有人负责，她们的舞蹈课、网球课和夏天露营的费用也有人买单。埃文斯的房子重新进行了装修，按揭也支付了，杰茜第一次开始佩戴珠宝，甚至爱欺骗的外祖母艾玛和德金医生也分得了一杯羹：他们收到了一张古典的梳妆台和一张天鹅绒沙发。这两对夫妇和埃文斯家的女儿（盖奇的儿子们已经长大了），好几次坐着头等舱去欧洲旅行，奢侈地巡游欧洲大陆。

这种丰衣足食的状况，在埃文斯家失去了稳定但并不丰厚的收入来源——亚瑟丢了工作后，仍没有改变。尽管没有了收入（除了我母亲后来所谓的“杰茜靠苦力挣来的钱”之外），女孩们在低年级时还是被送入了私立的 Thayerland 学校，中学进了萨尔学院，后来到了上寄宿学校的年龄，他决定送她们去激进而昂贵的康涅狄格州斯坦福市的埃奇伍德学院。

这个时候的亚瑟——下页图中杰茜后面兴高采烈地歪戴着帽子的那位（他右边是埃塞尔），已经和妻子分居，被分配到阁楼上的一个小卧室，数年后他谦逊地在我母亲面前称之为空中楼阁。

每天早上，他踮着脚走下陡峭的楼梯，轻轻地打开楼梯井的门闩，

经过我母亲的房间，来到二楼狭小的卫生间。我母亲说，听到他倒夜壶时碰到搪瓷马桶的咔嗒声，然后踮着脚回到楼上让我母亲和莫莉准备上学。

就是在这个房间里，亚瑟写了一封34页长的信，送到两层楼之下的杰茜房间，痛陈为什么不应该送女儿们去几个小时车程之外的埃奇伍德学院。他将这封信交给妻子。

但他的感受并不重要：斯基普叔叔付钱，她们就这样出发了。

我母亲经常听到杰茜这样告诫她的女儿们："可以随时结婚或离婚，但不要做任何男人的情人。"

1927年夏天，当斯基普叔叔、埃塞尔阿姨、杰茜和"亲爱的小不点们"乘坐法国"皇后号"前往欧洲时，这个告诫在莫莉的心中尤为深刻。他们住在具有皇家风范的头等客舱里，盖奇的船舱和杰茜的卧室之间有一道门相通。

当轮船在海上航行的时候，莫莉目睹了杰茜和斯基普叔叔之间的私通行为，她心生厌恶，立刻觉得喉疼难忍。虽然她坚持认为这是夏天时她扁桃体摘除所留下的后遗症，但没有任何事实迹象能证明，她的扁桃体发炎了。

到达法国瑟堡后，斯基普叔叔请了一位貌似拿破仑的法国男医生为歇斯底里的孩子做诊断。虽然医生只会说法语，但他想办法让莫莉镇定下来，为她检查了喉咙，发现并无大碍。但他没法让莫莉相信她不会因为流血过多而死去，所以3周后斯基普叔叔为杰茜和孩子们在"奥林匹亚号"（"泰坦尼克号"的姊妹船）上订了回程的票。

她们在纽约下船后，莫莉已经完全康复了。没有同她们出行的亚瑟在港口迎接她们。确信他的女儿安然无恙——至少身体无恙之后，他一个人乘火车去了波士顿。

莫莉的喉咙事件过去4年之后，杰茜开始为她和斯基普的恋情和被包养的情人身份备感纠结，她让两个十几岁的女儿坐下，坦白地告诉她们自己和斯基普叔叔的关系。我母亲还不知道莫莉在去欧洲的船上曾看到杰茜和斯基普之间的事情，天真地问道："那，妈妈，你们越过界限了吗？"杰茜如梦如幻地说："是的，太美妙了！"这让我母亲惊讶不已。

这样，杰茜突然终结了这段持续了15年的收获颇丰、在性方面给她带来满足的关系。用我母亲的话来说："母亲把他送上环球之旅去另寻他人。"

当然，埃塞尔阿姨和他一起上路，成功地把一位巴特勒夫人带回了布伦特里，他们立即邀请她来埃文斯家晚餐。我母亲清楚地记得这事——

那是一个夏夜，她和莫莉帮助杰茜做饭、上菜、清理饭桌，这一切虽然奇怪，倒也融洽。盖奇家人和巴特勒夫人离开后，我母亲记得杰茜“让人忍俊不禁的攻击”，她愤愤地说：“那个女人居然染发。”

斯基普和埃塞尔都不介意染发，巴特勒女士作为斯基普的情人和他一直生活在一起，直到 1937 年他因胃癌在罗斯福酒店逝世（碰巧的是，杰茜数十年后也死于胃癌）。葬礼上，走廊的一边是埃塞尔阿姨、两个儿子和他们的妻子，另一边是杰茜、莫莉、巴特勒女士，还有一位之前无人知晓的情人汉布林女士。

巴特勒女士到来后，斯基普仍然没有停止给杰茜资助。埃塞尔阿姨从世界各地用信封寄来的钱源源不断地送到埃文斯家——来自欧洲、远东、南美。甚至在斯基普死后，埃塞尔仍继续支付我母亲和莫莉的学费和开销，直到大学（那期间莫莉经历了一次崩溃，并试图自杀）。亚瑟和杰茜曾短暂地和解，但也充斥着激烈而暴力的争论，让我母亲不忍卒听，哭着回到房间，而亚瑟则继续住在阁楼里。

真是一个离奇的故事。我在自己的阁楼里，整日被日记、系成结的信件包围，在这事淡化后这些情节又不断被拼接、验证、确认，可以想象我有多郁闷。而所有难以置信的情节都有据为证：在很多方面一切都是真的，且是那么令人扼腕。

这不禁让我想问：这些生命、忧伤的 DNA 里哪一部分塑造了我？从某个角度看，这并不是好的遗传：计较、狡诈、暴戾、充满控制欲的女人，脆弱、伤感、缺乏自信、酒醉醺醺、罔顾家庭的男人——“ppp”（不良原生质）——我父亲的医疗记录里偶尔这么写。

我在母亲死后几年里开始重新认识她，同时，我意识到我的祖辈们是如此的现代：在性方面大胆主动，以自己的途径面对个人的道德困境和选择。因此似乎我不必太担心我的基因构成里的缺陷：在我祖先的特点中，我母亲确信骨子里流淌着她威尔士父亲的敏感。总的来说，我并没有太像我父亲。但我将延续祖先们刺进我母亲年轻内心的无法痊愈的冰冷的伤痛。

直到读到她日记里写到的“回归”、推测出她家庭关系的复杂，我才明白是什么伤害了我母亲。她把以往的悲恸藏起来，就像希腊道德寓言里的斯巴达男孩把偷来的狐狸藏在衣服里，面对大人的质询他面不改色，把狐狸用力贴紧自己。最后大人们满意地让他通过，但狐狸已经把他的腹部咬穿了。我想，就像那个被狐狸咬破肠子的男孩一样，我母亲也发现当把历史隐藏于胸时它仍会伤害自己。现在，当我播放她的口述磁带时，我能听出她试图用奇怪、冷漠的欢乐来掩盖声音里的苦涩。

不幸的是，就像身边很多女性一样，我们不能忘怀母亲身上的愤怒和痛苦，因此决心让自己的女儿好起来。但事与愿违，我们陷入同样的状况，或者新的同样糟糕的情况，眼睁睁地看着它发生，就像目睹路边一起枪击案的发生。现在，当我和那些照顾着母亲时充满愤懑的女人聊天，我会建议她们：再多尝试尝试，努力聆听。

打开鼓鼓的“母亲的过错”文件夹时我总满怀羞愧，其中很多都是在母亲出去关上后门后，我匆匆抓起一张纸条愤怒地写下的。当然，关于我的内容也不比母亲的少：记录她缺陷的那种小气的任性，我完全没有注意到我和她一样，我也有巴尔干式的爱发脾气的倾向。但这个文件夹也是防止我变成她的指南，里面的许多故事非常好笑。

几乎每个圣诞节，我和女儿们都会在某个时刻齐声合唱：“哦，感谢你，外婆！最好的人！我最喜欢的香波！装在如此可爱的瓶子里！”

她送我们的礼物总是充满神秘感。（参见背页图）

她清楚地记得没有斯基普资助时家里的贫穷，她非常节俭。拉里40岁生日时，她给了我一根冻了很久的羊腿去做晚餐，并从给他的40美元生日支票里扣除了17.38美元。

她拒绝参与我们的孩子的分娩（以及他们后来的成长），让我多年来耿耿于怀。她缺席埃米特的出生后，我们本不应该再惊讶于她面对孩子分娩时的做法，但我们仍很震惊。在我分娩埃米特的那个晚上，她和

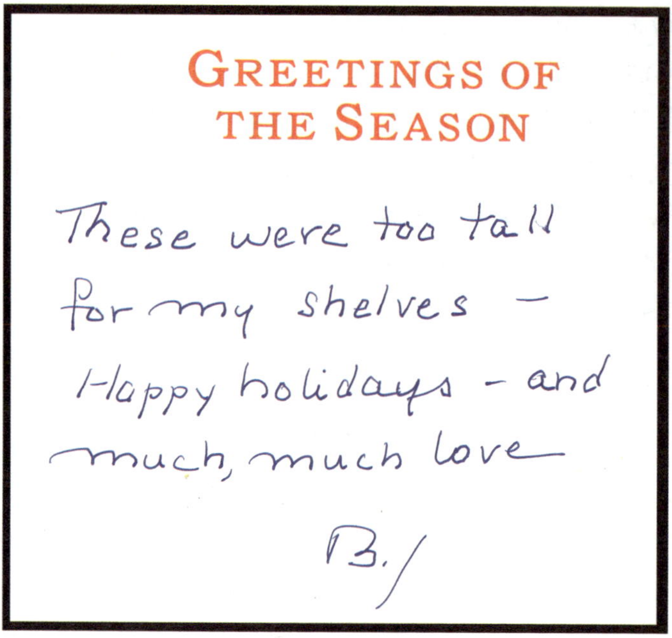
GREETINGS OF THE SEASON

These were too tall for my shelves — Happy holidays — and much, much love

B.

应季的问候

这些太高了，我的书架放不下—生日快乐—满满的爱

贝 蒂

我父亲来到医院，如同妇产科的视察者一样，从过道里看我分娩，可还不到8点，我坐在轮椅上被推进产房，拼命把宫颈扩张到10厘米的时候，她消失了。后来我父亲和我坐在康复室，他告诉我母亲不想错过《风流军医俏护士》。

两年后，生杰西时我早产了6周。凌晨2点打电话给父母，我很害怕，而且需要人照顾埃米特，因为我们要去医院。拉里听到我母亲翻了个身，然后对我父亲说：“你去。”后来我父亲来了医院。

第三胎生弗吉尼娅时还是老样子。尽管知道我一周内就要分娩，她还是订了去亚利桑那度假的机票。而就像在小说情节中一样不可置信的是，就在她起飞时我分娩了。其他两个孩子得了流感留在家里，我们亲爱的朋友K.B.和亨特在家里照顾他们。不管怎么说，一个母亲在那个场合是能发挥作用的。

但我没有这样的母亲，真的，从来都没有过。那些年因为这事，我心里生了不少怨气，但我现在不知道为何这样。我有吉吉，她是一个孩子能拥有的最好的母亲；18岁时我遇见了拉里。另外，我可能太固执，也不太领情，因此没有从我母亲那里寻求到任何恩惠。然而，作为一个与众不同的不打桥牌、不待在家里的母亲，她做了很多事情，许多后来都载入美国新时代的开篇：她挑战了进步主义的阿德雷·史蒂文森，担任了列克星敦种族委员会的主席，成立了当地女性投票者协会。但最了不起的是，她当面聆听两位处于巅峰的杰出演说家的演说（罗斯福的首次就职演说和1937年希特勒在纽伦堡大会上的发言）后，激发了她的政治观点，她对弗吉尼亚的人头税进行了抗争。

这个公然剥夺黑人投票权的企图在所有投票中征收在当时可算繁重的1.5美元——不管是地方选举、州选举，还是联邦选举。人头税和文化水平测试是早期吉姆·克劳法种族隔离的延续，如今在南方许多地方仍然大行其道。我母亲作为北方人无法忍受这一切，她想看看每天遇到的街坊还有谁持反对意见。1963年10月，她打印了一份简单的宣言，在下面放了几张白纸，夹在纸板上，随身带了28天。她没有挨家挨户上门，她宣称目标是向和同样臭名昭著的弗吉尼亚强力抵抗有牵连的州长阿尔博迪斯·S.哈里森证明“反对人头税的人比你想象的多”。

这些请愿单连在一起长达6米，一共有500多个签名（参见背页图），她把请愿单寄给州长后，《里士满时讯报》把她形容为“列克星敦的家庭主妇”，刊发了她的大幅照片和占据两个版面的故事。

如果说这时的她和在苏纳庇湖边听斯基普读书时的她还有什么相似之处的话，那就是对书本和阅读的痴迷程度。

1960年初，她单枪匹马地从持怀疑或敌对态度的地方政府筹得资金，建起一座藏书丰富的地方图书馆和流动书柜，替换了麦克拉姆药店角落里低劣的外租书籍。

她管理了16年华盛顿与李大学的图书馆，邀请了杜鲁门·卡波特、

（注意左侧夹在某圣人和薄荷玻璃瓶之间的托姆布雷小雕像）

霍华德·内梅罗夫、贝蒂·弗里德曼、汤姆·沃尔夫、詹姆士·迪基。一次她自豪地陪同迪基，他停下来，手敲击着自己的畅销小说《解救》，嘴里说道：“自福克纳的《熊》以来最好的小说。”我母亲生平第一次，也是唯一一次（据我所知）说道：“狗屎。”

我母亲不停地阅读，每年回到苏纳庇湖——她一辈子对苏纳庇湖念念不忘，缓解了童年里充满欺骗和抑郁的痛苦经历——往轻里说，它们流露出来的性信号让人困惑。她晚年最后一次去苏纳庇湖是一次重大事件，也具有象征性（她把湖称为自己的金池）。

她黄昏时分到达，站在盖奇和埃文斯家曾共享的小屋的露台上眺望。小屋仍然属于盖奇家，周围没有别人，她看着闪烁的湖面，悠闲地缅怀过去那段浪漫的时光。

她的目光从堤岸延伸向水中，她说在湖边阅读和游玩是她生命中唯一幸福的时光。在湖堤的末端，一个坐在躺椅里的身影映衬在黄昏的天空下，那是盖奇的孙子，他已步入中年。我母亲心情激动，她下了梯子，沐浴着落日温馨的余晖，沿着湖堤走去。

当她走近那人的时候，她发现他在手淫。

11
南方风景

就我所挖掘到的关于我母亲家族史的大部分内容来看，我虽不熟悉其中细节，但在精神层面上，它们于我却十分有辨识度，这点十分奇怪。自阁楼中浮现出的真相、回忆和家族传说，就如一幅奇异绚丽的织毯，仿佛在暗示那长久以来对我自己都成谜的一部分性格实有家族渊源——偶尔的忧从中来，不切实际的浪漫和暴躁的敏感神经，沉闷苦干的职业准则，还有我教条一般的吹毛求疵、暴戾易怒和骚动不安。一条条带有家族遗传的纺线无形地将我与过去紧紧地捆绑在一起，尤其是将我与外祖父亚瑟·埃文斯联系在了一起，他禁欲坚忍、富有热情，且多愁善感。

举例来说，一直以来，我总是容易受到某种突如其来的伤感影响——那种感觉极为深沉，撕裂灵魂，令我如坠深渊。有一次就因为夏季的玉米没有熟，我在倾倒准备烹饪玉米的盐水时突然落泪，心中有一种付诸东流的糟糕无力感。那清澈又美丽的液体被白白地浪费了，它们充满了盐分，奇异、纯粹，有力又古老，最后打着圈随水流入了排水口。

这一定是属于那些威尔士祖先的忧伤。如今我也隐约感觉到，我对于庄稼汉一般的辛苦劳作上的那份宽容大度是从何而来的。我细细地读着亚瑟笔记中的篇章，里面记录着他从晨昏到日暮的杂务，简而言之就是："如此这般，无穷无尽……"这时，我就会想起自己也总是一头扎进暗房里埋头苦干——从清晨到日暮。我总是坚持亲自冲印每一张照片，哪怕是大到 40×50 英寸的风景照。这令我摄影圈中的众位友人百思不得其解，也惹恼了我的家人。

在将近 20 年的时间里，我几乎就是住在暗房里头，研究我那出了问题的底片到底该怎么冲印。我还要和我的放大机做斗争，它是一台 1919 年的伊士曼投影印相机。这台拥有“尖端技术”的仪器工作起来能让山顶洞人不耐烦地敲起手指。每天冲印装置能洗多少张我就出多少张片（12 张），或者说我能坚持印多少就印多少。我经常一连几天就冲印一张照片，扔掉几百张（现在很珍贵的）涂银相纸，在装底片的信封上写下详细的冲印说明。

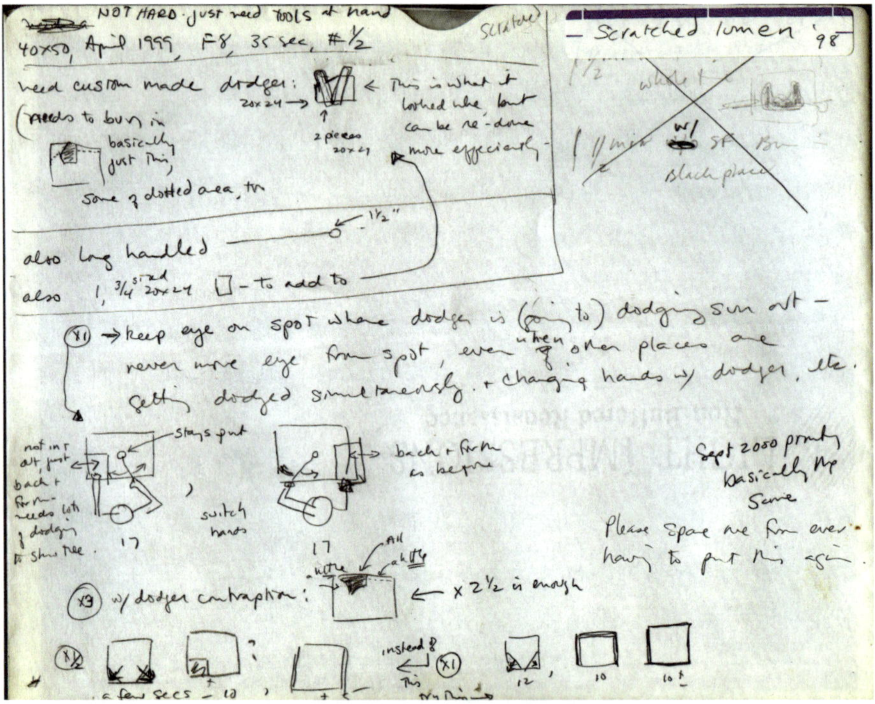

我常常用铅笔草草地写下一些我的绝望、崩溃和懊恼的心情，如“别让我再洗这张照片了，拜托” ，或是在另一个信封上写道：“该死！第三遍冲印了——要让我再洗一次这张要命的照片就天理难容，看看下半部分的明暗对比，还有……”

当一切顺利的时候，我每个工作日都会冲印一张照片。每个星期一的一大早，在我把孩子们送去学校后，我就在 8 点半左右开工。如果我能循序渐进，给成片的每一个试验片制作好印相小样，就能在最后将所有的试验片拼合到一起，在午饭后印放出第一张全尺寸的成片。一旦进一步研究起某张照片，我往往会花上几个小时在细节上做些微小的调整，这儿加点光，那儿减点光。接下来，我去接孩子放学，安排他们去做功课后，就开始最终成片的制作。这一过程相当机械，就像在工厂里干活，常常要到深夜才能收工。

接下去的三天日日如此，持续到星期五，在一群饱受煎熬的助手的帮助下，我将一周里冲印出来的照片放平，全神贯注地去检查照片表面和各种由于冲印造成的瑕疵。

在双休日，我把有感光问题的照片重新冲印，再放平，更新版本目录，将这周的完成作品装套并归档记录。随后，星期一来临了，我又重新开工，“如此这般，无穷无尽……”

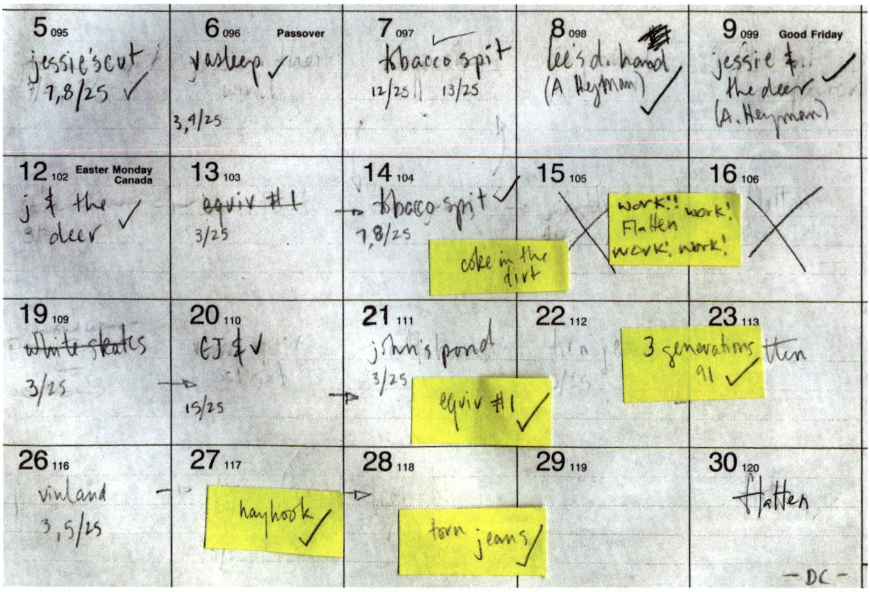

透过档案中外祖父的文字，我渐渐认识了他。我们俩在对待工作上的态度是一脉相承的，有着相同的坚持与专注，甚至在其他方面也是如此。（尽管我认为自己才不会像他那样窝囊，沦落到住进阁楼，放任自己的配偶在楼下出轨。可是谁知道呢？）他以写作为生，尽管是相当平淡沉闷的作品，他却要承受很大的痛苦，为了两个女儿而放下写了一辈子的故事。在他书写下的风景中，尽管斯卡登农场的土地与我身处的地方在地理上差别非常大，我却感受到了一种特别的亲密联结。他偶尔感情过于充沛的散文与我自 20 世纪 70 年代开始书写的文字不谋而合，那是一种充满了威尔士情调的乡愁，接下来，它又与我在 20 世纪 90 年代拍摄的风景照片联系在了一起。

那种牵连在我写作和摄影之间的关系与生俱来，但从来没有像现在这样令我看得透彻。我早期诗意的语言和之后挽歌般悲戚的风景照都像穿梭在我生命中原始的重复的走线，如同记忆与欲望交织着的经纬。以我在 1969 年 1 月写的一篇随笔为例，我将它与一张拍摄于成文 23 年后的照片放在一起：

夏日过客

8 月末的空气伴着厚重的水汽沉沉地弥漫在我们的土地上。我在其中缓缓而行，汩汩的热浪吞噬着我，又沿着脚下的小径盘旋而去。我放慢速度行驶，唯恐扬起尘土。滚滚的热浪在村子里翻腾，这时吹来一阵轻浅的微风，奶牛慵懒的身影便从晃动的牧草中露了出来。

旷野高高地坐落在大河之上，透过狭窄的河谷就能望见影影绰绰的远山。升腾的热气几乎淹没了远山，尽管它就在几百米开外的地方。我寻找着它，在这个阴沉昏暗的午后，我仅能依稀瞧见山的轮廓。

树木因为干旱显得无精打采，晨露迅速地蒸发，树叶无力地垂下。只听得到蛐蛐的叫唤与蝉鸣。当虫鸣消失，似乎在一瞬间，整片田地万籁俱寂。

我开始沿着田间一个小小的斜坡下行，车身擦过草叶的边缘，草沙沙晃动。我能看见生长着夏日猫薄荷的湿地。离开了两道灰蒙蒙的车辙，我向那一片青绿跑去，享受第一缕薄荷的清新与湿润。空气变得芬芳起来，也愈加凉爽。我静静地停留了片刻，随后再次关上车门，回到了日光之下。一头奶牛被惊到了，可它并没有在我路过时抬起头。

还记得在帕特尼时我有多难受？还记得吗？我强烈渴望着农场，那种情愁刺痛了我，我为它书写了多少充满爱意的赞美诗。《夏日过客》就是其中之一，这是雷伊·古德拉特给我布置的一项英文功课。它注定就是一篇“演绎”，我从雷伊在初稿上写的红色标注中得知，这篇作文只允许客观真理存在——没有暗喻，没有歧义，只要事实。这并不是我的强项。

人们没法指望我用这样闲散的语言演绎出我对农场的热爱，尤其是那个特别的地方——高处的旷野。我一遍又一遍地书写着它绒绒柔润的起伏。即使是 1972 年在希腊帕罗斯岛时，本应尽情享受沙滩风情的我依然想着它。很难想象吧，但我确实如此，望着颜色暗如醇酒的大海，心里却渴望着田野：

……

终我一生
在水一方
高地旷野
只此一处

凡此种种
一切悲伤
以及欲望
皆赋予我

在无法公平地对待字句，却也绝不愿意成为“只要事实”的那类人时，我就试着用相机谱写出涂银的诗篇，带着风格，带着深厚的情绪。这些影像浸润着我自少年时代起就阅读过的福克纳、卡明斯、默温与里尔克等作家文字的气息。我的许多照片（诗篇）里蕴含着这些字句的精神，带着冲击力强烈的惊艳与冗长的怅然若失，与它们遥相应和。

上面这曲情歌在 1992 年 7 月的一个上午为我真挚地奏响了声色兼备的乐章，在那天我拍摄了南方风景的第一个系列。那日的热浪与我在《夏日过客》中描写的一模一样。我们和其他一些来这里度周末的人们住在小屋里。河里已经零星出现了一些扑腾的小孩，他们欢快的笑声在山崖边反复回响。我披上一件薄衫，把摄影器材装进卡车里，我并不知道要去拍点什么，可我感觉需要去拍摄些什么。拉里另有想法，提出要跟我一块去，我们便向高地的旷野进发了。

自 1985 年起，我便矢志不渝地拍摄孩子们。我曾向一位朋友说起过，我对这类照片的热爱强烈到了目空一切的地步。如果我正赶着去拍摄一张孩童主题的好照片，哪怕半路出现埃尔南德斯的月升，我也能毫不犹豫地驶过，它能迷住安塞尔·亚当斯，但它阻止不了我对孩子的爱。可是在7月里，对农场的强烈渴望无声无息地吞噬了我，令我无法抗拒。载着相机，我们沿着清凉的河道一路行驶，来到了闷热的高地旷野。我们循着草地中动物走过的小径，停下来随意地拍下了一张照片。

在那时，我并不在乎拍下的照片是好是坏，或是思考要如何将我对这片土地的热爱深深地镌刻上去，这次，我只是用照片的形式去阐释它。我有将近十年没拍摄风景照了，尽管在最近我发现自己已经不再对准孩子，而是将镜头转向了随机剪辑的静态画面，它们出现在了磨砂玻璃的乳白色矩形中。这里的美妙风景常常带给我惊喜，让我沦陷在它那与生俱来的吸引力中。

而那时的我很显然容易被它攻陷。当孩子们长到了被我称之为“孝心缺失”的年岁，随着风景照的数量赶超我的家庭照片，孩子们的身影逐渐在我的视线中减少了。在我最后一批的大画幅三人合照中，有一张

照片仅留下了孩子们又小又远的背影，奄奄的篝火散发出的热浪模糊了他们的身形。

由家庭照片逐步向风景照片的转换过程，我在内心把它视作由私密、个体的记忆转为更为公开、更为情绪化的记忆——而这一切都被过往借着印刻在我们四周的痕迹呈现出来。置身于眼前取之不尽的自然万象之中，我开始思索，是否掌握了风景摄影精髓的艺术家就等同于手握了通往人类心灵的密匙，通向地方、个人史的隐喻？关于我的地方史和其中的故事既已给出，留待我去探寻的就是这些隐喻了；被忘却了大半的神秘线索就隐藏在南方的风景中。

大量的这类线索出现在7月清晨的高地牧场中。在那里，被藤蔓紧紧缠绕的树木像是弓背的巨人沿着曾是栅栏线的边缘蹒跚而行。一股沉郁的湿气覆盖了整片旷野，和我在1969年3月时写下的情形一模一样：

忍冬香气馥郁袭人

醇厚甜美覆盖大地
滚滚热浪和着韵律
蔓蔓藤萝抱树而生，
垂挂枝头……

拉里与我缓慢地穿过农场，向被我们称作“死亡男孩”的小山驶去，就在那片我 23 年前描写过的猫薄荷湿地的左侧。我们架好相机，镜头朝东面向蓝岭。在纯粹的仲夏日里，空气中蒸腾着薄荷与忍冬的香气，野胡萝卜顶上稳稳地盛开着一簇簇白色的小花，远山在水汽中显得朦胧。

我使用的是一台 5×7 英寸画幅的老红木相机，我父亲年轻时在达拉斯的时候就在用它了。这台镜头没涂层的相机容易发生眩光，拍摄的画面勉强能充满 8×10 英寸的底片。它的快门又卡又难以捉摸，所以我总是把快门时间设得比曝光表建议的要短一些。为了适应这台机器变化无常的系统，我按照每个边角的情况采用包围曝光，试拍了几张照片。

当把暗匣抽版推进最后一个底片夹时，我感觉到丈夫迫不及待地推了我一把，把我的裙子提到了屁股上面。我们又来到了这儿，就像

1970 年陷入爱河中的我们，当时我写下了那一刻我们在一起的情景，就在这座农场，这片旷野：

我们的喘息
细密如针
浮于水面

你说
“会在这儿吗，
在这片草木旺盛的地方？”

我想着
会呀
会呀就在这里

创作过程中出现了几个瞬间。当我真真切切地睁开了双眼时，那些瞬间是异常开阔的。我生出了一种超常灵敏的视觉感应，就像偏头痛时眼前浮现的光晕一样。光晕与地平线融为一体，充满了可能性，如同被某种源源不断的电流注满了，将要喷薄而出。时间渐渐停滞，变得令人狂喜痴迷。

我曾读过霍利斯·弗兰普顿记录的一个事件，他提到了一个叫布里德洛夫的人。这个人在邦纳维尔盐碱滩打破了陆上速度纪录。在他的第二轮行程接近尾声时，他汽车的运转脱离了控制，速度达到了 998 千米 / 小时，撞断了电线杆，飞向半空，最后砸进了一个盐池里。

但布里德洛夫毫发无伤地出来了，有一位记者前来询问他的感受。他对着摄影机讲了 1 小时 35 分钟，滔滔不绝地从容描述了在 8.7 秒的时间里发生了些什么。在他这份多达 9500 字的详细独白里，布里德洛夫暗示，他是出于简洁考虑才压缩了这份记录，已尽到最大可能将一个本来长得多的故事进行总结。正如弗兰普顿指出的那样，“他狂喜的言语代表了……以 655:1 的倍率膨胀的一个瞬间”。

我常常亲自拍片是一件好事，因为我害怕一旦遇到好照片，这样的一个倍率会被运用到我自己的语言中去。在南方，肆意奔放的实体之美很容易被捕获，但能将狂喜升华的是恰到好处的用光。这种余韵悠长、恍若心跳的光是南方独有的。风景线仿佛在你的眼前变得柔和，又透着欲拒还迎的暧昧朦胧，就好像是被某个忽视细节的无能造物者草草地召集在一处。

在这样的条件下拍出一张照片是个挑战，甚至对于现代的底片来说也是如此。成片总是看上去像呼出的气息一般呈现在底片上；深沉的暗影中透着湿润的光辉，就像威廉·透纳的画一般，其中的细节都消散了。

我喜欢那种效果。我带着一种几近中暑的兴奋潮红，整装出发，随

着湿气升腾，太阳落下，在黄昏中走向山丘。无论如何，拍摄下空气是有可能的，我这就要这么办。无论如何，照片能够展露出一道余魂萦绕的地平线下的神秘，我这就要出发去拍摄。

这和我几十年前写下的目标一致：

重拾细小的真相；高地旷野，
气味，声音：在此。
这一切并无感伤；
……去重拾与认清它的沉淀，
如此脆弱多样，它们的风姿。

当我投入地拍摄弗吉尼亚本土的风景时，亚特兰大艺术博物馆邀请我参与一个题为《南方图景》的委托项目，标题含义不言自明。由于我鲜少接商业委托，对于要在限定时间里完成一项命题工作，我有些不确

定。不过这个主题与我对南方风景重燃的兴趣倒是不谋而合，所以我接受了这个委托。

然而，我想要让我在《南方图景》中完成的作品与我在弗吉尼亚拍摄的照片有所不同。20 年来，我从未彻底从迈克尔·米利的玻璃底片带来的美学冲击中走出来，我又回看了它们以寻求灵感。我从中的收获比我乞求的要多得多。他的照片彻彻底底地改变了我接下来 15 年的作品方向。

关于米利的风景照，以下是一个简单的例子：

看看这画面下半部分微妙的负感作用还有上半部分脆嫩的枝叶，阳光穿过它们闪烁其间。还有这些边缘！在今天，你还能在哪里看到这种闪烁着白光的边缘呢？这可不是雾化，而是某种自四面八方悄然漫入的光，如同神秘的鬼影。试着使用传统胶片拍摄一张这样的照片吧，数码相机或是你自己的手机也可以。

而我呢，在我的审美意识吸收了米利底片中重构冲击的 40 年后，

拍出了这么一张照片（上图）：

当我对着光举起这张 8×10 英寸的奇妙之作时，定影剂从我的前臂滴落下来，我仿佛又回到了昔日的另一间阁楼之中，那间是在大学里，存放着 7500 张米利玻璃底片的阁楼。

我是在 1973 年的夏末邂逅它们的，那时我正在里面翻找一些暗房里要用的诡秘物件。我刚推开华盛顿与李大学新闻大楼的顶层大门，尚在适应亮度的眼睛就被铺满整层的玻璃底片震惊了。它们有各种尺寸，从 2×3 英寸的到 16×20 英寸的巨型底片。玻璃底片像是没砌好的纸牌摞在地上，或是靠在墙上，没有遮盖，落满了灰尘，划痕累累，有些已经碎了，玻璃四散在粗粗铺成的地板上。由于过去在海外的那一年里，我一直在和 5×7 英寸的大画幅相机打交道，这些底片的尺寸并没有吓到我。我开始整理它们，吹去灰尘。屋檐的圆窗投进来一束光，看得见漂浮的尘埃，我对着光举起底片。上面多数是本地学校的学生肖像，但我还偶然看到一些以前从未见过的图像。

就像这幅：

很显然，米利除了像罗伯特·E. 李那样搞摄影，还喜欢在石桥郡周边闲逛拍摄。（参见第 211 页下图和本页图）这里和一个世纪后我的拍摄地点距离近得出奇。

我认出有几张照片拍的是我自己的农场，还有那条我从孩提时代起就熟知的河流。

尽管不像阿肯色的麦克·迪斯法默或威斯康星的查尔斯·凡·夏耶克一样，拍摄的画面中有那么多奇怪的出镜人物，迈克尔·米利还是拍摄了一些令人瞠目的人像。（参见对页图）

这个将自己交付给无情冷漠的时光，面带痛苦的无名女子是谁？在我 1973 年初次冲洗出这张照片时，这个谜题促使我写下了几首诗。《古老的照片》还成了我在霍林斯大学攻读创意写作学位时的部分硕士论题。

冲印出的照片订在打字机上方，

她炽热的眼神迫切唤起我的注意

……在这之后

惊愕地涌上承诺……

她身披黑色蕾丝暗如深夜

她的双眸

穿透了镜头。

米利有许多像这样令人难忘的照片。我现在终于意识到从我记忆深处的图像库里把它们取出，无意识地再度冲洗的次数是多么频繁。

在我把他的照片和我自己的做比较时，如果米利从我身后探出头来窥视，他肯定会被我拙劣的摄影技术震惊。也许对他来说，这些照片是他最为尴尬的败笔，而我居然是以这种形式从中获取了灵感：这些照片感光过度、色彩怪异、过度曝光，还模模糊糊的。可不知为何，米利并没有将它们从玻璃底片上刮去。但我并非完全是出于神经兮兮的想法，或许我是带着 E. P. 汤普森笔下“后辈的不屑一顾”的态度来看待米利的失败之作。米利之所以没有刮去底片上的图像是因为他希望有朝一日有人能将它们放置在光下，就像我那样赞叹这些照片的洞察力。再说了，如果他看得到我在 20 世纪 70 年代末是如何帮他的作品清洗、冲印再归档，让它们免遭破坏，他一定会原谅我的。

尽管我不会因为参与亚特兰大艺术博物馆项目而获得分红与收入，我还是花时间研究了火棉胶湿版摄影术。虽然我没有制作真正火棉胶版的装备，但我发现我能够使用正片来模仿这个效果，这种胶片的特点是对比度极高。在拍摄了整整 10 年的家庭照片后，我的艺术成就全仰仗了媲美安塞尔·亚当斯的精准技巧，我决意用正片去表现漫不经心的摄影美学。

我用前所未有的心思，精准地将测光表调控在中灰第 5 区。可是由于正片的不确定性和一支没有快门的黄铜反光镜头，我也不费心去看书

了，全凭一双手和一块黑布去调节光线。

当我开始冲印底片时，如果手边正好有个沾着显影剂的待洗托盘，我就会把正片直接扔进去。不需要预浸，不需要折磨人的温度控制，不需要加液，最棒的是，不需要完全的黑暗。正片能在安全灯下进行处理。

就像先前拿着我父亲的徕卡时一样，我又尝到了乐趣。冲印正片的过程不像那种讲究的摄影技法那样烦琐，也没那么多要求。如同诗人查尔斯·赖特曾经观察到的那样，就像一张没有蜘蛛的蜘蛛网：它闪烁发亮且猝不及防，可它并不一定致命。我希望三者都能做到：闪烁发光，猝不及防，一击致命……还要有一个愉快的冲印过程。

我这样做了一阵子，但用正片拍摄了一年左右发现，作品的闪光点多过了其中的猝不及防和一击致命。我决定向火棉胶湿版摄影术做一个技术性和美学上的飞跃。这一点需要彻底更换装备：一台专门用于湿版摄影的 8×10 英寸大画幅相机，带有按照玻璃底片尺寸定制的胶片夹，一辆充当移动暗房的雪佛兰越野车，还有一系列内行专用的化学药品。

弗兰斯和马克·奥斯特曼改进了古老的配方，在他们的帮助下，我逐渐了解了其中的奥妙，我感觉自己爱上了这个过程。用来擦洗玻璃底片的合成剂年代相当久远，装它的罐子来自一家早已绝迹的五金店，上面还挂着 39 美分的价签。我沉醉在擦洗玻璃发出的这种低微摩擦声之中。在准备“冲洗玻璃版”的过程中，我会虔敬地拧开火棉胶瓶，深吸一口从瓶内释出的乙醚芬芳。随后，我拿出一副法餐服务生端餐盘的优雅，张开手指撑好玻璃底片，将浓厚的琥珀色火棉胶浇在上面，静观随着乙醚蒸发产生的冷却反应。

乙醚——兰波、罗塞蒂和魏尔伦，颓废年代的诗人之选——那股诱人的古怪气味给我创造出了一种岁月静好的安详之感，没有丝毫折损我与生俱来的浪漫情怀。它似乎也没有折损我的运动技能（尽管我的肝可能有些受损），或是摧折我仪式化创造性表达的倾向。当我使用火棉胶底片摄影时，我不仅是在“咔嚓咔嚓”地按快门，我是怀揣着迷醉的仪式感，雕琢一件物品，它破损的黑色边缘仿佛在诉说它就是从时间本身上撕扯下来的。整个操作过程有一种沉思般的庄重感，甚至其中还有一种悼念情绪。这一幕带有仪式感，就如同一次圣餐礼，而我受过的教育却可悲地让我对这桩神圣的秘事一无所知。

与此同时，就算对于冲印抱有相当严肃的态度，我依然试着保持变通，对出现奇思妙想的可能敞开怀抱。就像拿破仑那样，我意识到运气，包括审美的运气，实际上就是探索未知事物的能力。我开始欢迎由微风或是微小的尘埃泛起的涟漪般的瑕疵，它们恰好出现在我需要一道彗星拖尾般条纹的地方，或是底片角落感光剂剥落的地方正好是我不喜欢的电话线。和《追忆似水年华》中祈祷天使带着安定造访卧房的年轻主人公不同，我发现自己正在祈祷天使带着无常来拜访我。有许多次，她的造访给我的底片带来了不可或缺的怪异，产生了极具说服力的结果，充满诡秘、戏剧性和讽喻。

和使用正片一样，我发现火棉胶湿版的拍摄过程能同时带来表达的自由和仪式过程的满足感，就仿佛有人把杰克逊·波洛克沾满颜料的手臂缝到了一具由乔治·修拉脑子控制的身体上。如今我意识到，作为那个多愁善感却有条不紊的威尔士人的外孙女，当他那充满乡愁的思绪融入我的南方腹地，简直是一场再完美不过的际遇。

所以，在 1998 年，我把农场在弗吉尼亚农业信贷的贷款还清后，就立刻动身，首次开启了南下亚拉巴马、密西西比和路易斯安那的旅程。越野车里堆满了胶片冷却剂，还有保存食物、酒水的小包装，气缸似的睡袋、换片袋、暗房帐篷，以及拉里坚持要我带的一台饭盒那么大的古董大哥大和贴满标签的地图册。在后面的暗室里，有成堆的照片尺寸大小的玻璃版、几个发黑的银托盘，还有一瓶瓶具有爆炸性的乙醚基化学品。

出发那天是个冷飕飕的春日清早，我车门紧闭驶上了路。在路上开了几个小时后，我意识到自己醉得比猛灌了好几杯烈酒还要厉害，我马上摇下车窗。拦车检查放了我一马，我本来有可能因为重度酒驾被逮捕的，那个时候的我就像一颗滚动的炸弹一样有威力。

曾经有一位警觉的医药代表跟我说过乙醚有多容易爆炸：哪怕轻轻磕到一个短路的电灯按钮，小罐子就有可能炸开来。我打电话向她询问UPS送到家里的那个20升的乙醚罐，实际上我很害怕，之前我出门购物去了，家里没有人。我发现它就被丢在我们家的车道上，光溜溜的，像一颗还没被引爆的炸弹，我把它滚到手推车上，拽到一家店里，在那儿，给我们加热所有化学品的锅炉正在熊熊燃烧。

那位医药代表吓唬我说，乙醚有挥发性，放在炉子旁边等同于一颗炸弹。我挂断了电话，冲进店里，把它滚回了车道。我从中间把它一把抱起，轻轻地放在汽车前座上，像关照圣婴一样为它紧紧地扣上安全带。我像个老太太似的把车开去了弗吉尼亚军事学院，并提前通知了化学院一会儿就到。我缓缓地在行军广场上行驶时，看到了一些穿着防化服的军校生。我停下车，他们把我的胖小子“原子弹”从车上卸下，帮忙把它放进了冷库，再分到了更小的容器里。

我拿到了一大堆这样更小的小瓶子，用泡泡纸紧紧地裹住，南下的路上我一路祈祷车里滚动的暗房连环弹可千万别碰上什么甲基苯丙胺，悄无声息地发生化学反应。到了温暖的地方，我便一直把车窗开着，在夜幕降临前，我清醒地把车开到了密西西比。真正的狂欢时刻来临了，这一切都和乙醚无关。

在《音乐的诗篇》中，伊戈尔·斯特拉汶斯基将常规传统、精细量化的时间与我们众所周知（在各种程度上）也相当渴望的、令人目眩的、疯狂的精神性质的时间做了区分。对我而言，当一些小屋棚出现在道路两旁时，我便冲进了启示与欢愉的超常维度中，它们愉快地将斯特拉汶斯基的量化时间排除在外。密西西比慵懒的落日余晖升华了这种脱离时间的感觉，点亮了盘旋而升的棉花飞絮，仿佛低速的龙卷风在漆黑的旷野上盘桓。透过车窗，我深深呼吸着这股醇熟的质朴味道，这带着丰饶沃土气息的芬芳。

每当我看见值得一拍，或是蕴藏神秘，或是在光源下分外撩人的事物，我总会为之驻足：半个身子浸泡在水沟里的布娃娃，四周盘旋着秃鹫；一台运转的压花机扬起的棉絮在灯光下清晰可见；一座烧毁的木板教堂。我不怎么踩油门了，而是将头探出窗外，下巴搁在手腕上，就像一只测算起跳距离的猫儿一样，盯着周围缓缓而过的景色。有时我会在后视镜里瞥到身后跟着一长串车，车里的司机焦躁地探出头想知道这堵塞是怎么回事。我会继续像这样前行，直到光线昏暗得拍不了照片。（但有一晚我曝光两个小时，拍下了庞恰特雷恩湖的这张照片。）最终我找到了一块宿营地，把车开进沙沙作响的松林间，借着成群的飞虫点亮的琥珀色的光，使用了空心砖造的洗手间。

旅行开始不久，我在密西西比北部的讲座上碰到了一对友善的夫妻。我跟他们说了我在做的事，他们问我住在哪里。“住在越野车的后车厢里。”我告诉他们，半开玩笑地问他们该不会是在路易斯安那有一幢带家具的南方别墅，好让我住上一个礼拜。哦，哈哈，我想要的还不止是免费的住所这么简单，我想要的是一幢从后门出去走几步就能拍到绝佳照片的免费住所。

他们交换了一下眼神，貌似遗憾又沮丧地看向我说，他们家确实有这么一栋房子，可是它在密西西比，离路易斯安那不到5千米，这个会合适吗？

我自然是接受了他们的邀请，而下面这张照片，我发誓，就是第一天早晨我在后门外拍到的绝佳之作：

正如他们答应的那样，我不仅在脚垫下拿到了钥匙，就连床单都是干净整洁的，冰箱里也塞得满满当当。有时当我浑身疲惫、饥肠辘辘地跑进屋子里，我能在厨房的桌子上找到一个盖着锡纸的温热砂锅。出于南方人的礼貌，砂锅里的食物被挖去了一小勺，旁边留着一张字条写着他们吃不下这个，希望我“能觉得这个有用” 。

抽去一片火腿肉或是切下一小片的馅饼——这种姿态是为了保证不让客人因为他们的慷慨热情而感到难堪。可是在我的故事里，他们的热情慷慨远远超过了一个砂锅，我因为对他们的亏欠深感难堪。我离开的那个早晨，他们给我带上了新烤的饼干和自制的香肠。

彻底的陌生人。来自这样的陌生人的善意：出于盲目的信任与好客的善良举止，平凡与非凡融为了一体。这令我流泪，我为南方人的伟大心灵流泪，为人类不完美的心灵流泪。

出了密西西比的格林伍德，我开车穿梭在奶油蛋糕般松软的黄土小丘之间，道路陡然下坡延伸到了三角洲，那孕育过骚动不安的种植园文明的地方。我一路驶下坡道，而对面爬坡的司机全都向我竖起一根食指以示欢迎，这种农民打招呼的方式全美国通用。无论是坐在低矮的轿跑车内友善的黑人面孔，还是开着上面插满天线、后窗上贴了 NRA 带枪图案的新型号 F-150 白色皮卡的好小子，他们都会这样做。

正在拍摄一座焚毁的种植园废墟时，我听到一辆卡车缓缓地穿过田野朝我驶来。我知道这是典型的属于福特车的引擎声。并不是我看得见它，我没办法看。我正一头扎在越野车后备厢架起的暗房帘子里，手里正处理着刚刚拍摄的一片玻璃版，我并不打算为了探出头看一眼却把它搞砸了。

可问题是我正处于该死的非法入侵状态。我在田间开了好一会儿车了，离任何铺平的道路都有好几里地。当我看见这些残垣断壁，如同塞壬的歌声一般摄人心魄，昔日曾伫立在这片焦土上的房屋，如今被寄生着铁兰的橡树生机勃勃地包围了，我就无法抗拒。问题是这些景物位于一道篱笆后面，篱笆上每隔几尺就挂着一张禁止擅入的标牌，几乎就是在说：“擅入者会被射杀”“破坏者会被射杀，不死的话就再开一枪。”多半是这些话语。

就像被解放的奥德修斯一般，我被这些残柱的景象摄去了魂魄，在找到一处铁丝网的缝隙后，我便把越野车开了进去。在直直地开进去后，我便开工了。当我听到那部卡车愤怒地逼近时，我就明白自己的麻烦远比轧到一条狗要严重得多。我躲在黑布后面，准备好挤出一丝最奉承的微笑。

引擎熄了火，一切都变得安静，只剩下引擎冷却时发出的突突声。难熬的几分钟后，车门开了，我听见脚步声走近了。那一瞬间，我想象有一个彪形大汉正举着枪管隔着黑布帘，对准了我的后背。我看见了他的腿，他一定很壮实。

“天气棒极了，最适合拍照了。”黑布那头传来了一阵极为温柔的南方嗓音。我躲在里面，不敢相信自己的耳朵。

或是说宁愿相信自己的眼睛，我探出身子后看见了他。他看上去没有一丝厌恶或是愤怒。实际上，他带着一副和善慵懒的表情，就好像前一夜很爽地做过爱似的。当我拍下这张照片时，他的车正紧跟在我后面。他浓密的眉毛汗津津的，眼神专注，他从一本螺旋装订本上连撕下好几张纸，上面是他画的地图，标明了其他容易误入的私人地区。

在我打包完装备前，他把一摞翻起毛边的字条放在了我的副驾驶上，向我保证会打电话给他的朋友前来帮忙，还邀请我再来，去见见他的太太。传言南方人出了名的热情好客，也许部分事实是被夸大了，可这一点并不是个虚无缥缈的传说。这个男人仁慈大度地招呼了一个厚颜无耻的擅入者，就好像我是再度造访的托克维尔似的。

整个旅程都是如此：善良的人们，每个角落都会出现的腐朽废墟，以及完美的天气，仿佛一方宁静的平行天地。无论我去向哪里，哪怕是去处理最单调最该死的糟心事，我的心都能被无限可能的闪光点亮。

有一天晚上，开了整整一天车的我，把车停靠在一处开阔的地方。那儿由于过度砍伐，红土暴露在外。在前窗不远处我看到了一座新造的人工种植园，被泡沫柱子撑起来的光秃树干林立其间，种植园里传来了

一阵令人迷醉的贝多芬《悲怆奏鸣曲》和弦选段。我怔住了，靠在车座上，聆听着熟悉的音符混杂着专业处理的激情与克制，在这片废土间飘荡。我松开安全带，走上了门廊的台阶，将手拢起来扣在斑驳的玻璃窗上向里看去，发现钢琴家西蒙娜·迪娜斯泰因坐在一架曲克令三角钢琴前，右边陪着她的是一个饱受麻风病折磨的男人。一瞬间，乏味与奇迹交织，不雅与隐喻相遇。

南方就是由如此的矛盾与并置所造就：它失落世界的优雅光彩是建筑在暴行之上的。南方对新政经常保持保守与排斥的守旧理念，这被一种独一无二的优美口音和白话一一阐明。在这种文化中，你可以想象有一个精神抖擞自诩高贵的小人踩着安在餐桌地毯下的脚铃，叫人奉上加了蜂蜜的薄荷茶，一边得意扬扬地悠悠开口道：“哦，我是多么想念加斯帕。那个我从帕尔希曼监牢的典狱长那搞来的黑鬼，我一直养到他死了为止。”这种像蜜一般甜的悦耳口音一时间给恶语裹上了一层糖衣。

我曾认识一位女士，她雇了一个带有蜜一般南方口音的男人，让他每晚读书给她的小儿子听，好教他记住这些柔软黏腻的元音与柔和轻缓的辅音。这位朗读者来自南卡罗莱纳，讲话时带有湿地气息的沉静。可是在我听来，最迷人的口音莫过于来自密西西比的谢尔比·富特。和大多数美国人一样，我爱上了他在肯·伯恩斯关于南北战争的纪录片里讲话的声音。但早在这以前，我就注意他很久了，他的文字作品，尤其是他的小说《夏洛》的篇章中，一句出现在篇首的引言，说南方人“爱着过去……爱着死亡”。

在一次旅行中，我横穿了孟菲斯，富特自1952年开始就住在那里了。我在黄页里找到了他的住址，带着追星族般的狂热，开车在他住所附近转悠了几圈，期盼能撞见他遛狗，或是看到他正往咖啡店外的一个停车计费器里塞硬币。

对于没能找到他这件事我本不该感到意外。在一年前我就知道目标人物相当难找。那时我试着向他取得授权，引用一句《夏洛》中的词句放在我的展览目录里。我每次打他电话时，他都出城了。在展览发布会召开的前两天，我与埃德温·霍克（他的美术馆正在出版这本目录）协商了一下，由于没有授权，我们不得已将引言从目录里撤下。第二天早晨，埃德温正坐在开往曼哈顿的火车上，无意间听到一对夫妇聊到他们前一天在市中心的奇遇……是和谢尔比·富特在一起！埃德温拍了下身旁乘客的肩膀，做了自我介绍，向他们讲述了遇到的麻烦。最后他得到了富特在市区里的地址，一张手写的授权许可从那里迅速地发了出来。

这个经历看上去已经和我亲自跑去听他的声音够接近了，所以我放弃了在孟菲斯的搜索，转而停下来去和摄影师朋友比尔·埃格尔斯顿碰头。

我走进了他那所被木兰花包围的砖房，撞见了一场正午举行的生日庆祝会。正当我们围着桌子落座时，利·海兹利普，他的长期女友飘然

若仙地走下楼梯。她身着一条20世纪40年代的长衬裙，我发誓就是《热铁皮屋顶上的猫》里玛姬穿的那条。她的头发打着结，脸上留有微肿的睡容，晃荡的胸脯包裹在衣裙里。她是我见过的最性感最有魅力的生物了。犹如一株水草，她朝我们走来，停下身来倒了一杯波本。

如果这些是我5岁生日时的蜡烛，我会许愿希望自己可以永远凝视这个场景，可是天晓得比尔许了什么愿。我们吃了他自己做的蛋糕，随后在后院散起了步，那里有个老式的小池塘。之后我提到了富特。比尔高兴地说道，天啊，他当然认识谢尔比，我们现在就去他那里打个招呼。我高兴地爬上那辆看上去有比尔祖母年龄的车，这就出发了。

作为富特的粉丝，我仔细地聆听比尔说的关于他的每一个故事。比尔说起上次也是这样一个午后，他没打一声招呼就去找谢尔比，应门的时候谢尔比还只穿着裤衩。说到这，我连忙说：“别，别，别，我们可不能碰上这种事。”就这样，我们不情不愿地倒了回去。我满足地离开了孟菲斯，因为见识到了利的美丽，也带着遗憾离去，因为没有见上富特。第二天，在宿营地度过了原始的一夜后，我前往了文明之地，比尔的表亲莫得·克莱的住处——密西西比的萨姆纳城。

我一如往常，选择了人迹罕至、最为偏僻的道路，专挑地图上蓝线最稀疏的地方走，我肯定我骨子里的记忆就盘桓于此。我沿着藤蔓丛生的土路一直开，路边的长草被尘土压弯了腰。难以置信，我居然听起了约瑟夫·康拉德《黑暗的心》的磁带。尽管我身处的世界远离非洲，可我无法不想起每过一个转弯处的土地上榨出的苦难，就像马洛航至刚果时不可能对河岸阴影下的“死亡树林”视而不见一样。对于我来说，南方的腹地被无数非裔美国人的幽魂所缠绕，他们用双手和背上的血汗建立起了这个国家的一些部分。我在阴影中穿行着，无时无刻不感受着他们的存在。

弗兰纳里·奥康纳曾说南方被基督的幽魂所缠绕，而我说它是被死亡、痛苦与残暴长久地缠绕。我知道我的照片也是幽魂缭绕的，不过方式和我在家附近拍摄的有所不同。我来到南方并非是探寻南北战争留下的伤痕，而是探寻一些更为本原——矛盾地来说——更为难以捉摸的东西。

我想要拍摄的照片是非洲人以血泪汇成的河流，他们为了这个忘恩负义的新家，将汗水与泪水倾注到了黑色的土壤中。我正在寻找死亡的画面，它们暴露在土地中，暴露在顽强原始的新生中。有一场死亡自我孩提时代就困扰着我，是埃米特·蒂尔的死，这件事就发生在莫得·克莱的故土上。我一路循着几个谋杀者最后的足迹，从密西西比州蒙尼镇那声命中注定的（或是说存疑的）挑逗口哨开始，沿着塔拉哈奇河一路前行，最后在一个温和宁静的下午到达了一处船闸，14 岁的埃米特·蒂尔就从那儿被扔下了河。他浑身赤裸，双目俱毁，饱受毒打，脖子被带钩的铁丝缠绕，上面挂着一只轧棉机的铁轮。

当我到达那里时，埃米特·蒂尔的谋杀案显然并没有在萨姆纳被人留心（尽管最近莫得寄了这张照片给我，这块标牌就树在新清理的河床上，不多久就布满了弹孔）。

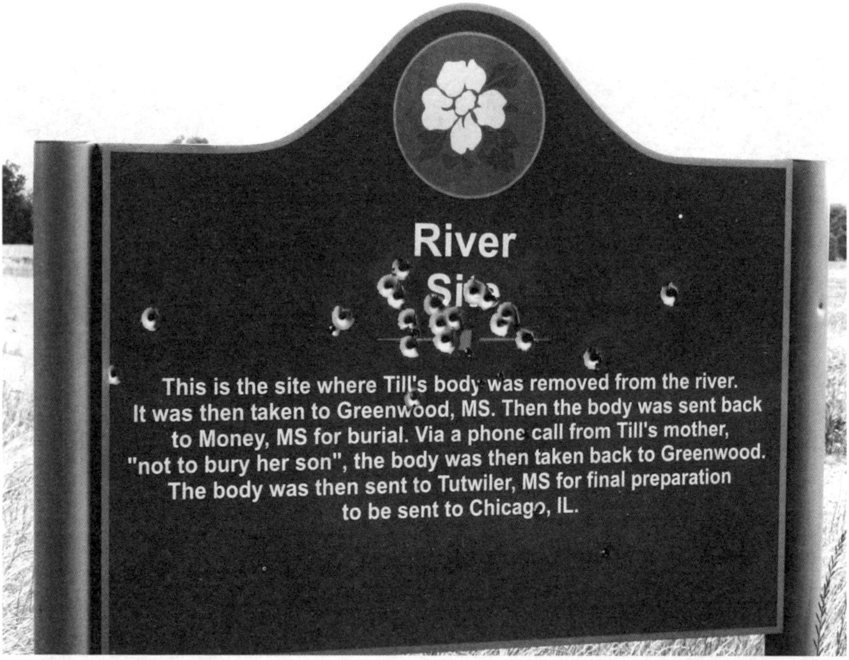

我有幸能让莫得，这片土地先前主人的孙女，领着我去看了确切的地点。这一程可不好走，偏离了大路，连一丝生气都看不见。她帮我拿着相机，一路在棉花地上披荆斩棘走到了河边。在我感觉异常脆弱、孤独的时候，我很高兴她能陪着我。

在穿过厚重蓬乱的树木后，我们终于到达了河岸。令我失望的是，眼前的景象单调乏味，死气沉沉。这样一个满载着历史疼痛的地方怎么会看上去竟是如此的平凡？在这个如此无趣的小角落还能拍出一张照片来吗？

我用上了自己的摄影眼，眯起眼睛望向朦胧的午后烈日。在我用手粗粗搭起的 8×10 英寸的大画框中，突然出现了一台被上游藤蔓裹住的老式滚筒洗衣机。我想象着阳光打破了柯达相机的所有规则，混浊的光线注进我开大的光圈中。我带着高涨的兴致架好相机。实际上，这个地点蕴藏着一些神秘，我看得见也感觉得到。当松开快门的时候，我向埃米特·蒂尔乞求了原谅。

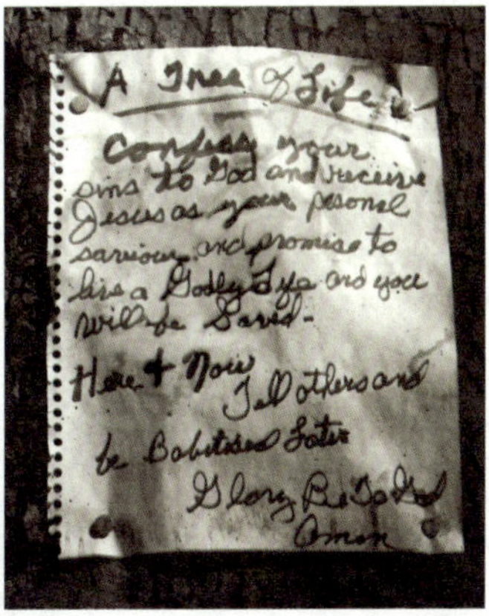

在一路和树木搏斗过返回的时候，我们被一张迎面而来的字条惊呆了。这张粘在一棵低矮小树上的字条水渍斑驳，劝诫我们要忏悔自己的罪过。确实呀，有许多罪过：埃米特·蒂尔的声音、无数像他一样的人的声音、压抑不住的痛苦羞耻和迟来的希望声此起彼伏。

第二天下午，莫得和我一道，驾车沿着棉花田的土路，开了一里又一里。我们边开边聊，尽管我注意力不集中，但当看到田边一个人形水泥堆时，我还是猛地踏下了刹车。

“哦，”莫得幽幽地说道，“这儿的人在夏天就是这样下葬的。”不消说，水泥堆鼓起的那头一定就是那些塑料葬礼花圈的残骸，它们本来是应该被插在更为松软的土地上的。

我在思索，躺在水泥下的人是谁。我那个酗酒落魄的外曾祖父托马斯·埃文斯会不会也是这么草草地被掩埋在南方土地的小小一隅中？怎么会有人被埋葬在一大坨水泥之下呢？这个人是不是就累死在棉花田里，然后某个人就立刻叫上一辆水泥车给他的尸体浇上一具这样厚重的棺材？

伫立在这块无名之地的中央，我陷入对这片诡异矛盾景象的深思：独特的南方气概与恒久的时间；一座没有矫饰的纪念碑，纪念着艰辛；过度开垦的土地，而勤恳、穷困又慷慨的人们长久以来痛苦地在上面耕耘着。

在这些孤寂的泛着紫色的帕特尼之夜里，我阅读并书写了南方，自此以后我试着铭刻下让这一切变得既诱人又不羁的东西，就像濒临腐烂的果实。极致的美丽需要这种处在腐烂边缘的甜蜜，正如我们疯狂的人生在一抹深渊笼罩下才显得更为珍贵。我们南方人就像普鲁斯特，已然相信真正的完美只能是失却的完美，通过利用历史中的失败回响创造出一部胡说八道的罗曼史来获取我们失却的神话。在神话与现实间的联结中生活，令我们感到不适。我们文化中的哀伤、我们的慈悲，还有我们高傲叛逆的反抗与肆意奔放的实体之美形成了对抗。

每一次于我来说，这是南方的美丽点亮了那股无可抵挡的金色的怀旧哀愁，也燃起了注定刻在我骨子里的乡愁。由 DNA 链的螺旋盘旋而下的南方风格，在南下的旅程中，我毫不挣扎地向它屈服了。

我想起了《浪潮王子》中一名角色对他姐姐的心理医生说的话：“南方人不会把多愁善感视为性格缺陷的，洛文施泰因。”南方的艺术家，

尤其是作家，长久以来就以此闻名——他们易受神秘事物影响，痴迷地产、家庭、死亡和过去。我们当中也有不少人无可避免地陷入了我们的历史困境和特质；正如南方小说家安德鲁·莱特尔所说，就像文艺复兴的画家注定要画圣母玛利亚一样，我们南方人也无法摆脱我们的特质。

我的朋友尼尔·麦肯兹以一个加拿大人的目光来看待我们，说我们南方的艺术家显然总是很乐意运用浪漫情怀，而它的“剂量”达到足以让他人毙命。他将我们比作阿巴拉契亚山脉的传统宗教人士——这些人能毫无畏惧地触碰毒蛇。毒液于他们而言，就犹如浪漫情怀之于南方的艺术家，它是嫉妒的风险，也是一张通向超然的门票。

在我的旅程中，我时不时地抽出那张门票，在迷醉时间里的慢镜头中移动，如同利·海兹利普梦一般地走下楼梯。在我修正过的记忆中，我几乎记不得在旧地重游中开了几百千米却拍不到一张好照片的懊恼；我也忘记了无数顿就着不加冰的杜松子咽下咸饼干的晚饭；我在高速公路上为了保持清醒对自己唱着歌谣，就算埃米卢本人也不会再对此无动于衷；还有我睡在越野车后座的夜晚，附近露营者蓝色的电视灯光在我的车窗上跳动。

全都忘却了，留在我记忆中的是那些珍贵的、令人心潮澎湃的图景，充满无限的可能。当我一眼瞥到它们时，我就会猛地踩住刹车，在路边停下。我记得这些启示了视觉的时刻，它们美妙而令人兴奋，依然在我的记忆中闪光。就像织毯中的几股线，当其他大部分的颜色都褪色时，它们依然鲜亮，有时还异常夺人眼球。被紧紧编入织毯的就是我拍摄的那些照片，它们为无可解脱的过去所提醒，失去、时间与爱伴随着它们。在这些照片中，这些文字中，处于那个多愁善感的威尔士人与他后代之间的漏针被重新缝补了。这件不规则的织物上描绘的故事讲述了一个地方，它拥有无可比拟的美丽，肆无忌惮的丰饶，无与伦比的热情与黑暗深沉的记忆。

第三部分

吉吉：种族的事

12
诸多问题

至此，你在谩骂的时候不可避免地要攻击到一个被黑人女子抚养长大的年长的、富有的白人，他们中的每一个都会非常认真地坚持说他们之间的爱是相互的，而且平等的。这种情况反映了在南方地区所存在的深刻的矛盾：决心在公开场合实行种族隔离制度的白人精英，他们私下场合里是在解除种族间隔离的基础上来建立起这种亲密得惊人的家庭安排。两个被这种虚伪的隔离制度分隔的人之间可能存在着真诚的、不被愧疚和恨意沾染的情感交流么？

我认为存在。可能是找骂，但我仍要认真地说，我也属于坚持这种关系存在的人之一，并且对我而言它也确实存在。我就像其他人爱他们的父母那样爱吉吉，无论有多少历史的暗影笼罩着这段关系，我始终知道吉吉也爱我。

我那已经过世的朋友，作家雷诺兹·普莱斯

反复强调这种亲密的照顾对于白人小孩的重要性，特别是对于南方的作家和艺术家们。他的这种说法也是有道理的。对于我们中的很多人来说，因为性格如此敏感、古怪和复杂，所以这种关系是至关重要的。在我还是孩子的时候，我不需要问自己是否被爱，但是如果你也置身在我们那时非常冷漠的家庭氛围里，就会发现这并不是一个完全不需要提出的问题。吉吉的爱是无条件的，如果不是我的感同身受，我可能都不会相信这个概念的存在。当我和我的狗气喘吁吁地、脏兮兮地从我们的冒险中归来时，吉吉会把谄媚的猎犬们牵走，然后确保我能得到我所有需要的东西：食物、一个故事或者一个热水澡。当我因为兄弟和父亲的取笑，或者因惊吓或疼痛而流泪的时候，我从不怀疑我是否会被保护或者安慰。我一直都会得到它们——这些都是吉吉给我的。

在我非常小的时候，几乎每个早晨，吉吉都会把我放在靠在水槽旁的黄色梯凳上，这样我就能把胳膊伸进温暖的、浮着泡沫的水中，胡乱地摆弄着她放在里面的锡杯和搅拌碗。这项活动能让我忙上好一会儿，吉吉就可以去把衣服洒上水然后卷起来，为下午繁重的熨衣工作做好准备。但是有一天，她忘记了水槽里有一只玻璃杯，在它碎了的时候我的小指被深深地割伤了。我开始大声哭泣，吉吉立马冲了过来，把我从梯凳上抱起，揽进怀里。当我看见她通常平静的脸上浮现出极度惊恐的神色，我喊得更大声了。她用干毛巾包住我流血的小指，然后疯了一样地试着给我父亲的办公室打电话，而我就在她的臂弯里号啕。

我的母亲从凉爽的厢房里走了出来，接过电话，语气平静地跟我父亲的秘书埃德娜说话。挂断电话以后，她向我们保证他已经在回来的路上了。吉吉抱着仍在尖叫的我坐在餐厅的椅子上，在那儿以一个特定的角度可以看到外面的路。她摇晃着、安慰着我，但是在某种程度上，她才是更需要被安慰的那个人。当吉吉看到我父亲的车那黄色的轮廓出现在山头的转弯处时，她哭了出来。

没有人怀疑过是谁在真正地操持着整个家，我母亲曾经打趣说她自己是可有可无的。吉吉很早之前便已经精通威廉·卡洛斯·威廉姆斯所谓的“必需的风俗”，我们的家庭生活中几乎所有私人的方面，如烹饪、洗熨和床单更换的事情都被移交给了她。在我的哥哥都去上学以后，我觉得她最主要的任务就是抚养一个生在不怎么关心孩子的家庭里的孤独的小孩。在 1958 年，还有三天就到我的 7 岁生日的时候，我的父母要去法国待上 6 周，他们去那里看望朋友，包括赛·托姆布雷早年的美术老师皮埃尔·道拉（道拉自己的老师是毕加索的父亲荷西·路易兹－布拉斯科）。

在 20 世纪 20 年代末期，道拉，这个已经有了些名声的西班牙画家和他的朋友法国画家让·赫里翁为一对从弗吉尼亚州里士满来巴黎学习的姐妹所倾倒。这两位有教养的女孩在离我们的农场 6.4 千米的石桥塘避暑。“石桥塘”这个名字，来自位于她们房子附近的天然的、长满水藻的池塘里咕咕冒泡的矿泉。和在他们之前或者之后来到这里的人完全一样，这两位欧洲的艺术家爱上了石桥县，并在这里度过了他们的夏天，他们和新认识的美国朋友们，也就是我的父母一起消夏。在我童年时代的很多个夏日午后，我都是在那个泥泞的水塘里度过的，我身体的每一寸都被夹带着极小的硫黄珠粒的气泡包裹着（这种包裹的感觉连做梦都无法想象）。也许是在一个这样的下午，我看见赛溜进道拉家里上课，那里的墙装饰得就像画廊中的那样，上面挂着两幅不大的塞尚的画作，还有法国风景画、道拉的妻子和女儿的肖像，压轴的是挂在阶梯之上的一幅华美的卡拉瓦乔画派作品。

无论如何，在这个星期里，当我的父母在圣锡尔克－拉波皮拜访道拉，周游欧洲时，我在博科斯伍德和吉吉，还有我们的狗生活在一起。这是我上学的第一年，由于吉吉不会开车，当地的的士司机克莱顿·坎贝尔会在每天早上7:30来到我们门前，在数十年后，我和拉里的那片灌木丛地也是从他那里买的。我会爬到后座上，我的脚都够不到车底板，坎贝尔先生会开车送我去只招收白人的公立学校，一个有着高高的窗户、白色的廊柱的垃圾堆一样的地方，赛曾经称它“比例适当”。

我不知道，我的一年级老师霍夫曼夫人怎么会认为，让她的每一个学生选择一首歌曲并在全班面前单独演唱，是检测她的学生是否准备好升入二年级的合适的方式。但是她确实这么做了。我和吉吉拿出了《民谣炉边书》，查阅了它的索引。尽管吉吉的手一次次把索引页翻到第四部分，也就是古老的赞美诗与圣歌的部分，我则主张要唱《克莱门汀》，它在情歌与旧时最爱的那一部分里。

我费力地学会了这首歌的所有6节，包括那个古怪的结尾。

在我们期末考试也就是全班歌唱演出的那天早上，吉吉让我穿上了一件大得过头的自制的连衣裙，上面有她喜欢的梭织花边的领子，出租车来接我的时间也提早了一些。

尽管那天早上已经在吉吉面前唱过了完整的《克莱门汀》，我还是非常害怕，甚至没办法说服自己穿着宴会鞋的脚踏上学校入口的台阶。就像那时候的很多公共建筑那样，学校的主廊里铺满锯屑，来吸收呕吐物和小便，这些情况在低年级是无法避免的。当我一走过大门，靠闻听就能知道考试将要开始了。显然，我不是唯一一个被吓坏了的。

我的同学们一个接一个地被叫到全班面前演唱，所有人都在明显地发抖，有一些甚至唱不出来。我表演《克莱门汀》的这段记忆，已经非常幸运地消失在我的脑海里了；但是另一部分的记忆，我则没有这么幸运能够忘掉了。当吉吉来教室里接我，顺便拿走我的最终成绩卡片时，我记得自己非常害怕同学会认为她是我的母亲。只是写下这段话就让我觉得难过不已。

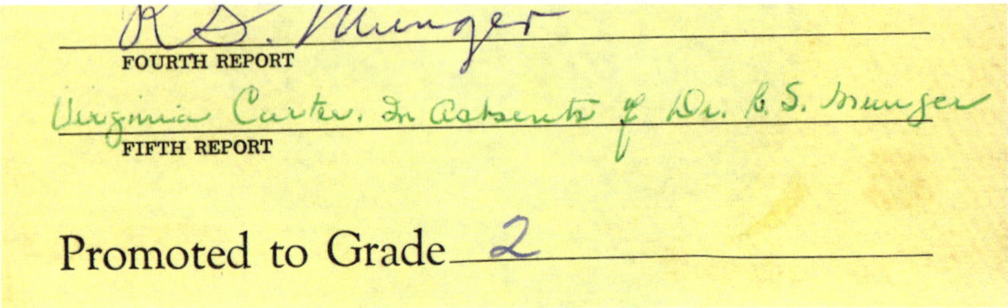

周日，当我的父母在国外的时候，吉吉会把我们都收拾打扮好，她带着我一起去教堂。

在我和她出门的时候，我的穿着如何对于吉吉来说非常重要。我的蕾丝边白袜必须被恰当地折叠在我的脚踝上，肩带必须要把蓬蓬的裙衬拉到和下摆正好同样的高度，而且我们都戴着帽子和手套。吉吉不让我们摇下坎贝尔先生出租车的窗户，因为害怕那会弄乱我的头发，等我们到教堂的时候，车里已经变得非常闷热了。

昏暗的圣堂里同样非常闷热。在门口，教会长老们分发着画着耶稣图案的扇子。和其他戴着白手套的女性集会者一起，我们有节奏地扇着扇子，但是收效甚微。我对教堂一无所知，只是跟着吉吉一起起立或者跪下，我们共用一本赞美诗集。她的嗓音很美，用欧蒂塔那样颤抖的、深沉的愤怒与炽热来演唱，不久之后欧蒂塔的音乐，还有琼·贝兹的，就不间断地从家用留声机里流泻而出。当所有集会者放声歌唱，我感觉就好像有一波巨浪把我抬起，又滚过了我。我追随着它，就像一片苍白的洋面上漂浮的玻璃一样抖个不停。在仪式结束的时候，我到厚重的大门外洗手、洗脸。主街上猛地洒向我的阳光让我不觉眨眨眼，我把手伸向了吉吉。

吉吉一直为我们家工作到她 90 多岁。在 100 岁的时候，她死了，她的手弯成温柔的爪形，那是 1994 年的圣诞节。她陪伴了我们长达 50 年之久，但是如果要用数字来计算她为我们家庭付出的每时每刻的关心和忠诚，那是不可能的。是的，我知道，她是被雇佣来照顾我们的，而且在雇主与仆人的关系之间，平等和互惠的概念天生就是被打折扣的。可能会有一些人认为，我在不停暗喻忠诚的女管家谄媚着白人，直到她被埋进无名的坟墓。也许我会被他们痛斥。但是吉吉并不是什么讽刺漫画里的人物，或者某种类型人物；她是一个非常真实而且拥有复杂情感的人，她把大量的时间投入养大一个不知感恩的、无礼的麻烦鬼中，也正是这个麻烦鬼现在停下来审视这段关系。我有理由确信，吉吉和我们一样，在参与进我们家庭的经历中，生活是充实的，偶尔也会有个小惊吓。尽管我们的家庭也许在某种程度上是她那被种族主义和死亡毁灭的家庭的替代品，但是我们并没有把她的所作所为视为理所应当，我们知道即使这样，她的爱也是把我们的家庭凝聚在一起的真实的东西。

具有一定命运反讽意味的是，吉吉在死的时候皮肤比我还要苍白，她长长的头发就像任何一个南卡罗莱纳工厂里的孩子头发那样直顺优美。

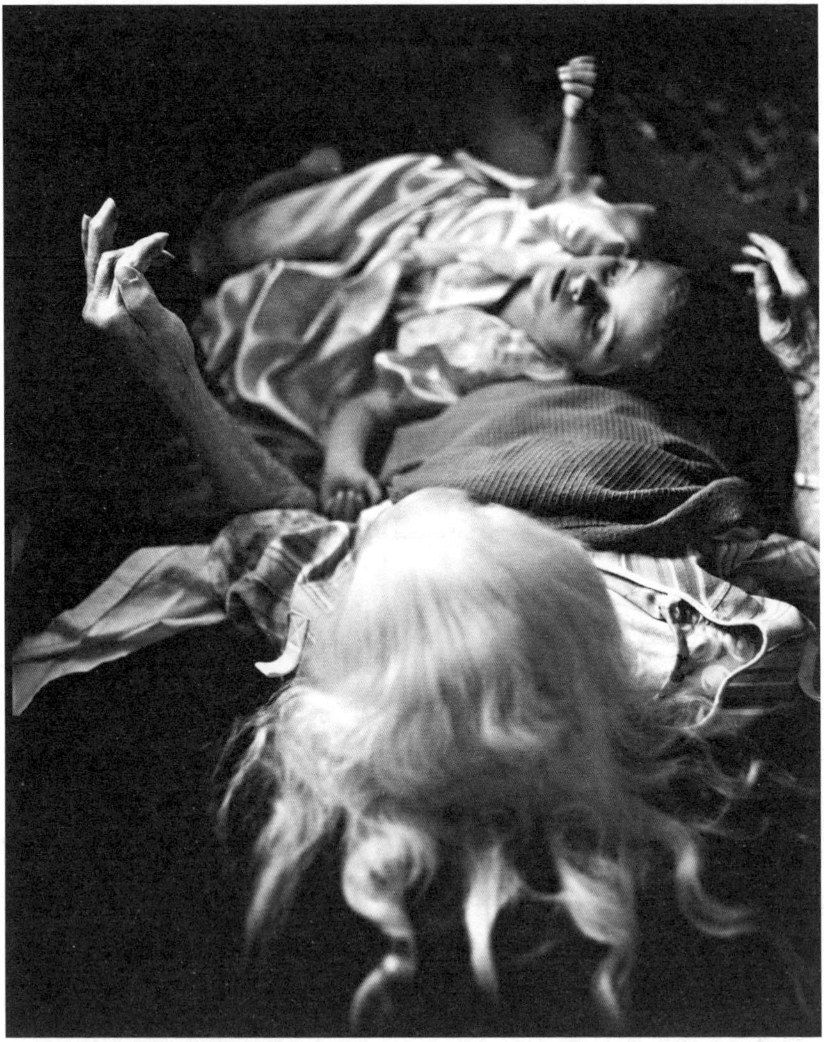

由于她颧骨宽宽的，她的表情一直是宽厚而坦诚的，只有当她取下假牙把它浸泡在床边的玻璃杯中时，她的脸部线条才看起来下垂一些。

她皱皱的皮肤耷拉在肉眼可见的肱骨下方，它们看上去再也不能承担抬起那宽厚的大手的任务了。她曾经是一个非常有力的女人，不是胖，只是强壮，显示了一个劳动妇女所拥有的不朽的雕刻一般的身材比例。迭戈·里维拉可以描画出她的形象，卢西恩·弗洛伊德则表现不出来。

我很少看到吉吉穿着像这样的日常服装，只有在某些早晨7点30

分的时候，当我父亲在她家门前按着喇叭时，她才没有穿她的制服。在这种时候，她会在厨房旁的炉子间里换衣服。吉吉在日常工作里总是穿着一件白色的制服，但是在一些特殊情况下，当她为一个晚餐聚会或者圣诞节做招待时，她会穿灰色的衣服，系着一件小小的白色围裙。

Negro Washerwoman

我还记得边缘上的那些荷叶边，在围裙上或者袖口上或者两者都有，但其实荷叶边并不重要，重要的是这些衣物的意义。这种意义被深深熨烫进织物的几升淀粉浆加强了，我仍能记得当吉吉把胳膊伸出袖子时发出的独特的撕裂般的声响。

我精确地知道吉吉是怎么会如此擅长洗涤和熨烫的，因为我曾在那本已经发旧了的《讲给孩子的黑人的故事》（1938）中读到过，这本书是简·达布尼·沙克尔福德写的。沙克尔福德夫人（这是我听过的最能代表不幸的非裔美国人的名字了）解释道：

> 即使是在奴隶都被释放以后，黑人洗衣女工仍然承担着非常沉重的工作。通常她的丈夫找不到可以做的工作；但是每一个群体都需要洗熨衣物的女工，所以永远有工作等着她去做。在她的丈夫终日节俭哪怕拥有了一份规律的工作时，他那微薄的收入通常也负担不起家庭的开销……如果孩子们被送到学校念书，那么他们的学费都是由一个在洗衣盆旁劳碌的母亲所支付的。有一些我们种族最有名声的先生或者女士经常会谈起他们高尚的母亲，以及她们为了让他们得到教育所做的重大牺牲。

这篇报道和我自己心爱的洗衣女工的人生故事不谋而合（除了她的配偶已经过世，因此并没有一个"节俭"的丈夫以外），当时，沙克尔福德夫人的描述中那乐观快活的语调我非常熟悉，这丝毫都没能让我感到困惑。

在洗衣女工章节末尾的工作表上，我勾画了那些我为吉吉做过（以及没有做过）的事——那些做过的大多都是我想象中的，那些没做过的则被低估了一大截。

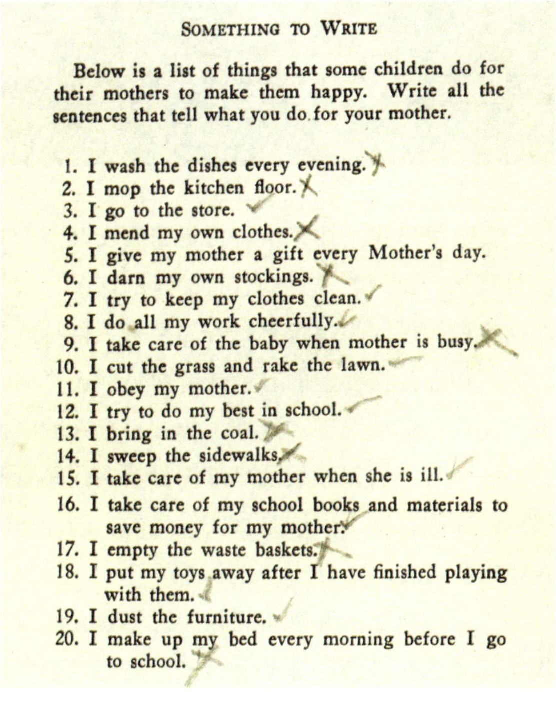
SOMETHING TO WRITE

Below is a list of things that some children do for their mothers to make them happy. Write all the sentences that tell what you do for your mother.

1. I wash the dishes every evening.
2. I mop the kitchen floor.
3. I go to the store.
4. I mend my own clothes.
5. I give my mother a gift every Mother's day.
6. I darn my own stockings.
7. I try to keep my clothes clean.
8. I do all my work cheerfully.
9. I take care of the baby when mother is busy.
10. I cut the grass and rake the lawn.
11. I obey my mother.
12. I try to do my best in school.
13. I bring in the coal.
14. I sweep the sidewalks.
15. I take care of my mother when she is ill.
16. I take care of my school books and materials to save money for my mother.
17. I empty the waste baskets.
18. I put my toys away after I have finished playing with them.
19. I dust the furniture.
20. I make up my bed every morning before I go to school.

吉吉的脚有一些毛病，她很难找到穿着不疼的鞋。

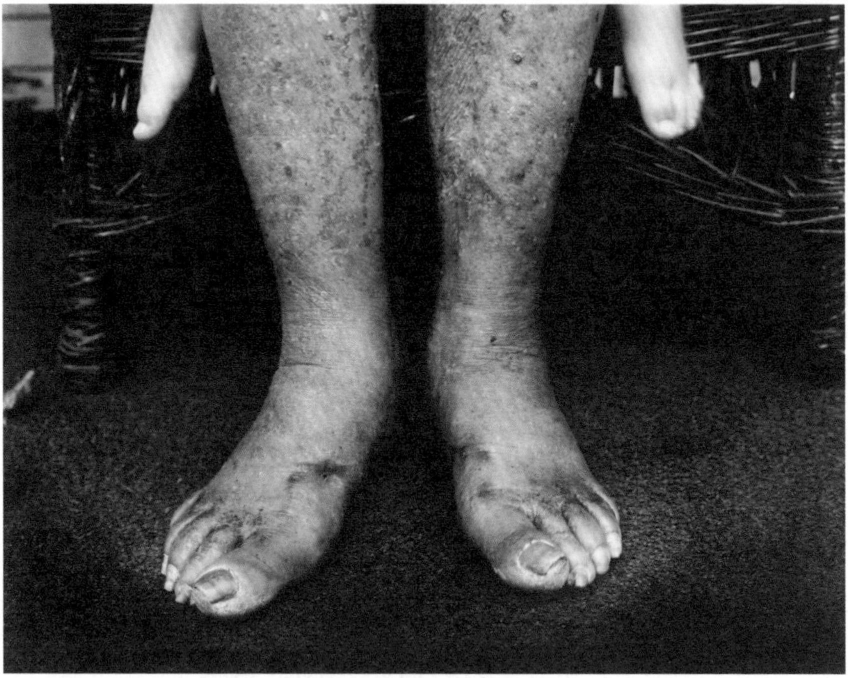

我记得当我站在莱格特百货商店女鞋部，看着娇小、驼背的女售货员对我母亲比画着描述的吉吉的脚的情况目瞪口呆。我猜想我母亲之所以这么做，是因为她觉得吉吉如果来莱格特购物的话可能会觉得心里不舒服，在那儿楼梯上的有色或者白色标志指向了完全在两个方向的盥洗室。我在记忆中刻下了这样一幅并不存在的画面，那个驼背的售货员跪着用一个看上去很原始的足部测量器夹住跖骨测量宽度，但是由于刚刚提到的原因，这不可能是真实发生的，同样还因为在女鞋部是买不到吉吉穿的鞋码的，她的鞋码是 45 码。

所以，她是在哪里买到鞋的，尽管它们可能有些不合脚？直到现在我才好奇这些事情。那些制服呢？它们是谁买的？我母亲？吉吉？又是从哪里买到的？洗涤和熨烫这些制服是不是也是她高尚的洗衣工杂务的一部分？是在什么时候做的？晚上，或者周日？她又是如何得到需要的那些极尽简单的杂货呢？她没有车；她一周工作6天，从早8点到晚8点，她的房子位于钻石山的顶端，这周围根本没有杂货铺。

我记得在从钻石山下来的路上有一个老旧的木式建筑，里面有几架贵得离谱的罐头食品，但是要去真正的杂货店的话得一直走到主街的上半部，在几乎1.6千米远的位置。这个小商店有个亲切的名字叫“白色阵线”，那儿卖的肉类很棒，还分发斯佩里与哈钦森公司的绿色储蓄邮票，甚至允许它的顾客，即便是黑人，在月末的时候把食物的费用先记在账上。我知道吉吉在那里有一个户头，也一定在那里买过东西，但是然后呢？她是不是用一个编织布面的金属手推车把她一周用的所有杂货拖到山顶去，就像我看到过的很多黑人女性所做的那样？但是，等一下——那时候的商店周日还开门么？

所有这些问题，都是有关吉吉的一些最简单、最基本的事情。

要是她的孩子生病了怎么办？或者她自己生病了怎么办？（但是当然她从来都不生病。）那么当她患上膀胱炎、痢疾或者痛经……她肯定经历过这个。然后，在她经期时，在那些工作日的时候在我家里她又是怎么换卫生棉的？我猜她用了孩子的浴室，当然是这样，但是……什么时候？如果搜遍我的记忆，我想我能回想起她离开那间浴室时制服上的褶皱，在那儿她一定和我一样，抬头凝望她所清理的盥洗室里描绘着临终时的拿破仑的蚀刻。

在白天，她穿着我父亲不要了的鞋，为了照顾到她脚趾上的鸡眼，这些鞋都被剃刀片割开过。但是当她赶到我家工作时，她的脚正被痛苦地挤在一双小鞋里，不知她究竟是从哪里找到它们的。等到早上的事务都安顿下来，只有我们两个的时候，她就会立马脱掉它们。在扭动她的脚趾使它们恢复知觉以后，她会坐在梯凳上，感激地把脚伸入我父亲那不带花边的鞋子里，她那套着袜子的脚趾从侧边的开口中伸了出来。

那时候，女人们总是穿着长筒袜，即使在盛夏期间，吉吉为了能够对抗炎热，她穿着袜子的时候，会把它们卷到刚刚超过膝盖那样的高度，而不是像我的母亲那样会把它们钩在吊袜带的吊带底端。她经常会穿我母亲的旧丝袜，它们的纱网会一天天地逐渐张大为梯形，缝线也拼命地摇动。那时候丝袜缝线是一种特殊的折磨人的东西，比起对吉吉而言，对我母亲更是如此。

我母亲必须要让缝线笔直地贴着她的腿，两条明显靠拢的线有一种无意间的作用，就是将人们的视线引向它们的尽头。当我母亲要去镇里的时候，她会关上卧室门，在镜子前扭过头来检查她的缝线。然后，几乎任何一个生活在20世纪50年代南方富人家的白人孩子所熟悉的一幕就会上演：扑过粉，带着一身薰衣草的香气，我母亲从卧室里出现，如同罗德的妻子一样白皙冰冷，她拿上她的钱包和白手套，试着动身。

显然，当事者双方都很明白她们在这段戏码中的角色，但是对于我这个观察者来说，当它每一次在松树树枝下黑色轿车旁的沥青路沿上上演的时候，看上去都像第一次。

“芒格夫人！芒格夫人！！”急切的喊声从滑开的厨房窗户里传来。我的母亲会停下来，她期待的面庞掩饰了她本来会浮现在脸上的惊恐的表情。

“啪”的一拍。

“芒格夫人，你不能穿着这个样子的衬裙去镇里！还有那些缝线！他们会怎么想我？”

对于吉吉来说，这并不是大惊小怪。她有理由关心这些。我母亲是一个北方人，尽管她的丈夫出生在达拉斯，对于吉吉来说是一个难题，而我父母的古怪、慷慨大方、无神论以及回避乡村集会的行事方式与态度让现状更加复杂了。奇怪的是，我母亲坚持付给吉吉的薪酬超过通常水平，当他们在20世纪40年代来到列克星敦时就一周付她5美元，这也没能让吉吉觉得好受些。作为这种过度慷慨的结果——我母亲所收到的那些匿名的恐吓信，以及镇上的那些传言，为吉吉引起了人们的注意，这可不是什么好事。任何黑人女性都会告诉你：你越不起眼越好。

吉吉很早就学会了在白人社会里的生活法则，尽管她极少向我们透露她的童年。我们只知道，她是被一个前奴隶的非常年轻的女儿生下的，出生在一个被解放的奴隶都安定下来的县里，这个地方现在被称为巴克山。尽管吉吉的母亲是黑人，但是那个强奸她的男人（或者说她家里人推测的）是白人。她的母亲很有可能是在生产中死去的，因为吉吉，弗吉尼娅·科妮莉亚·富兰克林，在是个幼儿的时候就被带到列克星敦，她是由姨妈玛丽·富兰克林养大的。

在20岁左右的时候，吉吉嫁给了韦斯利·卡特，生了6个孩子，其中最小的那个已经12岁的时候，我的母亲刚来到镇里，怀着8个月大头生子身孕的她，看见吉吉正在走下邮局的阶梯。母亲被一个如此有力、自信和沉着的女性形象所震撼，在那天晚餐的时候就非常详细地向父亲描述了她。在这个直到生命终点仍然让我母亲开心和惊奇的命运安排下，第二天当她听到敲门声打开门时，又一次见到了这个令人难忘的陌生人——弗吉尼娅·卡特昂首自信地站在门口，穿着一件Peck & Peck花呢外套，衣服的天鹅绒领子已经发旧了，看上去质感就像绒皮一样。她宽宽的颧骨显示了她的印第安血统，她明亮的眼睛和近乎直直的头发又暗示了某些不可言说的事情。她问我母亲需不需要帮助，然后立即就被雇用了。

吉吉的丈夫，韦斯利·麦克道尔·卡特，在弗吉尼亚军事学院附近的一个洗衣房做烫衣工。他有着酗酒的毛病，不止一次，吉吉忧心忡忡地来上班，脸上还带着疤。一天晚上在钻石街一家商店的里屋，他从牌桌起身，下地下室楼梯的时候摔了下去，摔断了脖子。

显然，没人立刻发现他，当吉吉被带去见他的遗体时，已经是一天多以后的事了。

留给吉吉的，是6个孩子和一个她需要面对的交税但是禁止黑人孩子在七年级以后继续上学的教育系统，吉吉最后还是成功地把他们都送到国外的寄宿学校里，最终让他们进入了大学。

一个丧偶的黑人女性是如何支付得起住房、食物、行程的费用和6个孩子的学费呢?

通过一天工作 12 个小时，通过晚上熨烫织物，在我们家里站了一整天之后，当我父亲送她回家时，那些织物被装在白色的麻布袋里密密麻麻地堆在她的前门。当他看到这些袋子的时候他会想什么？

我们每个人都在想什么？为什么我们从来不问？

这个谜题的答案就是——我们的无知和沉默。

在我 20 岁出头的时候，在一个星期五晚上的鸡尾酒派对上，我走进厨房，在那儿一个像苍鹭一样的黑人妇女正弯腰在水槽那儿洗玻璃杯，她那带着褶边的制服帽就像鸡冠一样摆在她发亮的头皮上。我开始和她攀谈，最初只是一些寻常的客套话。当她知道我的父亲是谁，她站直身体，从水槽边转过身，用锐利的眼睛注视着我，说：“你不会明白生为黑人是什么感觉的，但是我想要你知道关于芒格医生的一些事。一直以来他对待我们就好像我们和白人之间没什么区别一样。他从来不看肤色。”

她转身回到工作中，当她刷完那些餐具时，我和她一起从后门走出来，我看着她解掉围裙然后叠好，把它放进我为她拿着的硬纸箱里。她弯下腰，将手掌贴着小腿的两侧将长筒袜卷到膝盖以下，最后从她长长的脚趾上脱下，她也把它放进箱子里。然后她重新把脚伸进她白色的侍者鞋里动身回家。

那时，拉里和我住的地方离邮局很近，那里24小时随时恭候的信件投递口吸引我寄出了一封太过匆忙的信，我一从派对回来就醉醺醺地给父亲写了这封信。我告诉他关于我和那位像苍鹭一样的女人的对话，并向他表达了我对他的敬佩和爱意，然而这种举动在我们的家庭里是被坚决反对的。我的父母给我们每一个人的心底，都安装了一个旋钮调得足够低的情感调节器，哪怕日常的情感表达也是被禁止的。

那是在那个星期五的午夜过后，我寄出了那封信，上面的姓名地址正式地写着罗伯特·S. 芒格医生。我预想它会在周一午餐的时候被放在他餐具垫的左边，而他正准备拿镶着象牙的开信刀拆开它。

在我的手指把信送入写着“本地邮件”的黄铜做的投递口的瞬间，我就后悔了。这封信在各个方面都有些过头了——看在上帝的份上，它是一封写给我父亲的情书。我猛地清醒过来，内心十分惊恐，我把手指伸进投递口，把我窄窄的腕骨塞过入口，把我胳膊肘下面的手臂都塞了进去。我摆动着我的手指，但是没有碰到任何东西。我继续往里挤，我的肘骨已经被挤进入口了，我把胳膊扭到另一边。没有。在短暂、惊恐的一瞬间，我觉得我可能无法把胳膊抽出来了，但是在一些努力过后，我把手收了回来，抱着我的肚子，走回了家。

星期六早上我感觉糟透了，但还是坚持去了我父母家，出席了我们一贯的午餐聚会。这些午餐聚会对于吉吉来说非常重要，她会费尽心思地制定菜单。我发现父亲一个人坐在桌子旁，在他面前的餐垫中央放着一小杯雪利酒和他的那份花生，信件被整整齐齐地叠放在他的左侧。他用那惯常的陷入思考的神情凝视着外面的花园。

我们简短地讲了一会儿话，然后我就走向雪利酒的瓶子，倒了一杯解醉酒。我从邮件里抓出了一本《哈泼斯杂志》，便坐在我的位置上开始阅读了起来。当我们喝完这些雪利酒，吉吉往高脚杯里倒了些冰茶，这些高得不寻常的杯子是我们在埃索的加油站里加油时得到的。然后吉吉把已经温过的盘子放在我们的餐垫上。在等待食物的时候，父亲拿起开信刀划开信封的封口。

先是账单、广告，然后让我不禁心惊胆战的是，拿在他手里的是我的信。它是怎么在12小时之内就到达这里的？不是周一才投递的么？他把它划开，抽出了那张写满了过于激动的话的信纸，从头到尾阅读了它，中间还停下抿了一口凉凉的冰茶。

他带着点儿揶揄地转向我，闭上他的眼睛，低下头向我欠了欠身，重新折好信件，然后去拿下一封信。吉吉拿着炸苹果过来，我们开始吃饭。这封信再也没有被提起过，但是在父亲过世之后，我在一个文件夹里找到了它，文件夹上面标着大意是“值得留存”这样的话。

在那天为我们供应午餐的那双手比我父亲的还要大，指尖那厚厚的、布满棱线的指甲像苍白的信号灯那样发着光。带着一种难以实现的芭蕾般的优雅，吉吉把银色的餐盘放在我们左边，每一餐她都会端上来两个，如果有饼干的话，还会有第三个。

那个周六的午餐里很有可能是包含饼干的，因为她总是在我们吃炸苹果和培根的时候烘焙它们。那些苹果来自一个比我们的房子还要古老的果园，它们又小又绿，是匹品或者君袖，非常难削皮。对我而言是很难，但是对于吉吉不是。她会坐在梯凳上，一大碗苹果放在她身旁的冷柜上，她用削皮刀削下一串连续的果皮，变白了的苹果在她粉色的手掌里旋转。

做完这些，吉吉兜起围裙上卷曲纠缠在一起的苹果皮，把它们倒进堆肥回收桶里，再把苹果摆放到炉子旁的橱柜上。她把一只木勺取了存储在一只矮矮的锡罐里的培根油，再把煎锅放在炉灶上，开始制作饼干。如果我坐在她空出来的温暖的梯凳的顶层，我会从后面看着她将生面团擀好，拧开果酱瓶倒一些果酱进去，然后再把圆形的生面团放置在锅里足够久，好把它摊到烤板上。

除了有时候检查炉子上的锅里食物的味道，我没有看到吉吉吃过任何东西。除此之外，我唯一见过从她双唇间经过的东西就是橱柜上凝着水珠的锡量杯中的冰水。也许她不需要吃东西是一件好事，因为当我们一起旅行，在东海岸度假的时候，她是不能进入餐厅的。当我们停车到霍华德·约翰逊餐厅吃饭，感激地打开闷热的轿车的车门时，吉吉会留在车里。

从安着空调的餐厅的大窗向外望去，我们会看见吉吉为了凉快一点正拿着第一浸信会教堂的扇子给自己扇风，耶稣那白色的脸安详地在后座摆动。我们从饭店出来的时候会给吉吉带一个用锡纸卷着的三明治——她会端庄地把它放在大腿上，还有一纸杯她可以喝掉的水，然后我们就继续旅行，就好像这样再正常不过了。

这份不在意和那些没法验证的假设让我现在如此的痛苦：它看上去没什么奇怪的，一切看上去也没有什么不对的。我之前从来没有好奇过在去探望在佛蒙特读书的哥哥的路途中，她是在哪里上厕所的。她能忍住，直到我们穿过宾夕法尼亚边界，找到黑人白人共用的厕所么？除了她，我们中有没有过任何一个人关心过这个，关心过如果她不得不去厕所的时候要怎么办？我怎么会觉得吉吉不仅不吃任何东西，也不需要上厕所，甚至不从车里出去，这些没什么奇怪的吗？我怎么会既没有怀疑，也没有去问呢？

和我的两个哥哥一样，在帕特尼中学读书时，我跟随一个名字叫作杰夫·坎贝尔的胖胖的、抽烟斗的绿眼睛黑人学习。是杰夫，在对亵渎者的无限绝望之中，布置我们阅读威廉·福克纳的小说。

在佛蒙特寒冷的夜晚，宿舍的窗户氤氲着水汽，我蜷在鲜艳的哈德逊湾百货的毯子下面，给杰夫布置下的几本书无情地做着注解：《八月之光》《押沙龙，押沙龙！》和《喧哗与骚动》。我的乡愁情怀被这些情节勾起：暴力、性威胁的暗示、堕落感、被诅咒的遗传，当然，还有不可避免地萦绕心间的故乡。萦绕心间的故乡，这个南方的隐喻，指的就是一个被奴隶制度拆散的家庭。

杰夫·坎贝尔的手指留着长长的指甲，食指还由于长期吸烟而被染成了黄色。当他将《押沙龙，押沙龙！》放进我的手中，如同放一块圣饼一般，我很确定他知道这会是我醒悟的时刻，如同格雷厄姆·格林所描述的未来之门一样，在这以后世界在我眼中再也不会完全是之前那样的了。福克纳为我打开大门，让我意识到我童年的无知，以及未来，被那些迄今为止我都未曾过问过的问题填满的令人心碎的未来，正闲庭信步地到来。此时此地，那巨大的悲伤和我们美国生活的悲剧，那些我没有看到、未曾知道也不曾过问的真相都让我觉得如此伤痛。

帕特尼中学1969级的毕业典礼是在6月初的一个周末举办的。我的父母和吉吉在周五到达那里，我可以看出吉吉对她所见到的并不是很高兴。那些有钱人家的孩子打扮得就像农业工人一样，头上蓄着长发绺，脚趾间还夹着灰尘。吉吉怒视着一个我们代数班上的黑人孩子，当他对她投去了友善的信号，而他的手臂环着一个穿着喇叭裤的金发女孩时，她转眼不看他，还发出了一声厌恶的哼声。

噢，吉吉，我绝望地想着：这就是未来。在这里，我们都是一体的。

吉吉并不接受这个。

在举行毕业典礼的那天早上，我去餐厅吃早饭的时候时间已经过了，所有桌子都撤走了。给毕业生坐的长凳和嘉宾坐的椅子已经在房间的东端布置好了，中间则留出了进出的通道。大厅看上去空空的，但是背着太阳眯起眼看，我看到有一个孤零零的身影固定在观众席的第一排。她直直地盯着前方，戴着白色手套的手叠放在大腿上，她的后背甚至没有靠着椅子背，是吉吉坐在那里。

她一定是把她那战功赫赫的老熨斗带来了，因为她正穿着一件熨烫完美的亚麻裙子，她曾用那把老熨斗把她的所有 6 个孩子送进学校。她的裙子是淡黄色的，在她的圆髻的中心上方是一顶同一布料制成的小礼帽。和今天你能看到的挂在那些吃午餐的女士们细瘦的锁骨上的南海珍珠非常相似，吉吉戴着一串白色塑料珠制成的项链，衬托了她那有力的、肌肉结实的颈部。她的皮肤被她那双过小的白色舞鞋挤得隆起，她的长筒袜在脚趾挤进去的地方被压出褶皱。现在没有人再穿带缝线的丝袜了，但是在其他各个方面，她都如同孀居的王后那般优雅轩昂（这张在我从帕特尼毕业的几年之前、我哥哥鲍勃的大学毕业典礼上拍下的她的照片，

能够让你领会一下她的那种安详的优雅——特别是想到她那可憎的职责时更是如此）。

在我意识到塑料杯是绝对不可以的之前，我已经朝她走去并递给她一杯装在塑料杯里的咖啡。纸盘、纸杯、纸巾和所有的塑料制品都是吉吉厌恶至极的东西。正是她，把银质器具表面抛光，给韦奇伍德餐盘间插进从杂货袋上剪下的圆垫，用一块洗了太多次以至于就和粗棉布一样透气的旧菱格纹布来擦拭玻璃杯。但是令我吃惊的是，她接受了那杯咖啡，我们在6月柔和的阳光下小坐了一会儿。

几小时后，房间里开始塞满参加典礼的人，她仍然坐在同一张椅子上。当我的父母赶到时，我父亲站在一旁，我母亲，戴着一顶端庄的小帽子，悄悄坐到吉吉旁边的位子上。在她们的正后面坐着埃塞尔·肯尼迪，她穿着一双白色的漆皮靴子，她那一家子都围坐在她的周围，他们的衬衫既没有被压烫过，下摆也没有塞进他们的卡其裤里。

我的父母彼此靠向对方，时不时地低声交换一下他们的看法，但是吉吉一直后背挺得直直的，看着前方。我知道这是个警报信号。她的苦恼，甚至有时是怒火，总是和一种不可言喻而且深刻的悲伤相伴相随：她总是紧闭嘴唇、闭上眼睛，也许是因为见到了不公正和暴行，以及慢慢地、疲惫地摇摇头，通常还伴着“唉，唉”来无言地传达她的极度反感和忧伤。

这一场景还是开始了，吉吉合上双眼，她的头慢慢地、几乎难以察觉地从一侧移到另一侧。好像已经无法忍受了，她伸出戴着一尘不染的白色手套的手，用食指轻点我母亲的手臂。

两顶小礼帽凑在了一起，吉吉把嘴唇靠近我母亲的耳朵，愤怒地低语道：“肯尼迪夫人在嚼口香糖！”

13
哈 默

我需要自己去了解南方的许多东西。我的父母不喜欢按人们的阶层一概而论：他们从不把贫穷的山里人看成“白人垃圾”，也不屑提到当地商人传播宗教的方式。他们很早就意识到让佣人坐在车后面是过时的观念，吉吉勉为其难坐到了前面，结果自己和大家都很尴尬。数十年间他们描述有色人种的词汇不断变化：先是“有色人种”，然后是“老黑”，最后是“非裔美国人”。这些词存在的时间都不长，没能成为对黑人的合适称谓。

因此，有黑人女性告诫我跟黑人男性来往很危险也就不足为奇了，虽然我自认为她是在担心我。1966 年 8 月的一个下午，在吉吉告诫我之前，我从来没有这么想过。我身边一直有白人和黑人生活在一起，除草、看管吧台，或者在院子的大树下等待工作机会，但我没有在意过他们。有几个黑人在地方上颇有个性。我记得一个叫伯克利·汉密尔顿的黑人悠闲地赶着 4 匹马从怀特街经过，我还为他喝彩。他运送着一大堆松垮垮的干草，边挥舞鞭子边吹着口哨，毫不理会越来越多的车必须在他留下的马粪和灰尘中穿行。那时，我想我感觉到了他的危险态度。

当时我只和一个黑人有固定的来往。我们叫他哈默，他牙齿稀疏，声音柔和，酒量非常大。他来我们家帮吉吉做重活，吉吉毫不掩饰地嫌弃他懒散。我当时并不知道他的真名（最近我发现他叫山姆·汉密尔顿），也不觉得叫他卡通一样的名字有什么奇怪。那时只知道黑人的名或小名都不足为奇。而相反地，当黑人叫我的名字时，总会加上“小姐”，更别扭的是，叫我的弟弟时总加上“主人”，不管他们年纪多小。

对黑人表示尊敬是不合社交习惯的。来自波士顿的我母亲到达南方第一天就得到了这个教训。1939 年 10 月，在马萨诸塞的布伦特里婚后 4 天，他们乘坐火车来到新奥尔良，我父亲在杜兰医学院得到一份教职。他们到达时，我父亲那风靡达拉斯市上层社会的母亲——伊尔玛·杜马·芒格——正站在车站等着他。

当她心爱的儿子宣布要娶一位北方姑娘时，伊尔玛感到很忧虑，她听到这个消息后发回电报说：“略受震惊……周日会去。”《达拉斯日报》上的告示说明了一切：假如伊尔玛来选的话，她可能会选左边裙带翩跹的那种类型，而不是他儿子挑选的节俭的类型。

伊尔玛穿着尼曼的高档服装，抽着装在精雕细琢的烟盒里的香烟。这对新人刚下火车她就直奔主题。她手里挥着《时代琐闻报》的房地产版面，宣称新奥尔良只有一个公寓配得上他们，因此她已经签下租约，并搬进了一些重要的家具。公寓位于杰克逊广场的庞塔尔巴大楼，配了一位名叫奥菲利亚·佩恩的全职佣人，还有一位洗涤工和一位厨师，都是黑人。我父母进入二楼时，伊尔玛让她们像军人一样排成一排。

我母亲握着她们羞怯的手，用尊称和她们打招呼："下午好，特拉斯克女士、佩恩女士、图坦特小姐。"她刚走出她们的视线，伊尔玛就把她拉到一边急迫地对她说："你应该直接叫她们的名字！"

就像我母亲在南方发现的其他种族不平等一样，她发现现状就是那样，而令人震惊的是，没有人对此进行反省。

吉吉除了周日外每天都来工作，而我记忆中哈默来的时间并没有规律，或者说，视他是否清醒而定。他的工作是给镶木地板上蜡，擦洗我们的仿弗兰克·洛伊德·怀特风格的房子的巨大窗户，他在踏凳上摇摇晃晃地拉住令人发痒的玻璃纤维窗帘。他只需要光顾一下我们的酒橱（我父亲把每瓶酒都用黑色油笔标注了种类），离开时就比来时更醉，笑容也比我们在"泥镇"接他时更灿烂。

列克星敦地势起伏，有条从北到南的沟渠，曾经有溪流渗入了地下，在没有铁路的情况下，这个奇特的地形提供了天然的种族屏障。泥镇围绕这个浅沟的底部，向东升到钻石山的山脊，这个街区今天就叫钻石山。

在有雾的早上，曼利·布朗铁铺的煤烟和泥镇做饭的柴烟混在一起，严实地聚集在木房子的上空。我那有些担心的母亲让黑人舍维去山下接哈默。我们驶入一片昏暗中，引擎盖的立标和天线之间的蜘蛛网粘着水珠像小小的灯光。汽车无声地在密西西比的浓雾里前进，就像一艘发光的能举行派对的游艇。我们看到站立在门口的黑人，耳边传来木材沉闷的破裂声。

哈默的房子看起来仿佛建在高跷上，后门面向一片空旷。墙板没有上漆，窗户用装着干粮的牛皮纸遮住。"魔鬼的鞋带"草长满了院子，优雅的枝蔓结满浆果，忍冬花盘绕着支架。接近哈默的房子时，我看到后门一个男性身影从院子里射出一大股弧形的尿，在阳光下闪耀着，形成完美抛物线。他身子微倾，毫不在意尿到哪里，双手下垂，头看着灰淡的太阳。

我跪在哔叽布座椅上，母亲紧张地踩下刹车，她的左脚把离合器踩到底，同时推下换挡器。我们开进哈默的院子，母亲把窗户摇下往外看，她按下喇叭。喇叭卡住了，这在当时经常发生，持续不断的嘟嘟声从上空的浓雾和两边山丘反弹回来，响彻了整个泥镇。

孩子们从房门里跑出来，他们个子那么小，看起来像是育婴堂里的小人。他们穿过门帘，身后拖着破烂的毯子。我既无助又羞愧地看着他们，他们盯着我，眼神无比的宁静，似乎因为了解而没有大惊小怪。

我的母亲还在拼命地敲击着喇叭倾斜的黑色圆环，鼓鼓的人造树胶轮胎晃动着，她又踢了几脚转向杆，小腿后面的袜子边沿都歪了。噪音刚开始的时候，她把车换到了三挡，并没有低到足以平稳，因此汽车不时自动突然向前倾，就像情不自禁地打嗝一样。她没有注意到这点，连续的噪音让她无法分神。

在雾蒙蒙的两座房子中间，一个巨大的身影出现了。他的外衣和裤子用一根皮带系住，一端露出长长的一截。他从目瞪口呆的孩子中间挤过来，轻易地穿过一根尖桩篱笆，他的脚掌酷似一个随意包裹起来的婴儿。他走到窗口，轻声和我母亲说话，而她还在忙着摁方向盘。

他进到车里，手盖住喇叭使劲一扭，嘟嘟声停止了。在无比寂静的瞬间，周围的空气似乎都倒塌了，就像一颗巨大的泡泡糖在长着粉刺的鼻子边破裂了。我母亲倒在椅子上，松了一口气。

这并不是我们最后一次遭遇汽车困境，两次都是黑人在尴尬里神奇地把我们拯救出来。

但……是谁感到尴尬呢？我们吗？

是的，是我们。

14
斯马瑟一家

20 世纪 60 年代的冬天比现在更加恶劣，大雪非常普遍。我们住在一条乡村公路边上的一座小山丘的高处，我们家后面是斯马瑟家刷白的小房子，里面住着黑人母亲和她已成年的儿子。再往前是白人酒鬼、孩子、白化病人的棚屋。这条路不是雪天开车的好选择，住在那里的人随时准备着下雪时防止轮胎打滑的铁链。

但我父亲不是这样。尽管他是当地仅有的 4 名医生中的一名，除了周三，他必须经常半夜起床开一个多小时的车去赴诊，他始终不愿给他漂亮的萨芭雍甜点般金黄的斯蒂旁克汽车绑上铁链。这款很现代的空气动力的汽车前后是一样的——爬行动物般的前盖，后倾的腰身，尖尖的两翼。它看起来风驰电掣，事实上也如此。

但绑上铁链就不一样了。

有一天下午雪很快就下来了，父亲提前把我从布朗尼女童子军里接出来，我们朝着家的方向前进。前面漫长的路白茫茫的，他让我抓紧车窗上方的把手，我两手紧握把手，他加大了油门，摇晃着开上公路，他从山底抄近路。电线杆从旁边飕飕擦过，我忙不迭地松手躲闪。

他拼命地扳方向盘，车子稳定下来，他的脚灵巧地将车换到低挡，沿着山丘匍匐前行。汽车的前盖铲起雪片，挡住了我们的视线。汽车驶入一片莽荒。然而——或者说，因为——加速器卡住了，汽车后部开始像鱼尾一样连续摆动，慢慢停了下来。四周的雪轻柔地下着，我们的视线恢复了：还有 2/3 的山丘纹丝不动地耸立在我们眼前。

不久，斯蒂旁克汽车开始往后面和侧边滑，我父亲拼命地踩刹车，但是汽车还是懒散而断然地滑到了沟渠里。父亲叹了口气，提起黑色皮药箱的把手，扔到倾斜的前座，药箱滑到我屁股后面。我捡起书包，匆忙爬到他那一侧。

他用脚把门推开，我从方向盘下面穿过，手里拿着我的无檐便帽。我爬了出去，为父亲拖住重重的车门，然后把门关上，车门的重量似乎又把车子推向了沟里。我们正要踏入雪地，耳边传来铁链碰撞的声音，随之而来的是特殊的垃圾腐臭味。那臭味是不会认错的。每周六斯马瑟来收我们还没有焚烧的垃圾时，我们都会闻到那个味道。

我确信斯马瑟有名字；他母亲的名字是贝蒂，她是我一个朋友的家佣。但大家都只知道斯马瑟的姓氏。他和母亲养猪，所以他到城里收垃圾，他把纸、玻璃和铁的东西清出来，把能吃的都喂猪。他的院子很臭，他的卡车也是。

我们听到在电线杆附近他的车换到了一挡，然后突突地爬坡，味道越来越重。车开过我们时，他慢了下来，汽车后挡板下泔水淌得更加厉害，四溢开来。副驾一侧的窗户磕磕碰碰地摇下来，斯马瑟青黑色的脸露了出来。

“斯马瑟先生！”我父亲欢快地说，似乎很惊讶地发现是他。

“芒格医生，”斯马瑟只说了一句，他把窗户摇起来，把卡车开到了旁边，车灯下的雪慢慢化开。斯马瑟从雪里走过来。他穿着及踝的黑色靴子和黑色外套，身上带着腐味。

父亲和我这时已经全身是雪，他头上戴着一顶毡帽遮雪，他扶了扶帽表示欢迎。当他感觉斯马瑟不好意思的时候，他摇摇头把雪抖掉，仿佛早就想把雪抖掉似的。我的胶套鞋刚盖过薄薄的布朗尼袜，鞋口装饰着翩跹的仙子，但我的鞋根本挡不住脚踝边飞舞的冰雪。我担忧地看着流向我们的棕色液体和我冻僵的双脚。斯马瑟朝我们的车走了过去，扫了扫保险杠上的雪。

“我们只需要抬前面。”他淡淡地对我父亲说。他非常礼貌，这让他的话语充满含义。刚说完，他把斯蒂旁克车整个前部从沟里抬了起来，放回路上。他回到自己的车里拿出锁链，把我们的轿车连到卡车上，让我们坐回车里。我们坐到位置上，父亲有点喜剧般地将双手放在 10 点和 2 点的方向上。汽车一直开到山顶进入我们的车道，我们的耳朵里响彻着铁链稳当的哐当声和我们的车轮溅起混杂着雪和垃圾的稀泥的声音。

20 年后的一个周末我开车回家时，在家附近的一个小杂货店停了下来，斯马瑟的卡车也在停车场里，还是那么臭熏熏的。斯马瑟本人站在柜台边，装扮整齐干净，手悠闲地放在腹肌上，身上有股须后水的味道。他穿着涤纶方格裤子，黄色 T 恤。他的皮带和鞋是裂纹白色塑胶做的。他的旁边站着两个男性白人，其中一个塑胶黏黏的带着不自觉的喜剧效果，另一个手指粗短，穿着木工靴。他们毫不掩饰对斯马瑟的鄙视，窃窃偷笑，打量着他白色的鞋和膝部发皱的裤子。

我进门时门铃响了，铃音停下后我和他说话，他眼睛盯着地上。即使我开口后，他也不情愿直视我的眼睛。我走近他，他脸上呈现出一瞬短暂的欣喜，然而为了避免给我引起认识他带来的尴尬，很快又消失了。我明白了他的用意，走到冷饮机旁边。

斯马瑟手伸进裤兜，把纸币理平放到柜台上，这时那个手指粗壮的男人鲁莽地挤到他身后，把胡椒博士饮料的锯齿瓶盖伸到柜台边的开瓶器里，瓶盖和糖水落到了斯马瑟的白鞋上。

斯马瑟手伸进兜里掏出叠好的手巾，擦了擦鞋。他走到出口，回头带着让我无比惆怅的眼神向我道歉，然后轻轻地拉开叮铃响的门。后来我再没见过他。几年后他死于脑癌，年迈的母亲照顾不周，他的身体器官衰竭了。虽然我知道这有点不现实，但每当我想起来脑中就浮现出圣母怜子图。

15

路上的孩子

1966 年 8 月的一个下午，从临镇开车回列克星敦途中，我看到前方在美国高速 60 路段旁有一个黑色的蹒跚的身影，他看起来明显有点跛。我眯眼看向午后的太阳，试图搞清这个让我联想起铁皮人的呆滞的影子。靠近时我发现是一个戴着尖顶帽的黑人少年，他用拐杖支撑着残缺的一侧身体，身后拖着另一根拐杖维持平衡。

我的车经过他，停在一旁，招呼他上车。他的帽子遮住了脸，但他表现得非常犹豫。我说："来吧，跳上车。"说完我马上后悔用了这个动词，但看到他走过来我松了一口气。他一边回头看看，然后坐进远离驾驶位一侧的后座，放好拐杖之后，我启动了车。

起初我们静静地坐在车里，后来我问他的目的地，他要去东边近 10 千米外的列克星敦。我开始问他的家庭情况，他在哪里长大，他那个夏天在干什么，我尽量自然，把他当作一个寻找公寓的高中寄宿生。他告诉我他的姓，我是知道的，以前从吉吉那里听说过，我确信能找到他住的街道。

但在郊区他就要下车。我把车停下，下去帮他，但他不需要帮忙，而且看起来很急。他谢过我，转身一瘸一瘸地走向市区。当时车正好停在一家"三叶草乳制品店"，我买了杯奶昔，然后开车回家。我驾车继续往前，透过迷蒙的厨房窗户看到吉吉正在准备晚饭。

她的拿手菜是炸鸡。每周我们的一个邻居都给我们送来一只鸡，他只要求喝一口我们酒柜里的波本威士忌来为他的往来补足能量。吉吉燎去鸡的绒毛，把鸡肉切成块，鸡被拧断的脖子像是一束蔫掉的花。也许是鸡肉鲜嫩，也许是油或者调料入味，鸡肉是那么的美味，我们甚至没有发现吉吉手上油星溅到的烫伤，也没有发现火炉旁边的吉吉在微弱的电扇前汗渍布满了围裙。

那个下午我到家的时候吉吉正要做鸡肉和烤饼干。我走进狭窄燠热的厨房，大声吸干最后的奶昔，踢掉脚上的乐福鞋。

我跟她说：“我今天在高速 60 路段上搭载了一个跛脚孩子，是欧内斯廷的外甥。”

我继续讲着，吉吉听到了，凝重地转过身来对着我，就像亨利·摩尔的雕塑被转了 180° 。她手上沾着饼干面粉，宽大的面庞上汗水晶莹……难道她很生气？生我的气？

不，也许是害怕，但也有愤怒，而且她表现出一副我从未见过的神情。

她的手悬在空中，就像外科医生准备做手术前一样，她沾着面粉的前臂把我逼到墙根，用一个陌生而忧惧的声音低低地说：“别再搭载黑人男孩，不管什么情况，不管是谁！听到没？”

尽管小时候我深受埃米特·蒂尔谋杀案的影响，但直到许多年后我才意识到，吉吉不知道是更担心我还是担心那个男孩。

16

谁想谈谈奴隶制度?

前一章描述的回忆从我个人的角度印证了法学家斯坦福·莱文森所说的“美国历史永恒地徘徊在——种族，更准确地说，奴隶制之间。”毫无疑问，在这里历史至关重要；在南方诸州里，弗吉尼亚尤为沉湎于过去。我们似乎轻松地避免了修正主义的历史图景——美国的“种族和，或者奴隶制”，选择否认奴隶制持久的影响。

有形的遗迹随处可见。而其中主要的是一些弗吉尼亚最有代表性的建筑，从杰斐逊设计、由奴隶建造的弗吉尼亚大学圆顶大礼堂（我们的一个女儿在那里上学），到华盛顿与李大学由奴隶建造的石柱廊（我们另一个女儿在那里上学）。当然，许多弗吉尼亚人选择忽略奴隶历史，重新演绎内战来表达对历史的认可，比如，纪念罗伯特·E. 李的生日，使用了联邦旗帜。事实上，2010 年共和党州长鲍勃·麦克唐纳宣布联邦历史月的开始时，他的正式声明里对奴隶制只字未提。拒绝承认奴隶制而讴歌脱离不开奴隶制的历史充满悖论，这个行为不可避免地抹掉了我们的历史账簿，让本来就常常混淆真相的美国历史更加复杂。

第一艘前往美国的奴隶船在弗吉尼亚卸载，我们辽阔的詹姆士河被迫承担了运输奴隶的负担。弗吉尼亚州的奴隶所有制和奴隶买卖在南方无出其右：是黑人为我们耕地、排涝、挖矿、伐木，也是他们建造了道路、城市和大学。

自 1975 年艾德蒙·摩根的《美国的奴隶制度与美国自由》一书出版以来，弗吉尼亚和美国奴隶制度的特殊历史和象征关系就被不断热议。对摩根来说，弗吉尼亚的历史提供了一个他称之为“美国历史的核心悖论”

的缩影：美国的自由和奴隶制度同时崛起和互相深化。

美国的奴隶制度作为一种经济体制的成功，取决于体制化的种族主义的隔离效应，历史中其他形态的奴隶制度并非如此。奴隶历来遭受虐待，在其他社会中不管奴隶制度是多么残酷，但意识形态上的程度都不及北美洲。摩根认为美国独特的种族主义不是随着武器、天花一起从大西洋彼岸传来的，而是为了保证殖民地社会的稳定而演化出来的实用观念。

对殖民地社会稳定的最大威胁被认为是来自贫困白人和奴隶的潜在的共同利益。为了防止这个噩梦般的联合发生，法律、教会和媒体合力加深人们眼中的种族差异，劝服白人殖民者他们更加优越；用摩根的话来说，不管他们的社会地位如何，在不是奴隶这一点上他们生来平等。作为一个自私的仍被鼓励的道德顽疾，种族主义留下了不少后患，不管我们如何否认，它仍然被作为微妙但强大的政治和心理工具。

福克纳把这种奴隶制的种族主义遗留称为对整个南方的白人和黑人的诅咒，非裔美国人的伤痕映照在我们罪恶的灵魂上。在帕特尼学校熄灯后我躲在被窝里看福克纳的《熊》，明白了他是对的。他写道："你没发现吗？整个这块土地，整个南方都被诅咒了，所有来自这片土地的人、受这片土地养育的人，不管是白人还是黑人，都被诅咒了。"

现在 45 年过去了，我床上还铺着同样的哈得逊湾毛毯，尽最大努力用视觉表现这个弥久的诅咒留给我们的让人不安的遗产。

我的第一张黑人照片（见对页）拍得很容易。

有时候这个方法对我很有效：拍摄一系列新的照片，很快，就像奇异的诱导法一样，我会得到一张好的。这张诡异的佳作自然地刺激了我的轻狂自信，让我相信这个新项目是闲庭信步。但是取得两三张好照片后，闲庭信步变成了艰难跋涉，我进入了怀疑与轻度绝望的境地。这个绝望的声音诱惑我说我应该放弃，我是个无用之人，我已经江郎才尽，再无法产生新意。

那个声音非常迷惑人，就像摄影师、散文家（我的前导师）泰德·奥

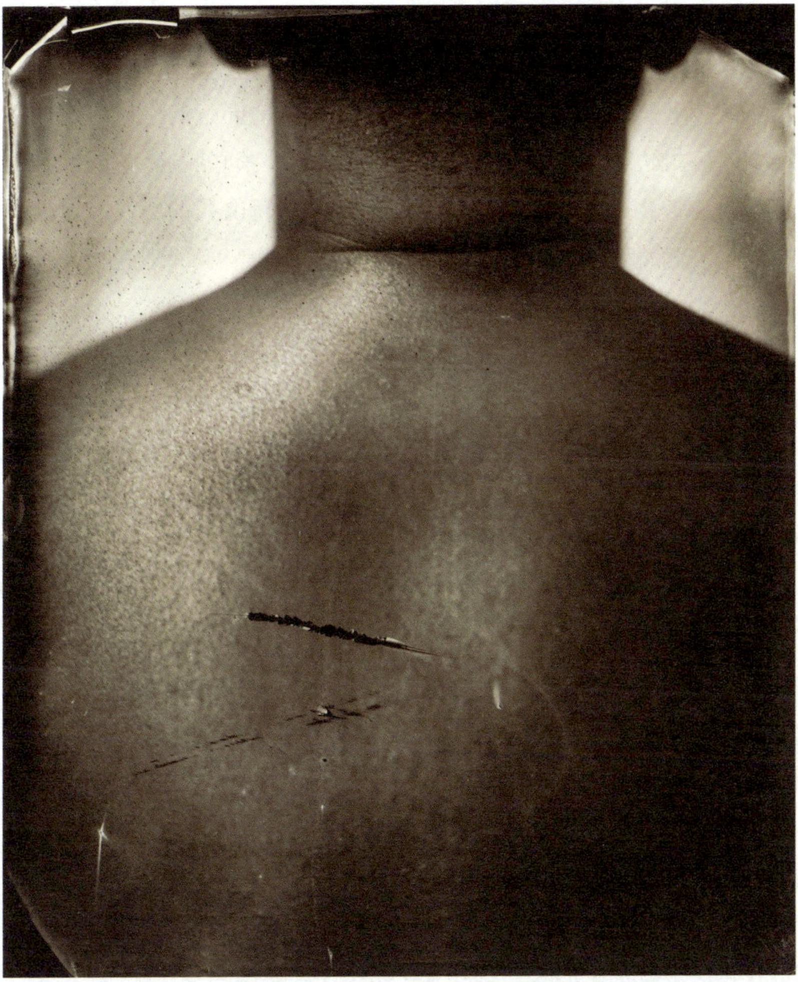

兰德指出的，我只有两个选择：继续跋涉、拍更多的照片，面临更多失败和绝望的风险；或者不再拍照，但这样面临绝对的失败和绝望。本质上，这是不确定性和确定性之间的选择，令人惊奇的是，不确定性带给人更多的慰藉。

因此我继续前进，拍下一张又一张愚蠢的照片，从那些有点前途的照片里获得鼓励。很快我遇到另一个障碍：我的新作品非常不稳定，缺乏形式和硬朗之气，受到旧作的挤压。旧的作品曾经也是不确定的，缺乏形式和硬朗之气，但随着时间流逝，它们获得了价值的必然。新作没有旧作享有的那种明显的轻松、基于事实的正确性。不，新作品总是棘手，无比执拗，仿佛逆生，几乎不可能经由人手诞生。

最终，我得到平庸法则的怜悯，和我痛苦的同行们一样，就像一只猴子在打字机边折腾出一个奇迹——终于得到一张好照片。它让我释怀，带给我欣慰，但没有人看到它的里程碑意义。每次我的朋友和家人都不解我的惊恐和绝望，轻松地说："别这样，你会拍出好照片的，你会的。放松！"

"放松！"我自嘲地哼道，扛着三脚架再去拍照，不管拍出的作品多么愚蠢、无聊、无可救药的差。"是的，你什么都懂。"他们怎么明白我拍出好照片之前令人崩溃的灵感枯竭的恐惧？谁理解快门和洗印之间的痛苦和历经蹂躏的希望？或者体会到终于获得一张好照片时的狂喜；这时的我消退的自信焕然一新，我勇敢地重拾旧业，就像一场奇妙的重生。

当然，这个现象也是短暂的。它持续的时间就像一个波峰，当波浪攻破沙堡退去时，我的自信也消退了。它留给我清晰的提示，不管上一张照片多么好，下一张必须更好。每一张好的照片都蕴含着绝望，因为它提高了下一张的门槛。

每一次都如出一辙。要劝自己相信好的照片是可遇不可求的很容易，但我也不完全相信好作品必然会出现。假如我相信它们出自我彰显的才华，相信我在某方面才华横溢，那么相信它们的必然性要容易些。艺术家有时费尽心机地强化好的艺术来自卓尔不群的艺术家的想法。但我不相信我自己很特别，那么，我究竟在创作什么呢？

我在创作平凡的艺术。我是一个执着地创作着平凡艺术的普通人。但正如泰德·奥兰德和大卫·贝尔斯在他们的《艺术和恐惧》一书里说的，"平凡艺术"正是大部分我们这样的不同于普鲁斯特或莫扎特那样的人所做的。假如普鲁斯特般的天分是从事艺术的前提，那么从统计上来说艺术将寥寥无几。艺术很少是真正的天分的结果，而是常人辛苦工作、坚韧学习和践行技巧的结果。对于我来说，我不懈地锻炼技巧，尽管我频繁失败、自我怀疑——甚至到了外化为自负的地步。这并不是英雄主义。相反，它充满了枯燥和无趣的付出。我持之以恒地拍差劲的照片，直到慰藉降临——一张新的好照片带来救赎。

这个新项目获得的早期成功让我误以为好照片来得很容易，误以为自己一开始就明白为何而拍摄。总的来说，我已经过了需要把事物拍下来看看在照片里效果怎么样的阶段，尽管有时候为了好玩我仍然这么干。近来我对于通过拍摄来理解它们对我生命的意义或者阐述一个概念更感兴趣。这幅关于黑人的作品似乎涉及了这两点，尽管还不成熟，甚至还没洗印。

柏拉图的回忆理论认为我们不是在学习，而是随着时间和深刻的探求，释放我们与生俱来的全面知识。在这个意义上，因为共同的人性，我们每个人自身都包含着一个“他者”，而只有艺术家能通过同理心和想象力超越自身身份，进入未知的他者。

尽管柏拉图这么说，但要理解我生命里的黑人和我的关系，理解奴隶制的具体意义，除了照片，仍要求非凡的同理心和想象力。作为一个白人，威廉·斯泰伦试图在《纳特·特纳的忏悔》一书里以细致的个人口吻讲述一个黑人的故事，他被指责沉溺于黑格尔所谓的“奴仆的心理学”。这个指责似是而非：我认为他那柏拉图式的普世经验，过于轻易地得出了历史之神秘和人性的结论。我希望当我探索自己的内心宝藏时，可以获得他成功的皮毛。

让探索这个宝藏变得更加复杂的是，对于拍摄照片我建立了一个相当严格的观念体系。几乎我的所有模特都是陌生人，大多都不了解我的摄影师背景，每次拍摄时长约一个小时。他们走进我前不着村后不着店的脏兮兮的摄影棚时，都非常谨慎小心。为什么呢？因为他们会想知道：这个头发花白、牙龈肿胀，周身沾满银色硝酸盐污迹的女人是谁？她想要什么样的照片？他们可能希望不要是什么公马之类的半色情玩意儿，但他们表达得非常委婉。我们短暂的友爱的社会背景充满欺诈和动荡的历史，因而让每一种情绪、每一个手势都充满疑虑。

甚至是在更具弹性的写作领域，连福克纳都不能像文森特·哈丁说的那样，在《喧哗与骚动》中，将“赤裸裸的白人思想”置入虚构人物迪尔西的头脑。那么，在一场拍摄中我怎么能希望把自己介绍给另一个种族、另一个时代和另一个性别的活人，建立信任关系，传达我的不可传达的需求，和解 400 年的种族冲突历史呢?

2009 年，亚伯拉罕·林肯诞生 200 周年之际，舞蹈家比尔·提·琼斯受委托制作关于林肯的舞蹈。他将林肯的遗产和继续笼罩我们的种族和社会问题联系起来。在他的舞剧《我们喜悦地企望，我们热烈地祈祷……》里，他用动作和词语来处理美国的奴隶制历史，但他在关于该作品的一个视频里讲述了他的困惑：

谁想谈奴隶制呢，尽管这个词听起来很顺口，谁真正地想谈……用什么样的词汇……我该怎么利用胳膊和腿的抽象象征?

一段时间后，他和比尔·莫耶斯说：

谈起奴隶制仿佛说话不着边。但我想里面有些东西……在你说的关于身体的存在里……身体……连接我们，身体被买卖，也是最终区别我们的东西。奴隶制是最恐怖的例子……这是一个抽象，仅是一个相互关联的“熔炉”里白热化的抽象。做这个练习对人们很有用，通过一个正式镜头来审视恐怖的事情。

琼斯选择来进行专注审视的正式镜头是沃尔特·惠特曼的诗《我歌唱带电的肉体》 。这首诗是许多感官馈赠之中的一首，突兀而冒险，是惠特曼对美国文学的贡献，因其描述奴隶拍卖的感官性语言而显得独特。惠特曼和琼斯通过自己的媒介，发掘拍卖厅里的奴隶，从人的角度为奴隶发声，探索他们的人性，为了直面他们，谈论他们的身体。他们的身体被出售、买进和卖出。是身体割裂了我们，身体是这件“商品”的价值。琼斯用音乐、舞蹈和惠特曼的诗句，为我们相互关联的熔炉加热，我借用了这个概念，用这句诗作为自己的探索的模板。

头、颈、发、耳、耳坠和鼓膜，

眼睛、睫毛、虹膜、眉毛、眼皮的醒和睡，

嘴、舌、唇、齿、上颚、牙床、咬嚼筋，
鼻子、鼻孔、鼻梁，

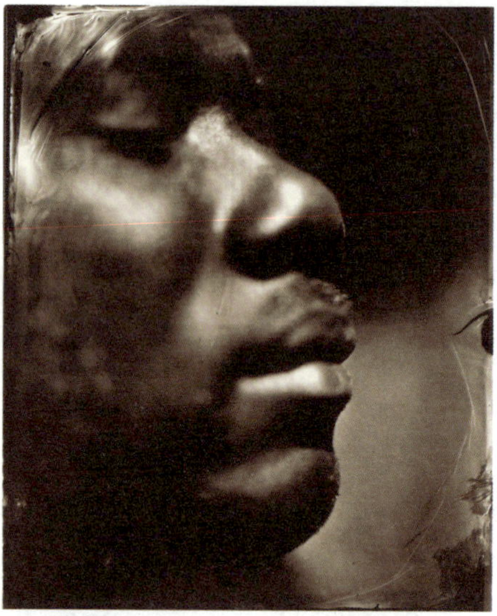

面颊、鬓角、前额、下巴、喉咙、脖子、颈椎，
强壮的两肩、威严的胡子、肩胛、后肩、宽阔的胸部，

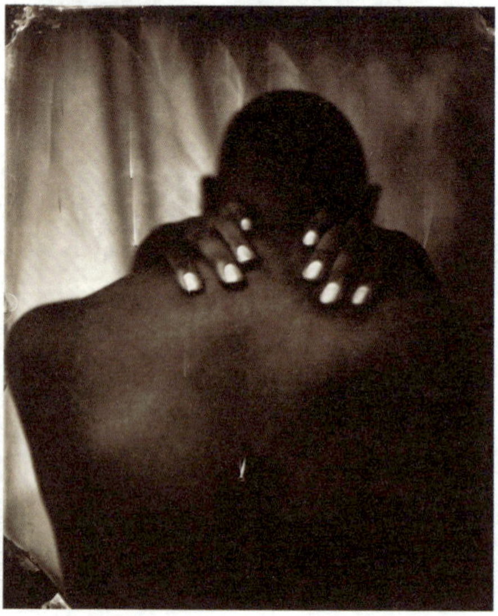

上臂、两腋、肘弯、下臂、臂筋、尺骨，
腕和腕关节、手、手掌、指节、拇指、食指、指关节、指甲，
宽阔的前胸、胸前鬈曲的汗毛、胸骨、腰窝，
肋骨、肚子、脊骨、脊骨的各部，
臀部、尾椎、臀部里外、睾丸、肾根，

强壮的双腿，有力地支撑身体，
腿的肌肉、膝盖、膝盖骨、大腿、小腿，
脚踝骨、脚背、脚拇趾、脚趾、趾关节、后跟，
一切的姿态，一切美妙的形象，一切属于我的、你的，或者任何人

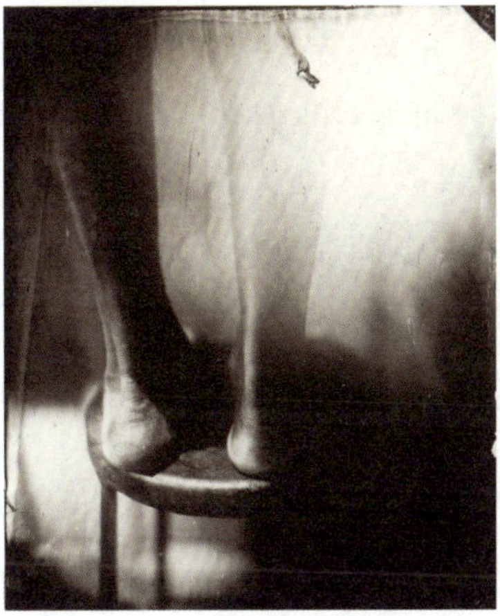

的肉体的东西……

啊，我说这不仅仅是肉体的诗歌，肉体的各部分，也是灵魂的诗歌，灵魂的各部分，

啊，我可以说，这些就是灵魂！

这些影像不是对我的模特的生理特征偷窥式的臆想。当有人问我近来在做什么时，我告诉别人“拍黑人”前都很犹豫，因为经常回应都是：“哦，像梅普尔索普一样！”

不，和梅普尔索普不一样，完全不一样。

我想做的是理解那些我小时候遇到的黑人，除了通过吉吉的眼睛或者我们种族主义的社会角度，我从来没有真正地看到他们、了解他们。这是一个奇怪的举动，令我惊奇的是我的模特们让我尝试。他们让我在我背负的模式化的、载满记忆的、极端锐利的、常不准确的历史包袱里去发现人。令人痛心的一个讽刺是有些包袱是吉吉出于恐惧和担忧给我的。

启发和理解可能是拍摄这些照片的自然而然的结果，也许和最终产出的影像、照片一样，也是艺术的一部分。由于这些作品清晰的、我主动赋予的特征，可以看作行为艺术：模特和摄像师在密切合作期间建立的关系注入并构成了艺术。我们不同的年龄和性别加深了这种合作，但种族、文化、年龄、背景和生活经历等社会建构也加剧了拍摄时处理的棘手性。这可能对我们来说都是一个紧张的时刻，至少对我是这样的。

我记得作家多萝西·艾莉森曾经说如果你写作时没有担忧地冒汗，那么你还不够努力。我没有那么夸张。让我流汗的，严格来说倒不是担忧，而是和肖像摄影本质有关的东西，这也是自 20 世纪 80 年代以来，我从未给家人以外的人拍过肖像的原因。

我曾读过一个理查德·阿维顿的访谈，他说肖像摄影拍摄对象知道自己在被拍摄，他在知情的情况下的表现和他当天为这次拍摄而选择的

穿戴同样是摄影的一部分。阿维顿感到他的模特对结果有所影响，他们为镜头而表演，参与了整个过程。当然，他承认他的大多数模特都是专业的或者懂得镜头意义的公众人物。在被追问下，他承认也有的对象“不知情，对我在做什么、为什么和怎样拍摄他们毫不知情，他们只是很好奇，同时很大方”。

因为我并不拍摄名人，我的模特通常都是“不知情者”，而他们的天真常常是好的摄影的便利材料。我想这是摄影史上的常情。比如，如果你看看戴安·阿勃丝的中央公园里拿着玩具手榴弹的男孩的照片底片，你就理解了。但不幸的是，这很难做到，因为她的版权只允许致敬她的艺术书籍刊发她的作品（尽管在本书写作时，在谷歌浏览器里搜索“Child with Toy Hand Grenade in Central Park”可以看到阿勃丝的接触印样上，这个男孩的很多不同的瞬间）。如果可以在这里刊发的话，你会看到：12 张的胶卷上，11 张照片完全正常（如果装扮奇怪不算的话），这个膝盖关节突出的男孩双手叉腰站在那里，有时在镜头前扮个鬼脸。但你的眼光会直接被里面一手紧握拳头、一手握着手榴弹、做着诡异鬼脸的男孩的瞬间所吸引。阿勃丝选择了这个男孩生命中这个反常的、奇异的瞬间，在这张照片里他看起来像个怪物一般。

她就是这么选择的。我也会如此。

我 1988 年的书《十二岁》里的这个女孩并不知道我相机的镜头可以看到她的胸，但我还是拍了。

我发表了这张照片，因为她并没有露出脸部，也因为这是里面最好的一张照片。

来看看这幅爱德华·斯泰肯拍的照片。

照片拍摄的是大亨约翰·皮尔庞特·摩根，他让斯泰肯用两分钟为他拍摄肖像。他怎么能知道椅子的扶手反光看起来就像他手里握着的一把匕首呢？摩根是阿维顿拍摄时的“专业模特”之一，作为公众人物他被拍摄了无数次。然而斯泰肯握着最终王牌。

摄影师总握着王牌。我们知道每一张伟大的照片都是一种利用。即使是他人的最简单的照片在伦理上也是复杂的，而充满野心的摄影师不管多真诚都从一开始就会背弃。拍摄伤害性的照片可能有一些机智的理由，有些基于时势，有的包裹在福克纳般的自负里：“如果一个作家要打劫他的母亲，他不会犹豫；因为《希腊古瓮颂》胜过所有的老妇人。”

但我们中的大多数人都没有济慈的天分，那么我们中庸的作品配得上我的作家朋友吉姆·刘易斯所谓的“福克纳的道德通行证”吗？刘易斯认为配不上："一个产出了伟大的作品的混蛋是伟大的混蛋。而产出拙劣作品的混蛋只是混蛋。"你可能好奇作为一个伟大的艺术家是不是没有那么痛苦，也许是；也可能痛苦随着时间淡化，尤其是艺术的重要性上升后。例如，多拉·玛尔对毕加索的不满重要吗？事实是，我敢说大多数的好摄影都一定程度地建立在拍摄对象的代价之上。

当我和他们一起工作时，我的首要目标是——尽管只能是短暂的——建立信任、弱化我们带有种族主义的过去。其次，我希望说服拍摄对象这个拍摄具有某种被普遍认可的美学价值，因此值得冒险接受拍摄。尽管在拍摄过程中，他可能脆弱无助。

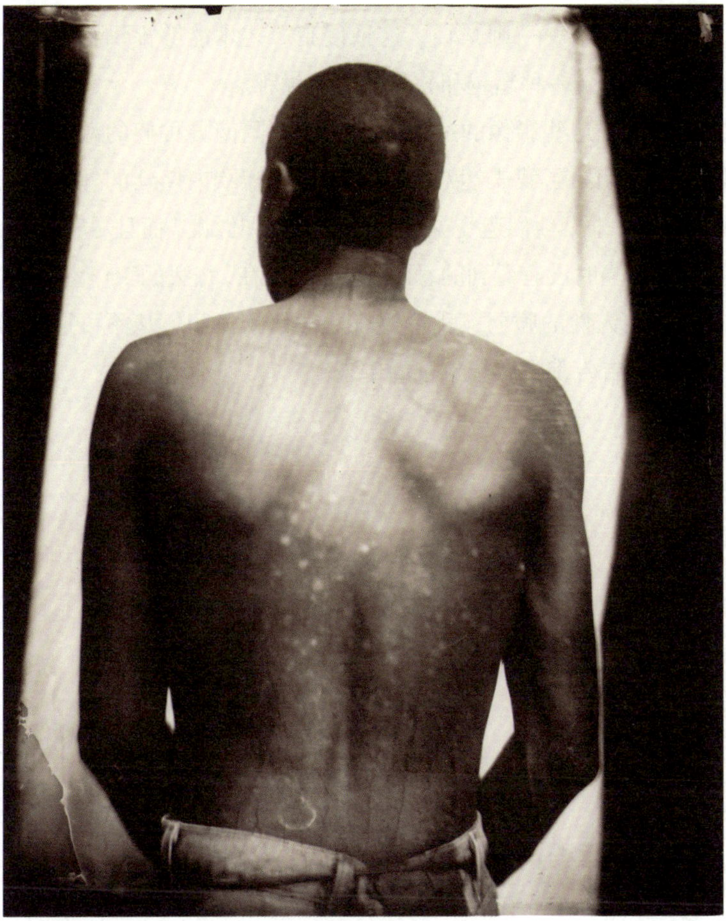

这个时刻带着阴谋: 拍摄是一个侵入性的行为,是单方面权力的行使,如果从历史的角度来看,这个行为的内涵令人担忧。摄影总是侵入性的,但这些经历是感官的,在最佳的状态下甚至是超验的。我遇到过一些完全陌生的人信任我,并把他们敏感的部位呈现给我——缺失的手指,结痂,患湿疹的背部,手术伤疤——在我午后恬适的工作室灯光下,一切都是那么从容。

我们不怎么说话,但我们在给予或接受。在最基本的层面上,这些拍摄是掠夺性的、辱没的、让人担忧的。但是,站在一个较高的层面,这些结果可以是令人升华的爱、肯定和希望的表达,这是肖像能取得的最高成就。假如侵入是肖像摄影的本质,那么完美的结果——美、心灵交融、诚恳和同情——则减轻了这种侵犯。艺术能够提供善的弥补,艺术的激情里蕴含着一种超越和软化理解的优雅。

但即使创作这些影像的过程不能超越美国南方种族的鸿沟,它们的确不能,但它们给了我表达对哈默、斯马瑟和欧内斯廷的外甥感激的机会。和许多人一样,他们遭受了我童年的无知和傲慢,而且尽管没有必要,他们展示了我当时没有看到的忍耐和勇气。现在,在我的工作室的庭院里,我展示并接纳人性的脆弱,我希望打开信任的大门,从不可逆转的过去通向一个我和吉吉都没有想象过的未来。

第四部分

我的父亲：违背愿望的现实

17 芒格家族

父亲总说他要在身体真正衰竭之前自我了断，他做到了。在经历过恶性脑瘤治疗失败的毁灭性的一年后，我们或许不该对此感到意外。父亲从青年时就对死亡的文化概念深感兴趣，我想知道，他是否很久以前起就已经记住了通向自己死亡之舞的路。我还想知道，是不是出生与死亡日期中数字的重复让他决定在特定的那天——5 月 22 日，吞下 30 粒安眠药。

罗伯特·西尔韦斯特·芒格

1911 年 11 月 22 日出生

1988 年 5 月 22 日去世

顺便，如果将我的出生日期数字倒序排列，如果我死于 2015 年 1 月 5 日的话，我墓碑上的铭文会更加令人满意：

莎莉·曼

1951 年 5 月 1 日出生

2015 年 1 月 5 日去世

尽管父亲对这种记忆的一致心怀期待，但他真正为自己选择的日期是过世前的那个周末，至少母亲是这么讲的。5 月 13 日全家人都聚到了一起，如果他能够在第二天去世，重聚与告别将会紧紧地联系在一起。

但他没有。虽然这是一个有趣的念头，但我怀疑这 8 天的延期与墓碑上的数字美学无关。

我怀疑，经过深思熟虑，他的念头与行为间已经落下了一层深不可测的阴影。尽管很难想象父亲坚决要做的事情会令他失望，但我想 5 月 14 日事情的确这样发生了。

但是无论如何，他为何会认为自己能在一屋子人之中实行自己的计划呢？我想他计划等所有人入睡之后，虚弱地穿过房间来到书房，轻轻关上门，然后他应该会拿出不知是在何处藏了这么多年的装着安眠药的棕色瓶子，标签已经泛黄，脱落到桌上。也许他甚至数出了需要的药片，倒了杯水。水不会太多，因为他担心膀胱将水分排出来，令他难堪，即使在他死后也不可以。

那年更早些的时候，他开始因为怕弄湿床铺而减少饮水量。他的头脑变得不再那么清醒，思维变得有些怪异。我们以为这是他临终的状况，但一位有经验的负责临终关怀的护士发现了原因。因为她了解对于他这样的人来说，成人尿布是难以想象的耻辱，并强迫他喝水。我打赌，5 月 14 日那天，他仅仅为了吃那些药倒了一高脚杯的水，如果他做到了的话。

他没能成功自杀，而是和家人度过了最后一个周末，即使这会使他们有些不便，在不久之后再次返回，在他最终达成目的的时候。

在接下来的一周，我的父亲回到了他孤独的位置，在能望见蓝岭山脉的窗边，他光头上如纸一般的皮肤因为化疗而擦伤红肿。他无助地望着失落的、发出沙哑叫声的乌鸦在房屋上空盘旋，他曾训练过这些乌鸦飞向自己。我猜他在选择着下一个最好的死期。

5 月 22 日是个周日，我的好友罗纳德·温斯顿从纽约飞来看父亲。几年前他和父亲相见时，在彼此身上都找到了相似之处：

温和的谦恭，穿着复古双排扣大衣一般的正直，旧式的博学，这些品质对于当时来说已经不再流行。

我在罗阿诺克机场找到了罗，开车送他到博克斯伍德，他还是一如既往地戴着袖扣，无可挑剔。他和我的父亲坐在天台，喝着冰茶，聊着对稀有开花树种，尤其是山茱萸茶和富兰克林树的喜爱。

他们都不会承认，只有正在迫近的死亡魔影，那只黑色巨鸟羽翼投下的长长阴影，才能够驱使一个繁忙的人，为了不到两小时的短暂时光，从纽约飞到弗吉尼亚。

当我送罗去罗阿诺克机场回来时，父亲已经在沙发上奄奄一息。

2011 年 7 月 5 日，当我写着 1988 年那天发生的事情时，一个朋友打电话来说，赛·托姆布雷大约一小时前在意大利去世了。赛的身影一瞬间在我脑海中浮现：有洞察力的眼睛，彬彬有礼的忧郁，用他的长手指讲究地摸着桌布，特别是似乎一直伴随他的，沉静而庄严的感觉，与他对巧辩和恶作剧的喜爱共存。

我脑海中的画面是一幅全息摄影，当他坐在厨房的桌前，我可以走到他身后，看到一小块不整齐的，因为睡眠被压平的头发——这些都是彩色的，带着声音，也运动着。我仿佛能听到他说俏皮话前的高声大笑，记得他假正经地捂嘴唇的样子。我能看见他穿着白色皮质乐福和鞋、粗条纹灯芯绒背带裤，小心地在工作室中走动的样子。

他离开的前一个月，我想我们都知道，他就像曾经笑着讲的一样，“这次真的把酒窖关了。”他没有像通常那样，在坐进车子后转过宽阔的背，神经兮兮地挥手道别，而是将脸转向我，没有直视我的眼睛，用我可以感触到的沉重和忧伤的声音说：“坚持努力，宝贝。”

他有气无力的声音，有皱纹的脸，门牙之间的缝隙——赛仿佛就在眼前。赛不喜欢照相，但他仍鲜活地存在于我的记忆里。我几乎没有拍过他，虽然他曾给我一张罗伯特·劳森伯格在黑山大学为他拍的照片，并指出他想让我放在桌面的哪个位置。

我确信我能如此清晰地记得他是因为我保存的他的照片非常少。在拍照手机已经无处不在的时代，想象在仅仅170多年前，世界上还不存在保存一张面孔、一段重要经历、自然之美的机械方式，会觉得很不同寻常。

若把生命看作一条奔流不息的大河，那么在摄影术发明之前，生活中的重要时刻就仿佛是长在了河水中央的岩石：它们叫嚣着，激起水花四溅，却仍对河水奔腾之势无可奈何；记忆的残骸在这些岩石周围堆积，令人眼花缭乱、五味杂陈、耳有余声。这种吸引人的记忆阻碍所产生的能量是快照取代不了的。当我们把工作外包给照相机，我们记忆的能力就减弱了，我们的回忆也变得匮乏。

我有父亲的很多照片，这使他离我更加遥远。在我极为不可靠的记忆里，他不以三维的形式存在，也不与声音和气味相关联。他只是一系列的照片。当我想起他时，我会看到他敏锐的、智慧的眼睛斜视着我，拇指轻轻地支撑着剃须后光洁的下颚。他的小臂很粗，左腕上是有弹性的金属表带，那块表至今还在我书桌的抽屉里。他的棉质白衬衫袖子卷起来，露出有力的肱二头肌。因为小心饮食只吃蛋清，他的腰很瘦，腰上是他系了40年的已经龟裂的皮带。

但是……事情的关键在于：这只是我关于一幅图像、一张照片的记忆。

我遗失了关于这个人的记忆，只有对照片的记忆。我跑上楼去找到剪贴簿，而他就在那里。父亲真实的样子、动作、声音，那个真正的他，我都已经不能清晰地记起，只有照片了。

使我失去父亲的不是死亡，而是照片。

毛边的、泛黄的照片，是它们让我的父亲罗伯特·西尔韦斯特·芒格二世仿若重生。他就在阁楼里，在祖母从家族在新英格兰的分支那边带过来的箱子旁边。只是那些紧紧捆扎在一起的、属于父亲的箱子，在裂缝的、属于不幸的外祖父亚瑟·埃文斯的箱子旁边，显得疏远而沉默。对比之下，它们就像热切地挥着手期待回答问题的小学生。

父亲的箱子不能透露任何答案，不像旁边埃文斯的箱子，从那里面，我可以看到个人对于不安全感的承认，些许的骄傲或热情，甚至是丰沛的情感。的确，关于父亲，即使是最基本的问题，无论答案如何，都需要我花几周的时间去梳理内容，并且组织成形。

他是谁？在接受了良好的教养之后，他究竟为何以此告终？如果他选择自己热爱的艺术、音乐和文学等高雅文化，而不是选择医学，是否会成为一个更加坦率、快乐的人？他是否真的曾经快乐过？他是否觉得自己的人生像同名者罗伯特·S.芒格一样充满意义？还有最重要的问题：为什么他会在早年间就形成对于死亡，尤其是死亡图像学的热衷？

如果我母亲一家人，像艾玛·亚当斯、杰茜·亚当斯、亚瑟·埃文斯和斯基普叔叔的故事那样，可以用未竟的梦想、有缺陷的性格、源源不断的困扰、反传统的性行为，以及贫穷、不幸和绝望来概括的话，我父亲一家，罗伯特·西尔韦斯特·芒格二世的故事，则要优越得多，它主要是关于完美实现的野心、婚姻和事业上的圆满、财富和慷慨、种族宽容、奢华优雅的生活方式和被放纵的痴迷。

老罗伯特·芒格是个忙碌的人，生意、家庭和公共生活这些事务本应占用他几乎全部的时间，但他却被一种驱使着他的热情控制住了——对这里的"驱使"可以做字面意义的理解，驱使他的热情的就是汽车。而他的孙子，就是我的父亲罗伯特·芒格二世，有一个探求艺术的灵魂，这位表面冷静、令人尊敬的医生，同样易受驱使和控制的影响。他对死亡抱有令人难以置信的痴迷，终其一生追求着大写的、庄严的死亡，直到死亡的黑色羽翼将他卷走。

我刚一剪开装着芒格家族物品的箱子包装绳，硬纸板就轻轻地敞开来，里面露出人丁兴旺的芒格家族 1922 年相聚在伯明翰的照片，仅匆匆一瞥，我的目光就被左下角当时 11 岁的父亲聪明、好奇的面庞所吸引。

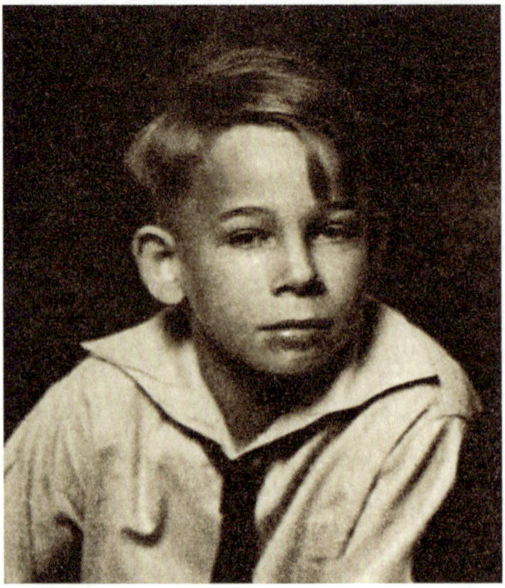

当我的目光向上游移，我又轻易地找到了他的祖父，老罗伯特·西尔韦斯特·芒格，父亲和他同名，他也是家里面父亲在外貌和性格上最像的人。

老罗伯特·西尔韦斯特·芒格站在他的孩子（他有四个儿子和四个女儿）之间，周围是他们的伴侣和子女；他微微靠向他的妻子，忧郁的玛丽·柯莱特，在她壮硕的身段跟前，他做出一副顺从的样子。

他假装自己处于甜蜜、满足的安眠中，双眼安详地闭着，而事实上，就在 4 个月后，这双眼睛永远地闭上了，69 岁的他死于肺炎。

我经常提到，父亲具有某种天才，而事实上，老罗伯特·S. 芒格是我们家族真正的天才，一个经济富足又慷慨的天才，后者显然更为难能可贵：1923 年 4 月，《伯明翰新闻》称赞他为来自南方的最优秀的慈善家。“几百万美元的捐款都不来自遗产，而是他自己的血汗钱。”

他出生在鲁特斯维尔一个勤劳的家庭，位于德克萨斯州距离休斯敦

160 千米的一片小城镇。这是个维基百科几乎不会提到的，人口峰值也不过 175 的小地方，是当时年轻的罗伯特·芒格全力以赴地想要离开的地方。

他的父亲，亨利·芒格，在鲁特斯维尔经营一家锯木厂和一家轧棉厂，他拥有早期美国人血统中的野心与强悍。1630 年，他的祖先从英国萨里郡迁移到康涅狄格州，比母亲有名望的祖先约翰·霍兰德恰巧晚了 10 年，就是那位差点溺死，后被“五月花号”船救回的祖先，这次事件被写入了史书。

生于 1825 年、在得克萨斯长大的高祖父亨利·芒格刚好赶上了加利福尼亚淘金热的时代，正如来自英格兰的家族分支中的艾伦的父亲，也就是我的高外祖父一样。只不过，不像那个离开后一直没有归家的浪子，亨利深受太平洋上的海难与营寨中的海盗之苦，两年后返回了西部的得克萨斯，走了整整 2498 千米。

现存的这幅亨利的肖像，是我在伯明翰从一位 93 岁的亲戚的档案里找到的，照片已经被用了很多次，甚至曾在人们将他入殓、为他守夜时用来标记他的身份，报纸上称，他的死因是得了一种“不严重却很痛苦的疾病”。

后来我才发现这幅肖像是从一幅更大的照片上截取的，照片中的故事生动地诠释了西得克萨斯州重建时代的社会关系。即使避而不谈照片中的种族问题，这张亨利·芒格的照片仍然展示了一个易怒、眯着眼睛的男人。我们可能会再次面对摄影术的欺骗，并用这种有力的媒介去取代真实的记忆。

肖像摄影表现人物性格的能力不亚于油画，但是，使用快照或者平庸的照片来代表自己的形象，你会发现这不仅仅会腐化记忆，同时它也会以一种恼人的力量歪曲画中人的性格，对后代造成误导。当拍照时机不适宜时，人物的姿势和表情会显得尴尬，这种虚假的照片往往比补救的证词生命力要旺盛，当最后一个指责照片不真实的人死后，人们会把它当作人物性格的线索去看待。

当只有一张照片保留下来，它就成了无疑的权威，我们仿佛只面对一个证人的陪审员，依靠他无可辩驳的证词了解案件。我想象着，如果在阁楼中的这些旧物里，只有一张我的照片被保留下来，后代们看到它或许会写："她是个苦大仇深、毫无幽默感的人，显然无法享受任何世俗的欢乐。对她来说，拍照不过是将她自身无法感受到的喜悦与奇妙形象化的一种方式。"

当然，更多的照片会减弱单张照片对人物性格扭曲的程度。如果能够知道至少需要多少张同一个人的照片，才能确保观众能够找到人物的标志性表情、排除非典型的手势，从而更加准确地，仿佛了解一个熟人一样地了解他们，会是一件很有趣的事情。

但我们只有一张亨利·芒格的照片，无法了解这是对他性格的如实反映还是歪曲。我不断抵制通过从时间之流中褫夺来的短暂片刻形成的碎片去做猜测的冲动，也许在这一刻他的大肠正在胀气，因此，我需要考虑关于他性格的其他证据，而暂时把他晦涩的表情和坐在沮丧的人力车夫身后时表现出的特权姿态放在一边。在葬礼上，人们赞美亨利·芒格"适度而不声张的慷慨大方"。

而我的曾祖父，罗伯特·芒格似乎对他很是敬爱，并在鲁特斯维尔磨坊厂为他忠实地工作，这更成为对他品格的重要肯定。

起初，亨利·芒格让罗伯特负责赶锯木厂拉木材的牛。《伯明翰新闻》记载，9 岁的他独自赶着牛群，在人烟稀少的地方，从危险的得克萨斯内陆地区走了将近 1127 千米。这是真的吗？ 9 岁的孩子走了 1000 多千米的路？

很明显，这是真的。因为之后罗伯特经常提到那次旅行，尤其是其中最吓人的部分：独自睡在丛林里，身上只盖一件父亲的外套，而嗜血的犯罪团伙就出没在他的附近，犯下残忍的抢劫、谋杀案。

罗伯特勇敢又能干，对农场的作用越来越不可或缺。因此不难想象，当他被 240 千米外的得克萨斯州特瓦坎的三一大学录取时，让他离开对亨利·芒格来说有多困难。果然，当罗伯特只在大学学习了两年，在拉丁语和法律专业上取得了优秀成绩时，亨利就迫切地将儿子叫回了农场，回报是，把轧棉厂的管理权交给他，那时候罗伯特只有 20 岁。

罗伯特·芒格不算高大帅气，从多数照片看来，他清瘦而强壮，我父亲就遗传了他苦行者一般的外表。他在艰苦的物质条件下长大，拥有勇敢、自食其力和勤勉的品格，而后者无疑是最重要的。

我从他留下的纸张中找到一封信，信中，他带着有些愤怒的口吻对儿子讲到自己的人生信条：刻苦工作对塑造性格尤为关键。（我的女儿弗吉尼娅说，当读到这封信时，她对基因决定论更加确信了，因为信里的话太像我对她说过的那些了。）

写这封信时，罗伯特·芒格 65 岁，他已是南方最成功的企业家和发明家了（关于这点之后会解释）。这封信是他 1919 年在佛罗里达州奥蒙德海滩与妻子、孩子一起过冬时，在度假村酒店信笺上用优雅的手写体写成的。有趣的是，有四个儿子的他只把信写给了其中在他看来不知感恩、游手好闲的三个。在此荣幸地介绍，被排除掉的那个就是我的祖父，他的长子科利特·亨利。

在信的开头，他责怪三个儿子是所有家庭成员中最少给他写信的，并且特别提到了四个高尚的女儿，之后他描述了一次偶遇：

今天早晨我们在约翰·D. 洛克菲勒先生身后打高尔夫球。在第九个球进洞后他停了下来，走回来热忱而友善地跟我们聊了起来，聊到了伯明翰、他的生意等很多事情。告别的时候，我问他，是否知道我是这家度假村的主人，并说他大概是我们这里至今为止出手最阔绰的承租人。我没有告诉他，他的代理人为他做了很好的投资，不但收回了全部成本，还挣到了钱。下次再跟他讲这些……

很明显，芒格先生没有太多休闲时间。他写这封信时的感觉很焦躁，不断提到很难忘记还没做完的工作。这很好地将读者引向了信件的主题：他痛斥了三个懒虫儿子——罗布利、朗尼和尤金。

我们，也就是我和你们的母亲，认为我们可以并且应该离开家，去寻回为孩子操心而失去的青春与活力……

我们能够真正为自己做些事，而非不停地工作、担心你们，这样的时刻很快就要到来了，对此我们满怀希望和期待。

我们可以把精力更多地投入自己的社群、国家、教会，以及这个广阔的世界中去——即使还未动身，我们也已经可以看到完全放松自己的机会，想到我们能做的最棒的事情。

他将拥有无尽创造力和魄力的自己与三个显然不具备如此雄心的、轻浮的儿子相对比，激动地继续写下去，他认为儿子们能够继承自己（强调了“他自己”）依靠创新的精神和不懈努力建立起来的成功事业是非常幸运的，并且将这项事业不断做强是他们的责任。

他当时一定非常生气，写掉了 8 页纸，他的字迹起初还比较拘束，之后则肆意在纸页上漫布开来，笔触随着情感变化不断扩张和收缩。

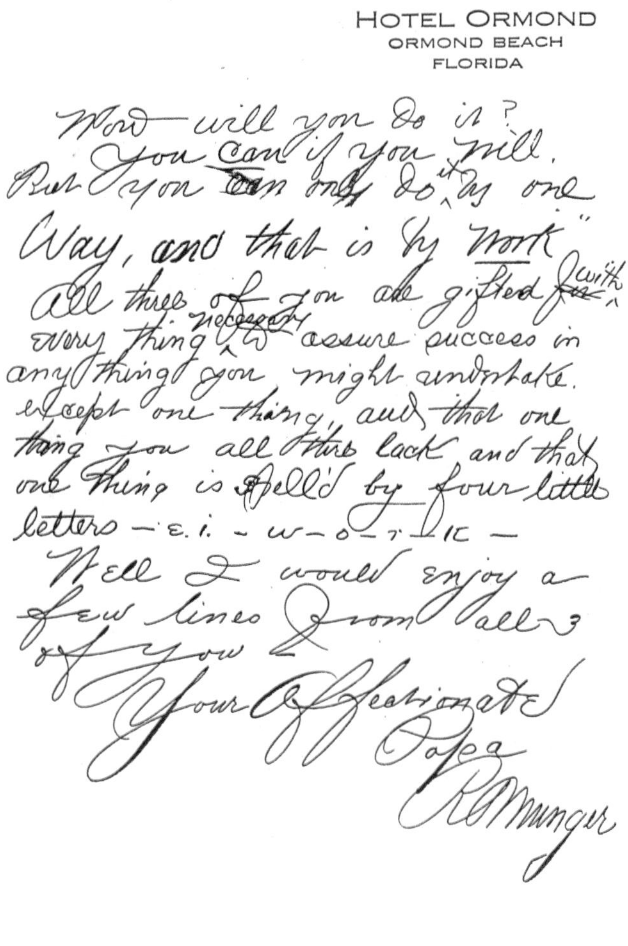
HOTEL ORMOND
ORMOND BEACH
FLORIDA

"How will you do it?
You can if you will.
But you ~~can~~ only do it by one
Way, and that is by Work"
All three of you are gifted ~~for~~ with
every thing necessary to assure success in
anything you might undertake.
except one thing, and that one
thing you all three lack and that
one thing is spelled by four little
letters — e.i. — W-O-R-K —
Well I would enjoy a
few lines from all 3
of you
Your Affectionate
Papa
R.M. Munger

他继续强硬地要求着：

现在你们准备有所作为了吗?

事在人为，但你们只能通过一种方式实现自我，那就是工作。

你们都具备克服困难、获得成功所需的天赋，唯一缺乏的东西，可以用两个字写出来，那就是——工—作!

希望能看到你们每个人的回信。

——深爱你们的父亲

R. 芒格

他的父亲，亨利，完全不需要在面对“R. 芒格”的信中拼出“工—作”二字。他是个好儿子，尽管被从向往的大学拉回穷乡僻壤的农场，却仍然为了轧棉厂的生意辛勤奋斗。更重要的是，这个受挫的拉丁文学者成了很好的商务经理，并且很富有同情心，这对我们的故事来说是很重要的一点。

罗伯特·芒格选择与自己的员工并肩工作，从零开始学习轧棉过程。他从职位最低的替工做起，从骡车上卸下从田野运来的装棉花的袋子。年轻人们拉着装得鼓鼓的棉花袋，步履蹒跚地把棉花倒进送料箱，飞起来的棉尘形成了一大团蘑菇云。

等灰尘落下来，身材结实的送料工人冲进翻腾的棉花堆，用手把它们压实，尽量躲避着面前不断飞起的棉尘。负责装卸的年轻人们则急促地跑着收集飞到地面的棉绒，一堆堆地抱着送回送料箱。搞定这些工作后，送料箱就被搬到巨大的压缩箱处。

压缩箱也被装满后，大腿粗壮的压缩工人跳进箱子，把轻柔的棉花团成团儿，用赤脚踩踏，深深地陷入时常能没过整个人的棉花堆里，直到他们猛烈的踩踏使棉花逐渐凹陷，他们才逐渐从令人窒息的棉堆里浮现出来，在浑浊的空气中，让肺部得到些许的放松。

棉绒和他们的活动所带来的灰尘形成云团并不断扩张，覆盖了整个压缩间，经过长时间压缩逐渐成为棉花团、棉花卷，轻柔地飘离房屋的椽和梁，和蛛网的丝线一起，轻触路过的人的脸——并到达哈维沙姆小姐的大起居室。所有工人，即使不断用湿手帕擦脸，仍然持续不断地咳嗽流泪。死亡率是一个无法避开的问题。

因此，即使身体强壮，罗伯特・芒格还是患上了轻度的肺病，开始在轧棉厂工作后，他的健康和工人们一样受到了损害，他在下班后咳嗽气喘。于是，他和聪明的女友玛丽开始思考引入一套封闭的、机械化的轧棉系统，把棉尘的排放降到最低。尽管都没有受过工程和设计方面的训练，他们还是着手实施计划，手绘出了复杂的机械运作说明书，而玛丽在 1878 年嫁给了他。

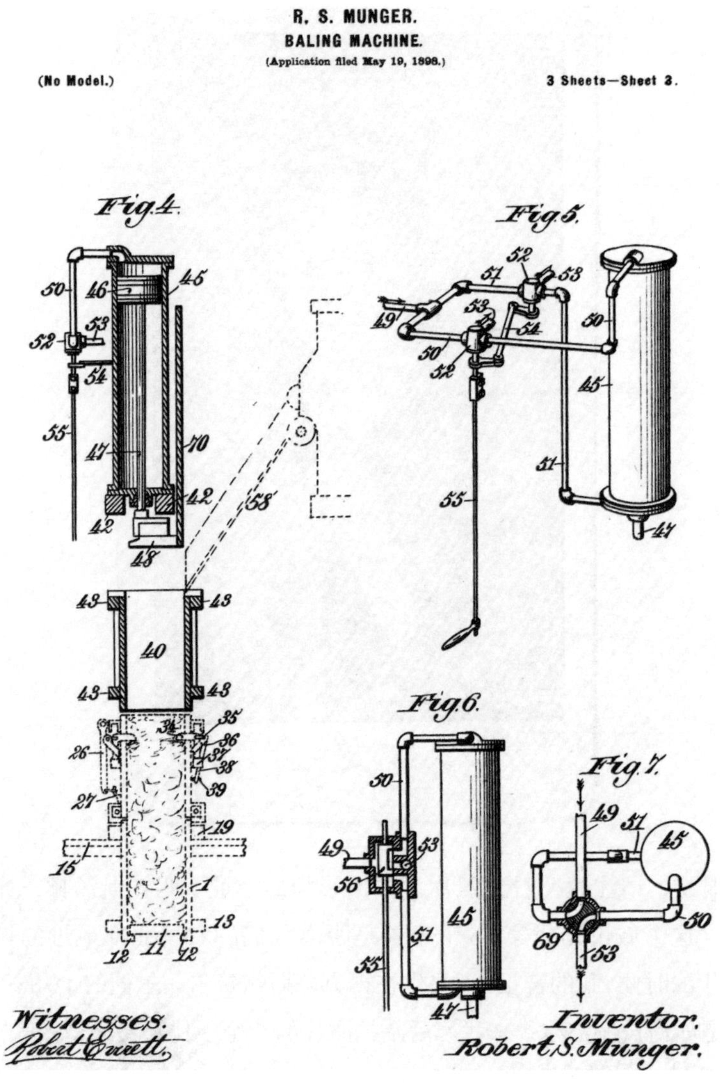

我时常在夜晚用很长时间阅读两位专家富有创造力的往来书信，他们平等与和睦的工作状态深深打动了我。他们的婚姻生活非常快乐而现代，罗伯特·芒格自1877年开始的求爱信表达了他们之间非同寻常又似曾相识的感觉，而他对玛丽令人印象深刻的智慧的尊敬则表达得更加明显。按照那个时代的标准，她并不算是美人，至少从我在伯明翰的档案中翻出的这张照片上看不是。

但是，请注意，看到照片下方摄影师的地址了吗？斯汤顿，弗吉尼亚州。这个城市据我家56千米，是距离我们的农场北部最近的城市。1875年的时候，我的曾祖母，出生在得克萨斯州费尔菲尔德的十几岁少女，到底是如何长途跋涉，来我家后院拍照片的？她为什么要这么做呢？

原来，她是为了到斯汤顿的一个女子学校，即奥古斯塔女子神学院学习。看来这段教育使她受益匪浅，在下一张我找到的她的照片中，她已经变成一个更加优雅的女人，照片拍摄于她与罗伯特·芒格结婚后回到得克萨斯的家的时候。以当时的观念看，这张照片中的被视为女性之美的标志——温柔顺从的神情、精致的容貌和微妙害羞的目光仍不多见。与之相反，玛丽看上去有阳刚之气，容貌粗糙而倔强，她是个令人敬畏的女人。

在几年后的一次采访中，罗伯特·芒格说她是不可缺少的伴侣，她的鼓励对他的成功来说非常重要。

她一直都是我的最伟大的灵感之源。她帮助了我……并且一直陪伴着我。她会和我一起熬夜，不论我需要多早离开家工作，她都会在那之前起床，穿戴打扮好。她会确保我有早餐吃，并且精神饱满、快乐地跟我道别，我没有任何她穿着晨衣的照片。她就像我一样，做好准备应对一天中的琐事。

显然，她能够胜任这些小事情。1879 年，罗伯特·芒格和玛丽·芒格一起完成了改进轧棉流程的革命性设计，依靠这个设计他们成了百万富翁。他，也可能是他俩，设计了一个能把棉花从箱子中吸出来送到轧棉机里的系统，省去了原本收集和搬运棉花的一半的人力。

棉花在进入轧棉机前要经过过滤，以清理掉棉尘和废物，再用带刺的履带运到成套的送料机前，再经过更细的棉绒通道和初级压缩机，在那里被填入一个接一个的棉胎，然后再进入压缩机进行包装。没有装篮的小伙，没有呼吸困难的踩棉工，也没有哈维沙姆成团的棉花絮在空中漂浮。

在这个清洁高效的流程中，从棉花的卸货到包装都是机械化操作完成的，只需要几个人来控制机器，而不是之前的 18 个人。

1900 Type Munger System Ginning Outfit with Vacuum Box and Belt Distributor Elevator

显然，这些改进符合人道主义的观念，但即使仅从商人盈利的眼光来看，它也是意义非凡的。它生产了更加清洁的棉制品，并且出色地将产量提高了 25%。随着业务的发展，这种运作方式为工人们提供了更加

安全的工作条件。罗伯特·芒格不但做了好事，还获得了成功。

通过新技术解决了鲁特斯维尔轧棉厂的问题后，罗伯特·芒格把迅速发展的系统迁到了得克萨斯州的梅希亚。他取得了芒格轧棉系统专利权，并用了 4 年时间试图说服其他轧棉机制造商生产他的系统。过程并不顺利，令人难以理解的是，竟然没有人想要生产和使用新系统。因此，1884 年，30 岁的罗伯特和玛丽回到了制图板前，设计了他们发明的设备的生产流程。芒格借钱在达拉斯置地建厂，开始自己生产芒格轧棉机。

Munger Improved Cotton Machine Manufacturing Company Factory, Dallas, Texas

通过印制设计精良的产品目录，以及竭尽全力地进行广告宣传，他迅速

The above is from a photograph of car which was loaded at Dallas, Texas, November 13, 1900, with Munger Compressed bales. Note that the car is *not entirely filled*, yet it contains **144** bales weighing 76,256 lbs. The distance left between the rows of bales on floor of car was 7 feet 7 inches, in which space 25 to 30 additional bales could easily have been loaded.

获得了商业上的成功。几年之内，他的工厂盈利巨大，他卖掉一处当地工厂，在亚拉巴马州的伯明翰开了当地第二大的轧棉厂。这家新厂位于密西西比州东部，战略位置很好。他将公司与当地的几家轧棉公司合并，创立了大陆轧棉公司，并在1892年把家从达拉斯搬到了伯明翰。

鲁特斯维尔的小轧棉厂还历历在目，大陆轧棉公司已经开始迅速扩张，很快就已经拥有6家繁荣的轧棉厂，在全世界开样品间，总资产以今天的标准算，超过1.16亿美元。

继承父亲的轧棉厂20年后，40岁的罗伯特・芒格成了一个成功而富有的人。而当我在历史的书页中寻找他的印记时，我心满意足地发现他持久的名声并非来自发明家或富商，而是来自一个人道主义者和慈善家。

人人都说，他真诚地关心他人，一贯心地善良、彬彬有礼、无比慷慨。大部分关于曾祖父的信息都来自他的讣告，《伯明翰新闻》用头版文章这样描述他——“有着文雅、和蔼的灵魂，无论财富还是掌声都无法让他骄傲自满起来。他从不失态。”文章接着写道：

芒格谁都不崇拜，也谁都不蔑视……他不会歧视黑人，他说自己的朋友中有数百个黑人。他为伯明翰的所有黑人教堂捐资……当地的黑人学校请他捐款时他从不拒绝，还献出宝贵的时间和建议。

在那个时代，有多少杰出的社会人物可以并且值得收获像他一样的评价呢？

显然，那些“来自黑人种族的朋友”对罗伯特夫妇的感情是相互的，并且毫不犹豫地将它表达了出来。1924年，玛丽去世，距离罗伯特去世不到一年。当时《伯明翰新闻》刊发了这样一篇文章：

来自有色种族牧师的敬意

请允许我用贵报的版面讲讲罗伯特·芒格先生美丽的妻子玛丽·芒格女士……我感觉死亡带走了伯明翰市有史以来对于不幸者最有同情心的人。

与已故的丈夫相似，她有一颗独立于种族与信仰、同情穷人的心。我可以确定地说，没有一座伯明翰的黑人学校或教堂未曾受过来自他们善良双手的帮助……伯明翰的几千个黑人……都为失去一个行了如此多善事的人感到哀痛。

W. H. 亨特牧师

正如起初完全不了解母亲苦痛而特殊的过去一样，在开始翻动阁楼上的东西之前，我几乎完全不了解曾祖父罗伯特·S. 芒格。比如，我不了解他有多少财产，不管祖上曾传给我父亲何种财富，在我父母去世前他们已悉数将财富花费在土地、艺术品、汽车、教育、奇花异木和那些别致而时髦的南方服饰上了。我之前已经知道芒格先生是个轧棉领域的发明家，但不知道他的发明有多重要和独到。在父亲书房的照片里，他高傲地坐在一辆老爷车的轮子边，与之前一样，我不了解他对汽车的喜爱。我以前大概知道，有几栋大楼是以他的名字命名的，也看到过他的名字雕刻在金色和银色的牌子上，但我对他的慈善事业完全不了解。

随着研究的深入，我开始好奇，家中挂在最靠南的角落的柜子里的那副骨架属于哪个种族的人，尤其是在得知亨利·芒格搬到得克萨斯州的时间之后。起初，我轻松地推定并确信，就像加里森·谢勒认为的那样，芒格家族搬到美国是因为作为清教徒，他们希望能超越英国法律允许的范围去抑制自我。通常在新英格兰家庭中，清教徒的信条预示着他们会在之后的19世纪晚期高贵地接受废奴主义——这是清教传统的闪光点。

但是芒格家族恰恰偏离了轨道。亨利·芒格在19世纪50年代搬到得克萨斯州，让外国佬在当年去得克萨斯的动力通常不是抑制自我，而是奴役他人。得克萨斯共和国宪法颁布于1836年，体现了一种对美国特殊制度的过度热衷，创立的目的部分是帮助奴隶主脱离规定奴隶制非法的墨西哥，从而保留他们的蓄奴权。

在得克萨斯州之外的地方了解到一些广为人知的事实后，我变得更加不安。2011年夏天，我去南方了解自己的祖先，发现母亲在波士顿家族处在未必被腐蚀的状态（从奴隶问题的角度上看），当然，内战中他们也属于正义的一方。但最令我害怕的是我在亚拉巴马和得克萨斯州的新发现。

我在93岁的伯明翰亲戚的储藏柜里发现了一封悲伤而具有挑衅性的信。在这封手写的信里，得克萨斯州费尔菲尔德的J.H.科利特——一个把女儿玛丽送到1947千米外的弗吉尼亚州的斯汤顿上学的，似乎同样是个思想开放的人，向田纳西州的外甥描述他买卖奴隶的细节：

购买一个6人组成的黑人家庭时，发生了一个意外，（这个家庭的成员包括）一个男人和他的妻子，还有4个孩子，最小的12岁，最大的21岁。

一天下午奴隶主到镇上来，告诉我他想卖掉这些黑人。我说我没有钱，他说那也没关系，并请我到他家过夜。我去了。

他家离那些黑人居住的小屋不太远，于是他建议我去看看。我们到小屋时，黑人们正在吃晚餐，他让他们都出来，告诉他们我是他们的买主。黑人女人说："杰克逊主人，这人买不起我们，我听说几年前他从斯普林菲尔德回来的时候，身上只有一个包。”

奴隶主按照姓名和年龄对他们进行了清点，我都在随身带的一个小本里记了下来，并在每个名字旁写下我的估价，总价5000美元，奴隶主看到了立刻说：“没问题。”

晚饭结束后，我写了一个抵押券，他签了字。然后，我按要求给了他我写了价钱的笔记。第二天早晨他让奴隶们坐上马车，在我之前就到了费尔菲尔德。在一两天之内，我又以6000美元将他们卖到了镇子上。

之后我了解到，他卖掉奴隶是因为妻子不喜欢他对待他们的方式……

信在一个令人遗憾的句子上戛然而止，那句话几乎确定无疑是个诅咒。剩下的几页随着时间遗失了——抑或被某个谨慎的亲戚，出于不想玷污档案的目的，有意拿走了。

因此，这就是事实：我的高祖父白手起家，通过买卖奴隶富裕起来。如果相信亨利·芒格在得克萨斯所开的轧棉厂那些从事搬运、压缩棉花工作的，因为吸入棉尘患病死去的工人不是黑人奴隶，就太过天真了。内战结束时罗伯特只有11岁，因此他从来没有购买奴隶。但我时常怀疑，他对于黑人的慷慨捐助是否源于对家族过去蓄奴行为的罪恶感。还是孩子的他曾与奴隶们密切接触、共同工作，尤其是，或许可以假设，他或许曾与负责卸货的男孩子们一起干活，甚至目睹他们的死亡。这在我看来，或许可以从心理学角度解释罗伯特之后对非裔美国人的慷慨。

无论如何，芒格先生对轧棉厂的改进措施拯救了患肺病的工人，也延续了他自身的成功。此前，他用超过25万美元的启动资金建立了芒格慈善信托基金，为工厂患病、受伤和死亡的工人提供帮助。在美国的淘金时代，在那个大盗横行的年代，这种做法是非常进步的。而在其他方面，例如对妻子的尊敬，他也超越了所处的时代。芒格有数不尽的慈善捐助都是以自己和妻子共同的名义进行的，将他们包容与尊敬的婚姻关系延伸到了慈善事业之中。

芒格的慈善热情逐渐广为人知，1921 年，他获得了《伯明翰新闻》颁发的奖杯，这是当时的一个了不起的奖项，只颁给杰出而无私的南方人物。正式的颁奖仪式在伯明翰的第一座循道公会教堂举行，现场人非常多。事实上，根据报纸的报道，由于教堂已经挤满了人，不得不关闭大门，还有约 7000 人被关在了外面。

记者采访了一位因没能进入现场而哭泣的女士，她一边啜泣一边说，自己是一路从恩斯利（伯明翰外一座繁荣的工业城市）赶来看芒格先生领奖的，记者引用了她哀求的话语："这件事对我而言，比对你，或是其他人都更重要。"

她不断地撞门，记者从中周旋，她才最终得以进入现场。

报纸刊载了部分赞美罗伯特·芒格的发言，其中一位斯托林斯先生的话尤其引起了我的注意，因为按照他的描述，这种特质是如此接近罗伯特的孙子，我的父亲，甚至可以轻易地用在父亲身上。

他在日常生活中很谦逊，同时却怀有宁静而惊人的力量、广博的同情心和善解人意的品格，从不装腔作势，总是热切而真诚地帮助他人……在他的体内，潜藏着一种宁静的骄傲，潜藏着一种源于天生的力量而绝非自负。他纯洁、令人感觉温暖亲切，举止间透露着质朴的礼貌，格外优雅高贵。

演讲结束后，在欢呼（据报道，还有人哭泣）的人群前，芒格带着"羞怯的举止、迟疑的话语和明显的谦逊"，领取了奖杯。他简洁地做了演讲，令人惊讶的是，他离开平台，跨过圣坛来到观众席中，在玛丽身边停下，对安静的观众说：

这座教堂里有个人……这些年一直在我身边，给我真诚与无私的帮助、灵感，从未跟我红过脸，赞同并促成我每个源自善意的念头和冲动。

他把引人注目的银奖杯交给了她，吻了她，并坐了下来。第二天，他就把奖杯送到当地的珠宝铺去，要求在上面刻上她的名字。

在我的婚姻生活中，钱一直是引起我和拉里摩擦和冲突的导火索，但罗伯特和玛丽显然不是这样。芒格信任和尊重玛丽，1923 年他去世时，留下了 300 多万美元的慈善基金给她进行管理。他自己则把多数财产（据报纸上面的估计，总共高达 5200 万美元，那些纸币足够烧掉一头湿透的骡子）捐给了慈善事业，部分匿名，部分以夫妻共同的名义。

事实上，认真思考他的遗愿，并查看他细心手写的账目后，会发现一个明显的事实：他留给慈善事业的钱远远多于给孩子的钱，尽管每个儿女和孙子女（其中也包括我父亲），都得到了相当多的钱，继孙子女也不例外。

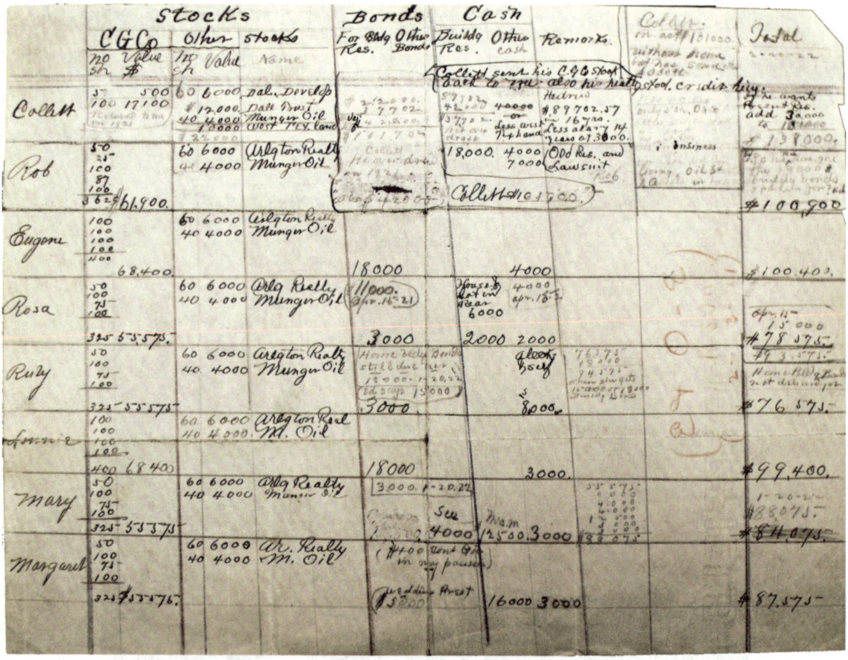

	Stocks CGCo (no sh / Value $)	Other stocks (no sh / Value / Name)	Bonds	Cash	Remarks	Total
Collett	50 500; 100 17100	60 6000 Dal. Develop; $12,000 Dall Trust; 40 4000 Munger Oil		40000	Collett sent his C.G.Co Stock back to me also his Realty stock; $89702.57	$137000
Rob	50, 25, 100, 87, 100; 362 $61,900	60 6000 Arlgton Realty; 40 4000 Munger Oil		18,000; 4000; 7000	Odd Res. and Lawsuit; Collett $101,000	$100,900
Eugene	100, 100, 100, 100; 400 68,400	60 6000 Arlgton Realty; 40 4000 Munger Oil	18000	4000		$100,400
Rosa	50, 100, 75, 100; 325 55575	60 6000 Arlg Realty; 40 4000 Munger Oil	11000 apr. 15-21	4000; 4000 apr. 15		$78,575
Ruby	50, 100, 75, 100; 325 55575	60 6000 Arlgton Realty; 40 4000 Munger Oil	3000; 3000	2000; 2000; 8000		$76,575
Lonnie	100, 100, 100, 100; 400 68400	60 6000 Arlgton Real; 40 4000 M. Oil	18000	3000		$99,400
Mary	50, 100, 75, 100; 325 55575	60 6000 Arlg Realty; 40 4000 Munger Oil	3000 1-20-22	4000; 12500 3000		$84,075
Margaret	50, 100, 75, 100; 325 $55575	60 6000 Ar. Realty; 40 4000 M. Oil	Wedding Present	16000 3000		$87,575

他在遗嘱中规定，他的钱应该捐给教育机构、孤儿院、盲人院、刚起步的基督教青年会、当地的各个教堂，以及，里面特意写明：“许多黑人教堂。”

基于所有这些已知的事实，罗伯特·芒格，一个富有、成功、文明、忠于妻子的人，原本应该能每晚安睡的好人，会被失眠所折磨，似乎很奇怪。

玛丽归咎于他过度活跃的大脑，她的判断无可辩驳。对罗伯特这个浅度睡眠者来说，他们在伯明翰的第一座房子米拉波·斯旺森别墅，距离五点路喧闹的交通线太近，他将这幢豪宅搬到了圣玛丽圣公会教堂后面，那里更安静。

但即使那里他也感觉太吵，1902 年他搬到更偏远的乡村，买了建于内战前的希腊复兴风格的漂亮别墅，叫作阿灵顿。37 年前，就在罗伯特·E.李投降后，联邦军将军詹姆斯·H.威尔逊曾在别墅楼下的图书馆制定摧毁奥克斯慕和艾昂戴尔锅炉厂的计划。

根据艺术家马克思·赫尔德曼的描绘，这座房子当时归威廉·马德法官所有，被威尔逊征用，下方的文字说明写道，威尔逊的下属们“把苹果木和桃木制成的酒桶，从蛛网中滚到阳光下”，并迅速地把那些美

酒解决掉了。

无论如何，部分关于威尔逊突袭的研究反映了一个被掩盖的事实，即阿灵顿的主人马德法官其实是联邦军的支持者。事实上，威尔逊和他的士兵们刚抵达时，发现阿灵顿的门亲切、好客地向他们敞开着。但马德法官是个禁酒主义者，因此我打赌人们并没有像画中描述的那样畅饮白兰地。然而要解释为什么马德愿意献出阿灵顿去支持威尔逊在此后发动的波及他周边地区的凶残袭击，依然很困难。

然而，别墅幸免于难只是暂时的，战后阿灵顿就立即陷入了困顿，曾几度易主，192 公顷的土地被瓜分到只剩 13 公顷。那时我的曾祖母以 12300 美元（相当于今天的 30 万美元）买下了它，价钱不算太贵。此前，别墅曾被当作寄宿公寓使用了 14 年，而后又被废弃，沦为一片年久失修、令人伤感的废墟。

在这里，罗伯特 · 芒格感到他的焦虑逐渐转变为舒缓，他决定修复这座荒芜的美丽建筑。

这不是件轻松的事，他的监工爱德 · 诺顿在信件中提到，预计需要修复的部分数量多得令人沮丧，包括朽坏的窗台、损毁的柱座、作为柱廊必要结构的钢梁，需要重做很长一段铜制排水管道来替换原先生锈的部分，橡木地板的损毁程度很可怕，主要是由靴子踩踏造成的，其中也包括联邦军士兵们。

诺顿及时完成了修复工作的基础工作，并着手处理细节：除去木板条上碎裂的石膏，疏通室内管道系统，用电灯取代煤油灯。他重新打开壁炉，并和芒格一起研究如何通过地下管道连接与户外的锅炉，为室内提供蒸汽热能（事实上，这个系统与我们现今在农场用的系统相似，只是我们更原始一些，用木头为锅炉生火）。一旦这个地方有了电和供暖系统，玛丽就行动了起来，挂上从天花板垂到地面的长窗帘，擦亮难以计数的银器，并为家庭聚餐安装了庞大的由多块桌板组成的餐桌。

我不确定，在拍摄于装修完的起居室的照片上，三个人物之中最引人注目的是哪个。

地面需要大量修复，芒格雇用了弗雷德里克·劳·奥姆斯特德，他设计和种植了一片优雅的山核桃林。2011 年，我曾在那里散步，遗留下来的林子仍然令人印象深刻。

芒格先生命人将地面铲平，建了网球场……还在附近的一条小溪上筑

坝，挖出一个游泳池。之后，他擦净了曾在米拉波·斯旺森别墅使用的汽车，将阿灵顿对面的两座房子也买了下来，其中一座改造为阳光房和佣人的住处，第二座则改造为可以停放多辆汽车的车库。

等等，一座建于1902年的可以停放多辆汽车的车库？

是的，一座车库……因为除去生意、家庭、慈善、教会和公共生活，罗伯特·芒格先生真正热爱的还有汽车。

一切都是从自行车开始的。

骑自行车当然是世纪之交的一种时尚消遣，也是对身心健康等准科学的狂热崇拜的中心。但对于芒格来说，它还不仅仅意味着这些。他非常热爱各类运动：他和家人一起骑马、打网球、游泳、爬山，甚至还打拳击。

芒格确保他的每个孩子都能在两岁前学会骑自行车，我不知道他是如何做到的。照片中位于画面左下角，正在一边蹬车一边友善地跟兄弟姐妹们聊天的孩子，就是玛格丽特·芒格，她只有 18 个月大。

芒格十分热衷鼓励家人进行这种两轮运动的探险，给每个孩子都买了特别的骑行装备。最小的孩子的自行车是定制的，通常从欧洲买来。

玛丽似乎比 18 个月大的孩子更不能骑车，我没有找到关于她骑车的证据。不过罗伯特·芒格本人经常在伯明翰周围骑车，打着领带，戴着帽子，穿着大衣，他的 8 个孩子按照年龄大小排队跟着他。

因此可想而知，当世纪之交，汽车开始批量生产和销售时，它对于热爱自行车的曾祖父的诱惑有多大。1902 年，芒格带着家人从伯明翰到纽约去买他们的第一部汽车。买到车的早晨，他骄傲地把所有人叫出来去兜风……一路开到了费城。用了 12 个小时。

他们开心地回到纽约，第二天去了波士顿，路程是前一天的两倍。然而，这次旅行却没有第一次有趣。他们的轮胎跑气了，却发现没带千斤顶。一向善于解决问题的玛丽以岩石为支点，抓起路旁的一根围栏，一端放到车下。芒格则和男孩子们一起修补内胎。此后，每次出行他们都带着千斤顶和一把用来铲平路面的铁铲。

这次麻烦和不便并没有打消芒格的热情，一年后他又买了 3 辆车：14 马力的帕卡德、24 马力的帕卡德和 1903 温顿。很快，开车取代了骑车，成为主要的家庭活动，装备变得更加奢侈，有时车上还配有各类装饰。

因为已经做好充分准备，即使链子断了，轮胎瘪了，也不会陷入麻烦。芒格慎重地坚持派马车做后援，像游行般跟在车子后面，保持着谨慎的距离。

车的故障威胁被排除了。一家人坐着“大篷车”，带着野餐篮，离开伯明翰去芒格在市外14.5千米处购置的一个农场。这14.5千米花了半天时间才走完。据他的子女在多年后说，每当他们在路上遇到农民时，整个车队都得停下来。那些谨慎的马匹围着安静的车子转悠，好奇的孩子和成人们目瞪口呆地盯着发动机引擎。许多伯明翰市民称，这些在路上不期而遇的人给了他们第一次驱车体验。

显然，4辆车是不够的，因为第二年夏天，1904年6月，芒格又买了一辆车。他带着大部分家人坐船去伦敦，住在米德兰大酒店，等手续办好。这是一辆法国帕卡德。经过思考，我意识到，也许我的家人对于外国车长期着迷即源于此时——比如，每次帕卡德的轮胎破了，都需要从法国进口。因为生产者稀少得出奇，外国产的蓄电池经常用光。作为一个冒险的演习，芒格会把银灰色轮胎放进燃烧室，用喷灯加热，点燃空气系统。“买福特不是更省心吗？”这个恼怒的反问不断重复地被家族后代们提起，直到我这一代。

新车运到宾馆前时引起了周围人群巨大的骚动，警察不得不出动来控制。一家人离开喧嚣，开始了 3200 千米的旅行，去了英国、比利时、法国和瑞士。

显然，一切顺利，直到在瑞士翻越阿尔卑斯山时，制动器因为过热而停止了运作。

芒格没有恐慌，换到最低挡，通过轮流控制引擎气缸和刹车降低速度，但没人想到，在这辆不听话的帕卡德车上，刹车与离合器踏板有一种特殊关系，不像大多数车，用低挡位无法令它减速。因此，随着帕卡德的加速，芒格没有选择，只能将新车向侧面的山岩开去。

那个时代的车的后排的车门通常是木质的，设计在车的背后，而不是像如今一样在侧面。后门的内部连着一个座椅，一旦门关上，座椅就会下降，这对坐在上面的乘客来说可不太幸运。而那天，坐在那个座位上的人是抽中了下签的玛丽，当车子撞到山上，旋转，后门被挤坏了，她被困在了车里。

玛丽从小就身材比较高大，长大后更加壮实，他们用了一天时间才把她从后座解救出来。根据他儿子对现场情况的回忆，这对她来说可不

是好玩的事情。

说来巧合，那周之后，在回伦敦的路上，罗伯特·芒格恰好遇到一个法国的汽车底盘设计师，马利纳克斯先生。罗伯特自然要问他如何改进汽车设计中这个明显的缺陷。两个男人在摇动的船上，抵御着来自海峡的风，用力在纸上画图，设计了一种新的汽车底盘，后座门位于右侧，车身材质为钢而非木头。

这个设计一完成，芒格就买了第二辆帕卡德，并把车运到了伦敦，原本的车身被换成芒格与马利纳克斯设计的，有后座侧门的新车身。完成后，改造的帕卡德被送往纽约，在瓦尔多夫进行展出，美国汽车制造商都看到了这项创新并开始学习。

我的研究中没有证据表明芒格为这个点子取得了专利，抑或通过它挣了钱。但我猜测，为自己的家人以及未来的其他家庭设计出更安全的车的承诺对这个富有的人来说已经足够了。

当瓦尔多夫展览结束，罗伯特·芒格开着新改造的帕卡德离开纽约时，他被骑着自行车的警察开了一张超速罚单，这为故事添加了一个讽刺性的转折。

而58年之后，佛罗里达警察开着黑色雪佛兰，尽全力延续当年的传统，为汽车狂热者芒格一家开罚单。

只是这一次，在20世纪60年代，他追的是我笨手笨脚的父亲。我和他开车去佛罗里达参加赛车比赛，父亲希望我同劲头十足的英国车手握手，具体是施蒂林·莫斯还是格雷厄姆·希尔，我忘记了。

带女儿去赛车的确不太寻常，但我们家中有件事情是确定的：罗伯特·芒格家的女人绝不该是胆小的司机。父亲对母亲害怕开车感到不耐烦。她36岁才得到驾照，始终没真正掌握踩油门与离合器之间的关系。他认为女儿应该明白如何在弯道加速、如何纠正最初的漂移、用脚尖和脚跟换低速挡，还有我们练习最多的紧急刹车。

跟父亲学驾驶很折磨人。我们通常晚餐后离开农村的家，我在他没有差错的指引下开到卖家大道，那边总有城里的酷小孩在自家前院的树影下玩耍。当我们转弯到那条街时，他会让我换到低挡，然后加速到限速以上，当我们的车轰鸣着冲向我的同学们时，他喊道："紧急停车！"期待我猛踩刹车，以防撞到打台球的孩子。

我除此之外别无选择——如果我出错，他就不让我开车了。像任何一个14岁孩子那样，我十分渴望得到驾照。因此我愿意承受同龄人的笑话，虽然很想和他们做朋友。每次他喊叫时，我就把刹车踩到底，车会冒着烟停下来，我渴望朋友们用目瞪口呆的表情看着我们，呼啦圈掉落到脚踝边。趁他们还在观望，我调整脾气古怪的化油器，然后从卖家大道开到克洛弗乳制品商店，去做他的下一项魔鬼测试。

很久以前，我没获得驾照时，就开车去了佛罗里达。开的是父亲新买的车，一辆乳白的阿斯顿·马丁 DB-4。父亲专程去英国提货，顺便买了一瓶橘子酱，为了安抚盛怒的母亲，还送了我一件蓝色苏格兰开司米羊毛毛衣。

毛衣料子太柔软了，甚至引得我的小学老师像抚摸动物般抚摸我。

购买这辆阿斯顿引起了父母关系的分裂，借用一个朋友的比喻，就像一栋建筑重要的基石是两块同性相斥的磁铁。婚姻的大厦也受到周围建筑的影响：比如家庭，比如土地。节俭的母亲反对这项花销，认为这是在卖弄虚荣，而父亲单方面想要购买这辆车，忽略了她的反对。当母亲施压说起买车会对家里造成的经济负担时，父亲只是拿出威士忌，准确地倒出两盎司，像每晚一样用喝淡冰茶的高脚杯喝掉，用动作的声响盖过了她的声音。按照他的算法，如果不出意外，在余生里，他可以用自己的钱补上买车的钱。我的母亲最终选择了放弃。

佛罗里达汽车赛现场很热，也很无聊。我们住在一家相对亨伯特来说可能有些脏的汽车旅馆。每晚父亲都会仔细翻他的带格子图案的手提箱，从装牙粉的锡罐下面，拿出一个扁平、透明玻璃的瓶子，标签上用他引人注目的浓淡不均的字迹写着：生发油。他向宾馆长期没洗的玻璃杯里倒出一些，我们坐在混凝土地板上，呼吸着柑橘花浓重的香味，看着蜥蜴飞快掠过矮树丛。最近我发现，在那次留下的胶片里面，父亲拍的全部都是跑道上飞驰的赛车，燥热的空气和高速的移动模糊了它们的影像。

他没有拍我、我们俩、蜥蜴、破汽车旅馆，甚至我在浮油的、彩虹色的柏油跑道上和某个英国赛车手握手的照片都没拍。而那些都是在拼凑的记忆补丁里，我所能拾起的片段。这再次证明了我关于照片会偷走记忆，至少让它们黯然失色的理论，那些断续却生动的细节，还有伴随它们的气味，我都还记得，因为它们没有被拍照。我唯一忘记的，就是

飞驰而过的赛车。

我们开着阿斯顿·马丁从车赛返回，父亲在反光镜里注意到一位佛罗里达州警，半月照在他的车顶，红光闪烁，他加速了。

瞬间的加速把我压向椅背，但这种力量带来的恐惧感我更是很难讲出来。我用眼角余光看到一滴汗珠在父亲专注的尖鼻头上打转，计速表上的指针正移向 140 千米每小时的上限。之后他又加速了。

跨越佐治亚州界的时候，父亲减速了，看着逐渐进入视野范围的警车，轰鸣的雪佛兰在路面燥热的空气中闪着光。父亲把车开到路边，随意地下车，打开引擎盖，跟警察一起欣赏着引擎盖下 6 个直列式气缸，友善地对话了很久。过了一段时间后，他们握手。警察没有罚款，他们回到了自己的辖区。我们继续上路，迅速逃离佐治亚州的松树林。

我的内心因为父亲恶作剧般的违规行为感到沉重，父亲告诉我要保密。

后来，害怕开车的母亲，错把倒车挡当作一挡，开着吉普车撞到了这辆阿斯顿·马丁的车尾，她生气地揶揄道，这辆车实在太不禁撞了，应该给它重喷上韦吉伍德瓷器颜色的漆，就像他们婚礼时用的那种。当我的目光穿越重新被漆成蓝色的引擎盖向外望时，我们开着它练习时的那些快乐逐渐减弱了，它精良的红皮座椅、发动机低沉洪亮的轰鸣声、华丽的转弯，还有仪表盘上的有光泽的板子，也仿佛失去了光彩。

旧话重提，基因的作用是难以忽视的。老罗伯特·芒格对汽车的热爱通过 DNA 的链条，跳过对汽车不太热衷的儿子（我的祖父科利特·亨利），传到了父亲和我。

不只是汽车，父亲在很多方面简直是曾祖父的翻版：外表、智慧、品行、友善的性格、丰富的想象力，还有开车技巧，他几乎不需要来自没有精神的科利特·亨利的基因。父亲就像他祖父完美无瑕的克隆体，不论这从生殖的角度来说多么不可能。

然而父亲身上有两点独特的东西不像曾祖父——对艺术的热情和延续一生的对死亡的热衷。

这些是他自成一格的特质。

18

离开达拉斯

或许，父亲在达拉斯特权式的童年生活，使他和被母亲困惑地称为“死亡这回事”的东西有了密切接触。而事实上，他像其他男孩一样拥有美好的童年。

还记得我在关于罗伯特·芒格的篇章中提到的每个孩子的遗产吗？你或许注意到，长子科利特·亨利，我父亲的父亲，得到了83600美元（按今天的标准换算，比100万美元还多一些），比其他孩子得到的都多。还记得他在那封在奥蒙德海滩写的信中，说其他三个儿子不配得到这么多钱，因为他们不熟悉“工—作”的概念吗？

由此看来，我的祖父科利特·亨利应该是个积极能干的人，在年轻时离开伯明翰到达拉斯，做房地产生意。芒格家族的名声在当地已经有了魔术般的力量。他的叔叔斯蒂文·I.芒格留在达拉斯经营轧棉厂生意，他把公司总部从伯明翰移到了达拉斯，成了当地的知名人物。当科利特去达拉斯找他时，发现这个城市热闹得令人吃惊，全是像他们一样的聪明的乡下人，比如新崛起的石油大亨和工业巨头。

他自然成了达拉斯女孩心目中的白马王子，也打动了田纳西州的巴黎和整个小巴黎地区，并最终打动了在当时做酒店业的大仲马家庭，在1902年迎娶了18岁的伊尔玛·杜马。《巴黎邮报》记录了他办婚礼的奢侈花销，在此前则描写了新娘，称她是“能为家庭增光添彩，带去幸福的年轻女性”的典范。

的确，伊尔玛（人们又叫她潘，是英文“喧嚣混乱”一词的缩写）很快就为家庭增光添彩，生下了两个男孩。第一个是小科利特·亨利，一个温和友善的好男孩。我在 1969 年 7 月顶着热浪去墨西哥的路上，他邀请我去他在达拉斯的家，把空调温度调得很高，还点起了壁炉里的熊熊烈火。第二个就是我的父亲罗伯特·西尔韦斯特·芒格。

父亲出生后的头两年是由妈咪（是的，我确定他这么讲）照顾的。

大概距这张照片拍摄不久，妈咪去世了，之后是哈蒂照顾他。14 岁时，他离开家去乔特学校上学。

他经常带着鲜明的感情谈到哈蒂，这对他来说可不是很常见的事。我确信，当看到哈蒂为她抚养长大并确实爱着的金发男孩，也就是我富有的父亲，留下折叠在遗嘱中的100张一美元钞票时，父亲一定和我一样感到了折磨人的悲痛。在当时的情况下，她需要很多年才能挣这么多钱。

哈蒂不是唯一一个爱我父亲的人，他的母亲也全身心爱着他。这种感情一定是相互的——看看最后一张照片，只有恋人才会像他们那样站在一起。

整张照片是这样的：

画面右侧是父亲的哥哥科利特和他的女朋友。科利特随和却不太聪明，注定肥胖，患有心脏病，开凯迪拉克，吃牛排，是乡村高尔夫俱乐部的常客，他们无忧无虑地微笑着。而父亲和潘，就好像占据了另一个独立的宇宙，在时空裂缝的左岸，被焦虑与倦怠的气息笼罩着。两对人隔着半米远的实际距离，却仿佛有一千米那么长。

从这张照片中也可以轻易看出他们之间的好感，父亲搂着笑容满面的潘，他的右侧是和蔼的科利特，前面是一个表妹。这是他们1928年在欧洲旅行时拍下的。

什么样的孩子会欢迎母亲和他一起上大学，甚至更糟糕，让她做自己兄弟会的女管家呢？好吧，如果这也算平常，那当西格玛兄弟会年度合影，他让母亲坐在前排正中时，你又会怎么看呢？

也许会有些抵触，对吗？

他的头发梳得油光，双脚规矩地并在一起，坐在优雅的潘身旁，而时空裂缝的左岸，潘潇洒地歪带着贝雷帽，戴白皮手套的手暂且离开了惯用的烟嘴，放松地搭在皮草外套上。

在那时，也就是1931年，伊尔玛是个寡妇，她的丈夫科利特·亨利，1928年冬天在达拉斯看戏后心脏病突发去世，时年48岁。那时我的16岁的父亲在离家很远的乔特学校上学。

父亲在2月坐火车回达拉斯的那段漫长寒冷的旅程中有充分的时间思考死亡的无常和毁灭的终极本质。大量包括照片和轶事在内的证据表明，祖父去世前，父亲生活在无忧无虑的游戏人生中，充满典型美国式的胡闹。

你或许也已经想到了，主要是一些和枪支有关的故事。

父亲从不打猎，也反对杀戮任何动物（哪怕是蚂蚁，这让母亲和吉吉都感到失望）。但他的想象力很早就被枪支所激发，一张可能是他青少年时期拍摄的“艺术”照片可以佐证这一点。

他经常和祖父一起在阳光充沛、椴树围绕的得克萨斯水系一带钓鱼。

如果这些青少年时期的照片所反映的是真实情况，他对钓鱼和枪支有种笨拙、古怪，又像对婚姻般的热爱。

我猜想手枪结束了这条1.5米响尾蛇的生命……

并且我打赌，在这个未成年人多次越过国境线去墨西哥的旅行中，都有酒精和枪支的陪伴，这是很明显的。

再看看下面这张照片:

与父亲开瓶畅饮的朋友系着领带，而他自己却没有，从他平时一丝不苟到令人感觉讽刺的程度，这说明他真的醉了（从小他就被潘打扮得精致整齐，但也从没有显现出任何反抗）。背景中的车子恐怕不是墨西哥人的，如果我们可以放大车牌的图像，一定可以读出“得克萨斯”。

从大量关于富家少爷享乐主义生活的证据来看，勤勉工作、关心公共事务的老罗伯特·芒格所留下的遗产恐怕已经挥霍到所剩无几。科利特·亨利继承了大量的金钱，他或许了解“工—作”二字的意义，却从没表现出他父亲那种正直、卓越、自制、节俭的品质，并且在50岁之前死于过度放纵。而此后，与老罗伯特同名的孙子，继承了他对汽车的热衷，并把这种热衷和酒精、枪支，以及纵欲、不羁、奢侈、挥霍的生活方式结合起来，似乎也会走向与自己父亲同样的道路。

然而……他没有。

恰恰相反，他成了一个博学、精干、身体健康、内向、富有同情心、谦虚、自律、优雅、多才多艺、被有些人称为富有人文主义气息的人。他是在乡村医院勤勉工作了38年的医生，也是略逊于塞尚，或是和多纳泰罗完全匹敌的艺术家，也是购买通布利和康定斯基作品时了如指掌的鉴赏家。他厨艺高超，沉迷于品咖啡。他是热忱的园艺学家，种植过 1.5 万余种异域树种和灌木，并将博克斯伍德庄园打理成全国知名的花园。他还是有着魔鬼般速度的摩托车手，在驾驶私人飞机、赛车时——他读到这里可能会吃惊——他的智慧能把孩子们吓得目瞪口呆，而同样吸引人的还有他的正直。

是什么改变了他呢？为什么他如此轻易地离开了陈腐的得克萨斯平庸富人的道路？什么使他逃离了在达拉斯的生活方式，并且仿佛真的转世投胎一样，成了他威严的祖父——罗伯特·芒格的样子？

答案在他早期的一卷胶片里面这张怪异可怕、预兆般的打猎照片上。

当他的父亲去世，死亡黑色的羽翼——最后的乌鸦的翅膀——划过了父亲的生活，在为不幸的科利特·亨利的道路笼罩上永恒黑暗的同时，却也反常地为我的父亲带来了光。

19

死亡先生和他的蓝眼睛男孩

要命的狗，总是让人心碎。

几年前，我们买了一只帅气的比特犬，它叫麦克斯，之前的主人低估了照顾一只充满能量的大狗的困难。它成了我们家中五只狗中的一员，其他四只都是母狗，形体最大的帕图立刻用令人信服的残暴行为和灵活的手段，使比她块头还大很多的麦克斯臣服了，并从没有反抗过。麦克斯和其他两只小狗处在同等地位，偶尔则在打架时作为帕图最器重的打手出马。

帕图是一只从动物保护协会领养来的身材结实的黑色杂种狗，大多数情况下它能够打垮和自己块头差不多的狗。直到麦克斯来到我们家中的第

二年夏天，它围住一只走投无路的浣熊，一边佯装攻击一边狂吠着呼叫麦克斯帮忙。麦克斯径直跑过来，咬住卡通角色一般讨人喜欢的浣熊的头，用力地一扭，以至于唾液和粪便都飞溅了出来。

然后，麦克斯做出只是活动下筋骨的样子，自豪地转身回到自己在马厩边高地上的地盘，把浣熊留给帕图。帕图把浣熊捡起来，在院子里开始了她仪式般的胜利游行，浣熊的尸体被拖在灰尘中，像是赫克托尔的尸体在特洛伊城门前一样。麦克斯带着满足感看着这一切……或许还带有别的感觉：一点杀戮欲。

麦克斯的第一次杀戮后，类似的事情越来越多，每次我们都自欺欺人地为它的行为进行解释：它把小动物的腿叼回家，或许那是它捡到的，被丛林狼杀掉的猎物；它还杀死过逃离的鹿，把它的脖子按在栏杆上折断，狠咬它的腿，那只鹿恐怕是错误地估计了看守的实力；它喜气洋洋地把动物带血的耳朵叼回来，爪子上面是浅红的血沫，直到我追踪它的路线，并发现了最糟的一幕——邻居家女儿的宠物驴子带着被撕裂的伤口虚弱地站在栏中。

当它喘息并颤抖着倒下时，我才看到它的伤有多严重，它庞大的肚子近乎完全被撕开，腰腿几乎被撕烂。

邻居沉默地从卡车里拿出手枪和猎刀，他是一个能干且富有同情心的人，知道如何在动物身上找到准确的射击点并一枪致命。所以他对着驴子头部射击后的几分钟内驴子还活着，这让我们非常吃惊。驴子口中喷吐着泡沫。驴子腹中还有个胎儿，然而已经来不及挽救，他切下它肚子下侧的一片肉，剥开中间的皮层，再切开子宫，用苍白的手掌捧出一只无毛的小驴。小驴眼睛紧闭着，仿佛是在躲避刚刚开始下落的雨滴。

他找到一块不会被熊和狼侵扰的地方挖了一个大坑，拉里把驴放在拖拉机的拖斗里面，驴的脐带无力地垂下来。邻居开车来到我家，我深感良心不安而哭泣着。他带走了麦克斯。

麦克斯兴奋地期待着去前方的冒险。邻居把它诱骗到一个满是烂泥的井里，并终于实现了一枪致命。

我再次为一只狗而心碎。每次心碎的原因都不同：淋巴瘤、心脏病、伤痛、肾衰竭、癌症、莱姆病等各种病症发作……现在又是这样。

我也见过父亲因为狗一次又一次心碎的样子。我几乎只在那些时刻见过他哭泣，我哥哥克里斯却说他还见他为另一件事哭过。

当父母在新奥尔良的炎热的新婚夜晚朗读福克纳的《熊》之后，为彼此读书就成了他们之间一个可爱的习惯。一次父亲高声为母亲读 C.P. 斯诺的《两种文化》中的一段时，克里斯听到他哭了。在那本书中，作者探讨了现代文明如何引发了科学与艺术活动之间的分裂，以及当一个人身上产生从事这两种活动的冲动时，调和它们的矛盾是多么困难。我相信父亲就是一个这样的人，他在为自己牺牲丰富的艺术与思想的世界去从事医学而哭泣。

父亲在图兰医学院念书时设计的一张充满象征意味的藏书票明确地表现了他内心的挣扎。我见过大量的藏书票，一下子就认出了这张藏书票体现了父亲当时书桌的场景，那明显是属于他的印记，就好像藏书者在首页的题字一样。

在这张父亲指导 CMB（克莱拉·梅·布坎南，他早期的恋人之一）印刻的藏书票里，大量基于传统和原创的细节透露了他的身份。画面中央，两个僧人学者坐在书籍之间，他们是古代文化体系中知识传播的代表。与此并重的是，显著地摆放在前方的，是代表现代科学探索精神的显微镜。决斗用的手枪，嘲讽地回溯了父亲青年时期在得克萨斯的生活消遣。头盖骨和点燃的蜡烛，是“记住你终有一死”的固定象征符号，标志着他对死亡文化的浓厚兴趣。

图画（我无法辨认，它是一幅圣像，一位文艺复兴贵族的肖像，异教哲学家的肖像，还是别的什么？）中间上方的节杖是象征父亲职业的传统徽章，赫尔墨斯神的权杖，而这位神祇的特性与父亲所执着的东西是部分重合的。

作为一个诡计多端的神，赫尔墨斯如果知道父亲的怪念头一定会微笑，并喜欢他为了童年的我幻想出来的人物：火火、咕噜奶奶、多多宝宝、疯狂蚂蚁、突眼的斯鲁福特。当父亲编的故事里怪老头、呕吐巡官等我们最爱的人物们，在船舵前像使用无线电收发报机一样唾沫飞溅地吹起号角时，作为有幽默感的神他想必也会像我们这些小孩一样兴奋尖叫。因为他同时也是道路之神和旅行者的庇护者，他大概也会像父亲一样，疯狂地热爱现代汽车。如果继续寻找他们的共同点，还会发现这位神祇也是园艺家和科学家，并且热衷于艺术和文学。

艺术与科学的相互联系通过两条缠绕赫尔墨斯权杖的蛇表现出来：它们是智慧与知识，因上帝的力量维系着相互之间的平衡，而没有吞噬彼此。

藏书票中唯独出现了三个作者的名字，而他们都代表了权杖所象征的二元性：歌德，一位理论和实践上的自然主义者，浪漫主义文学的先驱之一；弥尔顿，他的诗歌沐浴在科技革命最新探索带来的光辉中；以及威廉·奥斯勒，杰出的约翰·霍普金斯大学博士，父亲收藏了他的书，他拥有赫尔墨斯般的诡诈性格（奥斯勒发挥自己的另一面个性，以化名在严肃的医学期刊上发表了探讨诸如阴茎钳等话题的“研究论文”）。

但是无论威廉·奥斯勒（1849—1919）还是父亲，都未曾在话语中体现过科学与艺术的结合。我相信，是父亲因生存需要牺牲文学和艺术热情献身科学事业的痛苦使他成了一个情感上不可接近的人。1938 年他为了漫游年出国游历，在上船前写下的一段满是沉思的日记中，以一个惊人的比喻形容了这种矛盾对他而言是多么强烈，他描述自己正在向医学划船，而浪潮却将他推向艺术。

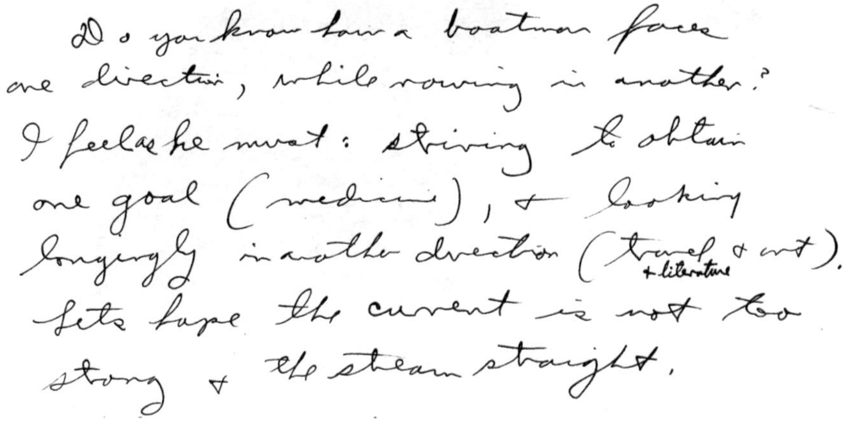
Do you know how a boatman faces one direction, while rowing in another? I feel as he must: striving to obtain one goal (medicine), & looking longingly in another direction (travel & art + literature). Lets hope the current is not too strong & the stream straight.

“你知道划船的人是如何看着一个方向，却划向另一个方向的吗？我感觉他不得不实现一个目标（医学），但又渴望着其他东西（旅行、艺术、文学）。让我们期望水流不是那么猛烈，期待河道笔直吧。”

然而很明显，河道是笔直的，在漫游年他最后一次倾情投入文化的乐趣，之后便投入了连续38年专心致志的医学工作中。我设想，在此期间他不是没有过渴望与遗憾。

把存在主义的（以及推理的）苦恼源头放在一边，我只有一次看见过父亲表露感情（不算那次他在哥哥科利特的葬礼上因为悲痛而喝醉），那是他的狗塔拉，就是那只曾把母亲从婚床推下去的狗，因癌症不治而死去。

塔拉喜欢家里那辆蓝色福特猎鹰的后座，它就是坐在那个位置和父亲一起旅行的，它庞大的头探出窗外，口水向后顺风流成一条线。它因生病而虚弱的时候，仍然蹒跚走着，明显地朝着车的方向。父亲会抱起它和自己差不多重的身体，就像几年后拉里抱起父亲患癌症时虚弱的身体一样。

父亲尽自己所能温柔地把它抱到车上，把毯子和枕头堆起来，垫住它瘦得皮包骨的身体。第二天，当父亲穿着睡衣，双眼迷蒙，从车后座下来时，没有人会感到惊讶。很多个夜晚，他都蜷曲在那个狭窄的座位上，安慰着躺在那儿的逐渐衰弱的狗。

他对狗的喜爱似乎源于在得克萨斯的童年生活，那时家中养了很多狗——杂种狗、猎狗，还有一只叫作埃思的，他很喜欢的比特犬。

他 27 岁出发独自环游世界之前，在日记中记录下了深夜两点在新奥尔良离开一位女友之后的复杂心事：

我没有选择胆战心惊地前往庞恰特雷恩，而是在一家叫作李的烟酒店停车，喝了 4 杯汤姆柯林斯，听着米尔翠·贝莉的专辑《情不自禁》，直到体力和意志恢复过来才回家。

在从阁楼箱子里找到的几百页的日记和信件中，我很少读到他如此坦白地承认内心的痛苦、情感，或者是其他任何 4 杯烈酒才能缓解的感受。但是，当他谈到埃思时，可就不一样了。他用和 1938 年 7 月描写分手相似的篇幅记述了跟埃思的告别。埃思如今已经上了年纪，他用新的徕卡 III 相机为它拍了许多照片，用了好几盒胶卷，也洗印了很多。

下午我去看埃思，这只在所有我见过的狗类里面堪称典型的，漂亮的黑色坏蛋……我们都高兴坏了！

第二天早晨（9 号）我收到火车票和船票后去看埃思。

“高兴坏了！”——很酷的父亲说出了一个火热的词。

普鲁斯特小说中的一个人物曾经详细地叙述他家的厨师，弗朗索瓦丝，是如何以蓄意地残酷对待同在科姆布雷家工作的下属，同时又以过分的同情心对待有遭遇的外人的——年轻的叙述者尖刻地指出，那些人离她越是遥远，她对他们的同情心就越会增长。这种像经过望远镜放大一般的同情心不是一种反常现象，而是在人们看到娇生惯养的城市宠物、睡在长椅上的流浪汉，甚至一块被丢掉的石头时都会表现出来。

父亲似乎通过对狗的放大镜式的情感，寻找到了一种迂回地爱我们的方式。从某种角度来说，爱我们最亲密的人——孩子、配偶、家人，都是出于纯粹而简单的自私心理。通过增加对我们的爱的维度，如超越

小家庭的圈子去扩展它的范围（如父亲对祖父母的爱），或是超越物种（他对狗的爱），他极好地延展自己爱的界限，这远非不可接受，相反，是完全值得赞同的。

毫无疑问，他爱自己的母亲和狗，但一直以来我们都有个让灵魂感到煎熬的问题：他爱他的妻子、兄弟和孩子吗？

我和哥哥克里斯一直都难以释怀被父亲残酷嘲弄的经历。在父亲去世很久后克里斯给我的一封信里面，他引用了格雷厄姆·格林的话：童年是一切不信任萌芽的时期。你会卷入残酷的恶作剧，然后自己开始从事恶作剧。你会经受多到记不住的痛苦。克里斯继续补充道：从没有人教给我们这些男孩，我们应该去爱和被爱，也没有人教给我们，该如何做到这些。我们有的只是无法满足的需求。见鬼。

我理解他的心理，但我也知道一个坚定的事实，就是父亲爱我（以及我们一家人）。如果你想质疑，就看看本书结尾陈列的 A 部分，那里有他几年来写给我的富于智慧和充满爱的信，如果还有疑问，就看看 B 部分，再来说他不爱我吧（或者，我最近才想到一点：也许他是希望我去爱他）。

我是父母盼望已久的小女儿，出生时哥哥鲍勃 9 岁，克里斯 7 岁。那对父母来说是个好时代，战后（1951 年），父亲已经当上医生，博克斯伍德刚刚建好，父亲还因此把当时养的很多狗都取了跟博克斯伍德

相关的名字。

但同样的，我也理解克里斯的情感。虽然在出生时间和性别上具有优势，我仍然很少感觉到来自父母的强烈的、充分的爱。我们很少有肢体接触，几乎没有亲吻，有一次我上床睡觉时曾被轻啄似地吻了一下。在我记忆中，没有任何家人讲过“我爱你”。

但我也不渴望他们这样讲。回头看，如果他们真的那样讲了，反而显得多余，甚至可疑。

但是在人生中某个特殊的情感阶段，我感觉这些话还是要讲的，即使我想讲这些话的人，他的时间沙漏已经空了。1987 年，父亲被诊断出恶性脑膜瘤，因化疗而虚弱憔悴。去看他的头天晚上我努力使自己坚强起来，一早起来我毅然地坐上车，系上安全带，前往博克斯伍德。经过厨房时，我用假声叫道：“呦——吼——”他或许假装，或许是真的没有听到，然后我走向了他的书房。

父亲一个人在那里，一边心不在焉地走来走去，一边浏览着他的文件（之后的事情证明，这也是他最后一次这么做）。他仍然像个有力的男人一样站立着，他的身材从来没发胖过。当他光着上身在花园里劳作时，就像画里胸膛宽阔的毕加索一样。如今父亲穿着他的布鲁克斯兄弟牌褐红色羊毛睡袍。睡袍很薄，部分被虫蛀了。他也是穿着这件睡袍被推进了火葬场，我真想穿过这么多年的时光把他救回来。

他背对着我，我想象自己是夸张的，就像卡通片里的猫咪大盗，踮着脚尖接近我的猎物，我在假想中看到自己的爪子悬在前方，晃晃悠悠，尽管这与我平日的气质完全不相符。

我的手指的确触碰到了褐红色的睡袍，它的主人惊讶地转过身来。从他惊喜的表情来看，我的确是那个食肉的黑脸卡通角色，而真实的我将此前 24 小时内默默练习过的 4 个字脱口而出：“爸，我爱你。”

他没刮胡子的脸上先是显示出惊喜的表情，而后逐渐柔和，又转为同情。他犹豫着，然后探过身来拍着我的肩，就好像安慰一个病人似的说道：“好啦，好啦。”

即使父亲没有用明显的动作或词句去表达爱，我仍然相信他把最深厚的爱融入了每件事情。我和了解他的人都知道他对自己的土地，当然还有他的狗的爱，以及他对医学工作和病人的爱是多么执着。母亲曾透彻地写道，他的搬家，他对于唯我的、没有干扰的空间的追求，是在歇斯底里地保守着对“灵感、艺术和人……以及非常重要的秩序”的爱。

“人”不一定是指他们有限的社交圈，但一定包括了他的病人。病人们知道他是关心他们的。在我的少年时期，几乎每个晚上都听到电话铃响起，父亲在和我隔着双层石膏板墙的另一侧翻身起床。（这引起了我对另一个问题的好奇：为什么我没听到过他们做爱的声音呢？我对此一点印象也没有……难道他们不做爱吗？）他会走到电话边，拿起因多次接听已经磨得光滑的黑色胶木听筒，然后可以听到一声简单的嘟囔，或者是比这更加激动的，母亲暴躁的抱怨声，不久后就会听见车子的引擎声和逐渐驶去的声音。他通常开车十数千米，只是为了解决像已经过去一周的手指倒拉刺一样的小毛病，或是像足式臀位一样短暂的问题，然后再憔悴地、没刮胡子地回来用早餐。

父亲就像 W. 尤金·史密斯拍摄的“乡村医生”图片故事里的恩斯特·盖·塞里亚尼医生一样，有着同样忧心忡忡、筋疲力尽的样子。就像塞里亚尼医生的病人一样，父亲的病人都来自我们居住地区最穷困的乡村。战争结束后（“二战”期间，父亲是罗克布里奇县指定的战地医生），他有了时间从事摄影，偶尔带着徕卡相机去病人家，后来又换了

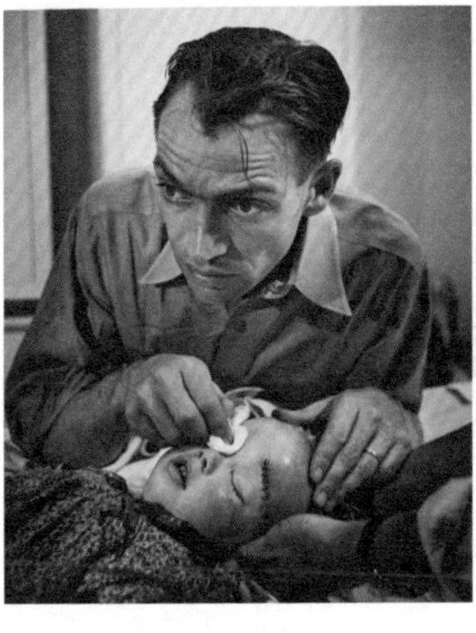

大画幅的林哈夫相机，为他们拍肖像——这么做似乎在职业伦理和道德上有些问题，但他拍摄这个题材的愿望似乎是不容动摇的。

装在阁楼的几个大信封中的、来自病人们的信，证明了他对他们的关爱以及他们对他的爱戴。他对家人体温 39.4℃之下的发烧不会有哪怕一点担心，却毫不吝惜对病人的关心，他可以对他们说出一套冗长到能用伸开的手臂去比画的恭维话。

大概在 20 世纪 40 年代中叶，一位重度神经衰弱的病人曾写信给我父亲，她大概有 32 岁。

我变得失去理智、酗酒、虚弱，有时一整天都是这样。如果不呕吐，就难受得要命。所有我吃下的食物，都会引起胀气。这种消化不良有时让我如此虚弱和神经质，甚至不知道身处何地。其余的某些时候，进食的时候我没有任何不适，但是吃进去后就不得不吐出来。多吃一口都会引起消化不良。我每过一小会儿就要小便，每次都感到火烧般的疼痛，太难受了，只能用冷水冲洗。疥疮也很严重，身体下方的某处疼痛，有时像是被击打，有时像是被炽烧，有时像是被抓挠。如果我站起来或是走路，就会疼得更厉害。我的下腹非常疼，尤其是当它肿胀的时候。腰和背有时候特别难受。在夜里时我经常睡不着。有时我感觉热到失去知觉。有时我感到浑身，尤其是胸部和肩膀疼痛难忍，还有剧烈的头痛，牙齿和下颚也疼痛。这件事简直让我担忧得近乎死去，我无法停止哭泣。我的子宫 9 年或者 10 年前就开始发炎了，我至今才忧虑起来。我太虚弱了，就好像一切能量都正在流失，我失去理智，头昏眼花……

他的病人中很多都是女性，至少在我看来是这样。我认为他对她们表现出了特别的尊重，愿意在她们身上花费多到不寻常的时间，甚至当时一个普通的问诊都平均持续 30 分钟，他真心倾听她们所说的话。你可以通过一个忧虑的母亲写给他的信确认这一点：

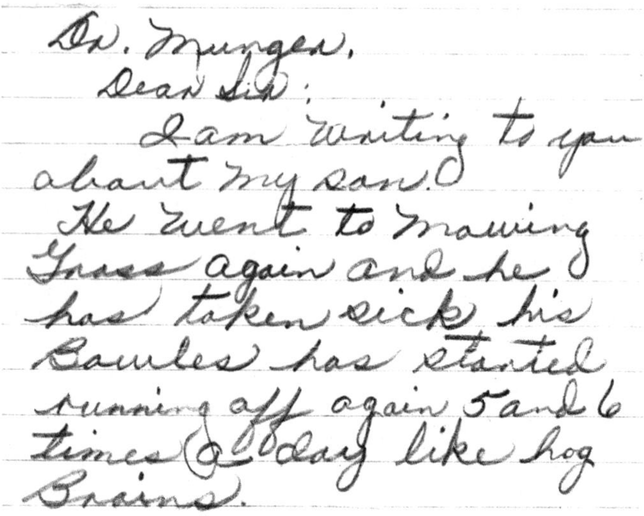
Dr. Munger,
Dear Sir:
I am writing to you about my son.
He went to mawing Grass again and he has taken sick his Bawles has started running off again 5 and 6 times a day like hog Brains.

芒格医生，
亲爱的里斯：
我写这封信和你聊聊我的儿子。他又去割草了。他已经病了。他的（宠物）波乐斯又开始跑出去了，一天跑五六次，跟猪脑似的。

父亲对人性脆弱的坦然接纳以及他在手术中表现出来的包容和耐心几乎是像上帝一般的存在，至少对于我们来说是这样。我们曾几十次目睹他在期待已久的节日聚会开餐前一刻淡定从容、毫无怨言地放下亚麻餐巾，拿起他的医疗包，入夜前赶往妇产科，甚至没有发出一丝叹息。

但是，他也曾经崩溃过一次，我想他的病人要是得知此事，应该是十分惊讶的。

那是在他退休之前的夏天，1976 年，大概是美国 200 周年建国纪念日前后。那一年的 11 月 22 日也是他 65 岁的生日。在我记忆中，几名肥硕的醉汉，把他们一家 6 口塞到一辆敞篷跑车中，发动了汽车准备去兜兜风。在大桥的分岔路处车辆失控侧翻，车上没有系安全带的孩子全都被甩到了路边，大桥的侧面挤压在挡风玻璃上，吓坏了的司机被压在下面。

救护车把他们拉到了急诊室，父亲是那天唯一的值班医生，他竭尽所能地抢救这些伤员，那一家中没有受伤的丈夫在等待室里焦虑不已。

直至最后一个伤员，他的妻子，抢救无效身亡，父亲绝望地走到走廊上，额头抵在冰凉的石灰墙上。

这位新鳏夫带着一身浓重的酒气发现了他，随即开始了大肆指责和谩骂：“你这个矮子混蛋，是你害死了她。”

灰心丧气的父亲回到家后一直重复念着这句话，充满了疲惫、愤怒，看上去比他以往任何时候都颓丧。那也是我唯一一次听到他谈及他的病人或者手术。唯一一次。

有时我甚至怀疑是不是“矮个儿”这个词是他最在意的事情。他曾是个“矮子混蛋”（作家托尼·霍维茨说他曾经被人在田纳西的一家沙龙里羞辱，对方说他早上拉的屎都比他大）。父亲可能有时是挺混蛋的，但是他并没有那么矮。至少不像他 1928 年的护照上登记的那么矮。

再加上他的出生日期错了一位数，我十分有理由相信他的身高是登记错误的，17 岁的少年才 1.61 米？即便像我这样一个骨质疏松的老女

人尚且 1.62 米高呢。他下一张 1936 年的护照上登记的为 1.73 米。从他与我母亲的合照来看，倒是十分合理。照片上我母亲（1.65 米）在婚礼上穿着高跟鞋和父亲相挽。

但是，确实，1.73 米也并不高。同时，他还有一个特点，有一种不同寻常的美感。

这里有一张 1926 年 9 月他 14 岁的照片，正值他离开达拉斯去乔特入学七年级。

他扭着胯的这个姿势难道不是透露了一丝慵懒又漫不经心的美感？一个被娇宠又享受惯了充足日照的达拉斯孩子对即将面对寒冷东北方的大块头们是有着十足的担心和恐惧感的。

很显然，在乔特学校他找到了自己硬汉的一面（可以断定这一定是极其艰难的，他的父亲在他入学第二年就去世了），他几乎立马就发掘了自己在摔跤上的天分。在他高中二年级的时候，他就成为乔特摔跤队的队长，时不时地还会参加大学生级别的比赛。

最终，于 1933 年在华盛顿与李大学摔跤的一整年里，他赢得了每一场比赛，不仅是分数上领先，而是把对手死死地按在垫子上。在 1933 年南方大会冠军赛赢得冠军也成为他在华盛顿与李大学摔跤生涯的顶峰，即使比赛使得他肩膀关节脱位（现今在我的工作室里挂着这张精彩的照片）。

尽管他有着这样的阳刚和运动气质，但他浑圆的屁股、体态的优雅美观，再加之他内向又孤僻傲慢，无不显示出当年母亲一定有一段艰难的暗恋期。

不仅如此，当然，还有他的“死亡情结”。

她似乎对那个死亡情结也有许多警戒。当然，像她日记里轻描淡写地记载的那样，在他们第一次约会和结婚之间的 3 个月又 8 天中她一定去过他位于波士顿品克尼街的公寓。

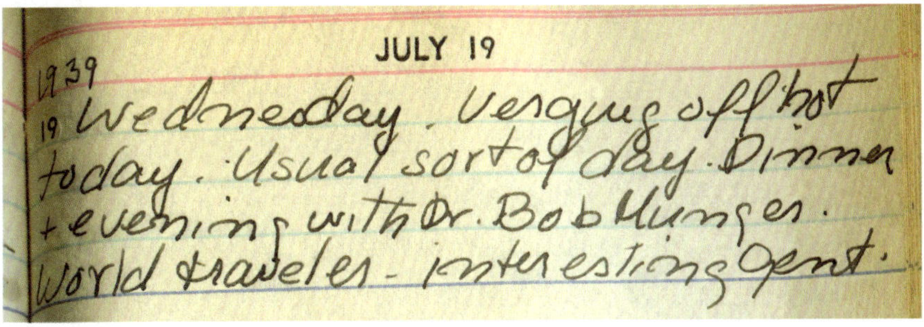

可以肯定的是，我母亲对这个“有趣的绅士”的第一印象，并不会让她对品克尼街产生任何想法。那时她还仅是个贫困的马萨诸塞州综合医院耳鼻喉科的实验室技术员，月薪 80 美元。幸而有埃塞尔阿姨为她支付学费。不仅如此，在斯基普叔叔去世后，埃塞尔阿姨依旧坚持为她缴纳学费，直到她于 1937 年从本宁顿学院毕业。但是，尽管被耶鲁和约翰·霍普金斯医学院录取，她成为一名医生的毕生愿望依旧一波三折。盖奇家的捐助中断了以后，她只好半工半读（她大学时的暑假兼职包括定时给年少的约翰·肯尼迪上网球课，还有在海恩尼斯海滩的住处给泰迪换床单），坐在医院二楼窗边的一条凳子上，痛苦而乏味地数一天红细胞。

每天午间休息的半个小时里，她都一边喝着可口可乐，一边呆呆地望着窗外医院门口环形的车流。尤其是在那个困窘的时代，很难不会注意到一辆配有专门司机的车每天中午准时来到医院，一个半小时后又准时地将他着整洁白衬衫的乘员送回。

在数月的窥探猜测后，7 月一个周三的早上，如坠幻境般，她惊讶地发现自己正同她的老板，哈佛荣誉喉科医师哈里斯·莫舍教授，以及那位衣装整洁的年轻医生同乘一部电梯。电梯在她那层停下后，他们都走了出去。在电梯继续运行，两位教授回到所在办公室之后，她便接到了同那位男士共进晚餐的邀约。在母亲的日记中，这位先生被称为举止“优雅的南方医生”。

我的父亲着实是一个行动派。仅仅 28 天后，外祖母杰茜突袭并坚决反对二人未婚便发生同居的关系，父亲大义凛然地宣布：“那我只好将你娶回家了。”

这就是他们三次约会后的求婚宣言。母亲的日记中提到每次都是晚餐约会，之后相隔一周。这期间她同时还会跟其他人见面约会，特别是她另一动心的对象，一位历史学家，后来的麦克阿瑟奖、普利策奖获得者卡尔·索斯克。和芒格的每次约会她都会记录，但也仅仅是记载，没有任何详述和细节。这十分令人困惑。

8 月 17 日，也就是求婚的第二天，她的日记中写道：“需要时间来思考，但是我有一种很明确的感觉。”这之后的第二天，她就答应了他的求婚。我猜想这也是一种释然，她写道：“他的眼神让我坚定。”

很明显，她并不是因为他家而犹豫的。那会儿他家的装修风格甚至是有些病态的。

（是的，那些手指是来自左侧未被注意到的佛祖的干尸。）

要是她曾经翻翻他的抽屉（一般都会这样做，尤其是对方在隔壁调鸡尾酒时），她绝对会注意到他从小到大都有所保存的一样东西。

不是什么成绩单、年报摔跤奖杯或者他在乔特第六个年头保留的一些干花，而是1930年他在文学杂志上刊登的几个短篇故事。它们都有着相同的主题。

这就是死亡。

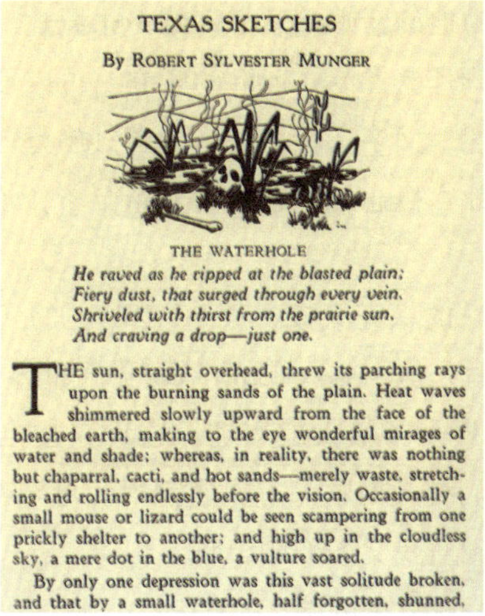
TEXAS SKETCHES

By Robert Sylvester Munger

THE WATERHOLE

He raved as he ripped at the blasted plain;
Fiery dust, that surged through every vein.
Shriveled with thirst from the prairie sun,
And craving a drop—just one.

THE sun, straight overhead, threw its parching rays upon the burning sands of the plain. Heat waves shimmered slowly upward from the face of the bleached earth, making to the eye wonderful mirages of water and shade; whereas, in reality, there was nothing but chaparral, cacti, and hot sands—merely waste, stretching and rolling endlessly before the vision. Occasionally a small mouse or lizard could be seen scampering from one prickly shelter to another; and high up in the cloudless sky, a mere dot in the blue, a vulture soared.

By only one depression was this vast solitude broken, and that by a small waterhole, half forgotten, shunned,

我想即便母亲发现了在 91 号品克尼街的这些物品，她也很难意识到这个男人对死亡和生命真谛的想象在他年少时扮演着怎样的角色。我怀疑她甚至没有注意到他们的蜜月都不同于一般热血男子会安排的那样，而是参观了达特茅斯大学的奥罗斯科壁画，特别是那幅描绘残忍的学者用枯瘦的手为难产的骷髅母亲接生知识的壁画。

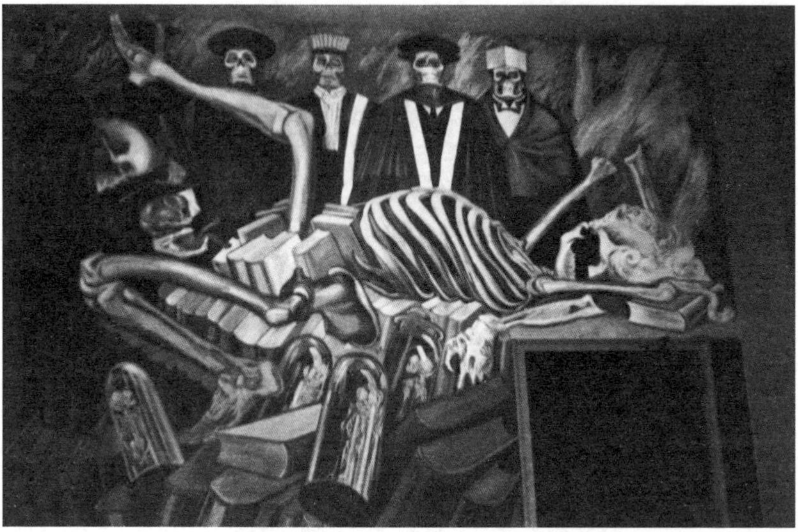

婚礼后我父亲只为他的新娘拍了唯一的一张照片。但是除此一张蜜月照之外，如果你打开那一卷卷 35mm 的胶卷，可以看到一张接一张的奥罗斯科壁画。很显然，父亲选择那里作为蜜月旅行地的原因只是出于他对奥罗斯科壁画中死亡概念的兴趣，而非新罕布什尔州 8 月的骄阳似火，浪漫非凡。

我猜想，他对死亡的探究大概从他 16 岁时他的父亲过世那会儿就开始了。但是他结婚时是他 1938—1939 这两年在世界各地旅游的时候，正值他对艺术、文学爆发了极大的兴趣。这种兴趣也持续于和我母亲整个婚姻期间。让我们稍微回顾一下，还记得我母亲在 1939 年 7 月 19 日的日记中第一次提到对我父亲的印象吗？

“环球旅行者——有故事的绅士。”

20
环球旅行者，有故事的绅士

多年来，人们总是好奇，为何我和拉里之间的感情会如此坚固。我们的回答从未变过——在那些穷困潦倒的旅途中，我们共同遭遇了接二连三的严峻考验，我们的意志更被周而复始地打磨、抛光。1971年那一年，我刚好大三。我们决定从丹麦北方出发，去希腊旅行。那时，我们才刚刚完婚。事实上，在新婚头一年，我们已经攒足了搭飞机的钱。可吉吉依然担心我们太过拮据，趁我们稍有不备，就偷偷往行李包中塞了50美元。这不禁让我联想到哈蒂——她过去也悄悄留了一笔遗产给父亲。我的父母也答应我们，每月会往我们的美国运通卡里汇上100美元。出发前，我们带了两个背包，里面装满了书，挺沉的。还有一个20世纪50年代的白色行李箱，内衬是绯红色的塔夫绸，恰好能用来垫我那5×7英寸的旁轴相机，而三脚架呢，就被放在稍轻的背包下面。

如果说，世间有一种阴郁的痛楚，其黑暗和孤独的浓度，能胜过我们的旅途体验，那么我发誓，我绝对不想知道。我们知道，每个月末，没有人会比我们还要穷困潦倒。我永远记得，在潮湿的巴黎青年旅社，我们曾一口一口地扒着冷冰冰的四季豆罐头，周身仿似笼罩在一层狄更斯式的阴暗之下——不在其他地方，就在巴黎，在这座世界的美食屋脊。我们相拥在火车的三等舱和渡轮内，相拥在一张张不住下陷的床垫上——它们狭小得甚至都装不下拉里那1.95米的躯壳。冬日的黎明，似乎永无止境，我们轮流提着白色的行李箱，在北欧的街道上踽踽偕行，孤寂，冰冷彻骨。我们眼见陌生的人们和我们擦肩而过，一个接着一个，回到他们温暖明亮的家。假使我的日记没有说谎，那时候的我们，频繁地做着爱。我们不愿错过任何一间博物馆或画廊，我们瞻仰每件艺术品的时候，眼中像燃烧着火焰。它们恰似一块块天然磁石，将我们联结在一起。现在回过头看，一切正如当初所想。

1938 年 7 月，在我父亲 26 岁的时候，他也动身来了一场颇为相似的旅行，但经济上更宽裕，也更野心勃勃。那时，他才刚从图兰医学院毕业。他靠在桨上休息，让自己随船漂流，最后一次，漂往梦寐以求的艺术文化之国。

在这之前，他曾去欧洲旅行过三次，每次都流连忘返。因此，他在日记中暗下决心，一定要来一次艺术的专场旅行（没错，在他的脑海中，“艺术”一词是大写的 A，而“文化”则是大写的 C）。很明显，艺术是吸引他的天然磁石，也是他心之所系。我料想，在他早期的旅行生涯中，当他井然有序地穿行于博物馆、大教堂和图书馆时，他的同伴们，尤其是他的母亲潘，一定在忙着购物，因为在他的笔下鲜有这方面的细节描述，而对艺术的激情，却在他狂热的日常随笔中满溢不止。在饱餐了好几碗意大利面后，我终于感觉能比较容易地辨认出那些笔记本上的秘密字符了。

当描述到 1938 年的那场远行时，他在日记中的表达更为流畅了，他仿佛悟到了这场史诗般旅行的真正价值。摩托车的挂包在他的肩膀四周来回晃动，里边装着他唯一的行李。在这整整 9 个月又 1 天的旅途中，他一直随身携带着一本拉链式的小牛皮笔记本，作为一个医生，里面的字迹已算是相当清晰了。现在，这本日记就在我的眼前，就像即将到来的下一个小时一样鲜活、生动。

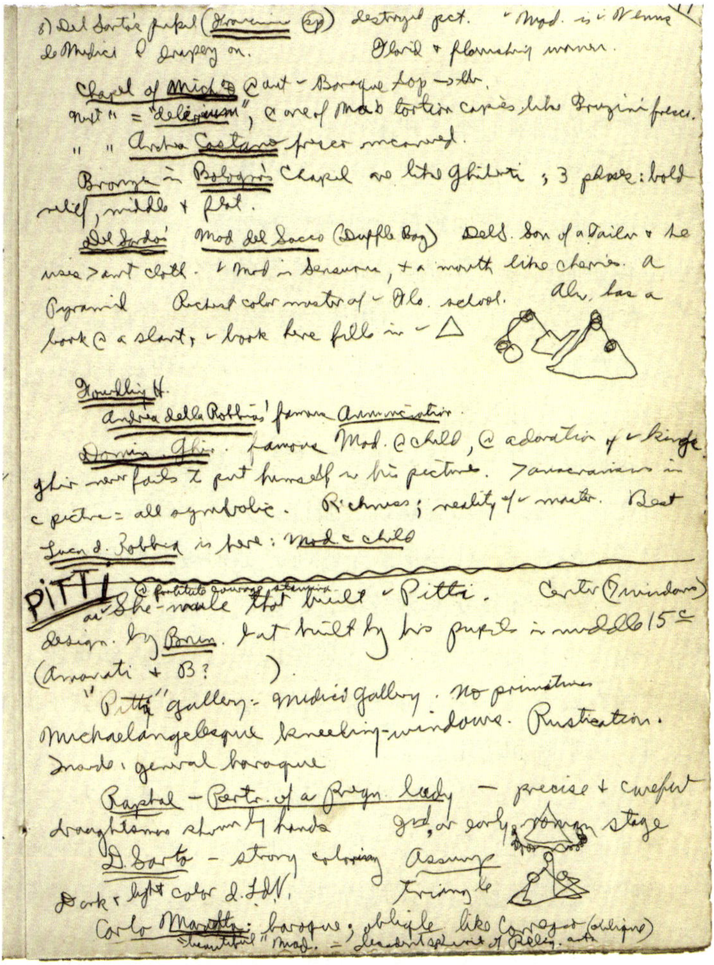
8) Del Sarto's pupil ([illegible]) destroyed pict. "Mod. is a Venus de Medici [illegible] drapery on. [illegible] + flourishing manner.
Chapel of Mich. [illegible] art – Baroque top [illegible]
[illegible] = "[illegible]", one of [illegible] copies, like Bronzini fresco.
" " Andrea Castagno fresco uncovered.
Bronze in Bologni's Chapel are like Ghiberti, 3 phases: bold relief, middle + flat.
Del Sarto's Mad del Sacco (Duffle Bag) Dell. Son of a Tailor + he uses [illegible] cloth. [illegible] Mod in [illegible], + a mouth like cherries. A Pyramid [illegible] color master of [illegible] school. Also has a book @ a slant, [illegible] fills in [illegible] △
Foundling H.
Andrea della Robbia's famous Annunciation
Domenico Ghi. famous Mod. @ child, @ adoration of the kings. Ghir never fails to put himself in his picture. [illegible] in picture = all symbolic. Richness; reality of [illegible] master. Best
Luca d. Robbia is here: Mod. & child
PITTI [illegible] She-[illegible] that built [illegible] Pitti. Center (7 windows) design. by Brun. but built by his pupils in middle 15c (Ammanati + B?)
"Pitti" gallery – medici gallery. No primitives
Michaelangelesque kneeling-windows. Rusticatio.
Inside: general baroque
Raphael – Portr. of a Preg. lady – precise + careful draughtsman shown by hands 3rd, or early, Roman stage
D. Sarto – strong coloring Assump.
Dark + light color d. LdV. Triangle
Carlo Maratta: baroque; oblique like Correggio (oblique)
"beautiful" Mad. = [illegible]

与这本日记一起的，还有一叠他寄给潘的信，读来真令人感觉妙趣横生。当时的收信地址是潘在达拉斯的梅尔罗斯酒店套房。信寄到的时候，凯特·弗利尔森，一位任职于木兰石油公司的秘书，被临时聘请来辨认信件上的潦草字迹，然后为潘逐一打印出来。

工作结束的时候，弗利尔森小姐写信告诉潘，这实在是她所读过的最有趣的信了……

他展现出了和他本职迥然不同的惊人天资。即使和一些身负盛名的作家和旅行家相比，依然不见逊色……它们是如此独到精炼，又饱含幽默。

在那些“身负盛名的作家和旅行家”之中，一位名家的书信风格明显颇受父亲的盛赞——福楼拜。在大约100年前，他也曾在穿越埃及的旅途中，一字一句、诚挚地致信给他敬爱的母亲。关于父亲的才赋，弗利尔森小姐实在描述得十分准确：他寄给潘的书信机敏又独特，虽有时不免做作，有些文人的迂腐气，但用语简洁凝练，细节描述又颇为丰富，有时甚至激动难抑，非点上几个感叹号不可。这一切发生在我那向来保守的父亲身上，实在让我惊诧。

父亲的涉猎范围可谓广博：他的笔下不乏奇花异草、珍禽异兽和旅经地的风俗文化，另外，还有建筑、服饰、方言、音乐、交通方式、饮食、传唤服务生的方式。他还记载了咖啡是如何被调制和品尝的、抱孩子的正确方法、乞丐和妓女的言行举止、桨的设计（他那关于划桨人的独特比喻有趣极了）和划船的技巧，那些由来已久的医学难题，以及解决这些难题的有效方法——这位好奇的目击者更拜访了每家不同类别的医院、诊所、医学院和药用温泉。

从始至终，他对死亡的痴迷都显而易见。艾格尔峰坐落在瑞士的格林德尔，其北面的风光世界闻名。他途经那里时，曾逐一留心每台安置在酒店和咖啡馆的望远镜，“直到透过某一只镜头，他可以看到攀岩者从山上跌落，有时甚至会在死前悬挂许多天，一直到被山下的人望见。”

他动身去环游世界，然后他做到了。从财务报表看来，他相当谨慎细微。人们说，最初他登上“曼哈顿号”游轮的时候（事实上，船正是从曼哈顿出发的），手中握有1460美元的预算（顺便提一下，比起30年后拉里和我经历的9个月旅行，整整多了335美元）。

“曼哈顿号”游轮一靠岸，他便立即在伦敦入手了一辆黑色的

350cc BSA 摩托车，车牌号是 EYU97，同时，他也把车牌号唤做它的深情昵称。紧接着，一生中从未有过任何摩托车驾驶经验的他，把挂包放在了后轮的行李架上，在高峰时段的牛津大街上赫然前行，直冲巴黎。在那里，他的艺术漫游年将煞有其事地拉开序幕。

家族里一直流传，当初启程的时候，他所有的随行之物加起来，不过就是一套《柏拉图全集》、一套用于换洗的内衣裤和他的白色无尾晚礼服。然而，他的日记却揭露了这一传说中可预见的谬误：事实是，我那着装品位无可挑剔的父亲，的确是带着他的《柏拉图全集》穿越了大半个地球，却是一袭三件套的深灰色羊绒西装加身，外边儿还套有一件博加特风格的军用防水大衣。

不过，传说中关于那白色无尾晚礼服的部分，可信度却很高：在这精密的行李打包计划里，有一样东西，一直被这位家境殷实的旅行者视为必需：一双白色的羊皮手套。而且事实也证明，带上它们实在再明智不过。他的日记透露道，不论是欣赏任何歌剧、戏剧、管弦乐表演，或是参加各种讲座、诵诗会、独奏会、芭蕾舞会，每到入场时分，他都一定会戴上那双手套，整夜不曾除下。

正是身着那一袭三件套西装，他完成了这趟旅行：穿越英国、法国、比利时、德国、瑞士、意大利、澳大利亚、匈牙利、南斯拉夫、希腊（整个国家，包括克里特岛、其他几个岛屿和伯罗奔尼撒半岛），又到了保加利亚、土耳其、埃及，从那以后（尽管这个时候，他已把西装洗净收好，换上卡其色的短裤和拖鞋），一路前往太平洋，途经巴勒斯坦、黎巴嫩、叙利亚、伊拉克、科威特、巴林、印度、缅甸、泰国、柬埔寨和法属印度支那，最终，在日本的横滨港口，他登上了返航的渡轮。

你能够想象，有人会身着这样一身三件套羊毛西装去攀登金字塔顶吗？

显然，他就是这么做的。

（只需快速地瞥一眼我们故事的前几章，你就能发现，在登顶金字塔的 4 个月后，他依然穿着那身三件套羊毛西装。这时候，他已经完成了横穿中东和亚洲的艰辛旅程，才刚刚由“平安丸号”登岸，抵达温哥华。）

这肯定是一套做工格外考究的西装——即使他和EYU97已踏遍无数岩石嶙峋的土地，西装依然看起来那么笔挺、优雅。在伯罗奔尼撒半岛，一行着装体面的希腊人把他从一段崎岖异常的山路中救了出来。可想而知，当他们看到他的袖扣和温莎结的时候，会有多么惊讶。

但坐在理发师面前的时候，他还是不由地踉跄了一把。因为对比之前在雅典拍的照片，现在镜子里这张脸，显然有点胡子拉碴。而且，还有些别的变化……你发现了吗？（参见背页图）

我是发现了，他那湛蓝的双眼中隐隐透着忧郁。

很容易猜想，这份忧郁来自他刚刚完成的旅途中路经的所有国家——它们无一不处于战争的边缘。1938年8月20日，当希特勒调动军队去占领捷克斯洛伐克时，父亲正从安特卫普出发，无忧无虑地将他的摩托驶向纳粹德国。（正是在安特卫普，他见到了躺在鲁本斯墓中的真人骷髅，过去，他只见过以其为原型的画，活

像是大理石。他狂喜地在日记中记录下这一切，连用了两个感叹号。）

在德国的时候，他曾在10个城市间流连，笔尖诗意潺潺，涌动不息——为那一座座大教堂，为布鲁诺·沃尔特雍容典雅的管弦乐指挥，为贝多芬亲笔写下的《月光》奏鸣曲手稿中的庄严，为巴登巴登的公共澡堂，为《塞尔维亚理发师》绝妙的表演，为高速公路上的欢愉。为了对那些他拜访过的博物馆中的艺术品评头论足，他整整写足了8页纸，细节丰富，颇有旧时意大利式的热忱。

但当时在纳粹德国究竟发生了什么？他只字未提。

要花费笔墨去称道那些个士兵的衣着得体和礼节周到，要极尽优美之辞去描摹对那无处不在的海报上的希特勒像的愤怒——“噢，何等冷峻无情，乏味至极的一张脸。”还是算了吧。

在他写给潘的一封信中，他以一种玩笑式的口吻（至少我是这么希望的）写道：“要不是你提起，我几乎都没有察觉到那里有战争！”接着，下一句引用了他在达拉斯的朋友贺瑞斯写给他的一句话：

这封信，我昨天刚刚收到，信中贺瑞斯是这么写的：“不过，我是知道你的，鲍勃，你宁愿去博物馆看埃及木乃伊，也不愿去看一个刚刚被纳粹德军枪毙的人。”

他对艺术的专注和对死亡图像的痴迷令他几乎对身边实际发生的死亡视而不见，听起来，这着实有些令人费解。

但是，对途径之地的美景，他可不是视而不见的。徕卡 III，那个他以前在达拉斯用来拍比特斗牛犬埃思的相机，在这次旅行中被利用得相当充分。这里是他第一张和最好的一张照片……毫无疑问，它们都是死亡题材的。

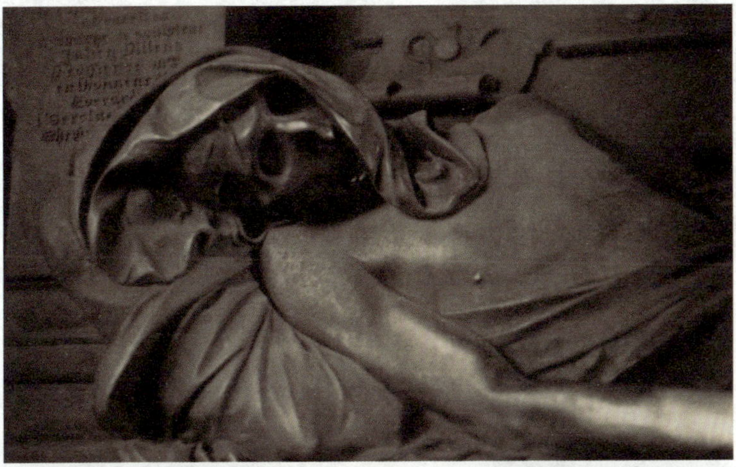

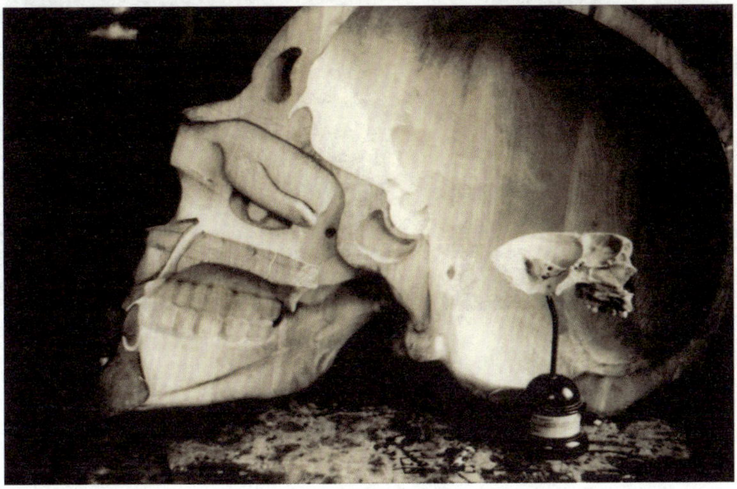

但他同时也拍了一些在平均水准之上的旅行照片。事实上我想说，它们简直可称之为惊艳：

当人们说，他的旅行照片大部分都是“高雅艺术”时，仅仅指的就是——他早年烈性难驯的时候所做的艺术尝试。

这番尝试同样也让他体会到剧烈的挣扎，不论在当下他那些涌动着的艺术感受有多么强烈，他知道，就在不久之后，他依然会回归惯常的工作和生活。

据我所知，在整个旅途中，他一直是孤身一人的，直到抵达仰光，他才开始和另外两个美国人结伴而行，因为紧接着从缅甸到泰国这一行，难保不会遇上毒蛇猛兽，甚至还需要大刀防身。很显然，沉湎于对艺术和死亡的热情中的他，完美地享受了他的孤身旅行，而他的余生，很有可能就是以同样的方式度过的。不久后他结了婚，有了孩子，他可能同他们分享自己的想法，除此之外，再无其他了。

直到抵达开罗，他才跟他忠诚的小伙伴 EYU97 彻底分开，他曾将它在希腊岛屿上来回托运，曾和它一起成功穿越岩石遍布、路途坎坷的保加利亚和土耳其，并在埃及和利比亚大约停留了 3 个星期。为了免受日晒风吹，他穿上当地的服装，把头部保护起来（当然了，是套在他三件式的西装外面）。

虽然他似乎从来不渴望其他人类的陪伴，但要他和这个小伙伴彻底分开，倒是相当不易。就在他把 EYU97 卖掉之前的最后一个午夜，他将它骑出开罗，前往金字塔：

月光下的金字塔，宛如覆上了一层黑色的浮雕，沉重、有力、神秘。返回开罗时，我再次途经那片广袤的沙漠之地，四下里不见一砖半瓦，军用短大衣在夜风中瑟瑟抖动，街灯映下我那快速掠过的身影，诡异地将它投射到路旁的沙子上去。

第二天，为了纪念他们的分别，他为它拍摄了一幅肖像，在日记中写了一首挽歌（注意，是两个感叹号）：“再见了，EYU97！！”

虽然他很想念这位两个轮子的伙伴，但当他重新上路的时候，却形容自己“轻盈无比，像极了雪莱笔下的云雀”。他随身的物件仅剩下几个行李包了，且每一个都只有女人的手袋一般大小，在他的肩膀上来回晃动。在去往巴格达的旅途中，他穿越了巴勒斯坦，被困在叙利亚的沙漠中 4 天后，他沿着幼发拉底河径直来到巴士拉，搭上了一艘去往孟买的小船。

当他一抵达远东，就用极尽优美的语言，喜出望外地将这些国家的风俗民情、文化艺术描述了一番——尤其是缅甸，他仿佛回到了故乡。这就是他——一个曾经粗鲁愚钝，沉浸在赛车、杀蛇、打枪、酒精中的达拉斯小孩，如今他对艺术、对美、对精神生活有着狂热的喜好，并最终找到了平静和归属感——在柬埔寨的吴哥窟。

他在日记里龙飞凤舞地写道，当他独自一人行走在废墟里时，他身边唯一的同伴是一位偶然出现的、穿着藏红花色长袍的僧人：

当我第一眼在月光下见到这座伟大寺庙的时候，几乎被它的壮观夺去了呼吸。但是在白天，它却俨然是一座雕刻精美、设计绝妙的建筑——还有上面雕刻的飞天！那些衣着裸露、令人惊叹的舞女们！一个个纤腰曼妙、丰乳翘臀——完美的尤物，爱的践行者——被指派到地球上去引诱苦行僧。

这景观实在令人叹为观止，以至于我简直无法相信自己的双眼。这座建造于1000年前的建筑，规模庞大，工艺完美，设计纯粹，壮丽异常，胜过你在希腊、罗马、埃及、墨西哥或者美国中心瞻仰的一切建筑。

这恰好是他的真实经验——他去过所有的这些地方。他继续写道：

独自探险了很多天后，最后一晚，我慢慢地攀上吴哥窟，置身这座现在看起来相当熟悉的废墟，我心中满是不解。像高棉人这样一个种族，怎么可能会消失得如此彻底呢？这过程经历了多久？会不会有灵魂残留下来，一直注视着这些粗暴无情的树丛悄悄地混迹进来，将这无与伦比的建筑一一吞没？

我沉思着，不知不觉，夜已褪去，黎明之光将我环绕起来。一片寂静将大地悄然笼罩，此时此刻，没有一丝微风掠过，去搅动丛林顶的平静。那些感觉纤敏的菩提树树根们——就像热衷于探险的手指——找到了它们通往每一处石头裂隙的路——我可以看见它们，感受到它们……

从废墟的阴影中，缓缓升腾起一股难以言说的忧郁。

孤独，孤独——在这惊世骇俗的人类墓地和历史古迹里，我存在着——唯一的人类！

对照黄色照片中父亲的旅行纪事，阅读着这些日记和信件，我发现，父亲曾是如此充溢着生活的喜乐，精神饱满、满怀希望地孜孜追寻着生命中的艺术价值、艺术中的死亡价值。他那欢欣喜悦的被艺术深深浸染的故事表明，艺术本身早已经根植于他的灵魂之中，它们的根又深又粗，就像吴哥窟的那些菩提树。而30年后，拉里和我所经历的旅行，同样也告诉了我们这一切。

但他还是安分守己地回到美国，拾起他的桨，重新开始划船，背离他当下真实的心愿，迎向科学的怀抱。在他回归的一个月后，他再次开始行医，6个月后和母亲结婚，迅速将他的小船划向当下，奋力前行。

接下来的40年中，他在他伟大的大师杰作上耗尽心思，甜言蜜语地把我母亲从洞穴一直哄骗到大教堂，探索艺术中的死亡图像。为了能给出尽可能丰富的命题，他用他那极其独特的笔迹，在成沓的黄纸上大肆涂鸦：

剪干草的割草人
死亡的图像表述
艺术中死亡的拟人化
匍匐前行或迅猛突袭
带着他锋利的镰刀
死亡艺术中的个性化和拟人化
千家万户

在他的文件中，有和将近100个博物馆、画廊、图书馆的思想对话，从乌干达到梵蒂冈，超过450个图像式死亡表述，标记为不同的文件夹：

异教徒
挪威人
秘鲁人和印度人
中世纪／拜占庭人
原始人和非洲人
希腊人
伊特鲁里亚人和罗马人
中世纪法国人
犹太人
混杂的（第一部分）
重生
中美洲／骷髅
现代
墨西哥／中美洲
死亡之舞（法语）
漫画家和现实主义者
印度人
树
自然死亡
异教徒，斯拉夫人
面具／墨西哥
巴比伦／亚述
东方人／印度
墓碑雕刻
态度和符号（镰刀／长柄大镰刀）
阿比西尼亚人
政治卡通片
埃及人

在他去世之后，我那恼羞成怒、筋疲力尽的母亲把它们统统杂糅在一起，塞进两个巨大的盒子，我一张接一张地将它们规整出来，有好些已经破碎不堪了（是的，桌子底下是麦克斯）。大部分书写都是难以辨认的，而且这排列组合实在让人费解。但其中渗透的学问和专注却绝对是至上之作（我父亲最爱的褒奖词之一）。虽然父亲很有可能已经留心警告了自己很多次，可事实正好相反——他的“隐语”充斥了他的字里行间。

我感到很忧伤，因为只有在非常偶然的情况下，我才能从那些支离破碎的纸张中，发现作者 1938 到 1939 年间魅力四射的简短日记中的一些片段。这是其中一段：

相较而言，骷髅，是一堆天生贞洁且不会腐朽的、干燥的、咯咯作响的骨头——它们实在是无力承受由一具欢腾不休的、正在腐化的、肉体振动着的、举止过火的年迈躯体所引发的甜美诱人的欢乐和装腔作势的表演……

实际上，说起这部杰作的真正非凡之处，却丝毫不令人感到惊喜或愉悦，他在艺术漫游年期间所写下的日记和信件中，都清楚地表明了这一点。他已经做出了妥协，心中分明：几乎我们所有人，在不久之后的人生中都必须在钟爱的事物和必须做的事情之间做出取舍。在将这些娓娓道来的字里行间，他那标志性的双感叹号的艺术瞬间，隐匿不见了。

除了……除了……当他对下一代人寄予厚望，希望他们可以致力于研究死亡的艺术，将死亡的概念和那无法抵挡的美的力量紧密结合起来。

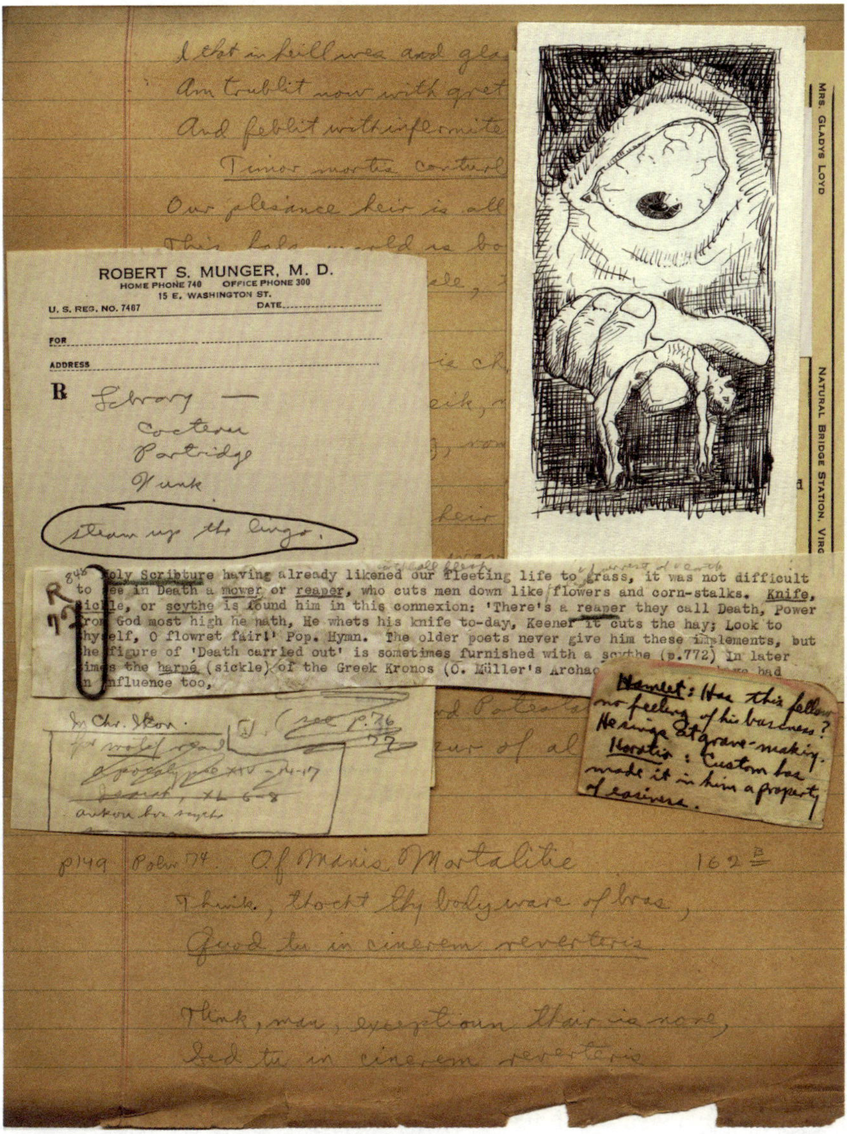

1950 年 8 月，在我尚在母亲子宫孕育中的那个月，他写下了这些文字：

从始至终，我们都被提醒，艺术是先知…… 而当代顶级艺术之中的一部分，则以世界本身的自我剖解为主题。

因此，即使我们沉浸在这样一种预言和希望中，也不算太过分——当我们被死亡的威胁持续困扰时，一种创意艺术真正重要的内核即将萌芽，一种忍耐的意志，它即将：①为一种更有意义的生命带来力量和活力；②重视和加强生命保存文明的进程。

这是否预示着，我的出生就是为了弥补父亲艺术追求的遗憾，面对成千上万扇艺术大门，去窥探其中几扇背后的奥秘，去完成父亲无法完成的艺术使命？

可能我就是，可能我曾是。上帝知道，我真的努力过了。

21

摇篮和坟墓

尽管我最渴望的便是取悦父亲，可自童年开始，反叛这一因子就隐藏在我身体里。据早期的报道，在母亲20世纪50年代的日记里，充满了对我的绝望，她经常暴跳如雷，拿着毛刷抽打我，因为我不愿意穿衣服，又或者，因为当她伤神费力地让我穿上后，除非已经把衣服穿到破破烂烂，否则我打死都不肯把它们换掉。我也同样记得那些日子，我身体里积压着汹涌的无力感、挫败感和狂躁不安，有强烈的想要独处的愿望，像狼孩毛克利一样，和赤身裸体、蓄长辫的愿望。我记得特别清楚，我想要所有的事情都按照自己的意愿来进行。

20世纪60年代，我那令人恼火的个性化倾向越演越烈，那时正值我的青春期，叛逆因子完全爆发，而且我又被放逐到帕特尼独立生活，脾气越发充满挑衅。但是，我想要反抗父亲却非常困难。我感觉，他总是离我很遥远，不论是在地理空间还是情感联结上。虽然我曾很强烈地尝试过接近他，但在某种程度上我知道，这是不可能的。

即使是 1969 年我在日记中写下的这首打油诗里，我也承认我失败了。我想要变得和他一样，想要他为我感到骄傲。

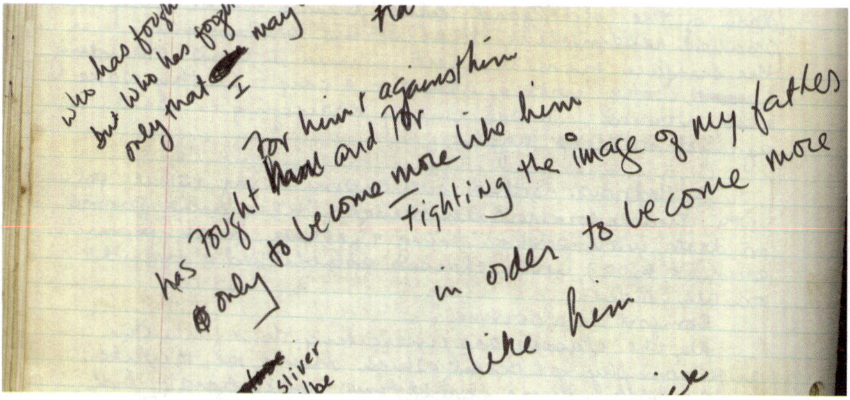

显然，他深深影响了我初期的艺术审美，但这一切并不是直接发生的。他极少和我探讨曾在他青年时代的日记中展露无遗的对艺术深切的热爱。相对而言，关于他那终身持续的对艺术的痴迷与执着，他总是三缄其口，包括从彩色的玻璃窗户到卡德尔式的天花板饰物，还有那些被山林环绕的地球建筑等。不论有益于否，如果说我从这位冷漠、深奥、创造艺术的父亲那儿学到了什么的话，那就是——不论他手头进行的是什么工作，那总是比其他任何事都重要，甚至可能包括他的家人。在母亲 1956 年的日记中，她痛苦地抱怨他对她的冷漠和忽视：

我发现，我真的只占鲍勃生命中的一小部分：他的艺术创造世界是他存在的核心，我的存在只是为了去倾慕他，去给他发表评论。我发现，他已经拥有了他想要的一切。我对他激动地大发脾气，我对他恳求了无数遍，让他去把胜利牌留声机修好，他却依然无动于衷，只知道沉浸在他的创作里，他连想都没有想过这件事，或者想了却没有做。

他显然没有时间让我们走进他的生活；他的那些热爱是如此重要。于是，同样的话我又要说了——我的基因之路上布满了我威尔士祖父那诚挚的、一往无前的感性基因，紧随其后的便是我父亲那马力全开的、执迷的、被死亡感染的、热情的艺术基因，它们一路传到了我的身上。

当我在阁楼里把父亲盒子里的东西翻了个底朝天后，我发现，他1939年用徕卡相机在新奥尔良郊区拍摄的那些照片，竟然和我的“深度南方系列”非常相似，只不过时间上早了60多年。

我应该拍过一两张这样的照片。事实上，我确实拍过这样的照片，几乎每一张都有类似的，而且是在从未见过它们的情况下。发现它们和我的照片几乎完全一样时，我先是“哇哦”的一声惊叹，紧接着一阵恼人的疼痛袭来，怨恨和无奈在心里翻搅，紧接着我全身毛骨悚然地战栗起来。

我开始回想我的艺术人生——从我 17 岁用徕卡拍摄早期那些照片，到 2003 年我独自一人的艺术死亡探险，直到我出版名为《遗迹》的摄影集——这都是在我那沉默寡言的父亲的巨大影响之下，无力抗拒的结果。

徕卡相机的赫克托尔镜头聚焦按钮摇晃不定，光学涂层也有一层损坏，因此拍出的照片会有一些闪光，可当时我却很喜欢(现在也是一样)。父亲漫不经心地把它交给我，那几句潦草的、关于如何安装镜头和调节焦距的话，显然完全不够，就好像我的高中英语老师杰夫·坎贝尔，颇有先见之明地让我去读福克纳，冥冥之中却是在延续他自己对生命的坚定期许。

那年冬天，我正在帕特尼中学念高三，那是福克纳之年，我的苏醒之年。我正从深不可测的无知中苏醒，我这样说，不仅仅指的是我早期写下的对种族关系的无知。

这比那要糟糕得多，我原本是一个肤浅、无趣、无热情的、无知的孩子。我父母懈怠的养育风格当然塑成了我独立的个性，但是这对培育我的创造性思维，或者启迪我的智慧，都没有半点用处。童年时期，我从未上过艺术、舞蹈、音乐、骑射、法语课程或曾经出国旅行。很偶然的机会，我曾享受过：在狭小的阿巴拉契亚山脉的荒僻之地，沉沦在自己的哀愁之中。对于一个生活在乡下的，既无事可做也没有见闻，甚至连电视机也没见过的女孩儿，上帝保佑，那些想法实在是够深刻了。

我唯一拥有的是一些书籍的陪伴，尤其是其中的两本：《你见过这些人》和《人类一家》，我还保留着早已破损的第一版（一本花了1美元，另一本是75美分）。我知道后一本因为它的过度浅显颇受争议——那老掉牙的励志故事和天真的意识形态，但是我大言不惭地说，我依然因此而备受感动。小时候，我被它深深地迷住了。我学习了每一张图片，从第一张温·布洛克在蕨类森林拍摄的裸体小孩的照片，到尤金·史密斯拍摄的《通往天堂花园的小路》的照片（我现在拥有了这张照片）。它教会了我有关性爱、家庭和社会生活、人际和社会交往、冲突的基本道理，还有，可能最重要的是，对于痛苦的同理心。

在最后一个层面上，《你见过这些人》要比《人类一家》绝对更胜一筹。玛格丽特·伯克－怀特所拍摄的，关于抑郁的照片依然是我见过的照片中，最令人毛骨悚然的之一。虽然回到初次看照片的那个时候，我会需要有人来帮我解释一下图片的说明文字，当我看那本书的时候，照片中的人所说的话只是加剧了从心底升腾起来的、让人难受的困惑感和愧疚感。一个乡下的亚拉巴马居民对那本书的编辑厄斯金·考德威尔说："我当然不会让他们把标识贴满我的房子。"他接着说："但是，那些住着黑鬼的棚屋，当然是不一样的。" 吉吉有着厚厚指甲的手指划过这些文字，念出这段的时候，她的语气中没有半分怒气，却涌动着一种别的情绪——哀怜和不幸。

在我可以独立看书之前，我都不得不去注意吉吉能够在她的工作时段为我念书的所有空隙。我留心地看着她把水倒入一只可乐瓶子，因为用得太频繁，绿色的瓶身已变成了奶白色。

每当她用那精致的锡制喷洒器把瓶子塞好，把要洗的衣服浸湿之后，我知道，在接下来不间断的熨烫步骤之前，至少有一本儿童读物值得读一下。我也可以让母亲念书给我听，但我得赶在她筋疲力尽之前叫住她，否则我又会看到她把乔治杰森牌的烟灰缸放在肚子上，一只手拿着肯特香烟，另一只手拿着大西洋牌香烟，慢悠悠度过她的午后休闲时光。

最棒的是父亲念书给我听的时候。他会在晚饭前把我放在他的膝盖上，深金色的鸡尾酒放在他一旁的大理石桌子上，有时候杯底会有一颗樱桃留给我。我们打开《华盛顿邮报》背面的连环画部分，他会逐条读给我听，甚至是他觉得很傻的《布伦达・斯塔尔》。他最喜欢的是《弹簧单高跷》《花生漫画》，埃尔卡普的《李・艾博纳》和双眼圆滚滚、含情脉脉的《兔八哥》。《兔八哥》中有一行文字，就是当骑在锋利的割草机后面的三脚架上时，它便提高嗓门，大声哼唱，父亲很开心地为它配了音乐。我们共同的喜好是《华伦王子》，只有周日的时候才会刊登，而且是彩色的。有好几次我给它的作者哈尔夫斯特写信，问他华伦王子是不是一定要穿内裤。

我的童年读物都躺在阁楼的书架上，很多本的封面都用铅笔稚嫩地写着我的名字，它们是：艾伦・亚历山大・米恩和苏斯博士的书、《夏洛的网》、理查德・蔡斯的《杰克的故事》和《祖父的故事》、沃尔特・法利的马的故事、《曾达的囚徒》《月亮宝石》和《奥兹国仙境奇遇记》的全套。1908年，奥兹系列套书的第一版出版，十分光荣地邀请到约翰・R.尼尔为它配插图。

可能在阅读生活的早期，我就显现出艺术生涯的先兆了。父亲曾送了我一本《艺术无所不在》，其中有一个章节是“你是一台摄影机吗”，最后的结语是：“如果你想要完全重现你所看到的一个场景，那么用摄影机吧！”

我应该一早就接受这个建议，但我没有这么做。很多年来，为了能重现这些生活场景，我选择在日记中蹩脚地剖解一切。彻底大清扫后留下的那部分日记（而且我非常确信，在服下30颗司可巴比妥前，我定会将它们统统丢进火炉），揭示了我之前脑中所充斥着的，按时间顺序依次排列的话，不过就是：马、男孩，接下来便是个人形象和体重管理，我是否受欢迎，还有，我是不是一个荡妇。在畏畏缩缩地经历了早年的平庸浅薄和绝对虚荣后，我几乎迎来了这后知后觉的，艺术灵魂所需要的夸张反思，比如，这突如其来的，关于不安全感在创作过程中的重要性的沉思（一些我至今依然赞同的东西）：

艺术家可以在任何不安全感之外的动机下进行艺术创作吗？……如果一旦知道，这最终的作品是基于一种不安全感而生，那么这有形的创作，会变得不那么有价值，不那么美了吗？……有时候我会怀疑自己的能力；究竟什么是我的天赋，什么时候它会准备好让我顿悟，在我灵魂里发酵……比如，毕加索是怎么发现自己的天赋的？他在吹萨克斯之前是不是很少拿画笔？……如果他是从一个爵士乐手开始，会和现在一样容易吗？或者，如果没有萨克斯的出现，他会发现他的画笔吗？

那么，有没有一条我的真命之路存在？

……我所有的问题，是的，就是为了快乐——一种简单、自由、完全的快乐，在这样的趋势下，路就会慢慢显现了。

最后一句话让我想起了奥斯卡·王尔德在回复一个朋友急切的晚餐邀请时脱口而出的一句话，朋友的最后一句是：“我不知道能给你吃什么！”

王尔德简短地回答道：“噢，随便，随便，随便什么都可以。我的品位最简单不过了，我总是对最好的东西满意。”

“完全的幸福”就是我想问的一切，看起来足够明智了。很明显，我并不是一个想要受苦的艺术家。

但不管怎样，我还是经历了，而且，我们都会经历。我的个人苦痛总是和我那分神的父亲联系在一起，我总想取悦他，或者，至少去赢得他的注意。和那个在 18 岁时便写出那些惊人日记的年轻人只有点头之交，让我苦恼异常。尽管当遭遇内心的恐惧、需要、野心和怀疑时，那陌生感让我畏缩不前，但勉为其难地，我同时也开始意识到这些问题，即使是现在的我，也依然如此。

2000 年 12 月上旬，当一个手持武器的罪犯越过田野朝我们的家行进时，我已经开始思考死亡与大地，及其与摄影、艺术的关系了。当那悲惨的一天结束时，我坦白承认，那一刻我发现了一种有悖常理的巧合，仿佛一个恰当又吉利的宇宙信号。

那天早上他来的时候，我独自一人在农场，当我发现脚印的时候，我的 6 条狗正在柴火堆旁闲晃。当时我正在听已逝的法兰克·穆勒朗读的有声书《白鲸》，但他的声音一直被农场上空频繁来回的直升机声淹没，恼人至极。当电话铃响起时，我放下了去渍刷，眼睛再次适应了远距离——我看见直升机正盘旋着，慢慢地靠近河上方。

电话那头，是从公司打来的拉里，他在镇上工作。他的声音听起来怪怪的。他问我有没有人和我在一起，还让我小心地回答。小心地？我说没有，他又问，我是不是能自由说话，我开始有点不耐烦了，“当然了，我当然是的了，你怎么了？”

他大呼了一口气，换了一种正常的语气跟我说，警长刚刚给他打了电话，问他我是不是单独在家。他收到报警，告诉拉里一个罪犯正向他们家的方向逃窜，让我把门锁好。对于有 9 个（不能锁的）法国门的房子来说，这想法听起来有点搞笑。我们的房子坐落在一个凸起的高原上，视线悠远，三面环水，几乎被地理环境完全保护了起来，是一个经典的中心地带。但拉里却足以想到最坏的情况：那个绝望的男人已侵入了房门，手持一把枪，指向我的脑袋。

我自己的想象也同样把我带到恐怖电影的升级现场：我害怕地告诉拉里，我确定我听到客厅中有移动的声音。我轻轻地放下电话，夸张地踮起脚尖走路，小心翼翼地观察着。

派派，一只最年轻的灰狗，正在火炉边使劲抠抓，左右踱步。苦恼万分的我回到了电话机旁，拉里解释了整个前因后果。今天凌晨 4 点，一位警官已被派遣到县城的另一边去逮捕塞萨巴夫，一个已经背负了几条小的性骚扰罪名，现在又新加了4条重罪指控的罪犯。现场有几个歇斯底里的女人，其中一个很显然正翻箱倒柜地在棚屋里找枪，于是警官把塞萨巴夫的双手铐在了他的背后，用安全带把他捆绑在低速发动着的巡逻车前座上。

一个女人不停地对他大吼大叫，骂他猪狗不如，诅咒他总有一天会遭到报应。就在那位警官因此分神的时候，塞萨巴夫把他的双手扭成一团，在双脚的助力下挣开了手铐。他解开了安全带，把身体挪到司机的座位上，关上了车门。他猛踩油门，火速将车驶向一片麦田，一路上汽车将一片繁花绿叶压断，嵌入那片结冰的泥地，在压倒一道栅栏后，汽车径直穿过了一个邻居的侧院，消失在石板路的尽头。他直接去找一个朋友锯断了手铐，然后将车开出我们的那条公路——39号公路，把车丢在河边后，他身携那位警官的猎枪和两柄手枪，步行上路。

当地治安部门发动了州警察和警犬，在上午10点前，都一直在对他进行绝命追捕，可这个逃犯对这块地形很是了解，他活像是北美的野山羊，一路走下莫律河上的峭壁悬崖。他穿过那条离我们的小屋很近的冰河，在那儿待了一段时间，把自己晾干后，便穿过那些树丛，向我们的房子靠近。他的那些追逐者被悬崖和冰河阻断了去路，再次回到他们的车里，开往最近的桥。他们至少离我们的农场有15分钟路程。他们出发的时候，那架巡逻直升机正在高空盘旋，忽然间，飞行员发现塞萨巴夫正向房子跑去，于是他发了一份无线电报给戴警长，警长通知了拉里，拉里又告知了我。

挂掉电话后，我快速冲往窗边，却一个人影都没有看见，于是心中不得不开始相信，就像拉里所预想的一样，塞萨巴夫已经闯进来了。我开始一间房接着一间房地，靠着墙壁悄悄挪动身躯，就好像正在上演一出荒诞的哑剧：一个处于危境之中（身上没有任何武器）的警察正在搜查一间房子。我不禁开始咒骂那些该死的灰狗，真是一点警犬的保卫意识都没有。

一个人都没有发现后，我把狗狗们叫醒，把它们赶到门外去。我赶去车库，心怦怦直跳，暗想一定会在那里发现一个油光满面、肥头大耳、吊儿郎当、刻满文身的罪犯，坐在驾驶座里，拿枪顶着我的脑袋。但是，什么都没有发生。我发动了轿车，一路疾驰穿过农场，开到主路上，差点在最后一个转角处和一辆老式的旅行车相撞，拉里的脸差点就贴到了挡风玻璃上。

鬼使神差地，我开始担心起那些狗狗们，我总觉得当塞萨巴夫靠近房子时，他们会成群结队、好奇又友好地向他跑过去，而就是这个时候，它们的小命也就难保了。我坚持掉头回去。当我们到达车库的时候，拉里抓起了一支猎枪，准备在房子里好好巡视一番，就在这时，我们看到一个活像是稻草人的人影，沿着篱笆地狼狈地向我们跑过来，一只手下垂，手枪握在手心。我们瞬间呆若木鸡，吓得魂飞魄散。

就在那如同电影画面般的千钧一发的时刻，直升机沿着河流转了一圈后重整旗鼓，倾斜转弯，无限靠近地面，我们几乎能看见飞行员焦虑的表情。我们用一些夸张的手势，引导他靠向那个离我们越来越近的人影。就在此刻，我们情不自禁地发出了一阵好莱坞式的欢呼，一行秩序井然的飞速警察车队豁然出现在山头上，好像空降一般，因为行驶得太快，车轮子看起来活像是椭圆形。他们朝那个逃犯消失的灌木丛径直开去。

在那些警官到达后，我有足够的时间去拿起一台小型数码相机。我们站在走廊上，望着那些男人从车里出来，一一向树丛走去，显得冷静异常。他们用亲切的口吻，向躲在树后的塞萨巴夫大喊，要他缴械投降，回归正途。他没有任何反应，紧接着，当他准备持枪开火时，那些男人争先恐后地爬回他们敞着的车门后面躲起来。我们无言地看着这场战火在面前升级，直到我们意识到，这不是开玩笑的！真格的要来了！

我们悄悄地躲在门廊柱后边。几轮交战之后，迎来了一阵沉默。然后，一缕相当细弱的、依稀可辨的枪击声，从树丛传入我们的耳朵，听得出，是一支手枪的声音，一声毙命。

大卫·塞萨巴夫，就这样倒在了满是树桩和欧洲蕨的野生杂树丛中，这个曾被我激动地想象为可怕的衣橱妖怪、开膛手杰克、汉尼拔·莱克特、保罗·史密斯和迪克·西科克的人，鲜血淋漓，周身笼在一层

奶白色的冬日之光下。

结果是，他完全不像以上的任何一个人，他甚至不肥头大耳，也不吊儿郎当，一点都不。他只是一个孩子，我儿子一般年纪，只有 19 岁：他瘦小、羸弱、冷酷、惧怕、筋疲力尽、困惑、挑衅。现在，他死在我面前的田野中。

一切都结束了，当验尸员和救护队清理完现场后，我们从门廊望着塞萨巴夫那哭成泪人的母亲被领回她的车，卡车、电视转播车、直升机纷纷离开。一股奇妙的沉默升腾起来，一种深深的缺失感。农作物依然在生长，仿佛开始自我治愈。

我朝他死亡的地方走去。那些矮小的灌木丛被压成一块一块的，成块的蓝色和橙色喷漆，交织出一种和谐的韵律，黄色的犯罪现场隔离带被悬挂在野生的玫瑰枝上，在一株山核桃树的底端，一汪黑色的血池在冰冻的泥土上熠熠发光。我原本想要去触碰这充满张力的表面，但我没有，我注视着它的时候，它很明显地在收缩，拱成一个半月形，而后又趋于平稳，就仿佛地球进行了一次深呼吸。

前院这片再普通不过的小树林中，死亡为我留下了难以磨灭的记忆。我再也不会像之前一样，从我厨房的窗户探出头，望着那株生长在山核桃树林前端的寂寞雪松。我再也无法摆脱发生在这里的记忆了。但是，100 年之后，会不会有一个陌生人来到这里，感觉到这片土地上那悲伤的、逝去的秘密，还有那被死亡浸染过的、土地之上的圣洁?

22

见 证

我决定去扮演那个爱猜想的陌生人的角色，但是在一片不同的土地之上，而且是战争发生的100多年后。我来到内战的发生地，试图寻找那个问题的答案：地球会记得吗？这些曾发生过无声大屠杀的、埋葬过难以计数的尸骨的土地，在某种程度上会成为见证者吗？

如果它们会，那么它们会说什么呢？在这些现在看起来相当平静的战场上，在这些处于寂静时分的土地上，会不会有一种超自然的死亡的存在？

在我拍摄这些战场照片的几年前，我的朋友尼尔曾把辛波斯卡的《真实需要》发给我看。诗文刻画了那些在战地上生长的野花，一字一句在我心里萦绕不去。当生活在这世界上最血腥的战场上继续时，诗人眼睛一眨不眨地注视着这一切。诗里写道：“音乐流溢下来，从那些停泊在亚克兴的邮轮之上。”

情侣在阳光照拂的甲板上起舞

在拉茨瓦维茨田野上的
草是绿的
它们身上挂着露珠
和寻常的草并没什么不同

可能所有的田野都是战场

所有的土地都是战场
它们中有的仍被记得
有的被忘记了……

农场枪击事件的5个月后，2001年5月，我开车去安提塔姆的战场，在那里过了一夜。黎明过后，我把移动暗房拉入了伯恩塞德桥边田野中的一个角落。草儿们纷纷下垂着，身上挂着露珠。在春天旭日的照拂下，它们缓缓昂起头，迎风摇曳。我注视着这一切的发生。田野开始起伏不定，宛如光缎纹呢在徐徐地随风飘动，就像每一根草茎，充满活力地和它的那些邻居——沙子们，一起摇摆不停。凝视旷野，我想以赛亚是对的——人民如草。

在安提塔姆这片神圣的死亡之土上，有同样想法的也许不只我一个。事实上，我有很多的同伴。上午10点之前，一车又一车的游客站立在这儿，虔诚地瞻望这片景观。

而且我相当确定，他们一定在想，死亡为何会有如此力量，把它们面前一块如此普通的，和他们所经过的州际公路上的其他每一块田野毫无分别的土地，变成如此强烈的动人之地。

当我看见类似的一处普通景观，我也看到了死亡的基地；当美国大平原在我所倚靠的飞机窗户下延展开来时，当我直盯着我的马匹在疾驰时留下的痕迹时，我总会想起，那些已成粉状的骨头们正在底下艰难地移动着。还有那些站在我面前的这些健康身体里的、活着的人类骷髅，我也会想象它们。

在我父亲的死亡肖像系列中，有一幅19世纪日本画家河锅晓斋所作的卷轴画的复制品。画中，那位15世纪古怪的禅宗和尚一休正站在一只骷髅艺妓的头上，喜乐无比地跳舞，那些小一点的骷髅们，好像跳康茄舞一般，每只手上拿着一枚扇骨，一对一对绕圈前行。正是同一位一休和尚，因为对尘世之爱谨慎冷静的慧语而为人称颂："你要记得，在你的臭皮囊之下乃是一副骸骨，正在等着现出原形。"

在这字里行间，一休仿佛和福楼拜，一位我和我的父亲都极为推崇的作家之间，建立起了一种看似没有可能的跨文化亲密联系。在一封1846年写给他的长期情妇露易丝·克里特的信中，福楼拜呼应了一休的观察：

我经常感觉到未来，一切的对立面总是呈现在我眼前。当我见到一个小孩，我不由自主地想到他会变老；当我见到一个摇篮，我不由自主地想到一个坟墓；当我看到一个裸体的女人，我会想象到她的骷髅。

我们是怎么了？这是不是我们发疯的早期征兆？在贝尔克的《结局》中，残疾人哈姆告诉他的仆人，他曾拜访过一个疯人院的朋友。哈姆试着让他的疯子朋友快活起来，把他拉到窗户边，哭喊道："看啊！那里！那所有蓬勃生长的玉米们！还有那里！看啊！那些鲱鱼船队的船只！所有一切都那么可爱！"疯子把他的背转向角落，在那个角落哈姆看到了可爱的地方，疯子只看到了衰败。

对我而言，我既看到了事物的美的一面，也看到了它黑暗的一面。玉米田的可爱、满满的船只，还有衰败，我同时看到了。我会因为事物的美丽而狂喜不禁，但也会因此而谨慎。日本有一短语描述了这双重感知：物哀观。它的意思是，美丽的东西总是和忧伤牵连在一起，因为世间没有任何一种真正的美丽可以脱离那携带着吲哚气味的零星腐朽而存在。于我而言，生存和死亡是一件事，爱和失去也没什么不同，但这也不会令我变成一个疯狂的女人；我相信，这会让我生活得更好，更好地去爱，有可能的话，更好地去发现。

结束了安提塔姆的两趟旅行后，我驾车和我的小灰狗甜心驶往隐在山麓中密集的弗吉尼亚战场群。

途经静谧的谢南多厄河谷，越过蓝岭，我们开车穿过不断发展的城郊区域，瞥了一眼战场的标识，发现它就夹在入口和大型百货店之间。

进入政府保护的战区，我一眼就辨认出了战争遗留的生理残骸，尤其是斯波齐尔韦尼亚法院大楼的景观，凸起的地表被维护得相当不错，以至于都可以为下一次南北战争做准备了（以我们目前的政治形势看来，这也不再是无稽之谈）。我们到达那里时，刚好是正午时分，我没感受到任何一缕灵魂的波动。当甜心和我在这些起伏的隆起之中行走的时候，我们中的一个挪开了一个重要的米涅弹，它经过了白色氧化，已经变了形，周身无尘；那些痕迹，战争的战利品依然自发地、无法抑制地浮现在表层。死亡拥有这里所有的土地。它一直雕塑着这令人惊艳的景观，并且拥有着它。首付款，是尸体本身，而希望、爱、欢乐、恐惧，现在都是死亡创造的暗物质了。

在午后 3 点阳光的照射下，我拿着照相机和甜心从那里离开，来到一片蝗虫狂鸣不止、植被稀疏得古怪的树林。那些树木看起来生长得十分费力，很不自信。橡树纤弱无力，苏格兰松的树针细小得可怜。

它们不得不成为那些挺过南北战争的树木的优秀小辈们，但它们看起来依然病怏怏的，仿佛在它们从那片重度毒侵的泥土里挣扎着生长之前，它们的根苗就已经被那些植入它们祖先身体里的高温金属残害了。

下午晚些时候是我最爱的摄影时段，我们离开了那片森林，回到了田野上。游客们都已经散去。一株繁茂的葡萄树向上攀缘着，嬉笑间盖过了一棵寂寞的雪松，在它们交错的光影下，我把摄影机架好，甜心扒开一方清凉的泥土睡起觉来。泥土的气味朝我飘了过来，那藏匿在所有土地之下的、我正呼吸着的这片土地之下的、身体的古老的血腥味，来自世间那股阴柔力量的、奶油般的气味。这股力量是死亡，黑暗的、潮湿的、生命无法和解的创造者，一位养育了我们，同时又及时地毁了我们的可怕的母亲。

当甜心睡着的时候，我在渐渐微弱的日光下摄影，那些被葡萄遮盖的雪松形状诡异，它们的光影隐隐约约地映在我身上，怪物般可怖。到了晚得没法拍照的时候，我把帐篷支在山顶上，从冷却剂中舀了一把剩余的冰块，倒入碳酸金酒中。当我开始凝望山下那块被大自然滋养的土地时，甜心已吃完晚饭，蜷在我身旁的一块毛毯上。

我观察着一切，一缕缕不断升腾起来的地表雾气刺穿了暮色，好似这些战场的死亡灵魂正向我飘浮而来。那些人们，曾如此竭尽全力地真实存在，如今却已消逝，完全和我未来将经历的一样；这些田地和远处的山脉，是他们合眼前看到的最后一幕，对我来说也是一样。土地用它庞大的身躯将他们拥在自己肥沃的怀抱之中，每年春天，便用这万物复苏的繁盛，抚慰他们对往昔的无声渴望。

我躺下的地方，空气中芳香四溢，闻起来有泥土和青草的味道，还有死亡的永生。当微弱的雾气缠绕在帐篷周围时，我熄灭了灯，准备入梦。

23

庄严的尾声

最近，我在瑞典发现了一种尤为先进的处理遗体的思维（而且，当然，还有对裸露、性、战争、性别问题等的态度）。之前我就一直在研究，如果说我死后的遗体没有做防腐处理，也没有火化，只是除去了器官和眼球，那么把它埋在我家牧地上挖的一个洞里，这算不算合法？来到瑞典后，我对于新奇的人体埋葬方法产生了浓厚的兴趣。在一个墓葬空间相当昂贵的国家里，那些久一些的遗体会被挖出来，埋葬得更深一些，这样的话第二层、第三层的“居住者”就可以被安放在同一个小区块里了，而现在，讲究实效的瑞典人已经发明了一个把人类遗体制成化肥的系统。

他们先把遗体放在一个液态氮的大缸里冰冻，一旦结成固体，就能很容易地把它们切成迷你的冰块，小小的一块，用超声波，或者是听起来不那么令人愉悦的——锤式粉碎机来完成。有人说，这活像是在制作牛肉。之后，那些小块被冻干，开始和细菌一起，被放在一个可降解的盒子里，接着这个可被利用的“心爱之物”，便被当作肥料，埋在任何植物下面。在我看来，这整个理念和我们渴望转世的概念非常接近，比如，我们的那些原子恰好穿越了一株长寿橡树的有脉络的叶子。

看来只有这样才是正确的——应该把我们这个物种派遣去完成这自古以来便循环不息的工作，就像其他任何可制成化肥的物质一样——那些在森林的地表堆得高高的不断腐烂的树叶，或者，我们每个星期扔到堆肥中的那些厨余。那些花费在葬礼过程中的不必要的资源数量很是荒唐。即使是火葬——长期以来被认为最简单、最节俭的方法，依然消耗了很多能量去提供焚烧一具遗体所需的温度（大概是 900 多摄氏度）。

火葬还不能阻止牙齿中的填充物向空气中释放可挥发的水银，这是瑞典人担心的一个讳莫如深的事实。

所以为何不让这些遗体像其他堆肥一样分解，不夸张地说，给他们一次新生命的可能？这个地球在有效的、注重生态保护的合理埋葬一事上，已经践行得非常充分了：一具中等身材的遗体，如果被埋葬在从马厩中刮下来的严重腐烂的木头下，其后如果保证每天在空气中暴露一次的话，那么 6 个星期之后，尸身就会被分解完了。

现在，你可能会合理地提问，究竟是谁发现这个方法的。答案是：一位在田纳西州大学负责开发人类学研究设备的研究生，以“遗体农场”而闻名。这个项目致力于研究人类的遗体究竟是怎样分解的，整理记录腐朽的全过程，还有影响它的环境和外围因素。

很多年以来，我都在写信给创始人，争取能拿到这里的拍摄许可权。一个友好的、思想开放的人，比尔巴斯博士，一开始给了我许可，可当董事会听到风声后，他又不得不收回去。然后，另一件事十分凑巧地发生了。2001 年秋，距离那个罪犯倒在我的农场不足一年的时候，就职于《纽约时报杂志》的凯西・赖安问我，是否愿意接受委派去“遗体农场”工作。虽然商业类型的工作我以往从未做过，但我还是欣然答应了。我要去。

收拾好摄影机和湿版暗房，我在深夜开车去诺克斯维尔，中途在机场商业街的一家旅馆过夜。旅馆是 20 世纪 50 年代风格的，破烂不堪，房间里大型单片玻璃窗下边的一只暖气，搅得窗帘不住晃动。第二天早上 7 点，天寒地冻，我敲响了绝顶帅气的默里・马克斯——那位法医学部门联系人的办公室大门，他曾带我去看过那个约 1.2 公顷的小区块，高高的木篱笆上装有铁丝网，接受捐献的或无名的遗体就在那里被安排分解。

那是 10 月份，除了臭尸的浓重气味，那处树木生长得过分迅猛、茂密异常的山坡就如同一个不被人注意的角落，这里三面都被灌木丛包围，还没有变成停车场。默里打开了那扇大门，我把我的雪佛兰萨博班开回那片空地，差点就把空间给填满了。当我从车里爬出来的时候，默里已经向他的车走去，他漫不经心地向我挥手告别："祝你好运。"

这并不是我所期望的。

我从车和篱笆之间挤出一条路，走进那个小小的死亡园地。四周安静得有些诡异，只有松鼠在厚厚的落叶上窸窸窣窣，附近医疗中心里的HVAC空调在嗡嗡作响。山核桃树剩下的叶子黄得鲜亮，美洲商陆的茎已变成了紫色，只有一些叶子还是绿的。在这篱笆之内，没有另一个活着的灵魂。我唯一可瞥见的，是一个个子很高的死人，他躺在平坦的地面上，穿着一身尺寸不合的红衣服，长手臂从一件写有"哈佛"字样的T恤中伸了出来。

他肿胀得非常厉害，鼻孔和耳朵里都冒着气泡。现在我知道，那是在死亡的几天后，在甲烷膨胀的过程中，随着温度变化发生的肿胀。通常情况下只是溶解，并不会发生爆炸，但那天早上看着"哈佛"的时候，我并不很肯定他会不会随时爆炸。我看着他肿胀的胴体，患黄疸病似的肌肤，宽松运动长裤和袜子之间的部分裸露在风中，心里很是怜悯。

我想到一件关于这可怜遗体的事，心里备感难受：这一刻你想要帮他整顿好一切，你想抿紧他下凹的嘴唇，合上他不雅分开的双腿，擦干他湿透的臀部，合上他液化的双眼。如果他有选择，知道自己即将暴露在陌生人的审视之下，他一定会把自己的身子好好打理一番，或者用剃须刀好好地刮刮脸。可怜的“哈佛”：2 米的身高，对他的衣服而言实在是太高大了，这件衣服是那个研究生好心买给他的，很有可能是为了研究遗体穿着衣服后的分解情况。死后几天，他长出了胡须，脸颊开始变得粗糙，手指甲又湿又长。他看起来就像狄更斯笔下的一个潦倒的流浪汉，不小心误入了刘易斯·卡罗尔那身体可伸缩的幻想中。

我原以为是红色让我马上注意到了“哈佛”，但我那逐渐适应黑暗的捕光双眼几乎起了同样的作用：当我站在那儿环视四周时，我那双对死亡异常敏感的眼睛开始观察遍地的遗体——在弓形绣线菊树枝下的，在胶合板箱顶部的，在钢丝笼底下的，和叶子一起漂走的，成对成组的，残肢断臂的，有些几乎已是骷髅，有些依然被放在拉链袋里。

我走近“哈佛”上方的一处斜坡，这里有一个白色遗体袋，默里之前说过我可以打开其中的任何一个袋子，于是我小心翼翼地拉开了拉链。当我依次看到那红色的头发和美丽的苍白脸庞时，我意识到，这尸身的主人正是盖尔纳迪，一位在数年前采访过我，就职于《里士满时代要闻》的记者，我的心骤然打了个寒战。我像被火烧到一样跳了起来，飞一般地跑回山脚下，心扑通扑通地跳个不止，条件反射式地不断用手掌猛拍臀部。

我向四处张望，想知道是否有人看到我这段活力四射的“舞蹈”。我发现一只藏在槐树中的秃鹰，它正用挑衅的眼神斜视着我，然后快速振动翅膀飞到盖尔身边。我一边疯狂大叫，挥舞手臂示意它走开，一边跑回她身边，秃鹰移开了它粉色的腿，但并没有飞走。我把那个包又打开得大了一些，发现了一个下垂的白肚子。这可能不是盖尔，这个女人比我所记得的盖尔要肥胖许多，而且为什么盖尔会在田纳西州出现？我努力去回忆盖尔的模样。她的眼睛是绿色的吗？我掀起她的一只眼睑——乳蓝色的。

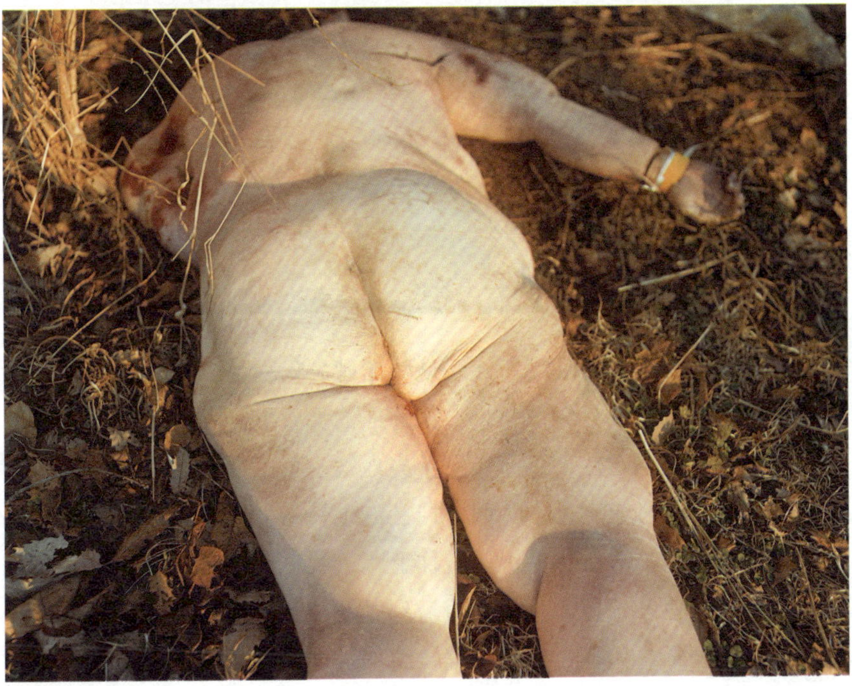

我把她的肩膀解绑，抓住袋子的一侧，把她拉了出来，她顺势滚了一下趴在了地上。这绝对不是盖尔。她的腿和大象一般粗，和她的身体不成比例。

我的心情总算是舒缓了些，但依然有些发颤，我回到车中去取相机，然后把火棉胶化学药品放好。当我回去看那位“非盖尔”时，那只秃鹰就站在她旁边，啄食她那暴露在外的双眼，然后是嘴唇。我拍了鸟的一张湿版照片，但因为天气太冷，乳化剂几乎滑出了玻璃外边。我在湿湿的手上呵了一口气后，走回“非盖尔”的身边，听到那只秃鹰正在嚼食它的战利品。我发出嘘声把它赶走，然后发现，不过短短几分钟的时间，它已经把她啄得面目全非了。

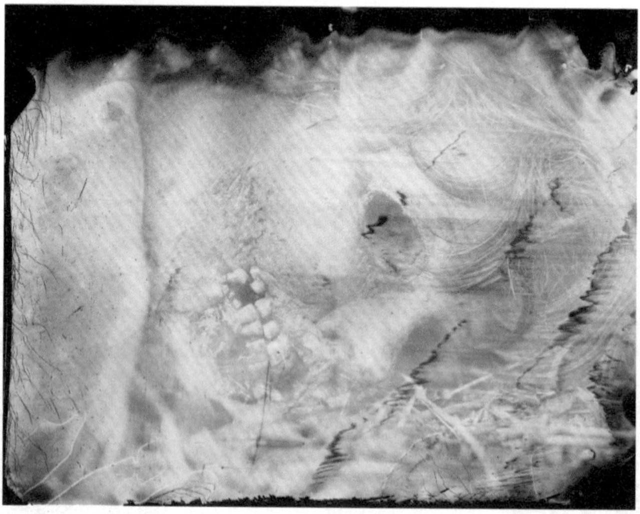

当我背过身去，它便无所顾忌地转向她，发出嘶嘶声，不时展开它的巨翼。我开始有点怀疑罗宾逊·杰弗斯的那首题为《秃鹰》的诗了。诗中他预言了自己“庄严的尾声”：当他被吃掉后，他会变成腐烂的秃鹰的一部分，一种有羽毛的、眼神犀利的生命，一种“天空之物”。

沿着“非盖尔”所在的山一直往上爬，我见到的是怀特·玛丽，她身子侧卧，橙色和棕色的液体一直流到她的白色遗体包上，她的头盖骨被切得只剩半个，大概是为了做遗体解剖。她被包裹在一块和法老所有的编织物一样晶莹幻美的布下边，散发着臭气的、深色的布料制成的雅致窗帘勾勒出她曼妙的身姿，在她臀部优美曲线的衬托下，豚草茎显得尤为僵硬。

除了怀特·玛丽、“哈佛”，这里还有一些其他人，在这40具左右的遗体之中，身形完美的人并不那么显眼。后来，默里告诉我，他们必须要买一辆铲车去搬运越来越多的肥胖者。而且由于蛆虫需要用更多的时间去清理那些大块头的尸身留下的骨头和污迹，当它们腐烂的时候，便占用了可以停车的位置。我在一具遗体前停了下来，直到听到那些静默的叶子发出瑟瑟声。我能听到那些蛆虫正在喧闹地咀嚼着，有时候听起来，活像是吃家乐氏谷物早餐配牛奶时发出的“喀啦喀啦”声，又像是做生汉堡时，手捏一个个小肉饼时发出的声音。皮肤随着身体里的运动，动荡地肿胀开来。一个与农场有关的例证显示，在短短24小时内，那些勤勉的蛆虫就已经帮一个男人足足减去了18千克体重，而它们（原谅我总是用厨房来打比方）从一粒生米般大小膨胀为一颗饱满的通心粉。

当我第一次见到“隧道人”的时候，蛆虫几乎还没有开始在他身上工作，但是很显然秃鹰已经完成了它们的部分，它们把他的眼球从眼眶中扯掉，撕烂了他耳朵周围精细的肌肤。他趴在地，一块尿布似的布仍黏在他的粉色臀部上，一株普通荚蒾的红莓色树枝在他身上弓成一座拱桥，遮护着他。

然而，不过是在一天之内，他那粉得另类的皮肤就已开始慢慢剥落了，好像经历了一次痛楚的皮肤晒伤。在那色泽更暗的、生命迹象微弱的皮肤之下，粗大的毛孔露了出来。看起来，他的手指上仿佛戴了皱起来的小小橡胶套，和那些售货员用来点钞的工具很相像。接下来的一天，当他的遗体被某种动物全身上下闻遍之后，我抓起他的手，试图把他向外伸展的手臂移回原位，他手的皮肤的最外层突然脱落在我的手掌里，就好像我把他的手套除下来一样。那个时候，他的脸已完全黑化，在蛆虫的动作下，他的鼻孔和耳朵里已满是泡沫。不久后，他的眼眶中一阵剧烈的躁乱，黄蜂和小黄蜂都被淹没在不断满溢出来的粘物池中，那上面，曾是一张脸。

我的三脚架没办法降低到一个能够直接拍摄他的高度，于是我把那只 8×10 英寸的相机取了下来，架到地面上。然后，为了方便观察磨砂玻璃里的东西，我在它身后的泥土上躺平，尽力不去想我躺在什么东西上，什么人上边。因为是阴天，曝光的时间要久一点。必要的 6 秒曝光，让那些激烈搅拌着的蛆虫们，为“隧道人”造了一层美丽梦幻的纱，覆在被毁的面容之上。

我发现，他是一个很好的同伴。他并不怕死，他并不痛苦，而且他最后放弃了控制。我想说，和他在一起，要比和我那活着的母亲在一起快活多了，她总是躺在她退休的家里，眼泪汪汪，脸上写满恐惧。在某种意义上，“隧道人”拥有更丰富的生命；他的生命很充实，甲虫和虫子侵袭过后留下的那些土地，会有飘荡的种子在里面扎出须根。

人当然就是草。

死的时候我们不会多说什么。很多年前，性是不能被触及的话题；现在，这个话题是死亡。这惺惺作态的现代葬仪形式迎来了空前绝后的盛况，还有这个相当讽刺的景象——人们纷纷手持着从墓地摘来的野花来到公墓前。要知道，在那些墓地下面，可是埋了比雕刻出来的墓碑后面多得多的遗体。虽然我从未被这几乎是世界范围内的神经质举动影响过半点，但长期以来，我被这形而上的死亡问题困扰了很久：什么东西会被留下？是什么构成了我们，构成了我们的存在？

记不记得劳瑞·安德森在一首歌里，是怎么描述父亲死后，她的那种图书馆轰塌倒地的感觉？

那个自我究竟去了哪里？所有留存的那些记忆：河上泛起的迷雾，孩子的出生，田野中阿拉伯人飞翔的衣襟——还有所有那些晦涩的公式，那些密码，那些膏体的配方，那些树的拉丁名字，那些钥匙的自助寄存地点，那些复杂的修葺和建造，生长和丰收——当一个人死后，他会去哪里？

普鲁斯特给出了答案，而且是我最感安慰的一个——它最终会存于当下每一天的爱、创造和生活之中。它就在我的家庭里，在我的农场里，在那些我所拍摄的和我想要拍摄的照片里。它在书里。“汝爱之物将珍存。”摘于庞德诗章第 81 章节的这句话，被刻在我们家人的墓碑上，他们的骨灰被放在下面腐臭的墓穴中。

汝爱之物将珍存
余下皆糟粕
汝爱之物不可弃
汝爱之物乃汝之宝藏……

几个月后，我回去看“隧道人”。他已是一具骷髅，完全不会被认出来了。

我在遗体农场的最后一天，一个女研究生在中午时分出现了，她开始围着一具遗体到处忙活， 一会量尺寸，一会计算腐烂尸身上蝗虫和蛾子幼虫的数量——这显然是工作指令。尸身的皮肤就如同木乃伊制成的皮革，一种金光闪闪的焦糖色，仿佛涂上了一层黄油制成的釉后，放在烤箱里烤过一般。在他身旁的，是一位几乎已成骷髅的女人，被一圈厚重的油斑环绕着，看来，她可能已经在 9 月的炎热天气中分解掉了。

在独处了两天后——或者在一些可以说很难交流的伙伴中间待了两天后，迎来另一个活蹦乱跳的生命的我，别提有多兴奋，于是，我走上前和她搭话。她看起来有必须要完成的监管任务，当我和她聊天的时候，她便开始动手用犁耙那些松弛的骨架，直到把它们变成瘫软的一堆。当她把每一具遗体塞进它们各自的灰色塑料袋的时候，那堆肋骨一根叠一根地挤在了一起，坚硬的胫骨穿透彼此的边沿。

过了一会儿，大门外面传来了引擎发动的声音，还有两阵关门声。我们走了过去，发现了一辆闲置的小型货车，后车窗上贴着一张布告，是一个中学生上了光荣榜。车旁两位戴着棒球帽的看起来将近 40 岁的男人，犹豫地站着。

见我年长一些，他们便先过来和我搭话，但很快，他们就发现了自己的错误——当他们打开车厢后盖，露出一具躺在运动设备中的遗体时，我的脸唰的一下变得煞白。然后他们走向那个戴蓝色外科手术手套的

忙碌的研究生，他们告诉她，已经把朋友谢尔比带来了，虽然他们也不明白为什么他要这么做。

两个男人和我站在那里望着那具遗体，其中一个开始轻轻啜泣，头紧靠在车上。这时那个研究生把纸夹笔记板上的必要纸质文件展示给另一个男人看。谢尔比是一个高个子的男人，肉身很健康，和他的两个朋友一般年纪。除了因为尸检而留下的粗糙的缝针和腹部那古怪的凹陷之外，他看起来完全健康。他的臀上盖了一层布。

那个研究生，就像检查新生入校的宿舍辅导员一般，瞥了一眼夹板笔记本，然后说道，给谢尔比安排的小区块就在山顶上。我们一起瞥了一眼她所指的方向，然后站着看那个至少有90千克的男人。过了一会后，那个啜泣的人擦了擦泪水，说道：“让我们开始吧。”于是他和另一个男人开始抓住谢尔比的脚，把他拉出来。当那两个男人把他的下半身拉出小货车车厢时，那块布脱开了，一只嵌在苍白阴毛之内的壮美阴茎露了出来。

他们一人抓着一只手臂，把他的身体笔直往上拉，那只沉重的头在脖子上后仰，不停地左摇右晃。两人都放了一只手臂在他的肩膀上，接着他们开始拖行谢尔比，他的双脚在叶丛中留下痕迹。大概走了10步路程后，那个哭泣的男人止步了，一副无能为力的模样。

研究生和我互换了一下眼神，她建议由她和我抓着腿，然后让那两个男人抬手臂。我们把他的身子翻过来，她和我一人扶着他的一只腿，在前面引路，我们趔趄地经过怀特・玛丽和“隧道人”的尸身，还有几个硕大的椭圆形油腻污渍——那令我不由联想起了犁耙尸骨的画面。

轮流用棒球帽去遮盖谢尔比不断垂落的阴茎的两个男人，现在都快哭了。研究生和我奋力前行，像极了两匹役马，而谢尔比的两条粗腿就活像是两根马车杆。

没有什么可以比一具遗体更了无生气，更不雅观了。人人都说，人死后比活着时更重，这话不假。山峰很是陡峭，男人们脚步踉跄，泪流不止地跟在我们后面。当两个男人中任一个没有抓紧，不论是出于情感抑或体力的原因时，谢尔比的腿便会时不时地从我们的手臂中滑落。谢尔比的肩膀会重重地摔到地上，那个本该去把他抬起来的男人，又靠在他的胸腔缝合处哭了。谢尔比已被分派到正山顶篱笆旁的一个停放点，当我们接近目的地的时候，那两个朋友最后一次把棒球帽挂在他那弹跳不止的私处，放下谢尔比的遗体，然后将他脱手推入树林，只留下我们提着他的腿。长吁一口气后，我们把谢尔比的身体倒转过来，两个人都把手臂捆在谢尔比湿冷的躯干上，这个亲密拥抱的举动让人觉得很不安。数到三后，我们把他举了起来，任由他的裸体压在我们身上，我们用力地把他拖到那杂草丛生的小区块。再一次数到三后，我们同时放手，折叠起来的谢尔比摔到了地上，头部发出一声令人厌恶的、瓜果坠地的声音。

我们深深地喘着气，站着往下看他，只见他靠在豚草上，身体不雅地皱了起来，于是我们依照“遗体农场”最常见的分解姿势，把他翻转过来，让他趴在地上。研究生把手探进她的短裤口袋，掏出一把手术刀，快速在他大腿的后部切了一小片，一层松软的脂肪和鲜亮的肌肉露了出来。

当她把那依旧有些血淋淋的肉块放到一个塑料袋里的时候，那两个朋友突然从矮树丛里冒了出来，脸上通红，鼻涕直流。直到见到他们平

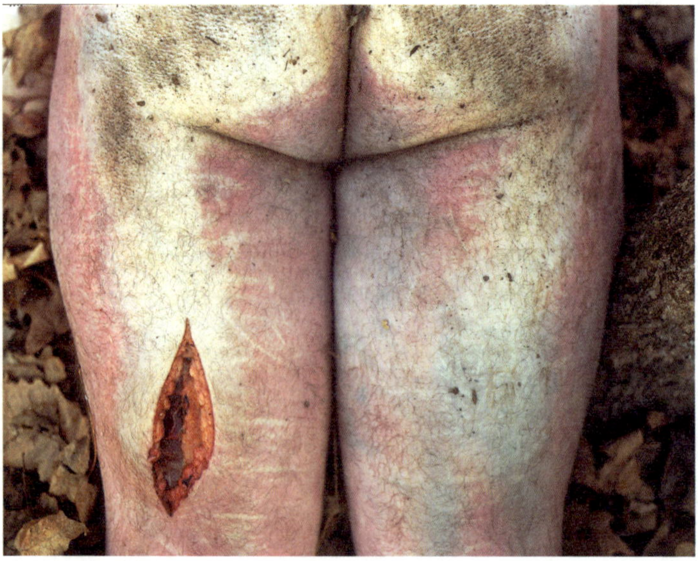

静下来，我便问了他们有关谢尔比的事。他是谁？他是怎么死的？

他们说，他是一个学校老师，一向都是非常健康的，死于在地下室看电视的时候。

什么？就那样死了？“死的原因是什么？”我尽力克制住即将从声音中跃出的惊慌。

“没有头绪，”那两个朋友说，“一个验尸官说什么都没有发现。”

这个时候，我和死尸的相处可以说已经很融洽了，对腐烂的过程、脓液、撑破的组织的微粒子、渗出黏液和破裂细胞膜的淋巴液这些点滴都已经很习惯了。当那些刚在“隧道人”身上孵过卵的苍蝇转而停在我身上时，我镇定得出奇，那时，我的注意力正集中在相机上。我曾在夜间回到我那因为尸解而臭气熏天的暗房，当我在汽车旅馆的浴室里更换底片的时候，那令人作呕的臭气从我的底片夹中重新升腾起来。我曾滑倒在大片化成油脂的尸蜡里，后来当我在深夜开车回家时，我在萨博班的刹车踏板上发现了一根先前沾上去的毛发。

但是没关系，当我发现自己已经像一个爱人般，把身体挤压在一个刚刚离奇死亡的人身上时，以上一切便都不值一提了。现在他的那些皮肤细胞已经在我衬衫的纤维之间无形地交织在一起，一块验尸刀刀口处的腐烂污渍血染了我的前臂，我有点想呕。既然不再需要用棒球帽作遮蔽，第一个啜泣的男人便把它戴回了头上，接着，我们向山下走去。

当死亡被视作一个艺术主题时，它总会引发一番自我剖白，约瑟夫·布罗斯基曾这样评论道。但这次对我来说，确实靠得有些太近了。那天我打包好行李，开车回到那片脏乱的机场地带，找到一家贩酒小店旁的汽车旅馆。入住前，我到那家贩酒小店里买了 2 升永清牌谷物酒。我走进浴室，使劲地擦洗全身，直到洗得身上和“隧道人”的后背一样粉嫩。

24

我头顶上的 X

1969 年 1 月，当我父亲漫不经心地把他的徕卡相机交到我手上时，因为旅途中的诸多波折，它已经颇有磨损了。当时我对摄影几乎一无所知，除了偶然会身为被拍摄的对象，替约翰·克拉里做模特——他现在是一位风格鲜明的艺术评论家和学者，是我当时的男友。那些在帕特尼拍摄的照片，现在依然不断让我忆起当时的点滴，但十多年前父亲拍摄的照片，却丝毫没有这样的迹象。对我而言，这些照片留给我的回忆是模糊的，像是现实被篡改了一般。没有来自那个时候的混杂着味觉、温度、触感或情绪的回想充斥我的感官，那些过往已经消逝了，那条回忆之线是静默的，那些记忆是无声的。

我只有那些照片。我拿着放大镜去细细翻阅父亲的相册，得到了一些碎片信息。据此，我重新建筑起那饱满的、和照片细节息息相关的记忆。记忆的构筑完全仰赖那些悬在凝胶中的银原子颗粒。那些记忆是不连续的；它们随意漂浮在那闪回的回忆片段的前前后后——那里装载着父亲为我拍摄照片的瞬间。我对去戈申山口旅行的一切准备毫无记忆——就在那儿，父亲把我放在照相机后面，准备给我拍照，我显得很忧郁（我猜的——或者，我真的记得吗），清晨天微凉，我不停打着寒战。

我也不记得发生在客厅肖像摄影前半段的事——我的头发被很仔细地分缕、梳好，尽管当时我可能有点抗拒，但事实很明显，吉吉顽固如石笋般的耐心，治愈了这一切。发现他相册中诸多失败的照片后，我开始怀疑，我并不是他镜头下表现得最抗拒的主角了。我也开始懂了，为何他会对这张照片如此自信，带着它四处参赛不说，还把它裱好挂在办公室里。

照片看起来有种简单的直率，我同时也意识到，要让一个脾气暴躁的小孩心甘情愿地望着照相机，该有多难。

在约翰12年后为我拍摄的照片中，我丝毫不暴躁，尽管那锐利的眼神倒是如出一辙，那种知道如何去应对镜头之温柔引诱的，有些刻意睁大的眼睛。

1968年的某个周三，我17岁生日。那天午后，我打破了所有的学院禁忌，让约翰溜进我在高塔宿舍中的小阁楼。我们躲到屋檐下小密室的最深处，喝着一瓶苏格兰威士忌，飞快地将一包巧克力豆曲奇吞下肚，就在发生这一切的前几秒，他借着宿舍窗边的灯光，迅速抓拍了这张照片。那次我整整呕吐了一夜，从此以后，我就再没碰过苏格兰威士忌。那些被约翰所拍摄的照片所唤起来的、仅仅滞留于视觉层面的记忆，一定会被普鲁斯特蔑视为肤浅之物，最终，被划为“意愿”记忆。我想他说得没错，那张照片留给我的，和我其他所有感官所为我提供的刺激性体验毫无可比性。普鲁斯特会把这些称为“非意愿记忆”，它们存于一个无法感知的、错综复杂的记忆空间中。几乎是毫无觉察地，每当我错把任一支威士忌当作波本威士忌的时候，我的脑海中总是鲜活地浮现起，我跪在高塔洗手间的那个午后，缠绕着触感、味觉和气味的记忆。这些记忆并不能像我的日记或照片一样，被撕碎后扔进火炉；并没有什么所谓烧尽后的、嗅觉和味觉的记忆残痕。

在我父亲开始让那摇晃着的，进而自身又恢复平静的能量融入我的艺术生命之前，我所有关于摄影的记忆仅仅来自我坐在镜头另一边的那几次，还有《人类一家》和《你见过这些人》这两本书中的照片。我拍摄照片的第一天，手上拿着徕卡相机和一只韦斯顿曝光表，现在，我依然是这么做的：我前往石桥县的乡野，采集合适的光线。

拍摄的主题——是什么很重要吗？

从第一个胶卷中的早期照片看来，我拍摄了很多我现在持续关注的东西：南方乡村的景致——那里深埋着有关失去的强烈痛感；人们之间的关系；人类形态；那难以言喻的，以衰老、消逝和死亡为主题的美丽。

（这里应该提一下，罗比·古尔里克——我们家世交的友人，可能比我更想要拿到这张照片——照片中从左到右分别是——他的妹妹林德拉尔、我，还有我在帕特尼学校时的室友基特，不过我们已经达成一致，决定共享这张照片。）

当我回头看我的早期作品时，最感兴趣的，是那些蕴藏在其中的，关于死亡的早期征兆，就好像我第 12 个胶卷中的这张，拍于 1969 年末。

这张照片摄于我参加工作前不久，地点是肯塔基州哈伦县的弗兰蒂

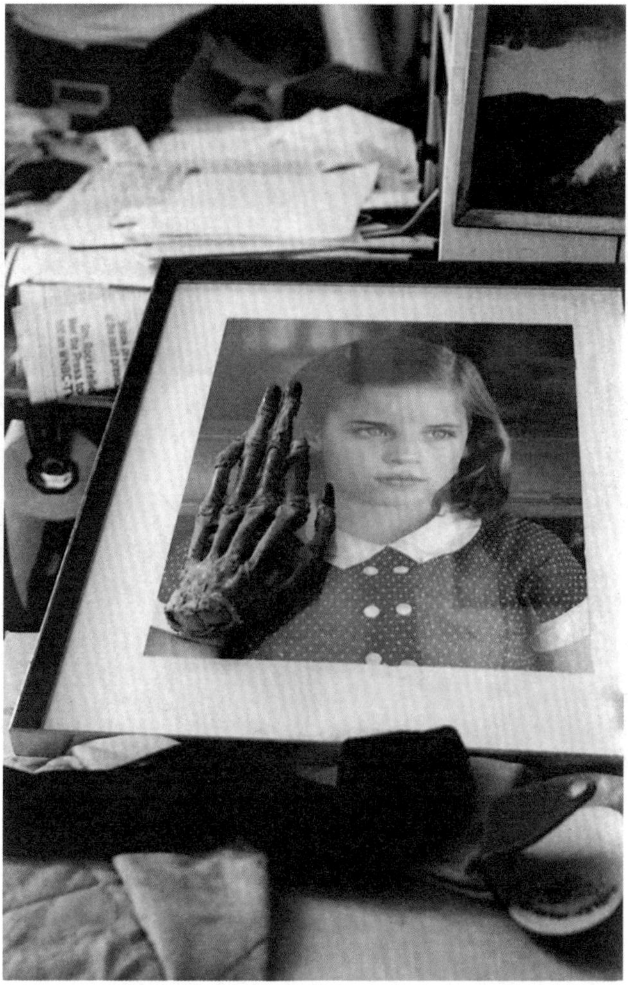

尔护理中心——全美最易被忽视的贫困区之一，当时正值我在本宁顿学院的走读学年。我的工作包括打扫马厩、照料骡子和马匹，它们会把我们送往产煤之乡的山谷地带，那里既偏远又危险，车辆没法驶入。虽然我们已负荷了满满的行李，身边还携带了许多医药包裹，可当护士在工作的时候，我通常还是会带着相机，偶尔会将面前的场景拍摄下来。

也许我是知道的，在这种情况下拍照的确有些违反医护（或者是摄影）道德，但我对于用摄影的力量去表达一种理念（且不管它有多愚蠢）实在是太过于着迷，以至于我只关心那改变了的最终结果。创作污秽艺术的吉米·刘易斯是混蛋吗？像下面这张一样坏的照片能经得起福克纳的道德审判吗？我担心并不会，但这些复杂的思考还未能影响到我那对艺术着魔的，刚刚萌芽的对于摄影伦理的敏锐触觉。

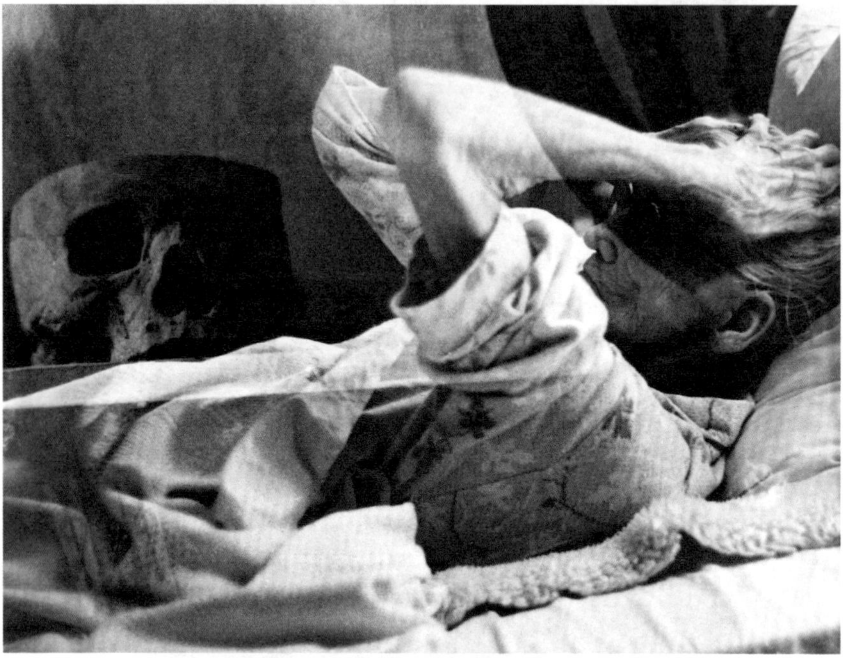

显然，“精细”二字并非我的长处，但当我从肯塔基州回来的时候，我削弱了些陈旧的骷髅象征表达，暂时采用拜伦式的戏剧形式去阐释我的病态观点。在这后肯塔基时期的工作中，原创性也不是我的长处。我的父亲新买了一套杜安·迈克尔斯拍摄的名为《死亡降临到老妇人的身上》的摄影作品，在这个系列的5张照片中，一个老妇人，在迎接即将到来的死亡——中产阶级的死亡前夕，头朝天空，她的灵魂飘荡到一片混沌中。在我开始拍摄自己讲述死亡的系列前，我很显然已经仔细地记录了这一切。

“梦”系列的第一张照片里，一个忧郁的年轻女子正在用早餐，身上的睡衣还没有换去，长袍垂在了椅子上。照片中，她正在幻想（或者只是在回忆）来自她的死亡幽灵在黎明前的来访。这一系列的第一张和最后一张照片显得很清晰，聚焦精准、明确。中间那几张描述梦境的，采用的是柔焦技术。为了实现这种效果，我把一只长筒袜放在了放大机镜头下面，这个技巧是我在本宁顿学院时，从那位经验老到、影响力巨大的摄影老师诺曼·西夫那儿学来的。我的模特是一对 17 岁的同卵双胞胎，夏娃和嘉兰·亨特利。

在女孩子的白日梦中，幽灵温柔地叫醒了沉睡中的她，为她穿衣、梳头。

幽灵轻轻地吻了她的颈部，这是一个死亡之吻，就如迈克尔斯作品里的老妇人那样，她们被一股超自然的速度带到了相应舒适的来世。

梦幻者清醒过来了,仍有被带走和那梦幻的一吻的感觉。

这种早期对死亡艺术的全神贯注，很可能是拜父亲的期望所赐，同时可能也受了家中那些四处摆放的、与死亡相关的艺术品和手工艺品的影响。但当我在自己的旧底片中找到了那么明显的证据，而且发现拍摄时间居然那么早的时候，还是不由得暗自惊讶。现在我才意识到，2003年，“遗迹”影展在科克伦画廊举办的时候，我说错了话——我反复确认，我那关于死亡的首次摄影探索，起始于我第一只灰狗（名叫夏娃）的倒毙。很明显，我没有去仔细翻阅我的老照片集，实际上，那里反证满满。不过，夏娃的死亡无疑唤醒了这一切，加快了它的演变进程。

她死在1999年的情人节，距离我把她从一个男人手里买来，已有5年光景。当时她骨盆粉碎性骨折，因为那个男人关一扇隔板门的时候，压到了她身上。她是一只非常需要关爱的小可怜，很烦人，很愚蠢，不过我爱她。撇开她的伤疤不论，她可是一只优雅的生灵，倒地的那一刻，她正做着自己最爱的事：在清晨的农场里，她跑着穿过那些灰蒙蒙的田野。拉里把她带到谷仓里，放在木板上，她被冻得全身发硬。

我哭得泣不成声，令身边的人都措手不及，我责怪他们所有人，并拒绝任何人去碰她。当我站在她那硬邦邦的身体旁边时，我开始好奇，它们最终会变成什么呢——噢，那个我抚摸过千百次的，当它躺在我的桌子旁时，优美地交叉起来的那双爪子，那些从她柔软的白色毛发中露出来的、坚硬得像石头的指甲。

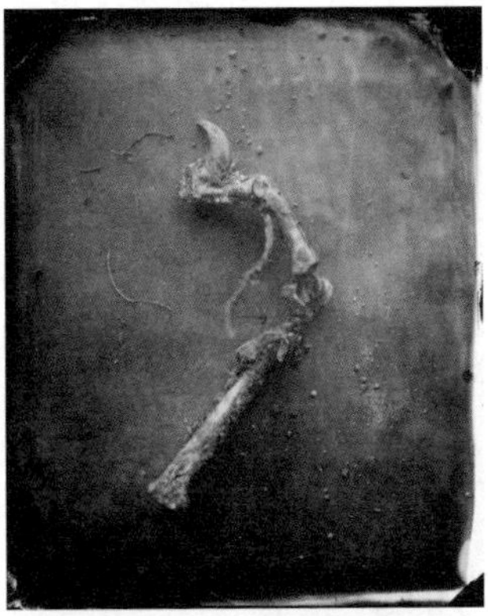

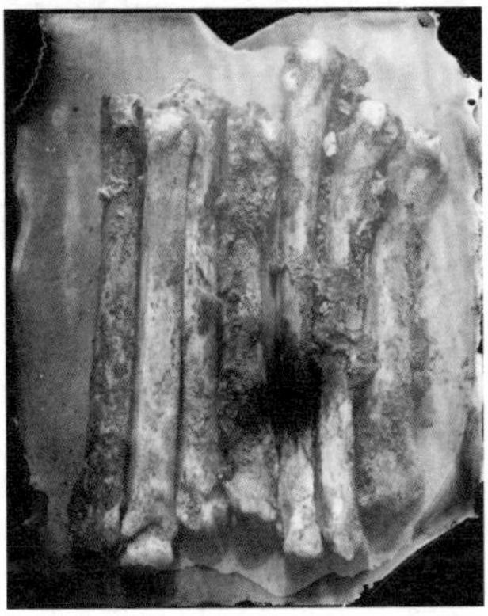

想知道这些，听起来会毛骨悚然吗？想要留下她，或至少是一部分的她，听起来会让人觉得感伤吗？观看她分解的全过程，会不会显得不够尊重？我把这些问题放在一边，拎起电话，打给了一个朋友。上帝保佑，对我提出的要求，他连眼睛都没眨一下。

当他把她的皮剥下后，把她还给我，此时她的身体已被分成两部分。他把她的身体放在一个可拉伸的黑色塑料袋里。那张他只用一个食指就勾住的、搭在肩上的皮，就好像是一位政治家到县集市寻求乡民支持时提着的一件夹克。我把那张皮挂在了前厅的橱柜里，后来每次去为客人挂外套时，我的胃都会翻滚起一阵剧烈的恶心。

我心怀忐忑地把那个黑色塑料袋递给拉里，他把那具粉色、无毛的遗体残骸放入一个钢制的、量身制作的笼子里，然后把它埋到土里,用一根棍子插在上面,作为记号。几个月后，我将那些散发着芳香的腐殖土铲掉，将它们扫在一边，仔细程度不亚于任何一个田野考古学家，这时候，我眼前就像放着一幅粗糙的简笔画，画的是一只睡着的狗狗。她的骨头，被一簇簇杂乱无章的毛发和小小的豆腐似的脂肪块不断间隔开来,看起来就像是黑夜中的星群。把那些稍大的骨头装进袋子后，我虔诚地把那些剩余的小块捡出来——尾椎骨、牙齿和爪子。在我工作室的地板上,我重新把它们组合起来，从头对到尾巴，一块骨头接上一块骨头，然后把相机支好。

但不论是夏娃的尸解，还是早期我徕卡相机所拍摄的照片，都不能算是我迷恋死亡的开始。又一次，藏在阁楼盒子底部的那些档案，揭露了一个奇怪的真相。

阁楼的屋檐底下，一个特百惠的容器，紧紧地挤压在那些写有“爸爸”和“夏娃”字样的盒子上面，里头是一个 20 世纪 50 年代的黄色柯达 X 光胶片盒，被我父亲用非常明显的双引号写着：莎莉的“艺术”，字迹看上去颇有些不情愿。

文件夹里面，那些折叠了数次的大幅纸张，是我从 3 岁到 10 岁的绘画，父亲一丝不苟地在上面标注了日期，把它们按时间顺序一一排好。我的早期作品有两个最主要的主题——马和死亡。那些马的画你已经见过了，看起来寻常又无趣。但那些死亡的图，完全是另一件事。给我当头一棒的是，所有这些图画的主题都只有一个——我的父亲。我只能认为，它们是为了对抗父亲那最终无法挽回的死亡时，所种下的心理疫苗，绝对不是为此许下的心愿。

1958 年的这张照片，是我 7 岁的时候画的。“那是你，爸爸”，这句话写在那具已闭眼的、暴牙的遗体旁。

即使是在那么小的年纪，我几乎已经开始从病理的层面去敬畏父亲的死亡了。

我的日记为这种恐惧提供了证据——里面对父亲死亡噩梦的细节重述，不仅蠢钝，且异想天开。1969 年夏，我在墨西哥城圣米格尔写下的一段随笔中，这样写道：

这真的是把我吓到了：我以前就梦过父亲死了……我早就应该意识到，这是一定会发生的——它会变成父亲热爱的土地、钟爱的生活，还有他着迷的想法。他的死亡一定会变成我父亲的全部，同样，也会吞噬我的过去、未来和此刻的这个我。

那些噩梦生动地描述了他一系列多样化的病态症状，但没有任何一条精确预言了他确实的自然死亡。然而，只需朝那个黄色的 X 射线胶片盒中望上一眼，就不难发现，实际上，早在 1958 年 2 月 16 日（画背后有数字说明），我就已经在一幅画中骇人地预言了这一切。画中，一支由杂七杂八的形象组成的游行队伍（一只兔子、一只松鼠、一只狗、鸟

儿们、一名天使和一只头上顶着杂技演员的马戏团的猪）聚集在我父亲躺着的沙发旁边。除了一张脸之外，所有的脸都在笑。那张不笑的脸的主人藏在沙发后的气球里边，是一个小小的人像，旁边还有两个大一点的人像。

一个“X”漂浮在她那不开心的头上面。一阵异口同声的哭声升上天际，环绕在那朵看起来也像是在哭泣的云下边：“醒来吧，醒来吧，爸爸。醒来吧，我的爱。”

一个清醒的杂技演员洞察了这一切，“他不会醒过来的。”

30 年过后，1988 年 5 月 22 日，我那位沉睡的父亲没有再醒过来，但直到几个小时后，他才死去。他一倒下，我们便找到了原因：当追踪到他的最后一个举动时，我们发现，他吞下的那 30 片司可巴比妥，存放时间实在是太久了，久到连瓶子上都没标注过期时间，且不管这个，光是 30 片药，哪怕是已经过期的，也几乎足以致命了。粘在瓶底的那片，一定是他最后还没能够吞下的。现在，这片药还依然留在我的身边。药片表面是一种不和谐的、喜乐的，几乎带有迷幻色彩的橙色。

那个周日午后，在罗纳德和我父亲道别后，我把他送到罗阿诺克机场，让他搭飞机回纽约。这趟来回，花了两个多小时。当我走回博克斯伍德家中时，父亲在沙发上陷入沉睡，但还没有死去。我无助地站在父亲面前，就好像画中那个眉形向下弯的小人儿，头上浮动着一个象征着

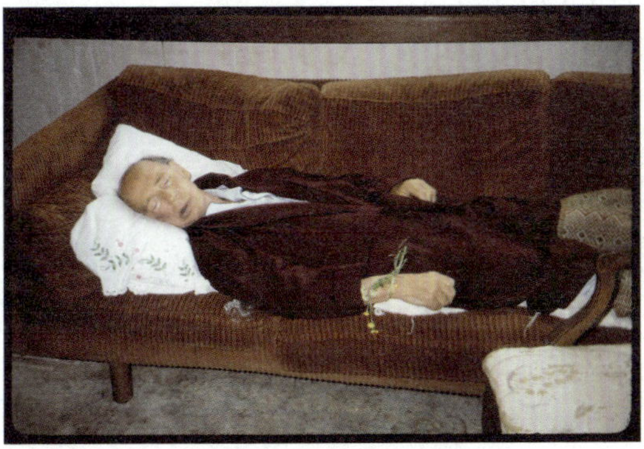

悲惨、怀疑和恐惧的“X”。我就知道会这样，而且我还知道，我们并不会想法子去救他。妈妈对我打了一个手势，意思是，父亲已经离开了。

在他那极具个性的医学处方纸背面，留下了一些颤抖的字迹——简短，感情却很充沛：

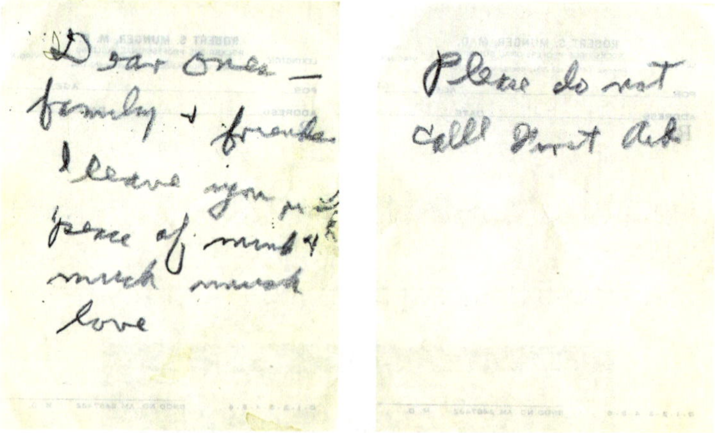
Dear Ones — family + friends I leave you peace of mind + much much love

Please do not call

亲爱的你们——我的家人和朋友们，我离开你们的时候很平静，我很爱你们，请你们不要呼叫救护车。

后来，我们发现在这张字条之前，他曾在同一张处方纸上，自信地用钢笔写了字，但随后又把它撕成两半。

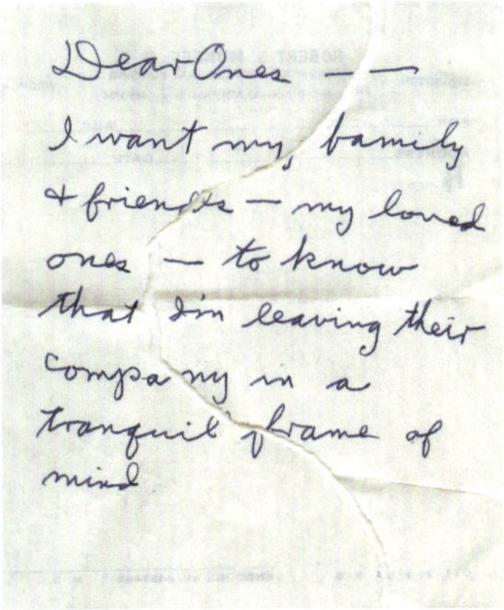
Dear Ones —
I want my family
& friends — my loved
ones — to know
that I'm leaving their
company in a
tranquil frame of
mind

这两张字条显得有些古怪。我很清楚，第一张用墨水写成的字条和第二张完成时间并不同，可能是在前一个周末——为了家人，他精心策划了自己的自杀时间。第二张用颤抖的手和铅笔写下的字条，我的上帝啊，我非常肯定，是他在吞下最后一片亮橙色的药时写下的，或者是倒数第二片。

再看一眼他躺在沙发上的照片：怎么解释在角落凸出来的塑料袋一角？这恰恰表明他身体下面的这张大垫子是有人特意放上去的，估计是怕他尿失禁。

可是，是谁做了这一切？肯定是我的父亲，他那么害怕自己会失禁，但我脑海中却冒出了一句冷嘲：“是妈妈，她爱死那张沙发了。”

但是，是从什么时候开始的呢？当父亲吞下 30 片药，躺下等死的时候，她在他的身边吗？她是不是还清醒地忙活个不停——从橱柜冬天的外套中取出一只干洗袋，把它轻轻地拍平整，放在那张他最后一次平躺的坐垫上面？或者说，我妈妈是不是去过杂货店，当她到家后把食物从包裹中一一取出，走进客厅后，发现了他？意识到沙发可能遭遇的不测后，她把那张垫子从他躺着的遗体下推了出来？

很多问题都无从得解，可惜她不在这儿，问不了。

然而不管怎样，那张沙发都被好好地保护起来了，父亲死去了，尽管过程很慢。

我无奈地拉了一张椅子坐在他身边，看着他躺了7个小时。他的呼吸非常微弱，胸腔也几乎没有起伏了。我的哥哥克里斯和我们亲近的朋友KB到了，我们轮流在椅子上坐着。我想起那些“去死吧”的玩笑话，觉得很后悔。他服用了杜松子酒和奎宁水，还没有死去。他的呼吸很缓慢，没有规律可循，当我试图像他一样呼吸时，我觉得头很晕。他呼吸中那些偶然的停顿让整间屋子都变得沉默了，直到他那被压缩的器官薄膜又再次无力地膨胀起来。

当他的身体微微战栗着，吐出最后一口气时，他的脸几乎立即转变成一种苍白的蓝灰色，当他陷入死亡时，肌肉开始松弛了。我观察着这一切的时候，他的身体似乎收缩了一个可计数的量，看起来比传说中死亡时逝去了21克（据说是灵魂的重量）——也就是麦克杜格尔在1907年所测量的数值再多一点。有那么一秒钟，他那苍白的，看上去几乎堪称优雅的模样，让我想起我们小木屋里的那只科尔曼汽灯——在某一瞬，它的灯罩突然着起火来，化为一层薄得透明的灰烬。

在做了50年的研究后，他总算要面临这样一个时刻了：不论哪个死亡象征，都无一例外地降临在了他的身上——萨纳托斯、暗夜之子、沉睡兄弟，死神手持着那把弯曲的长柄大镰刀，身骑着一匹飞驰的白马，再或者，乌鸦那闪烁着的黑色翅膀。他处于了死亡本身中。至少现在，他不再只是置身于死亡的概念——那几乎牵绊了他一生的独特奴役中了。

我个人认为，是那只乌鸦把他带走的。他一直玩笑式（或者至少我把它看作一个笑话）地提到，重生时，他渴望变成一只乌鸦，而且有一阵子，他还养了一只，名叫吉姆，放在家里当宠物。

在生命的最后几年中，他和博克斯伍德的乌鸦培养起一种长久的关系，每次他只要在一口铝锅上重击几下，就能把那些乌鸦唤来。铿锵几声过后，他头顶上的天空似乎就暗了下来，然后他会将湿润的狗粮撒向那停在他周围的、激动不已的黑色乌鸦群。乌鸦们每天都急切地盼望这一刻的降临，它们来到他身边，不停地在他的鞋子和裤腿上来回啄食，既是为了粮食也是为了陪伴。它们聚在一块儿——这些夺命乌鸦们——并不是为了带他离开，不管怎么说，那个时候不是的。

但我认为，它们是为了他回来的。

这就是我们了——一众家人和朋友。在父亲的公开葬礼上，我们绕着博克斯伍德的公园悼念式地走了一圈，这是在那之后拍的。我的母亲捧着他的骨灰盒，我们准备把他放在地窖里。那是3月28日，他死后的第一个周六下午。我架起那个旁轴相机，准备拍一张纪念照。要拍这么多人，可并没有那么容易。

孩子们已经脱掉了他们时髦的葬礼华服，准备开始玩水管。罗纳德·温斯顿刚刚坐飞机回来，看起来依然无可挑剔。我们剩下的几个人都身心俱疲，想要喝点烈性酒。我只有拍一张照片的时间，我问朋友汉特能不能帮我个忙，当我把暗匣拉出来，回到队伍中的时候，请她帮我按一下快门。随着一声难以置信的“说：茄子”，她按下了快门，我的老式高兹达格镜头最长曝光时间是0.1秒曝光，她做到了。我把暗匣归位，我们带着骨灰前往地窖，两天后我把那卷胶卷冲洗了出来。

把灯打开后，我被吓得目瞪口呆——那个白色翅膀似的，在我们脚下展开的玩意儿，究竟是什么?

我没办法用任何摄影原理去解释。草中没有任何一面镜子放在我哥哥克里斯的球鞋尖上反射着太阳光，没有游离的闪光或爆炸的光线，也没有化学光线。纯粹无法解释。

我并不是一个极易轻信的人。我并不相信什么飞碟、神灵的照片，抑或是被阿瑟·克兰道尔论证过的会跳舞的精灵的存在。但当我看着这张照片时，我觉得，我也离这些精神论者不远了。

在找到这样一种解释后，我觉得很心安——那长着翅膀的光芒，是父亲匆匆离开时，灵魂幻化成的闪烁着的乌鸦的模样。这张照片抓住了他离开时，灵魂升天的那一瞬间——在地球把身体残骸从这个极端复杂的、难以被了解的男人身上取走前。现在，偶然会有一只乌鸦出现在我实验室的门边啄食，我走过去，想知道究竟发生了什么。它毫不畏惧地站在那儿，坚硬的爪子紧贴在乙烯基门板上，高高竖着它那发亮的黑色头颅，并用那双闪着微光的眼睛，紧紧盯着我。

附 录

展示 A

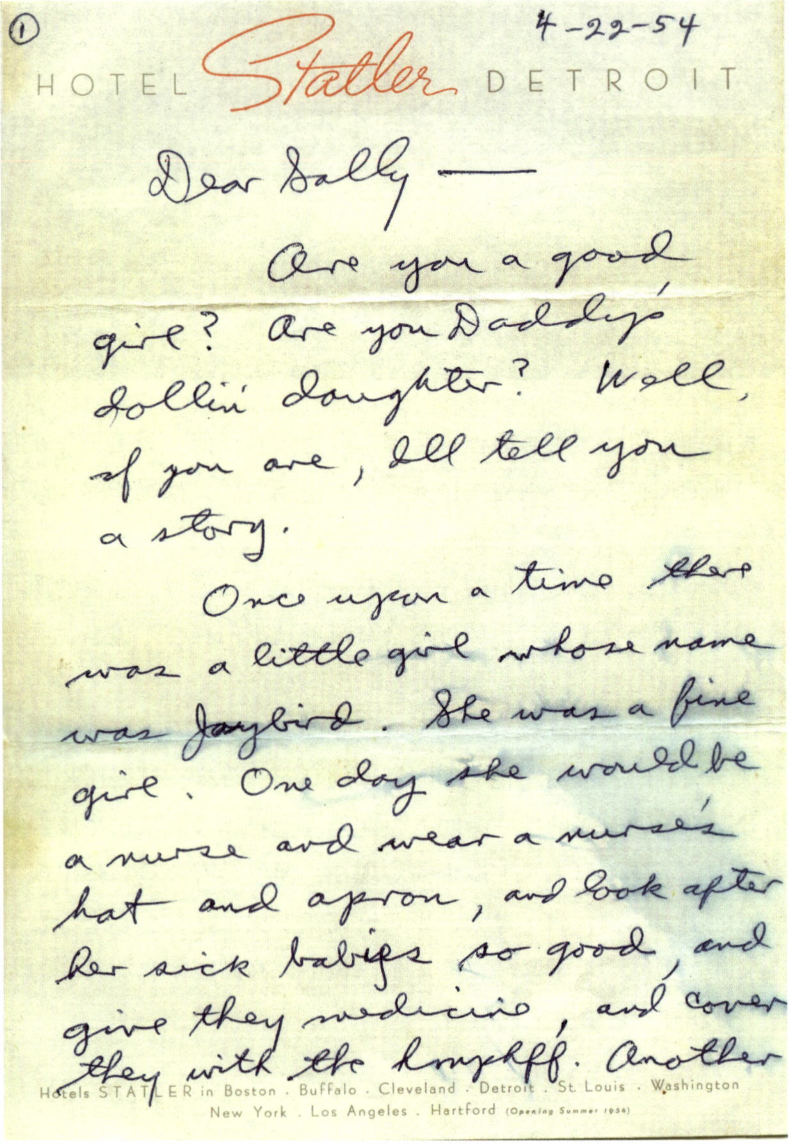

(1)

4-22-54

HOTEL Statler DETROIT

Dear Sally —

Are you a good girl? Are you Daddy's dollin' daughter? Well, if you are, I'll tell you a story.

Once upon a time ~~there~~ was a little girl whose name was Jaybird. She was a fine girl. One day she would be a nurse and wear a nurse's hat and apron, and look after her sick babies so good, and give they medicine, and cover they with the [illegible]. Another

Hotels STATLER in Boston . Buffalo . Cleveland . Detroit . St. Louis . Washington
New York . Los Angeles . Hartford (Opening Summer 1954)

(2)

HOTEL Statler DETROIT

day she would be a little doggie,
and sniff about, and eat off the
floor, and scratch herself.
Sometimes she was even Susan
Barks, a dearly beloved friend.
And once long ago she was
Santa Claus carrying a big
pack of toys. But many,
many times during the day
she was just plain Jaybird
busy at all sorts of things
and a joy to her mommy as
she went serenely about her
housework.

Hotels STATLER in Boston . Buffalo . Cleveland . Detroit . St. Louis . Washington
New York . Los Angeles . Hartford (Opening Summer 1954)

3
HOTEL Statler DETROIT
MOMMY
I WANNA PUT ON
MY BLUE DRESS
Hotels STATLER in Boston . Buffalo . Cleveland . Detroit . St. Louis . Washington
New York . Los Angeles . Hartford (Opening Summer 1954)

④
HOTEL Statler DETROIT
MOMMY
I CANT GET THIS OFF
Hotels STATLER in Boston . Buffalo . Cleveland . Detroit . St. Louis . Washington
New York . Los Angeles . Hartford (Opening Summer 1954)

⑤
HOTEL Statler DETROIT
MOMMY
I CANT FIND MY SHOES!
MOMMY
TAKE THEY OFF
Hotels STATLER in Boston . Buffalo . Cleveland . Detroit . St. Louis . Washington
New York . Los Angeles . Hartford (Opening Summer 1954)

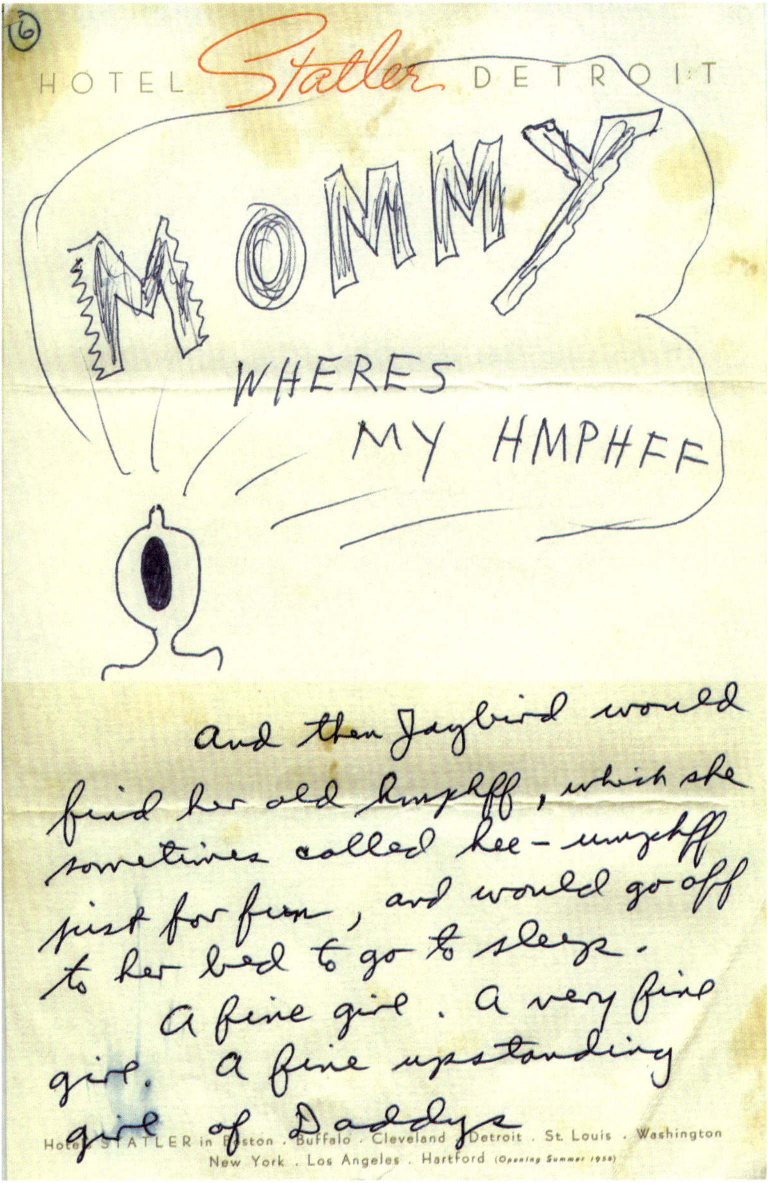
(6)

HOTEL Statler DETROIT

and then Jaybird would find her old hmphff, which she sometimes called hee-umphff just for fun, and would go off to her bed to go to sleep.

A fine girl. A very fine girl. A fine upstanding girl of Daddys

Hotels STATLER in Boston . Buffalo . Cleveland . Detroit . St. Louis . Washington
New York . Los Angeles . Hartford (Opening Summer 1954)

7

HOTEL Statler DETROIT

(and mommys)

Lots of love to you,
Daddy

Hotels STATLER in Boston . Buffalo . Cleveland . Detroit . St. Louis . Washington
New York . Los Angeles . Hartford (Opening Summer 1954)

展示 B

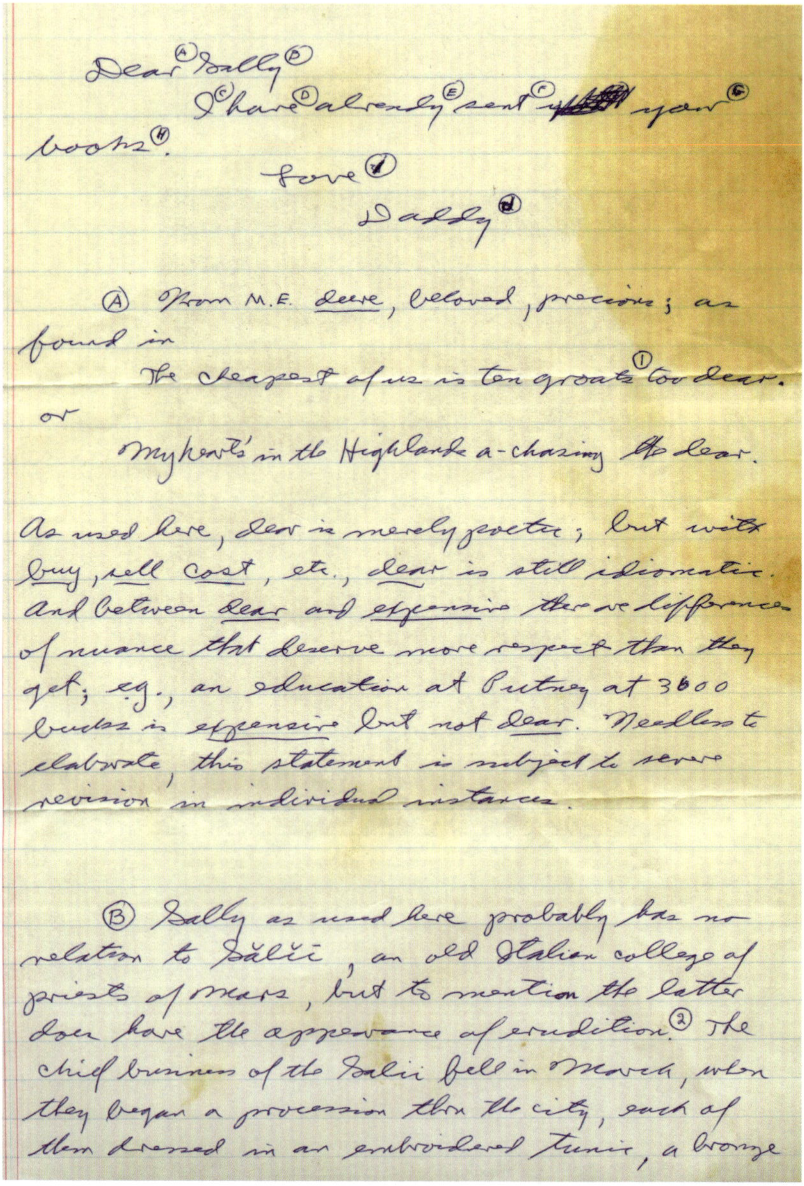

Dear[A] Sally[B]

I[C] have[D] already[E] sent[F] your[G] books[H].

Love[I]

Daddy[J]

(A) From M.E. deere, beloved, precious; as found in

The cheapest of us is ten groats[1] too dear.

or

My heart's in the Highlands a-chasing the deer.

As used here, dear is merely poetic; but with buy, sell, cost, etc., dear is still idiomatic. And between dear and expensive there are differences of nuance that deserve more respect than they get; e.g., an education at Putney at 3600 bucks is expensive but not dear. Needless to elaborate, this statement is subject to severe revision in individual instances.

(B) Sally as used here probably has no relation to Salii, an old Italian college of priests of Mars, but to mention the latter does have the appearance of erudition.[2] The chief business of the Salii fell in March, when they began a procession thru the city, each of them dressed in an embroidered tunic, a bronze breastplate and a peaked helmet, girt about with a sword, while trumpeters walked in front of them. Gad, what a sight! At the temples they danced the war-dance, from which they take their name of Salii or "dancers". ③

In abbrev. Sal [L. salt]. Salt; much used in chemistry, cooking, and wounds, sometimes apparently with doubtful efficacy as indicated by the words, cum grano salis

Sally, n., witticism, squib, quirk, pleasantry. Such as, "Dear quirk." (Hm, a good idea. Ed.).

Sally. To rush out, to make a sally (not this Sally!). E.g. They break the truce, and sally out by night. ④ and,

A sally of youth; a sally of levity.

Finally,

Of all the girls that are so smart
There's none like pretty Sally;
She is the darling of my heart,
And lives in our alley. ⑤

Ⓒ The ninth letter and third vowel of the English alphabet. I was first dotted in the fourteenth century ⑥ (I have a vague soupçon that this is not germane; let's try again):

The nominative case of the pronoun of

the first person; the word by which a speaker or writer denotes himself.

What I am thou canst not be; but what thou art any one of the multitude may be.

S. T. M. Bagley

In metaphysics, the conscious, thinking subject; the ego.

Between you and I, this is a piece of false grammar ⑦ which, though often heard, is not sanctioned, like its opposite, It's me, Puzzdog.

I, like we, is liable to be used with different meanings, for instance:

Sometimes isolate into the night that my ice hurt, and iota go to an i-dr.

Gizella Werberzerk-Piffel ⑧

Ⓓ. Have. As here used, the possessor of the object(s) and the performer of the action are not necessarily the same. Dost thou remember King Henry V:

Break thy mind to me in broken English; wilt thou have me?

Shakespeare (authorship doubted).

And for elegance and sheer beauty the following lines by one of the truly prominent younger poets:

Have a care
Havelock
Ellis
Haversack
Have a lot
Take two.

Brown Bogus (9)

And finally, Shakespeare's Romeo:

My bounty is as boundless as the sea,
My love as deep; the more I give to thee
The more I have, for both are infinite.

Act II, Sc. 2, L. 133.

(E) What can one say about Already, for God's sake?! Now if it were Always (I'll be loving you, allllways ... etc, etc), — that's a horse (10) of a different color.

(F) Sent. Past tense and past participle of send. To cause to go or pass from one place to another. Also to send forth, as

In faith I send thee forth.

Or as used in the past tense:

Noah sent fifth a dove.

Also:

Le corps d'un ennemi mort sent toujours bon.
(The body of a dead enemy always smells sweet).

Attributed to Chas IX of France

(G) What is yours is mine, and all mine is yours.

[M.E. yore, youre] absolute possessive.
But Satan now is wiser than of yore.

There is no doubt a natural temptation to substitute the wrong word; the simple possessive seems to pine at separation from its property, a phenomenon perhaps more suitable for the psychologist than for the philologist.

(H) Books Echttt: [A.S. from boc, bece, a beech-tree] (Tree! I'm glad you brought that up! On second thought, I'll make this the subject of another treatise sometime. Ed.). Book, tome, volume, omnibus, publication, inscription (11), treatise, codex, libretto, vade mecum, comic book.

Books, books, books

(E. E. M.) This verbal stroke of genius (if you will pardon the colloquialism) says everything there is to say about books.

(1) Love, from the A.S. lufu, lufe, love, — the strong yet tender emotion for whatever is considered most worthy of desire in any relation. Any work done or task performed with eager willingness, from the regard one has for the person for whom it is done. With a capital L, Love is the passion of love personified, especially Amor, Cupid, Eros (12), Aphrodite, Venus, Astarte, Kama, Freya — all deities of the first order unlike Bacchus who merely was invented by the ancients as an excuse for getting drunk.

The love song of J. Alfred Prufrock: I have measured out my life with coffee spoons.

In the room the women come and go
Talking of Michelangelo (13)

T S Eliot (14)

He who loves not wine, women, and song,
Remains a fool his whole life long.

Thorne Smith.

Love your neighbor, yet pull not down your hedge.

Jacula Prudentum.

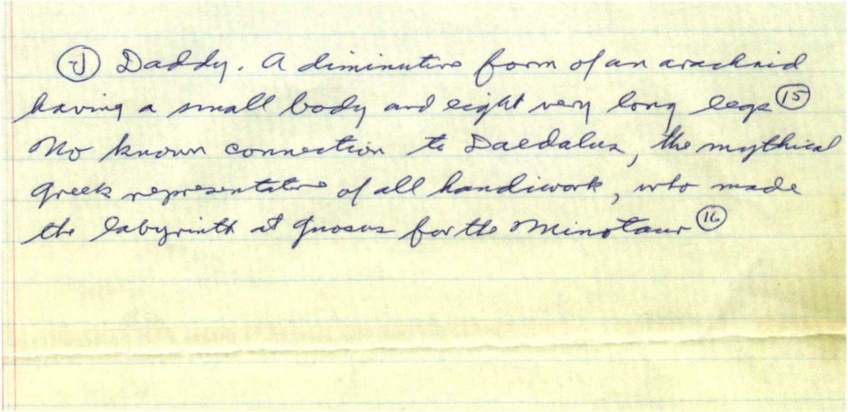
(J) Daddy. A diminutive form of an arachnid having a small body and eight very long legs (15)
No known connection to Daedalus, the mythical Greek representative of all handiwork, who made the labyrinth at Knossos for the Minotaur (16)

这封信是父亲在我 17 岁生日的时候寄给我的。它的所有内容，加上问候语和署名，总共也不过 10 个单词。但这 10 个单词，每个都带有注脚，大多是一句长的、闲聊般的，附有诸多引语的注脚。在这原创的注脚上边，还衍生出了更多的注脚，另外，还有一份附加的参考文献，这套文字让整封信足足写满了 10 页手写稿。

这些注脚和参考文献异想天开地与一些学术研究结合在一起，有的有据可循，有的纯属杜撰——这种方式想来应该备受威廉·奥斯勒的认可，同时揭露了一个事实：父亲对安布罗斯·比尔斯在他的《魔鬼辞典》（1911 年出版）中所展现出的文字风格非常喜爱。实际上，在翻看《魔鬼辞典》的过程中，我发现父亲充分引用了其中的文字。比如，有关“舞蹈”的定义，父亲是这样描述的：“听到引人窃笑的音乐时，面无表情地跳动起来，尤其注意，要把手臂放在其他人身上。”这恰好和比尔斯的话相呼应：“听到引人窃笑的音乐时跳动起来，最好把手臂放在邻居的妻子或女儿的身上。”

在父亲的信中，其中一条严肃的、有关“爱”的定义是这样的：“对某个超越一切的、最值得去付诸实现的心愿所赋予的强烈而温柔的情感。在注视着对方，为其付出时，不论是任何事和托付，在完成的过程中，都充溢着发自内心的欣喜……”

请注意，这里刚刚发生了什么：我的父亲由一种正统的、字典中可翻查出的关于爱的定义，极其自然地过渡到了短语“心甘情愿的爱”的一种近乎直白的定义中去——一种可能要在传统字典很靠后的条目中才能找到的、被归类为合成词和变异词的东西。关于这部分脱节，没有任何评论或注解，脚注直接跳到了下节，就好像这部分内容只是纯粹和爱有关。看起来，父亲对于将“心甘情愿的爱”和“爱”的原始定义混淆起来这件事，似乎毫无察觉。

但是，如果现在我说，父亲对把“爱”过渡到“心甘情愿的爱”这一行为的忽略，有一些心理学上的暗示意味，会不会有些过分解读了（赫耳墨斯用自己的名字命名了“解释学”，说得直白一些，就是解释之神）？可能正是在工作的艰辛中，这个男人为他强烈而温柔的情感找到了一个宣泄口，如若不然，他真不知如何排解。

译 文

1968 年 4 月 6 日

Dear Ⓐ Sally Ⓑ

I Ⓒ have Ⓓ already Ⓔ sent Ⓕ your Ⓖ books Ⓗ .

Love Ⓘ

Daddy Ⓙ

亲爱的莎莉：

我已经把书寄给你了。

爱你的

爸爸

Ⓐ **Dear:** 在中世纪英语中是 Deere，意为心爱的，珍贵的，如：

The cheapest of us is ten groats ❶ too dear.

我们中最便宜的也要 40 便士，太贵了。

再如：

My heart's in the Highlands a-chasing the dear.

我的心在苏格兰高原上追寻心爱的人。

在这里，“dear”一词仅仅是诗意的；但和买、卖、花费联系在一起时，dear 仍然是惯常用语。而在 dear（贵的）和 expensive（昂贵的）之间的细微差异，值得我们做更多的考量。比如，在帕特尼学校的教育经费需要 3600 美元，我们应该用 expensive（昂贵的）去形容，而不是 dear（贵的）。显而易见，这份阐释会根据具体情况的差异，做出相应的严格修订。

Ⓑ这里所采用的 Sally（莎莉）可能和 Sâlîi（一所老式的，为火神祭司们所设的大学）并没有关联，但后者的确能彰显出博学❷的意味。Sâlîi 大学的重磅事件发生在 3 月，他们组成了一支游行队伍，穿梭在城市中。每人都身着一件刺绣精美的束腰外衣、一件古铜色的护胸甲，头戴一顶尖尖的哈雷帽，身别一柄宝剑，走在一行鼓手的身后。上帝啊！这景象多么惊人！他们在庙中跳起了战阵舞，Salii 这个名字，或者“舞者”❸这个名字，就由此而来。

缩写为 Sal [拉丁文里是 salt]，Salt；多用于化学、烹饪和伤处，当被用于词语“cum granos alis”中时，有时候展现的是一种令人怀疑的态度。

Sally（莎莉），名词，俏皮话、讽刺话、趣事（quirk）、幽默。比如说，“Dear quirk.”（嗯，一个好主意）。

Sally，突围，to make a sally 击出（不是这个 Sally）。举例来说，They break the truce, and sally out by night. 他们打破休战协定，晚上出发了。❹或者，a sally of youth 青春期的情感迸发；a sally of levity 大胆的轻浮。最后——

即使是一群足够聪明的女孩，

也不会有任何一人比得上我们美丽的莎莉；

她是我心间的至爱，

住在我们的小巷子里。❺

Ⓒ I: 英语字母表中的第九个字母，第三个元音。Ï 第一次被打上点是在 14 世纪。❻（我有种模糊的直觉，这两者之间并无关联；让我们再试一次）：

第一人称代词的主格；一个讲述者或写作者用于自称的词。

What I am thou canst not be; but what thou art any one of the multitude may be.

是我，是你不能成为的那个；是你，但也是其他任何人可成为的那个。

天启神学硕士 萨格雷

在形而上学中，在意识中，在思考的主题中；在自我意识中。

Between you and I, 在你和我之间，这在语法❼上是错误的，虽然经常听到，却未被认可，就像和它相反的一面，It's me, Pupdog! 是我，小狗狗！

I（我），就像 We（我们）一样，很有可能被用作不同的解释，比如：

Sometimes isolate into the night that my ice burt, and iota go to an i–dr.

有的时候，当我孤独地走入深夜，保护我的那层冰块就破碎了，细小的事物开始膨胀。

吉塞拉·威伯泽克—皮菲尔❽

Ⓓ Have: 就像这儿的用法，宾语的持有者和动作的施加者并不一定是相同的。你一定记得《亨利五世》中的台词：

Break thy mind to me in broken English; wilt thou have me?

把你的心敲碎，用你那蹩脚的英语（把它交给我吧）。你难道不想拥有我吗?

莎士比亚（作者不确定）

然后，通过以下几行年轻一些的杰出诗人写下的句子，感受一下优雅和纯粹的美：

Have a care 当心，留神

Havelock 遮阳布

Ellis 埃利斯

Haversack 背包

Have a lot 有很多

Take two 拿两个

布朗·伯格斯⑨

最后，莎士比亚的《罗密欧》：

My bounty is as boundless as the sea,

我的馈赠和大海一样广阔无垠，

My love as deep; the more I give to thee

我的爱和大海一样深不见底，我给予你越多

The more I have, for both are infinite.

我便拥有的越多，因为它们都是无穷无尽的。

第 133 卷，第二幕，第二场

Ⓔ对于 already（已经）这个词，还有什么好说的呢?！如果现在这个词是 always（一直）的话，还可以说（I'll be loving you, Alllllways...etc,etc 我会一直一直爱你……一直一直……）——它是一匹不同颜色的马⑩。

Ⓕ **Sent:** Send 的过去式和过去分词。使得一物从一个地方去往或者被传往另一个地方。还有 send forth（寄发），比如：

In faith I send thee forth.

我确实是要给你寄过去的。

或者也可以用在过去式中：

Noah sent fifth a dove.

诺亚传送了一只信鸽。

再比如：

Le corps d’un ennemi mort sent toujours bon.(The body of a dead enemy always smells sweet.)

仇人的尸体闻起来总是分外香甜。

被认为出自法国的查斯九世之口

G What is yours is mine, and mine is yours.

你的就是我的，我的就是你的。

[中世纪英语，yore,youre] 绝对所有格。But Satan now is wiser than of yore. 但是撒旦现在比你聪明多了。

错误的单词出现，使人勾起一种想把它替换掉的欲望，这无疑是相当自然的；简单所有格看起来，就好像和它原本的自己痛苦地分离了一般，一种相较于语言学家而言可能更适合被心理学家关注的现象。

H **Books:** [古英语中，原词是 boc，bece，a beech-tree 一棵山毛榉树]（树！我很高兴你终于出现了！仔细考虑后，下一次我要对这个主题再做一次论述）Book，册子、书卷、文集、出版物、题字⓫、论文、法典、剧本、袖珍手册、连环画。

Books，books，books

（E.E.M）这句关于“天才”的口头语（请原谅我的表达过于直白）所说的一切都是关于书本的。

I **Love:** 爱，古英语中是 lufu,lufe,love……对某个超越一切的，最值得去付诸实现的心愿所赋予的强烈而温柔的情感。在注视着那个人，为其付出时，不论是任何工作和任务，在完成的过程中，都充溢着发自内心的欣喜。当 L 大写时，Love（爱）是爱之激情的化身，尤其是埃莫、丘比特、厄洛斯⓬、阿弗洛狄特、维纳斯、阿施塔特、弗雷娅——他们统统是最上等的神，不像巴克斯，祖先创造了他，只是为了给自己醉酒找一个恰当的借口。

J. 阿尔弗瑞德·普鲁弗洛克的情歌：

I have measured out my life with coffee spoons.

我用咖啡勺分配了我的生活。

In the room the women come and go

在这间屋子里，女人们来来往往

Talking of Michelangelo

谈着米开朗琪罗⑬

T.S. 艾略特⑭

He who loves not wine, women, and song,

他，不爱酒，不爱女人，也不爱歌，

Remains a fool his whole life long.

一辈子活得像个傻子一样。

索恩・史密斯

Love your neighbor, yet pull not down your hedge.

去爱你的邻居吧，但不要摧毁你的篱笆。

特里克谢・普鲁登图

Ⓙ Daddy：一种小型的蛛类动物，身子很短，有 8 条很长的腿。⑮和 Daedalus 代达罗斯并没有关联——代达罗斯是一个神秘的希腊人，手工艺的杰出成就者，曾为牛头怪⑯建造了真知迷宫。

脚注的脚注：

❶“groat”（昔日英国 4 便士银币）：已废弃，胆小者不再使用。

❷“erudition”（博学）：被定义为把从书中挤出的东西，塞到空荡荡的脑壳中去。

❸“dancers”（舞者）：跳舞，不及物动词。随着引人窃笑的音乐，面无表情地跳跃起来，尤其注意，要把手臂放在其他人身上。

❹“They break the turce，and sally out by night”（他们打破休战协定，晚上出发了）：这里指的是发生在过去的一系列政治和社会活动，并不需要由研究国际事件的当代学生来详述。

❺“…and lives in our alley”（住在我们的小巷子里）：对于这些句子，

评论自然不可少，但要在这简短的笔记中展开，内容实在有些过于庞大了，不如去查看参考书目吧，特别是西西弗斯·奥格莱的分析。

❻ “Ï was first dotted in the fourteenth century” (Ï 第一次被打上点是在 14 世纪): 被一只苍蝇。这是卡尔顿·巴格巴特发明的一套标点系统，被很多不同的国家用于文学表达中。而这项成果的依据，则是别具匠心地通过观察在几个国家大量繁衍的苍蝇群体的生活习性、研究它们的社会习惯和日常饮食所得来的。

❼ “grammar”（语法）：精心策划的陷阱系统，等待投入使用。

❽ “Gizella Weberzerk-Piffel”（吉塞拉·威伯泽克－皮菲尔）：被比贝特·科尼·邦斯康伯引用在《自然主义在督伊德教小说中的兴起》一文中。那个引用语结束时出现的，令人印象深刻的，不掺杂任何感情色彩的休止符，无疑包裹着一层迷雾，于是学者们的困惑会一直持续，比如邦斯康伯。

❾ “Brown Bogus”（布朗·伯格斯）：见《伯格斯的优点》，带有强烈个人风格的诗篇，读者口中长期念叨的“小杂志”，现在，已经被大众广泛认可了。

❿ “horse”（马）：拉丁文，出自瑙奇伯德·科特丝的作品集《马》（出版于 1909 年，米斯蒂出版社，美国马里兰州钦科蒂格市）中“马的染色”一章。在科特丝小姐发表的众多作品之中，我们可以选看她厚厚的作品选《关于马的一切》，很可惜，当这本书写到一半时，她就早逝了。

⓫ “inscription”（题字）：深深地刻在另一件物品上的文字，比如华盛顿纪念碑上刻着的“基尔罗伊（“二战”期间美军虚构的美国兵名字）到此一游”。

⓬ “Eros”（厄洛斯，爱欲）：不要把它和拉尔夫·金斯伯格混为一谈。

⓭ “Michelangelo”（米开朗琪罗）：这几句话说明，一知半解者的附庸风雅是毫无意义可言的。

⓮ “T.S. 艾略特”：见汉姆·法特教授《T.S. 艾略特笔下的植物世界》一文，当下，汉姆·法特教授正在撰写一份专题论文，其中有证据证明：T.S. 艾略特对莎士比亚的作品很是熟悉，他的诗文也应当被对照着重新

解读一番。

⓯ “Adiminutive form of an arachnid having a small body and eight very long legs.”（一种小型的蛛类动物，身子很短，有8条很长的腿）：不能食。动物学研究充满了惊喜。

⓰ “Minotaur”（牛头怪）：这个天才分布的地理位置非常广泛，无论在哪里被他找到都只有哀叹的份。

参考文献

J.C. 拉姆・沙克尔：《品味的绝对准则》

吉尔德・斯利弗和罗森格兰兹：《新石器时代人类写实主义绘画中的死亡愿望》

C.W. 基特 +H.K. 卡布迪：《二元矛盾的边缘人》

施梅尔・伯希伯顿：《波特诗集》

托尔夸・塔索：《警句》

鲍姆加特和巴加蒂利：《停车计时表中的帝国标志》

天启神学博士萨格雷：《人际交流》

格雷戈里・吉廖尼和雨果・加斯：《忏悔通报》

鸣　谢

这本书得到了四位亲爱的朋友的细致而温暖的关心：来自弗吉尼亚州戈申山口的安·奥尔森和约翰·潘凯克，加拿大温哥华的尼尔·麦肯兹和麦克·桑德，后者是小布朗出版社负责我这本书的编辑。

安和约翰，愿上帝保佑他们，是他们用烈性饮料和昂贵的、烤得金黄的肉片安抚了我不坚定的意志，让我可以安心地写作。然后他们履行了承诺，做我坚强的后盾，全力编辑文章；当我气喘吁吁地为自己辩论，或者是想要踏入最低的恰当的比喻门槛而不能时，他们总能慷慨地提出别的用词方案，而且一直秉持着一种几乎不必要的谦逊；对于贡献时间和技能，他们表现得非常大方，他们不仅在自己的家乡莫律河为我工作，而且还远赴遥远的乌克兰、中国台湾、德国、法国和缅甸等地的工作岗位。我对这份帮助深表诚挚的谢意。

在我的记忆宫殿中——尽管它可能有些贫瘠——有几间房是画廊，它们完完全全是由尼尔·麦肯兹装潢布置的。他极为逼真的记忆能力、他的学问、聪明才智和语言天分让这些屋子变得生机勃勃。接下来，麦肯兹设计了我这本书。对于他用他超强的能力帮我把自己的某些概念呈现在这些历史性的、社会性的和个人化的内容中，我非常感激，否则，它们早就弃我而去了。他把我那些极不严谨的标点符号修改到了一种令人惊叹的完美程度，而且，我要感谢他的忍耐和包容。和尼尔一起工作的 20 多年，我就像拥有了一个历史院系一样，他如同牛津英语词典的编写者福勒兄弟般博学。要感谢的还有克里斯朵夫·希钦斯，他尽其所能发挥了他那滑稽的、令人捧腹大笑的能力，随时听候我的差遣。

在完成这本书的过程中，尽管遇到了不小的困难，麦克·桑德都一直表现得非常耐心、聪慧、创意勃发、机智、友好，一如 1991 年我们第一次合作时那样。对于这本书应该呈现给人的模样和感觉，他有着无可挑剔的品位。而且，我并不认为我们有过任何一次的意见不合（好吧，只有一次）。当我在撰写前两本书时，他为我引路，做事又十分机敏，在他的指导下，我才得以完结《留住这一刻——莎莉·曼自传》这本书，我非常感激他拥有这般智慧，帮我完成这一切。

因为他的智慧、自律和一片诚挚的热心，这本书变得更丰富了。如果我在编写这段时能拥有他的编辑眼光，就好像本书中其他任意一个片段一样，那么，这段文字读起来会好很多。

我的哥哥们，克里斯和鲍勃·芒格，为这本书做了一次极好的校阅，让我忆起了那些遗忘的事，删去了一些误记的事，好多次他们把我拉回“记忆的正轨”。尤其要感谢克里斯，他细心地阅读了整本书，和我一起度过了很多美好的时光。

说到小布朗出版社，我要特别感谢里根·亚瑟、朱迪·克莱恩、尼克·杜威和加勒特·麦格拉斯，感谢他们如此信任这本书，而且一直以来都在给予帮助。文字编辑贝特西·于里和珍妮特·伯恩提了很多有益的建议。艾丽萨·里夫林那严格的、有时候表现得相当诙谐的合理建议也帮了我不少，尽管这本书也因此遭遇了一段极其有趣的轶事。我很幸运能够邀请到劳拉·林格伦为我的部分图书做设计，这本书也和其他几本一样精美。马里奥·普利切肯定在第一次尝试的时候就盯上了封面。

有几个人在这本书的技术层面给予了我帮助，他们之中对我帮助最大的是我了不起的助手兼朋友凯特林·曼——很遗憾，我跟她并无血缘关系——她为我扫描了几百张照片、信件和碎纸片。她还教了我这个技术反对派不少东西，现在即使没有她，我也能够独立操作电脑了——这在以前，是我想都不曾想过的。给我同样多帮助的还有艾米·艾提克、莉迪亚·哥尔罕、盖亚·西蒙多、里斯·卡思柏森和弗兰纳里·麦克唐纳。

我非常感激亲爱的朋友和家人们，他们从忙碌的生活中抽出身，前来哈佛大学参加梅西讲座，很多人都经历了漫长的旅程才抵达那儿：史蒂夫·阿巴哈里、杰米·李 ·柯蒂斯、麦克·戈弗雷、维基·哥德堡、罗比·古尔里克、埃德温·胡克、朱莉·卡斯泰拉诺、梅利萨·哈里斯、彼得·琼斯和夏洛特·弗里兹、杰西和弗吉尼娅·曼、莉兹·利格里和埃亚勒·艾尼克、艾米莉·马修斯和罗伯·索科洛、阿诺和桑迪·闵奇恩、汉特·莫林和凯伦·贝利、鲍勃·芒格和吉尔·怒尼、罗伯特·芒格、约翰·拉韦纳尔、贝弗·雷诺兹、贝特西·施耐德、普特里·谭、曼姆·沃伦、亨利·哈里斯、凯西·沃特曼，以及约翰和卡罗尔·伍德。他们的到来所能赋予我的意义，远远超出他们的想象。

我很感恩当我还是小孩时，和吉吉一起度过的那段时光，90岁的康士坦兹·哈里斯，还有她的女儿帕特·布罗德诺。她们强烈的幽默感和观察力令我对吉吉的了解更全面了，而那几张经由她们的同意，从她们的家庭相册中取得的照片，无疑让这本书增色。

关于芒格档案方面的帮助，我要感谢吉姆·巴格特、约翰和玛格丽特·哈珀、艾伦·海德曼、乔治·詹金斯、玛丽·马尔库、玛格丽特·马丁、鲍勃·蒙哥马利、卡洛林·萨特菲尔德，还有我挚爱的伯明翰家族：埃德加、玛格特、埃奇和凯瑟琳·马克斯。

下面这些朋友用不同的方式帮助我完成了这本书，我很感激：

杰弗里·布洛克、布切·布赖恩特、史蒂夫·坎托、尼古拉·戴尔·罗西奥、西蒙·丁那斯坦、比尔和琳达·邓拉普、休格·富特、约翰·哈贝奇、保罗·亨德里克森、珍妮·霍尔德、约翰·汉伯格、鲍勃·基夫、瑞亚·柯索维奇、沙拉·肯内尔、肯·兰宁、桑福德·莱文森、吉姆·刘易斯、史蒂夫·莱登伯格、珍妮特·马尔科姆、约翰·埃德温·梅森、塞斯·麦考密克-古德哈特、萨米·摩尔、基特·莫里斯、林恩·内斯比特、泰得·奥兰、安·帕切特、安·旁西奥、金姆·拉欣和他的家人、凯西·赖安、亨利·辛普森、安德鲁·索罗门、安妮·索斯沃斯、约翰·施陶菲尔、麦克·斯蒂格、布奇·斯特劳布、卡尔文·汤姆金斯、凯瑟琳·汤姆林斯和多迪·卡赞、凯瑟琳·图林斯、杰弗里·图宾、丽萨·特雷西、曼姆·沃伦、罗伯特·威尔逊，还有我在高古轩和胡克画廊的朋友，以及很多允许我引用他们的照片或者语句的人。

还有，以最深切的爱感谢我的家人：拉里、埃米特、杰西和弗吉尼娅。

图片使用致谢

P9: Copyright Becky Pearman Photography

P11: William Gillies (The Portrait Group)

P48: Norman Seeff

P50 and 51: Coleman Blake

P64: Cy Twombly, photo courtesy Nicola Del Roscio and The Cy Twombly Foundation

P66: Cy Twombly, photo courtesy Nicola Del Roscio and The Cy Twombly Foundation

P70: Nicola Del Roscio and The Cy Twombly Foundation

P73: Courtesy The News-Gazette, Lexington, VA

P74: Courtesy Washington and Lee University

P75: Steve Szabo, photo courtesy estate of Steve Szabo, © Estate of Steve Szabo

P76: Beth Trabue Gorman

P82: Cy Twombly, photo courtesy Nicola Del Roscio and The Cy Twombly Foundation

P111: Damaged Child, Shacktown

courtesy Library of Congress Prints and Photographs Division, Washington, DC, Farm Security Administration / Office of War Information

P133: Courtesy The New York Times Magazine; special thanks to Kathy Ryan for making this possible

P143: Cover image courtesy Aperture, The Body in Question (Aperture; 121: Fall 1990); special thanks to Melissa Harris for making this possible

P159: John Gunner

P167: Permission for the use of this image was generously given by Alan W. Heldman

P178: P. S. Ryden, Syracuse, NY

P194: Courtesy The News-Gazette, Lexington, VA

P213: Courtesy Michael Miley Collection, Special Collections and Archives, Washington and Lee University

P215: Kim Rushing, courtesy Kim Rushing

P223: Kim Rushing, courtesy Kim Rushing

P225: Kim Rushing, courtesy Kim Rushing

P230: Maude Clay, courtesy Maude Clay

P245: Courtesy Pat Broadneaux and Constance Harris

P251: Courtesy Pat Broadneaux and Constance Harris

P252: Courtesy Pat Broadneaux and Constance Harris

P289: Courtesy The Cy Twombly Foundation and Robert Rauschenberg Foundation, Cy Twombly, Untitled, Xerox on paper, 6 x 9 inches (original photograph by Robert Rauschenberg, c. 1952)

P301: Courtesy the Birmingham Public Library Archives

P302: Courtesy the Birmingham Public Library Archives

P303: Patent courtesy the Birmingham Public Library Archives

P308: Both courtesy the Birmingham Public Library Archives

P309: Courtesy the Birmingham Public Library Archives

P316 (upper): Courtesy the Birmingham Public Library Archives

P318: Permission for the use of this image was generously given by Alan W. Heldman

P343: Caitlin Mann, courtesy Caitlin Mann

P353: Photographs by W. Eugene

Smith, Collection Center for Creative Photography, University of Arizona, © The Heirs of W. Eugene Smith

P384: Ted Orland, courtesy Ted Orland

P401: Steve Cantor, courtesy Steve Cantor

P423: Jonathan Crary, courtesy Jonathan Crary

图书在版编目（CIP）数据

留住这一刻：莎莉·曼自传 /（美）莎莉·曼著；胡菲译. -- 北京：中国摄影出版社，2018.12

书名原文：Hold Still：A Memoir with Photographs

ISBN 978-7-5179-0828-9

Ⅰ. ①留… Ⅱ. ①莎… ②胡… Ⅲ. ①莎莉·曼－传记②摄影集－美国－现代 Ⅳ. ① K837.125.72 ② J431

中国版本图书馆 CIP 数据核字 (2018) 第 303544 号

北京市版权局著作权合同登记章图字：01-2016-1209 号

留住这一刻：莎莉·曼自传

Hold Still: A Memoir with Photographs

作　　者：【美】莎莉·曼

译　　者：胡　菲

出 品 人：高　扬

策划编辑：黎旭欢　张　韵

责任编辑：常爱平

装帧设计：冯　卓

出　　版：中国摄影出版社

地址：北京市东城区东四十二条 48 号 邮编：100007

发行部：010-65136125 65280977

网址：www.cpph.com

邮箱：distribution@cpph.com

印　　刷：北京科信印刷有限公司

开　　本：16 开（710mm × 1000mm）

印　　张：30.5

版　　次：2019 年 8 月第 1 版

印　　次：2019 年 8 月第 1 次印刷

ISBN 978-7-5179-0828-9

定　价：128.00 元